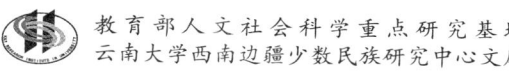
教育部人文社会科学重点研究基地
云南大学西南边疆少数民族研究中心文库

新民族志实验丛书·第二辑
主编 何明

清泉转弯的地方
元阳县新街镇箐口村哈尼族村民日志

马翀炜　张雨龙 编
张明华 记录

学苑出版社

目　录

2012 年村民日志 /1053

2013 年村民日志 /1197

2014 年村民日志 /1349

2012年村民日志

2012年1月1日，星期日，农历十二月初八，属鸡，多云间晴

今天是元旦，虽然这不是箐口哈尼人的节日，但是，今天李学的儿子李玉成在村里办理婚事，他给所有村民家和其他村寨的亲戚朋友发了邀请帖。由于天气很好，下午村民和客人在陈列馆广场用餐，就像是过节或者像有关领导来村里视察工作时摆的所谓长街宴一样，大家全部集中在广场上。据知情人说是摆了100桌，来参加的人也都很高兴，还是热闹了一番。可是，在这种欢乐喜庆的气氛中有点美中不足的是，用餐不到半个小时，一位来参加婚礼的全福庄寨子的客人突然发起癫痫，惊叫了一声就倒在他所坐的桌子边，周围用餐的人都惊慌起来，在他附近就座的人纷纷抬着桌子"逃离"到比较远一点的地方。因为有人说这种病会传染，在场的人都只在旁边眼睁睁地看着而不敢过去扶病人。差不多过了半个小时左右，发病的人才慢慢醒来，之后被与其一起前来的同寨人扶回去。

这个突发状况确实有些扫兴和令请客的主人家不高兴。可能是出于一种心理作用，或者主人家认为的"预防为好"，李庆光的妻子最后把搬来的碗筷通通都丢到沟里，意思是除去晦气。但是俗话说"好事不出门，坏事传千里"，这事一下子就在村里传开了。

另外，让人高兴的是自从村里通路后汽车进出方便，货物可以自由往来。今天下午就有一个外地人开着车子来村里卖橘子，每市斤1元。生意还不错，有的村民买了8斤10斤的。自村子开发做民俗村以来，特别是进村的路修好了以后，来村里做买卖的人明显增多，其中就有卖水果、卖蔬菜、卖杂货等。即便有时候村民会和进来做生意的外地人因交易价格等难免发生磕碰，但是村里的人不用上街在自己家门口就可以买到东西，享受服务到家门口的便捷，这自然是令人高兴的。然而我在想，要是村里有一个集中的小市场就更好了。

作为2012年的第一天，城里想必已经有新年的快乐气氛了。可是，我们箐口哈尼族对这个节日不是很注重，只是出门在外的年轻人跟着朋友过这个元旦节，村民们特别是中老年人根本不把元旦当个节日。村民们注重的是春节及自己本民族的传统节日，一旦过春节和自己本民族的节日，除了远在他方务工无法回来的村里人之外，其他都要回来与家人团聚过节。这几天就可以看到一些在外地打工的年轻人陆续回来了，偶尔有人家开始买家具或者给孩子们买新衣服，过年的气氛也逐渐浓烈起来了。

2012年1月2日，星期一，农历十二月初九，属狗，多云间晴

早上，看见有一女村民在水井边给鸡剖肚，肉色不像正常杀吃的那种血红色。打听了几个村民后才知道，原来最近这一段时间村里流行鸡瘟，很多人家的鸡都死光了。无论是鸡瘟，还是猪瘟，都让人害怕，家人生病更是令人生畏。病就像是一个魔鬼，人人都惧怕。因为有村民就是生病致穷的，只要一生病就不能出去挣钱，反而会欠上亲戚朋友很多钱，谁愿意过穷日子呢？谁愿意欠着人情过日子呢？所以，村民有一种观点就是，宁愿穷一点也不要生病，只要身体好，穷一点可以出门劳动打工挣钱，用完了还可以出去挣。但是病了就要花钱医病，没钱了也没办法出去靠自己赚，还得跑腿向亲戚朋友借，就得看人家的脸色，就得欠人情。大家生来都是一样的人，做人为什么要低人一等？就算家里病死一只鸡病死一头牛有什么要紧，10头牛、8头猪也没什么要紧，就是怕人生病。

就着上面的这个事例，讲一个附近村寨一个穷人的故事。这家很穷，不要说房子了，就连吃饭都成问题，常常是揭不开锅，饱一顿饿三顿地过日子。终于有一天晚上，他就不睡觉地思考起自己贫穷和如何致富的问题了：我为什么这么穷？怎样才能富起来？对，邻居家不是养着很多鸡吗？我先借来养一只鸡，一只鸡下10个蛋，10个蛋孵出10只小鸡，10只小鸡长大后再孵100个蛋，再孵100只小鸡，100只鸡可以卖多少钱呢？并且突然想起，听别人说鹅会守家，心想干脆也养两只鹅，来朋友的时候可以杀来招待招待……那一晚他考虑了很多，自认为就要远离贫穷的日子，富有的日子就在眼前。所以心满意足地告诉自己，不要考虑太多了，今天就好好睡觉，明天醒来就照这样做！

等到第二天天一亮，准备按照昨天夜里的打算去做的时候，他看看自己睡的草棚，突然意识到两只鹅该养在什么地方呢？这个故事的名字就叫作"两只没地方安放的鹅"。这个故事经常被这一带的村民说起。我认为这个故事告诉我的是：很多事情并不像想象的那样顺利和美好，也不可能会给你带来多大的坏处和困难，每一个事情都会有好的一面也会有坏的一面，我们应该坦然面对，尽量避开坏的一面迎接好的一面。

养鸡、养鸭的村民们应该清楚，自己家里养了多少只鸡多少只鸭都不可能百分之百成活，由于生病等各种原因损失些都是正常的事，但是养殖还是要依靠一定的科学技术。像今早被宰杀的那只鸡瘟致死的鸡，我的观点是这样病死的鸡、鸭最好不要拿来煮了吃，人的健康还是最主要的。

2012年1月3日，星期二，农历十二月初十，属猪，多云间晴

自从被县里定为旅游重点开发村寨后，政府有关部门就下文件要求不能在村里到处挖沙取石。但是，哪一个村民家不需要修建点什么？这样规定后，村里需要取沙河的村民就只好到远一些的地方取了，多数人家只得去买。中午，李世明家就买来一大车沙，说是有12立方左右，是从离箐口村30多公里的南沙镇（元江里淘的沙）附近运来的，买的价钱是1260元。花钱买这一车沙是他家准备砌前一段时间倒掉的秧田埂，提起他家的秧田就让他心烦，可能是处在河边的原因，每年到了河水上涨的时候多少要倒一些，已经连续好几年，用石头砌了又倒的，一家人肯定感到很烦、很累了，有能力肯定要用水泥、石头好好砌一番，这次就是这样打算的。希望他家这次做好之后就不要再倒了，给他家省时、省事吧。

村民需要的沙石都要从这么远的地方购来，包括村民用的建筑材料等很多同样是从外地购来，我认为是一种资金外流。村民辛辛苦苦到外地挣一些钱，每到建盖房子所需的大多数材料就得从外地购来。从现在的物价来看，每家建盖房子需要8至10万元，其中有一半以上的资金要用于购买材料。前些年，政府把梯田作为申报世界文化遗产项目开始，即规定村民不准到山上铲沙取石。还有在退耕还林政策的实施下，原来村民铲沙取石的地方都封闭了，使得村民后来再建盖房子或者修建其他什么，绝大多数的材料都要从外地引购，随之就产生额外费用，增加村民的负担。实际上，从调查中发现，造成这一带村民贫困的一个主要原因就是人多地少，也就是说，这一带的村民承包土地的能力极其有限，农户承包的不是耕地就是林地，他们都在耐心地管理。私人承包地与集体承包地相比的话，私人承包的地远远比集体承包地的土壤肥力要大，管理要好。谁家铲沙取石都只会在自己家或者亲戚家承包的土地上采取，而取过之后会自觉地回填，以便继续栽树种地，这是村民们原有劳作的一种方式。或者，就像当初有关人员提出的在一定的范围取一定的量，到一定的时间再改进更好的办法，都是可以考虑的事情。

2012年1月4日，星期三，农历十二月十一，属鼠，阴，有雨，打雷

上午11点，天气逐渐从阴变雨，响起来一阵阵雷声。"该不是春雷吧？希望是春雷！"村民都这样怀疑又这样希望。实际上这就是春雷。

起春雷，这里的村民叫作"活醒务主突"，小孩们不知道就罢了。栽种庄稼的中老年人都会记住这一天，认为这是春天到了的宣言，是个好日子，从此可以忙着整理田地，到了一定的时间就可以春播了。不过，有一种说法，很多村民春播是不会选择今天属鼠起春雷的日子，也就是说，村民有一种习惯就是不在每年起春雷的那一天（同属相日）播种，相比往年的时候，今年的春雷是起早了，村民都说今年的春天来得早了。

2012年1月5日，星期四，农历十二月十二，属牛，多云

我们村里与我们张氏结拜的小李氏家族生了小孩子有个习俗，就是到了第13天，他们要为孩子庆贺一下。今天的李庆宝家就在准备明天要为孩子过满日的东西，明天他们家就要请家族的人来吃饭庆贺，到时候，妇女们还要跳碗舞，要有意无意地砸碎很多碗，可能就是汉族所说的祝贺平安吧。

2012年1月6日，星期五，农历十二月十三，属虎，多云间晴

李庆宝家孩子满十三日，贺新生。在哈尼族社会，以十二生肖计算日子的习惯，即"鼠、牛、虎、兔、龙、蛇、马、羊、猴、鸡、狗、猪"，当"属虎日出生的婴儿到了下个属虎日，也就是满了13天。"这13天为计算日子的"一轮"，新生儿出生满"一轮"就被承认是"人"，算村里的人。正如昨天说的，他们家要请家族的妇女跳碗舞，有意无意地要砸碎一些碗。有的习俗是根据自己家承袭的，但是我打听了一下，并不是他们家族中每家都这样做，有几户还是继承了这样的习俗，有几户是改变了一点。

有的村民是这样说的：为有的单位做事情就是这样，即使是只做了一点事情也要拖到一定的时间才会给工资。新街镇农科站就是这样，我偶尔去朋友家吃饭时他们就会说这事，特别是有的妇女就会提到她们什么时候做什么事情的工钱还没有给，有时还会叫我们问一下这些单位，快要过年了，是应该发给她们了。今天就有人到村里来给村民发放工钱和补贴，并且表示单位也没有办法，按照他们的说法就是每半年结一次账，而给他们打工干活的村民是希望及时结清。

2012年1月7日，星期六，农历十二月十四，属兔，多云间晴

今天李建华家打屋顶，他家是请村民帮忙的。村里别人家早都建起了新房子，自己家过得像是多困难的样子，不建起来是要被人家说的。

正如村民说的：谁都没几个钱，全部都是逼出来的。

2012年1月8日，星期日，农历十二月十五，属龙，多云间晴

李得福家举行新房迁居仪式，没有请大客，只是叫了最好玩的一些亲戚和朋友，简单地过一个程序罢了。人们的观点不同，就如新房子迁居的仪式，有的人愿意写请帖做大客，叫亲戚朋友出一点礼；有的就是不愿意麻烦亲戚朋友，简单地过一个程序就行了。

今天也是新街镇集日，习惯上，集日里赶集的人要多一些，村民也会习惯地选择在集日上街，特别是要买鸡鸭的村民，只有到了集日才会容易买到。

2012年1月13日，星期五，农历十二月二十，属鸡，多云

因为有战友的小孩过生日，下午我就到南沙做客了。去南沙是一举两得的事，一要到南沙镇做客；二要办理两个老人的残疾证。关于老人的残疾证，说是到80岁的老人都可以办理残疾证，是要带着他们的身份证和照片到元阳县残疾人联合会办理，以后会有相关的补贴。村里很多老人都办理了，只是父亲有点固执，一直不愿意办理身份证，其他几个弟兄说了也不愿意去办理，跟他讲了一点道理后才愿意去办，就拖到现在。

2012年1月14日，星期六，农历十二月二十一，属狗，阴，有雨

黄草岭村民小组外甥李志祥家是由他父亲从主鲁村迁移过来的，他家生了男孩要做一个特殊的理发仪式，要由孩子的舅舅象征性剪头发。因为我们在家，也请到了我们家，自然是要去做客的。

村里的话，今天是有朋友马刚金家打屋顶，只是我们到外甥李志祥家做客去了，没有能够帮助朋友马刚金家打屋顶。

2012 年 1 月 16 日，星期一，农历十二月二十三，属鼠，晴

快要过年了，村民要在老房子杀鸡、杀猪献饭，已经修建好房子的人家即使没有装修也要做新房迁居仪式。今天李建华家做新房迁居仪式，请了他的亲戚朋友吃饭，其他再多的村民就没有请。

快要过春节了，打工的青年人都陆续回来了，李世华今天也回来了，希望与家人团圆过一个愉快的节日。村民的观念是，不论日子过得再困难，别人能回家过年，自己也要回家团圆好好过年。

2012 年 1 月 17 日，星期二，农历十二月二十四，属牛，晴

今天我到南沙办理李以后家的事情，说这是工伤，但是也得看老板的资金雄厚与否。原来想让老板多补偿一些，只是他也实在困难，所能补偿的三十万元还要向他的朋友们借，无奈之下也只能答应补偿到三十万零六千元了。根据姐夫的意思，这事基本上都由我负责办理。

村民小组发放每户的春节补贴费，说这是以村里的户数来发放的，每户发放给 150 元。据村民小组统计，村里现在已经是 239 户了，即使每户只是 150 元，政府还是要拿出一大笔钱的，总是比以前好多了。

2012 年 1 月 18 日，星期三，农历十二月二十五，属虎，晴

快到过春节了，这些天每天都有村民从新街镇购物回来，从早上到下午都有，从箐口村到新街镇这一段的路上行人、车辆就比平常多很多，大多数人家都是买家具和生活用品。今天就有李庆光夫妇等，他们买的是沙发、床等家具。这样也好，前两年是建盖房子，把房子大问题解决了，现在是解决家具小问题。孩子主要是买新衣服、新靴子，看着他们很高兴的，时不时就有孩子放几个鞭炮，过年的味道就是逐渐浓烈起来了。

上午，村委会与村民小组给村里特别困难的村民发放过年慰问品，因为本人已经不再任村民小组成员，有的事情也就不再过问了，任他们去处理。

2012 年 1 月 19 日，星期四，农历十二月二十六，属兔，晴

正当村民都高兴地忙于准备过年的事情，中午 12 点左右，箐口村的上空响起了两声清脆的鞭炮声，听惯且懂行的村民就知道这声音不正常，因为村里死人之后报丧的鞭炮声都是一起点火，响声只隔一两秒，村民就会知道村里死人了，相互间打听一下就知道谁死了。过后不久就传来消息说李惹木不在了。

李惹木，男，60 岁左右，他家有 6 口人。他是思茅地区林场退休回来的，因为一些原因没有能够正常拿到工资，生活比较困难，又经常喝醉酒，自身体质又差，不能正常劳作，村民都说是酒精中毒了。村里还有另外几个也是因酒精中毒而不能正常劳作的人，不点名也罢，生活本就困难，自己又惰，整天不是串到亲戚家喝酒，就是自己在家把青菜和萝卜当下酒菜，喝的又是食用酒精勾兑的劣质酒，每餐一喝就是半斤八两，常常是呆滞不醒的样子，很伤身体。常年这样喝下去，哪有不中毒不死的道理。酒，有时是好东西，但是，把握不好就是坏东西，还是少喝一点好。

死人也要讲究时候，今天，李惹木的死就不是时候了。村民都要过年了，家家户户都在忙着准备年货，给家里添新家具，给孩子买新衣裳，想的是该吃什么和该喝什么，人人都很高兴。真的，去得不是时候，要去也要等过了年再去嘛。

2012 年 1 月 20 日，星期五，农历十二月二十七，属龙，晴

李氏家做昨天死去的李惹木的棺材，树是从自己家的林里砍的，请了村里经常做棺材的卢正学的父亲来做。听说是他在世的时候就已经说好要自己管理长大的那棵树做棺材，家人也只好按照他的遗愿来办。树长在黄草岭背后的山上，离村里远，所以费了村民的很多精力才砍了抬回来。好在这样的丧事会有很多村民自觉来帮助，要不然，刚砍倒的树会很沉，需要费很多人力才抬得动。

2012年1月21日，星期六，农历十二月二十八，属蛇，晴

要过年了，有的人家会把死人送出去，但是每个家庭的做法不同。李惹木家的话，可能要放到过完年再来处理了。今天他们请了亲戚来奔丧，亲戚朋友还是得过来帮忙。只是，有的村民是不会来了，想着好好过年，不想让这样的晦气沾到自己身上。

2012年1月22日，星期日，农历十二月二十九，属马，晴

真是无奈，过年间应该大家都快乐地过，晚上居然会有李爱守家失火，惊动了隔壁的村民一起来救火。

村民都沉浸在过年的气氛里，有能力的人家都杀猪吃年饭了，现在的生活条件是比以前好多了，家家都是有肉吃有酒喝的，进到每家都有酒肉的香味，不吃也饱了。

2012年1月25日，星期三，农历正月初三，属鸡，晴

今天是初三，当村民们还沉浸在春节的快乐氛围里，我们四个弟兄在父亲的带领下来到了自己家的树林及苞谷地（在村西面一公里的地方）。父亲今年80多岁了，我们的田已经划分了，只是地还没有划分，是父亲的一个心病，也是我们四个弟兄的心愿，我们不想像其他村民家那样因为土地而出现纠纷。所以父亲打算在他身体尚为健康的时候来划分地，只是让我们五父子来决定这事，没有让妯娌们参加。在基本明确地形的情况下以"十"划了四份，标上1'2'3'4'抽签决定。

2012年1月30日，星期一，农历正月初八，属虎，多云转晴

村里主办李惹木的丧事，多数村民都还沉浸在过年的欢乐气氛中，他们家却要办理丧事了。一般村民当然有点不愿意去帮忙，或者说因为有亲戚朋友来做客，不能抽出身过来帮忙，只有他们家的亲戚和朋友不得已来的。

村民的一般说法是丧事办理不能翻过农历当月，在大年前去世的，更是不能翻过年。我知道多年前附近大鱼塘村有一个老人是大年三十去世的，出于民俗上的说法，他家也不选择日子当天就送上山了。我们村也有这种说法，只是不知道他家是怎样选择的，为什么到了今天才来办理。

2012年2月1日，星期三，农历正月初十，属龙，多云转晴

根据村里的葬礼程序，昨天为李惹木送了葬，今天李永林家还是要请客的。就是他主人家，老人过世，只能叫孩子的名字了，等吃过饭后，家人要安排几个年轻人再去修整一下李惹木的坟墓。今天以后，要是没有什么特殊的事情就不能再到他的坟墓前，只有特殊的情况才可以去的，如果平时去看的话，会给家人带来不祥。

2012年2月2日，星期四，农历正月十一，属蛇，多云转晴

今天，村民小组与老年协会处理以前作为村民小组报酬的机动田。应该是在1985年期间，村里调整田地的时候，为了给村民小组即村长一点报酬，以四个生产队为单位，每个生产队都留了几块田，由担任村民小组的人去管理，多少可以收一点谷子作为他们的报酬，现在，政府也会给每个村主任一点报酬。再者，几十届村民小组的连续变化，以及当村主任的人也没有很好地去管理，使得作为报酬的机动田有些年没有去栽种而放荒，村民又经常会来告状。这一届村民小组原本决定以拍卖的形式处理这些机动田，可是，处理过程中发生了一些事情，最后他们定了一个价钱，由前些年栽种管理的人家继续管理。

现在的村民家用电都很方便了，但是，办大事或者养着猪的人家还

是需要柴火的。今天看见卢学贵家运回来柴火，说是自己家养着猪，煮猪食，很需要柴火。

下午，李树华家发生了交通事故。听说是他的大儿子驾驶三轮车出去，在经过水卜龙村的时候出的事故，好在伤得不重。

2012 年 2 月 3 日，星期五，农历正月十二，属马，多云转晴

今天属马，前几天将李惹木送葬出去，今天就有几户人家做出门的祈福仪式了。要是村里还有死人没有送葬出去，就不能做祈福一类的仪式，理由是做了也会被死人的灵魂消解，不起作用的。村里本来有人家准备做这种仪式，但是，早早就听到村里有人去世的鞭炮声，证实以后就放弃当天做仪式的打算了。

政府征用了我们箐口村民家的地后，准备建设，就砍了一些村民家的树，而他们施工队又没有什么用处，最后还是让原来栽种的村民家收回。今天卢世华家就运回来了柴火，是堆放着晒干以后备用。

2012 年 2 月 4 日，星期六，农历正月十三，属羊，晴

李正林家做招魂仪式，他家女儿及女婿等参加。对于这种招魂仪式，村民叫作"伙杂枯"，"伙杂"即是吃饭，"枯"即是"叫"，直意就是叫吃饭。这种招魂一般用在六七十岁的老人身上，可以不请摩批，请的主要人物是姑姑、舅舅、儿女等。一般过程是参加的主要人物每一方要带一只鸡，杀了必须煮熟，之后由每一方的代表在他主人家门口（称呼是各自方的称谓）叫其"（爸爸、妈妈）回来吧，回来吧，我们来叫你回家了，在什么地方都快快回来"。之后回到堂屋（被叫的人事先就摆好桌子坐在那里了），每一方代表都要依次叫一遍，然后，他们把带着的一块布条戴到被叫人的头上，被叫人要喝一点叫时用的水，吃一碗饭，吃一点鸡肝拌瘦肉，就算结束。这时一家人可以一起用餐，这样的事情我也参加过几次，基本过程都知道。

到了这个时候，有时间的村民要整理秧田了。因为，再过一段时间就到了 2 月底 3 月初，村民都要育秧苗了，如果现在就给秧田除草，垒上新泥土，到时候人可以在田埂上行走，便于操作。今天卢建忠就开始整理秧田，还捉鱼回来煮着吃了。

2012 年 2 月 5 日，星期日，农历正月十四，属猴，晴

不知道今天是什么好日子，出门打工的年轻人格外多，张云、杨文光、李世华等早早就背着行李出发了，包括在矿山上带队打工的李永福小组的七八个人都在上午就出门了。"一年之计在于春，一日之计在于晨。"出门旨在平安得财，但愿他们心想事成吧。

什么时候能改变外面的人进村寨求财、本寨的人到外地求财、年初出门年终归门的现象呢？当然是不可能也没有必要的事情吧。随着旅游事业的开发，来村里的游客越来越多，村里的服务业也在慢慢地增多，就连村里的一些中老年人包括妇女偶尔也可以收到一些小费了。可是，由于环境与条件的限制，或者说是历史的原因，村里没有什么支柱产业，每户承包极其有限的梯田只能作为自给自足的粮食，家庭其他的开支绝对还是要靠出门打工赚取。目前来说，年轻人年初出门、年终归门的现象还要维持一定的时间，改变这一主潮流的动力何时产生值得我们拭目以待。

箐口村民养牛主要是用来耕田，这是箐口村一直以来的耕种方式。前些年气候比较干燥，有村民试验购买一台柴油机来犁田，可能是没有用习惯，也可能主要还是地势和土壤的原因，都说不方便，之后又都用牛来耕种，没有养牛的村民家借用亲戚家的牛或者是开工钱请村民去耕种。这样看来，不得不说村民养牛主要就是耕田犁地，这与有的地方养牛用来斗牛就不同了。可是，让我们分析一下，如果养的是母牛，三年两胎地生出牛崽来怎么办呢？很简单，在有能力养殖的情况下就让它长大，到一定的时候就可以卖了，包括养到十年八年犁不了田的牛都可以在市场价钱合适的情况下处理。今天张正和家的牛就要卖出去了，他家的牛已经养了七八年了，它是寨子里犁田最厉害的一头牛，正是体肥力壮让商人眼红的时候，再过些年就会瘦弱些了，到时卖出的话就要被商人砍价了。从他的儿子那里得知这头牛卖了8000元。我原想，这头牛卖出的价格应该是在六七千元，我在村里也观察了这么多年，以及这位经常来村里买牛的我也打过招呼，虽然他常常不说实在话，但是我多少还是能估计的。

  牛在村里主要是犁田、犁地，其次是养大了卖出去给家里经济上的补充，再次是用来祭祀。谁家死了老人都要陪葬一头牛，男的选择用公牛，女的选择用母牛。要是谁家有主要亲戚用牛来祭祀就得多牺牲一头牛，有七八家就要杀七八头，这也是村民养牛的一个目的，过苦扎扎节杀牛祭祀也是一个原因。

  李世得家今天到棕匹寨丧祭，可以这么说吧，这也像是在执行一种任务。要是在以前原则上用牛丧祭是要请全村的人参加，回来后还要请客招待村民。而现在的话，根据家族情况，只请比较亲近的村民和朋友参加，回来后请参加帮忙的人吃喝一顿就可以了，这就在人力、物力上减少很多，变得简单和过程化了。今天参加丧祭的也就是李世得家的亲戚和朋友，其他没有请到的村民参加的很少。

  下午，李志学家开始从他开的公路边阿略饭庄搬回家具，如床、桌子、椅子等，这也是一个政府行为，说是开发旅游需要，被政府征用了，有传言是政府征用补贴了190多万元给他，具体的金额当然不会告诉一般村民的。

  下午，李永林家做后院祭祀，村民的叫法是"作辗颇弱"（哈尼语），"作辗颇"是后院子的意思，"弱"即背或者祭祀的意思。按照一般的程序，无论哪一家死了人，把死人送上山后的一定时间里，他家要选择时间做这个祭祀，主要就是封后墙死了人的时候打通的一个洞。

2012年2月6日，星期一，农历正月十五，属鸡，晴

李世得家从棕匹寨子丧祭回来，下午还得请一个摩批做个法事，算是消除灾难的，也请朋友们吃喝一趟，才算是这次丧祭结束了。

南方的春天就是来得早，特别是这几天连续的晴天，感觉气温变暖了很多，树叶也发芽了，村民也开始整理秧田了。今天，张保祥、李学华等人整理秧田，基本都知道到了2月底3月初就可以育秧苗了。

2012年2月7日，星期二，农历正月十六，属狗，晴

上午，还是有几个李世得的朋友在他家吃饭，吃的也就是昨天晚上剩的饭菜。说是吃饭，我们男人是要喝上几杯的，有的朋友是吃饭不喝点酒是不行的，喝晕了就要休息。虽然都生活困难，但是看他们表面的生活还是过得比较愉快自在的。

2012年2月8日，星期三，农历正月十七，属猪，多云转晴

上午，村里发放《中华人民共和国农村土地承包经营权证及云南省农村土地承包合同书》，这已经是多年前的事情了，是根据这些年来调整重新做的统计。

2012年2月9日，星期四，农历正月十八，属鼠，晴

卢志明家在砍柴火，是他家被征用的一些地现在已经施工了，挖倒的树对施工的工人没什么用处，所以施工队叫他家去处理。虽然自己家烧得也不多，买的人也不多，只是认为自己家的柴火丢了觉得可惜，就从地里捡回来，运回自己家，晾干了以备后用。

晚上，有外地的戏团在村里的停车场演出，卖他们用酒泡着的一种药。要是以前的话，会有很多村民去尝试、去买的，可是，现在的传媒信息来得快，很多村民都在电视或者手机里知道外面太多的事情，都害怕被骗，很少有人去围观，只有少数几个村民带着试一试的心态去看了，只是十元钱一小瓶的药酒没有几个村民会买。

2012年2月10日，星期五，农历正月十九，属牛，晴

上午，听说有一个考察团队要来村里考察工作，村民小组与保洁员在村里打扫卫生，对村里的路面和水沟都进行了清理。打扫清理后倒是比没有打扫前干净、整洁多了。

中午，卢四云家的蘑菇顶房子着了火，说是他的小孩玩火弄的。小心啊，水火无情。箐口村的火灾是有名的，在历史上出现过几次大火灾了，经历过的老人们防火意识是很高的，所以，经常会教育子女不要玩火。

下午，元阳县植保站和新街镇农科站的人到村民李庆亮家的秧田打农药，是要试验除龙虾的药。

2012年2月11日，星期六，农历正月二十，属虎，多云转晴

在我的日志里，原来是不打算多提及自己或者自己家族的事情，可是，今天我又因为家里不得不参加的事情而没有抽出多余的时间去观察村民的生产、生活。但是，这样的事情是绝大多数村民家以前或者以后都要遇到的。考虑之后，还是将我家今天发生的事情提到日志中来。

我的父亲已经80多岁了，现在已经丧失了劳动力，父亲打算在身体尚算健康的时候划分家里的树林和地，这已经是父亲以及我们弟兄多年的愿望了。我们几个儿子在此之前就向父亲建议过几次了，我们都认为这件事是父亲的一块心病，也是我们的心病。不希望父亲将它带到阴间，给我们这一代或者下一代留下纠纷。我们四个弟兄也都已经是上30岁的人了，经常看见寨子里其他的弟兄就是因为老人生前没有料理这样的土地而出现纠纷，搞得弟兄不和睦，甚至发生动刀枪的冲突，之后各家互不来往也是有的，我们不希望这样的事情在我们家族发生。父亲和我们四兄弟希望我们能友好、和气、明白地划分林地（田已经在十年前就划分好了）。

现在已经进入播种期间了，为了便于确认，我们四个弟兄（父亲身体不好，前次基本划清就没有要求参加）一起到树林，在初三、初四已经基本划清的基础上再一次补桩划界，以便相互之间更明确，应该说不会再发生多大的纠纷了。而且，我们认为这是一个原则问题，这次划地包括在家吃饭开家庭会议都没有让妇女参加，以免她们吵嘴扰乱事情的处理。我认为，我们学习其他村民，其他家庭也可以借鉴我们的方法，使得家族成员能够和谐、科学、友好地相处。

昨天通知要来一个考察团队，今天还有一个团队来。这期间是游客最多的时候，每天的游客还是不少的。

2012年2月12日，星期日，农历正月二十一，属兔，多云转晴

卢同则整理秧田，借用寨子脚水卜龙村民家的一块田。因为育秧苗要用最肥的田，他家的田都在麻栗寨河底，离家远且不便于管理。而水卜龙寨子的田就在我们寨子脚，经常都是灌溉村民丢到沟里的猪粪牛粪水，田很肥。所以，卢同则商量用水卜龙寨子这一家的一块田来育他家的秧苗，到时候，适当给水卜龙这一家一点粮食或者经济上的补偿就行。

村民小组组织人去砍竹子，将砍回来的竹子劈开来围停车场旁边的垃圾堆放处，进行适当的遮挡。因为停车场旁边的垃圾堆放处要是不围一点的话，村民会不自觉地把垃圾都丢到别人家的地里，进来的游客们都会看得到，会感觉很不舒服。

2012年2月13日，星期一，农历正月二十二，属龙，多云转晴

年又过完了，年轻人也要外出打工了。今天看见卢正学、李贵文两个人也要出去了，说他们两个是年轻人是有点过了，其实都已经是40多岁的人了，他们从小都是吃这碗饭长大的，多少能做一些，这一段时间家里的事情不算太忙，又没有什么经济来源，还是得依靠出去挣几个钱来维持生活。

我认为，交通方便了是百利的事情，对开车的人也好，对做生意的人也好，对农民也好，总之就是方便。今天上午就有一个例子，一个外地做生意的人开车运化肥来村里，主要有尿素每袋110元，过磷酸钙每袋45元，还有苞谷种等，生意服务到门。再说，快要到种苞谷、黄豆的时间了，也是村民们正要去买的时候。他该赚的钱也赚了，农民该省的运费也可以省了，这个连不识字的村民妇女都知道的确是好事。生意也挺不错的，一小卡车的化肥一会儿就被买完了。

新一年开始了，村里集体的祭祀也要重新开始。今天是新街镇的集日，后天要做祭火神的祭祀（本地哈尼语叫作"咪咪咪"），要用的牲牺今天可以在街上购买。摩批李正林安排今年的"龙头"（不要用汉语里的"龙"来理解，"龙头"是对每年村里祭祀负责向每家每户收取费用的人的称呼）去采购物资，一般是两个中年男人，一直从四个生产队中选取，每个生产队一人。今年是一、二生产队的，一队是李爱生，二队是李世忠，按照现在的程序下去，明年就从三、四生产队中产生。当"龙头"虽然没有当"咪古"的条件严格，但是，还是有一定的标准，主要就是家庭和睦、子女健康，家里在某种程度上有问题的一般不让当选，一般由负责村里祭祀事务的大摩批李正林主要安排。今天由于时间仓促，两个龙头没有来得及向村民收钱，而由村民小组暂时垫支，过些日子向村民收来后再还给村民小组。

2012年2月14日，星期二，农历正月二十三，属蛇，晴

村民已经开始播种了，今天卢建忠、马卫明等妇女去种黄豆、苞谷。

前几天李庆亮家的秧田里用了龙虾药，今天，我们去看的时候的确对治理龙虾有用，不过，有点不好的是，连田里的鳝鱼、泥鳅都闹死了。我们认为：鳝鱼、泥鳅等都是种田人的副产品，闹死了这些，我们种田时候的美食就少了，我是很不喜欢这种药的。

2012年2月15日，星期三，农历正月二十四，属马，晴

今天村里祭火神（哈尼语"咪咪咪"），一年的祭祀活动就由祭火神开始，这个祭祀要在寨子头一个箐沟边做，就是要避免看到寨子，就在原来收回来给村里的小学生上劳动课用的学生劳动用地。

有人认为，在野外吃饭不太卫生，可是，已经习惯了的我们认为那样的田间地头没有什么污染，还是很干净的，我经历了这么多年，还乐于参加这样的活动。几个年轻人约起来，从家里带一些配料，带上自己的烟酒，几个人围坐在一起，吃的主要是分来的祭祀牺牲肉品，这样有说有笑地喝酒吃饭是一件愉快的事情。

2012年2月16日，星期四，农历正月二十五，属羊，晴

上午，今年的两个龙头李爱生、李世忠来收祭祀火神的费用。因为此前，李正林找不到能担任的人，这些都是李氏家族的人，很多祭祀都要他来做，他们是要听李正林的话，前天要做祭祀来不及向每户收取所需要的费用，今天是来补收。

2012年2月17日，星期五，农历正月二十六，属猴，晴

李庆伍家请妇女背石头到田边，准备砌他家的田埂，每个妇女每天的工钱是50元，今天有八个，仅工钱就要开支400元了。

李庆伍家在他们这一代人一共有5个弟兄，一个妹子，他就是第五个儿子，现在都已经成家立业。本来我们箐口村田地就少，他们家这样分成五份就更少了，他家准备要砌的这块田下方是另外一家的田，每年秋收要锄草一次，多少会被铲掉一些。李庆伍为了防止田被铲就要想办法砌田埂，这几年他又带着几个弟兄做建筑发了一点财，正好就可以去做了。

2012年2月18日，星期六，农历正月二十七，属鸡，阴，全天有雾

我在前面的日记里说到了，育秧的时间一般是在2月底3月初，可是，好像没有说播种黄豆和玉米的时间，正是这个时候，一般是在2月中上旬，今天是看见张明德、李志和等人去种黄豆、苞谷。

2012年2月19日，星期日，农历正月二十八，属狗，晴

因为外甥的事情，我去全福庄准备他住院期间的单据，以及各种相关的凭证。他们家人也是吃了没有文化的亏，姐姐和姐夫一生务农，连本地汉语也不能讲几句，硬是委托我去办理，我也只好抽时间过去帮助了。

2012年2月21日，星期二，农历正月三十，属鼠，晴

早上，我是过去全福庄姐姐家，说明昨天合作医疗补贴没有办成的事情。他们家人也基本知道是谁告的状了，只有暂时先把材料放家里。

昨天晚上，黄土坡李四才老人去世了，这老人有点特殊，一生未娶妻，一个人在大哥李志荣家门前搭一个小屋过日子，农忙时候帮助村民做力所能及的事情，好心人多少会给几个小钱，除此之外，很少出去打工，是村里特殊的五保户，上面有什么特殊的政策都要照顾他。现在，他过世了，就是因为终身未娶，也只能按照村里没有娶妻的民俗来办理。上午，知道的村民们都过去帮助，而他的大哥也是尽了他的能力来办理伙食，做好棺材后就送葬了，帮助的村民将他安葬好之后回来吃的饭。我一直都在家，没有多少事情也跟着其村民去帮助了。

2012年2月23日，星期四，农历二月初二，属虎，晴

今天是属虎，做法事的人家有张文学家，摩批是张保祥；李正祥家，摩批是张正和；张学亮家，摩批是从其他寨子请来的。今天做法事的人家还有点多，我不知道的还有几家。

今天，卢迁家到团结村委会老丈人家丧祭，请了亲戚朋友过去，不准备请客，就只是通知了比较亲近的人。不过，一个寨子的人，基本都

是亲戚，又不是很忙的时候，去的村民还是多的。

村里要过昂玛突节了，今天属虎，由摩批李正林主持叫寨魂。

2012年2月24日，星期五，农历二月初三，属兔，晴

卢迁家是昨天过去丧祭的，今天在那边吃过中午饭以后回来，因为是妻子的堂哥家，我也过去帮助了。

下午，还是请去帮助的人和他们卢氏家族的人来吃饭，有七八桌人，在我们村办这样一个事情很忙，也热闹。

2012年2月25日，星期六，农历二月初四，属龙，晴

上午，村里发放2011年下半年农村最低生活保障费，每人四十四元，现在是以人数来发放。

今天，李世忠和李爱生两个龙头又来收取今年过昂玛突节的费用，每户是收了16元。

上午，黄土坡张志学的老父亲去世了，知道的村民有时间就要去帮忙。

这几天天气好，每天都有村民家育秧苗。今天是李正祥家、张正祥家、卢荣家、李正安家、李正新家等。

2012年2月26日，星期日，农历二月初五，属蛇，多云转晴

早上，李田明老人赶着5只鸭子回来，问这是谁家的鸭子，路过有一个村民说可能是李贵文家的。李田明说他家的秧苗昨天刚撒到田里，今天早上就被这几只鸭子又踩又吃，他要赶着去找主人家，要求他家要放到其他地方去。不然的话，鸭子还会过来。

2012年2月27日，星期一，农历二月初六，属马，多云

卢家贵的秧田被牛踩坏了，还踩坏了我家的地。没有办法，这一段

时间青草没有了，牛只要看到青草就会跑来，哪里有点绿色的都会找来。所以，村民都很重视自己家的秧苗，家人都要经常看管，一是要看鸭子和牛等牲畜来破坏；二是要看泥土的潮湿度，还是要用心关照，没有什么东西是不费力气就能得来的。

按照昂玛突节的进程，今天下午是封寨门，一个是在停车场的进村口，一个是在寨子脚的出村口。几个咪古分工，大咪古和主要助手在寨子头停车场这边，其他的四个要在寨子脚的一边，时间是在傍晚六点左右播种的村民基本回来以后。

2012年2月28日，星期二，农历二月初七，属羊，多云转晴

从村里到土锅寨学校要经过一段公路，公路很窄，没有学生的人行道，很不安全。在我任村民干部的时候向学校和有关单位都说过这件事情，他们就是不重视，今天听说村里的学生李松被车子撞伤，送到新街镇人民医院不能医治而直接送往个旧市人民医院，说还很严重，最后结果还得看造化。

今天到寨神林杀猪，忌讳村民到寨神林，在做祭祀期间，也忌讳咪咕之间讲话，就根本不允许村民与咪古搭话。从整个寨子习俗来说，是最严肃的一天了。

晚上，去年到现在生有孩子的家长要做一桌饭菜到大咪古家敬酒。

2012年2月29日，星期三，农历二月初八，属猴，晴

按照村里过昂玛突节的程序，今天是要到寨神林祭祀，每户要抬一桌子菜，带一些烟酒，在咪咕的带队下去到寨神林祭祀，是寨神林最热闹的一天，要放很多的鞭炮。

从寨神林回来以后，下午到晚上就在自己家喝酒、吃饭了，还是比较热闹的，而村里只要过节，多少会有亲戚朋友过来，村里的停车场都是停满了车的。

2012年3月1日，星期四，农历二月初九，属鸡，晴

昨天，我们是到寨神林祭祀。按照过程，今天要到咪古院子摆桌子，就是每户做好一桌子饭菜去，这也就是有人所说的长街宴。因为桌子是摆在寨子的路上，200多张桌子摆在一起，友好的朋友在一起吃喝是很愉快的事情，要是有其他的亲戚朋友来参加就更是热闹了。

其实，在我们箐口村来说，我认为不能说这个为长街宴。我观察我们村今天主要的事情是村里的摩批李正林看咪咕和几个老人献水井和石虎的鸡肋，如果看出来的鸡肋是正常的卦，参加的人明年可以继续参加祭祀，要是不正常的话，他就要建议某某不能参加。而所有来摆桌子参加的村民都想摆在咪古家的院子里，只是，我们村谁家的院子也没有多大，在咪古家的院子里摆不下，就由着路摆开了，一个寨子200多户，可以想象一下，摆出来的样子就有点长了，如果寨子再大的就更长，所谓的长街宴就是文化人根据这个样子称呼出来的吧，我是这样想的。

黄土坡李四文家办理丧事，有村民李伟家去奔丧。黄土坡离我们寨子有三四百米远，这些集体的祭祀黄土坡是不参与的，所以，虽然黄土坡在办丧事，我们照样过昂玛突节。要不然的话，时间上可能要稍微变化一点了，最可能的是只有寨子里的大事结束了，私人家的丧事才能办的，或者，集体的祭祀推后一些。正常情况下，村民的集体祭祀和私人的丧事是不在同一时间办理的。

2012年3月2日，星期五，农历二月初十，属狗，晴

今天送葬礼李四才老人，村民说他是从阿挡寨迁过来的，按照他生前的遗愿，他死了要回到他的故乡去。所以，今天是送到了阿挡寨的地界山头上，路程有点远，去帮助送葬的年轻人回来都说累，安埋好回来也有点晚了。

虽然说是一个寨子，但是，黄土坡还是离我们箐口大寨子有三四百米远，所以，李伟家丧祭还是到黄土坡去，昨天过去，今天上午在歇脚

的人家吃了中午饭再回来。到了下午，还请了摩批张正和打扫这次事情的卫生，也请了去帮助的亲戚朋友吃饭，表示一点谢意。我们农村就是这样，话不一定说，行动事实上就是这样的意思，担任主要责任的师傅是要专门去请的。

2012年3月3日，星期六，农历二月十一，属猪，多云间晴

根据村里的葬礼程序，黄土坡李四文家请客，李四文的后母是我的舅妈，某种关系上还是亲戚，我是应该去做客见面的。可是，这两天生病感冒了，全身没有力气，想好好休息而没有去做客，虽然有点不好意思，但也没有办法，不可能什么事情或者什么人家都要去到。

今天，李文科家和李小生家到新街镇团结村委会上广坪村丧祭，他们两家都是到同一家丧祭的。李小生和李文科都是我的朋友，而李文科家与我家更亲近一些，我就跟着他家去帮忙了。

中午，李朝生家的茅草房被烧，附近村民还是着急了一下。村里以前都是茅草房，每年到了这个干旱的时候多少会出现一些火灾，所以每年的这个时候都是人心惶惶，都要预防火灾。现在，村民的生活条件在改善，村民都不愿意建茅草房子了，因为很不安全，都害怕茅草房一不小心被烧了。所以，十多年前是村民买石棉瓦来改造茅草房，现在都是要建成砖混结构的水泥房，一是要做大、做宽，二是要防止火灾，三是要做牢固、卫生。逐渐地，村里真正意义上的茅草房没有几户了。

2012年3月4日，星期日，农历二月十二，属鼠，阴，有中雨

昨天到团结村委会上广坪丧祭的李文科家和李小生家都回来了。下午，两家都请了摩批打扫这次祭祀的卫生，还要请过去帮助的人来吃饭、喝酒。

这两天每天都有育秧苗的村民，今天下午我大哥张明生就育秧苗了，只是刚撒下去不久就被雨水淋了，他心里还是有点不愉快。如果这个时

候不下雨，育的秧苗就不会有多大的问题，会正常生长。所以，我想他也没有必要重新做育秧的准备，只要等着观察就好了。

2012年3月5日，星期一，农历二月十三，属牛，晴

今天李庆福家拆茅草房子，准备重新建造了。他家生活条件还是比较艰苦的，但是，人家都建起了新房子，自己却住着茅草老房子，心里也是不舒服。前些年他家嫁了女儿，可能节省了一点婆家过的礼金，或者是以前就节省好了，总之，就是要建盖房子了。

2012年3月6日，星期二，农历二月十四，属虎，晴

我的习惯是到了2月底3月初天气变暖后才育秧苗，所以，捂秧苗比别的村民晚一些，秧苗发芽的时间就要晚一些。今天才撒秧苗到田里，认为只要天气好，晚一点无所谓，最主要的要看今年的气候和品种。

今天做祈福仪式的有李庆云等人家，这个朋友是读过书的，是村里文化知识比较高一点的人了，但是，我发觉他每年都要做这样的仪式，是否做了这个仪式要灵验一些呢？在我看来未必。主要事在人为，贵在一个人是否有处理某种事情的能力，要是时机成熟了，所做的事情应该会顺利的。

2012年3月7日，星期三，农历二月十五，属兔，晴

李光明家今天撒秧，到目前为止，村民家的秧苗基本上都育到田里了，要不是天气变冷，到了一定时候该会正常生长了。而且是长得一天比一天快，要是没有劳动力的话，田都来不及整理。

2012年3月8日，星期四，农历二月十六，属龙，晴

今天是"三八"妇女节，前两年，村里的几个妇女知道今天是她们妇女的节日，就到有关单位申请搞一点活动，今年没有申请，村里也就

没有组织什么活动，像往年那样平静了。

今天新街镇农科站的人来拆除在李以略家田里做的石棉瓦等材料，说是今年不准备在他家田里做试验了，要把田里他们去年做的垃圾清理再把田好交给主人家。

2012年3月9日，星期五，农历二月十七，属蛇，晴

村民的秧苗已经基本上撒到田里去了，下一步的农事应该就是看管好田水和整治梯田了。今天张文和家和卢朝生两家耙田，这两个勤劳的农民，天气晴朗，就早早开始耙田了，目的是把田耙松了放水养着，这是最主要的；其次是养着鱼的话，土质松软了以后，鱼也会长得更快一些，这是我做农民这么多年的经验。

2012年3月10日，星期六，农历二月十八，属马，多云转晴

像一种流行风一样，或者说村民的生活水平逐渐提高后还想再提高的一种人们的普遍愿望。我发觉村里这几年做法事的村民就是多，特别是开春的这一段时间要比其他的时间多。这几天村民说的所谓好日子，是属马、属虎、属猪这些天。从国防路到村里的这一段路上，这几个日子每天都会有做法事的村民家。今天是属马日，也不例外，有李志文家，摩批是李树华，他们两个有一定的亲属关系，自然就请他来做。

还有一家是李庆林家，他家是修复前些年做在寨子脚张志贵家秧田下的一个小桥。有的村民很不走运时就会相信铺路搭桥，植树让人乘凉，做休息台就会改变他们的命运。李庆林就是其中一个，他这么多年不走好运，发不了财，所以前两年就在张志贵家秧田下做了一个小桥，今天是祭祀了一下，希望给他带来好运。

2012年3月11日，星期日，农历二月十九，属羊，晴

村民办理葬礼，都要选择日子的。我们张氏家张志学父亲过世已经

几天了，就是因为选择日子，到现在都没有送出去，今天才办理他家的葬礼。今天主要是祭祀，我们是张氏一家人，在家的时候是必须要过去帮忙的。根据以前困难日子所规定的做法，我们张氏每户人家还要集资一些大米和黄豆做我们的伙食。这样做，并不是主人家没有能力处理这样的丧事，我相信现在的每户人家都有办法、有能力，只是在20世纪70、80年代困难的日子就不同了，在那样困难的时候能集资起这样的一点物资也是解决了家里的一大困难，所以，就一直这样延续下来成为家规。

到了这个年纪，没有事情做是不可能的，只是，事情没有一天可以做完的，就要看先处理什么。我们张氏家遇到这样的事情，他们几个弟兄也过来帮助过的，现在，我也该过去帮助了，就约了几个家族的人过去了。说是帮助，其实也做不了什么，只能帮助做一些伙食上的事情，当然，也有一些零碎的事情可以做。

2012年3月12日，星期一，农历二月二十，属猴，晴

早上起床以后，还是过去帮助张志学家，等吃过中午饭休息一阵，到了下午三四点钟就要送葬张氏老人了，安埋好以后回来再用餐。

朋友卢正明的妻子就是张志学的姐姐，也是今天送葬张氏老人的女儿，所以，这次卢正明家也去丧祭了。他们的伙食是在张有春家办理的，伙食老总由朋友卢建忠来干，因为喝了一点酒，与其他朋友吵嘴以后赌气就拿着自己的菜刀回来了，知道这个消息的朋友过去的一路上都在说笑这个事情，议论着某个人怎样——很好玩的。

2012年3月13日，星期二，农历二月二十一，属鸡，晴

按照葬礼的程序，今天是张志学家请客接待，还没有到插秧的农忙时间，朋友约我一起过去帮忙了。到今天就有3天的时间了，我们农村出了这样一桩事情是很费时间的，要是亲戚或者更近一点的朋友，更是要花上很多时间。

喝酒误事，我不知道村民为什么这么爱喝酒。有的村民直接到了中毒的情况，每天都是喝得晕晕的，而这两天我要帮我们张氏家处理丧事，与村民朋友在一起，也是喝的多了一些，回来也不想做什么事情，只好休息恢复身体才有清醒的头脑做事情，而时间却这样过去了，喝多一次就是后悔。喝酒，还是要控制的。

2012年3月14日，星期三，农历二月二十二，属狗，晴，下午有阵雨

今天，看见张文和叔叔去犁田。这个勤劳的叔叔，一生以种田为业，田块不多，基本都是夫妻两口子收割、栽种，农事基本每年都要提前其他村民完成。

李宏家砌田埂，也是因为去年建房子，没有时间去整田，到了现在要插秧的时间是不得不整田了，否则，会误了插秧的时间。

2012年3月15日，星期四，农历二月二十三，属猪，晴

今天，我是跟着大表哥普灿到他老家金平县十里村，他们家是他父亲到元阳县公安局上班之后迁过来的，而亲戚就是一家人，他老家那边有什么事情都会通知他们过去，经常往来。他知道这几年金平县种植了很多石斛（就是黄草，是一种名贵药材），生意很好，价钱很昂贵，好的品种1公斤可以卖到1000元以上，就带着我去金平县考察石斛栽培的情况，如果合适的话，他是想投资在箐口村一带栽培一点，就带着我去学习。

我是早上就过去了，村里的事情没有观察就不知道了。

2012年3月16日，星期五，农历二月二十四，属鼠，晴

我发觉，人到中年，时间就是过得快，昨天与大表哥到金平县去考察石斛栽培情况，今天才返回来，一去一回，又是过了2天的时间，村

里发生什么事情都没有过问了。没有办法，有些日子外出一段时间，村里的事情就无法记录。

2012年3月17日，星期六，农历二月二十五，属牛，晴

张明生家犁田，因为去年忙着建房子，没有来得及犁田，到了现在才犁第一道，估计快要插秧就多耙几道这样解决了。

可能是天气变化的原因，最近听说村里有很多村民生病，有小孩，有大人，要是注意观察就会发现每天都有三五个人说是要到新街镇打针、买药的。也难怪，连多少年没有生病的我十多天前还生了一次大感冒，严重到有两天没有吃饭只喝一点水，由于不打针、吃药连续了十几天还没有完全恢复，到现在还感觉不是很好。今天又是有张李祥的母亲带着才一岁多的孙子去打针，说是已经生病了几天了，估计还要打一两天的针才会恢复。

2012年3月18日，星期日，农历二月二十六，属虎，晴

上午，我是到全福庄村过问外甥李以后合作医疗保险的事情。我们农村实行合作医疗保险以后，很多住院的病人都可以得到一些补贴，外甥李以后的事情也是这样。住院用了8万多元，但都是老板拿来的，现在出院了，要是能补贴的话，可以补到4万多元，在我们农村还是一大笔，他们家人没有读过多少书，连本地汉语都不会说多少，叫我帮助去办理一下，所以，我过去拿住院单据。

我从全福庄回来以后，知道卢迁的父亲病危。他是妻子的大爹，某种关系上还是亲戚，过去看望了一下，已经是80多岁的老人，可能不会康复了，他们家人得准备老人的后事，因为是妻子的大爹，我还是得准备一点钱，还是得去照面。

2012年3月19日，星期一，农历二月二十七，属兔，晴

因为卢迁的父亲生病，他的妻子到全福庄找占卦尼玛。尼玛说是卢迁的妻子在她母亲去世时魂灵就不在她身边了，被她的母亲叫去，要请我和李正和到团结村委会下广坪她母亲墓前叫魂，一定要拿一根棍子，把棍子插到棺材叫了才算，第一眼见到什么动物要捉了回来。我还是第一次做这样的事情，因为有一个同年龄的李正和，还是大白天，没有什么害怕的，要是晚上的话，我估计也会害怕的，得多叫几个人才行。如尼玛说的，我们两个在坟墓边找了一下，是找着一只不知道叫什么的小动物，就像他们说的那样装到瓶子里带了回来，之后是到卢迁家中柱边放生。

因为路程远，我和李正和花的时间长些，当我们回到箐口村的时候，卢迁的父亲卢志新已经去世了，享年83岁。家人和亲戚都过来帮助做他的丧事了，都已经是80多岁的老人了，没有什么可以说的，只要好好给他送终。

2012年3月20日，星期二，农历二月二十八，属龙，晴

卢迁弟兄与妻子是堂兄妹，还是带着亲戚关系的，出于面子问题，我还是去帮助他们家做事情了。昨天去世，来不及打扫他们家里的卫生，他们又要准备来人的伙食，就没有召集亲戚们来，但是寨子里知道的亲戚都过来了，其他外地的亲戚的话，只有通知了才会来的。今天的村民就是正常地帮忙做棺材，准备明天的伙食。

2012年3月21日，星期三，农历二月二十九，属蛇，晴

因为干旱，眼看田里的水都要干完了，村民是等不及上面政府来修理水沟了，只有自发组织去挖水沟。原来村民叫"俸干干兴"的一条水沟，就是"新水沟"，可能是后期才开挖出来的，主要灌溉我们箐口村麻栗寨河边的一些田，还有棕匹寨、昌寨等海拔低一些的田，我们箐口村民灌溉

的面积不是很多，只有几十户，所以，主要是这几十户组织了过去修复。

卢迁家召集了亲戚来奔丧，我观察了一下，大概有 40 桌人用餐，他家的亲戚在我们村来说是少一点的了，多的有的要摆七八十桌的。所以，召集亲戚朋友来奔丧的今天是会有点忙，特别是做伙食的这一帮人，要是不勤快一点，有时还做不好。

2012 年 3 月 22 日，星期四，农历三月初一，属马，晴

因为已经连续多天是晴天，正是干旱的季节，很多村民田里的水都干了，村民都着急了。今天是村民小组组织村民去挖水沟，是一条叫打碑寨子的水沟，原来的元阳县酒厂用这条水沟的水，每年都要给费用安排人员管理赶水，水源就在我们箐口村的地界上。我们箐口村的很多田都需要用这条水沟来灌溉，其他寨子的人可以不管，我们箐口村民是要管的，现在很多村民都把它认作是自己村里的水沟了，自己需要就会组织去修理。

2012 年 3 月 23 日，星期五，农历三月初二，属羊，晴

中午，云南农业大学的老师来调查他们安装的气象站情况，说是有的信息在他们学校收不到了，所以，这次特意下来检查。我跟他们合作几年了，每次他们来人都要找到我，这次也是，中午就跟他们走了一会儿，回来再去买今天晚上要到卢迁家发放的糖果。

卢迁的父亲是妻子的大爷，出于亲戚的关系，我们家今天晚上是到他家发放糖果，请了杨正明朋友唱哈尼古歌，直到凌晨 5 点以后再回来休息。听说我们箐口村晚上来玩的人多，买了 1200 个面包、几斤瓜子、几包糖，还有烟酒，一天下来，发现剩余的不多了，还是花费了我几千元。

2012 年 3 月 24 日，星期六，农历三月初三，属猴，多云

根据卢迁家选择的日子，还没有到送葬的时间，因为是上了年纪的正常死亡老人，亲戚们都要来送终，所以，每天晚上都有亲戚家来发放糖果，通宵唱哈尼族的古歌，叫作"养老一天"。昨天是我们家过去，今天晚上是卢迁的媳妇家来，他家是大儿媳，说好了还要来杀牛丧祭的，我们村处理一桩老人的丧事是很费时间和精力的。

2012年3月25日，星期日，农历三月初四，属鸡，多云转晴

李正荣是绿春县退休的老工人，前些年才回到箐口村来的，按照自己家的习惯，今天组织几个亲人去上坟，只是去上他过世妻子的坟，请的人不多。

还没有到插秧的农忙时节，每天基本上做一点自己的事情，多数就在卢迁家帮忙了。

2012年3月26日，星期一，农历三月初五，属狗，多云

到目前来看，准备来卢迁家丧祭的有四家，他们家认为这样有点多了，想推掉麻栗寨一家的。今天卢迁华、卢则龙、卢华三人到麻栗寨去劝退，可是，对方家认为这是最亲的人了，以前是没有能力来往，现在有了这个能力，而且都已经准备好了，是不可能推掉的。

今天，红河州农牧局、元阳县农牧局以及新街镇农科站等来村里，要我带着他们到田里做试验消灭龙虾，地点选择在卢宽亮家田中。我们把田块的水源用泥土分开，配上不同比例的农药（敌杀死），再来观察效果，具体的专业用语我不会表达，我们的目标是只能杀死龙虾而不能杀死其他的螺蛳、鱼、泥鳅、鳝鱼等，就先在卢宽亮家的一块田里做试验，等明天观察了情况再下结论，科学就是这样。

2012年3月27日，星期二，农历三月初六，属猪，多云转晴

今天上午，元阳县农牧局、新街镇农科站的工作人员还是要我带着去看试验的情况，发现药量少的龙虾也能死，而小鱼没有死，而有的区

域里药量大的鱼也能死。我们基本就定出了用药量，就是15公斤水量喷雾器放两小滴敌杀死药水打水深十五六厘米的4到5分面积的田，这样的话，可以保证龙虾死而鱼不会死，我们就可以根据这样的结论打药了。

卢迁华家是准备明天的祭祀用品，而因为妻子的关系，我也要按照民俗的做法杀一头小猪去祭祀，今天还得去准备所要用的东西，我们农村就是麻烦。

2012年3月28日，星期三，农历三月初七，属鼠，多云

今天办卢迁家的丧事，来丧祭的有其团结村的大儿媳家、有本寨子李爱手家、麻栗寨其姑姑方一家的。团结村广坪的家在李正祥家办理，麻栗寨一家的在杨正明家办理，其女儿一家在张学亮家办理，至于李爱手家是本寨子的，就在自己家办理了。

2012年3月29日，星期四，农历三月初八，属牛，多云

昨天，祭祀了以后，今天就要送葬卢迁家老人了。上午，吃过中午饭以后，村民可以适当地休息一下，村里正常情况是下午3点以后送葬。到时候，村民都集中起来送葬，年轻人出主要的力量，而中老年人就烧这几天来丧祭的猪头、牛头，做好去帮忙安埋的年轻人的伙食，妇女们则打扫卫生，还是够忙的。

2012年3月30日，星期五，农历三月初九，属虎，多云

如果按照村里的一般情况，有两个以上弟兄的家庭，要在最后一个老人去世送走后待客一天，他们弟兄是要分开办伙食的，可以请自己的亲戚或者朋友来做客。可是，今天的卢迁和卢迁华两个兄弟是没有分开办伙食，都是统一起来办理，至于收到的礼金可以商量分开来用，以后各还各的礼。

村里今天原本该是祭山神，可是，今天的村民都忙着到卢迁家做客，祭祀山神的事情就推到下一轮了。

2012 年 3 月 31 日，星期六，农历三月初十，属兔，多云

卢迁家昨天接待了以后，本来可以轻松一点了，可是，为了表示谢意，今天还是请了帮助料理重要事情的村民来吃饭，我们是亲戚又是朋友，上午还是过去跟他们吃饭了。说是吃饭，几个年轻人在一起哪能不喝一点酒呢？而喝了一点酒以后，还能做什么呢？只有稍微休息一会儿，身体恢复一点才能做其他的事情。我不知道人们为什么要喝酒，喝酒到底有什么好处？总之，还是少喝一点好。

2012 年 4 月 1 日，星期日，农历三月十一，属龙，多云间晴

村里，前两天才送葬了卢迁的父亲，今天中午又有李小生的母亲去世了。就像很多村民说的一样，这两年村里死的人的确是比往年多了一些，几乎每个月都有人死亡，每家做几天的祭祀，村民累计用的丧祭时间多了，给人一种寨子人都生活在死人阴影下的感觉，有点开玩笑地说，我们吃牛肉都害怕了。

李小生母亲，据他的家人说已经有90多岁了，应该是在95六岁了，是现在寨子里年纪最大的老人，我们都认为一个人能活到这样的年纪已经不错了，算是身体好的老人。只是，有点好笑的是，或许是村民小组登记的时候有错误，她身份证的年纪没有这么大，其他比她小的人都拿到80岁以上的高龄补贴了，而她却没有拿到，有点误事了，她的儿子问我的时候就说："看看户口簿登记情况，确实是有误了，现在更改年龄又是不可能的事情。"

下午，有村民从街上买回来小鸭子，打听说是5元一只。由于小鸭子可以从街上就买了，这两年村里养鸭子的人家多起来了，少的只是养了五六只，用他们的话说是："养着早晚要看，就当锻炼身体了"。有的则是养了五六十只，直接养在田棚里，如李正新家、李志学家、卢开亮家等，养大了就卖出去，还可以产蛋，多少可以解决家庭的一部分伙食。李正新到田间是与我家同一路的，经常看见他捡蛋回来，多数还卖给需要的人，一个鸭蛋现在是1.5元，说是他今年已经卖了三四百个鸭蛋，找了五六百元的烟、酒钱。

2012年4月2日，星期一，农历三月十二，属蛇，晴

李小生家通知了亲戚来奔丧，自己家杀了一头猪，就是做来人的伙食。现在村民的生活条件好了，基本上每家都是这样，只要家里出了事情就会杀一头猪，一个是的确要办理伙食，二是家人的面子也足了。

2012年4月3日，星期二，农历三月十三，属马，晴

今天，表哥普灿家来上坟，他父亲一辈在元阳县上班，他们一家都成了元阳县的汉族，两个老人都安息在我们这边的山上。今年就在我们老家办理伙食，杀了一头猪，其他的蔬菜在我们家地里采摘的，他们都是在单位上班拿工资的人，带来了很多朋友，加上家里的一些亲戚，今天还是摆了六七桌饭菜。这年头，可能是营养过剩了，大家都吃不了多少，做的菜是多了，剩了很多。

我今天的事情就是当炊事员，五六桌的饭菜，一会儿找配料，一会儿找油盐，一天下来，还是够辛苦的，炊事员不好当，闻都闻饱了，还有胃口吃吗？跟着他们喝了两杯就忘记吃饭了，好喝酒的人吃饭就是麻烦。

2012年4月4日，星期三，农历三月十四，属羊，晴

昨天是帮助表哥家上坟，给他们做后勤，忙这忙那的，晚上又喝了一点酒，有点累。今天吃过饭回来就休息，清醒一点后做自己的事情。大家都知道喝酒很伤身体，就是不知道村民为什么还是那么爱喝酒，有的简直是天天喝，每餐都喝，直接是到了中毒的情况。在村里，喝酒还

是悠着点好。

中午，还是下去到大哥张明生家吃饭，看见几个邻居家的老人在磨秋场烤太阳，就叫了他们几个老人也到家里吃饭。家里还有那么多好吃的饭菜，都是大爹大叔的，有这样的机会，能请他们吃一顿饭尽我们的一份孝心也好。

2012年4月6日，星期五，农历三月十六，属鸡，晴

这几天的天气都比较晴朗，气温也在回升起来，植物都返青，村民们的秧苗都长高了。渐渐地，在田里做活的村民也多起来了，一眼看去都可以看到很多劳作的农民，有的是犁田（李学家），有的是耙田，有的是修复田埂（李院生、卢学贵），有的是除草等，不一而足。用人们的话来说就是要到过梯田节了（最农忙的是4月底5月初插秧的期间和9月底10月初收割的时候，就是抢栽和抢收的几天），要是有人想拍摄这方面的材料，这两个时候来正是时候，用不着请人，直接就可以到田间拍摄真实的情况了。

2012年4月7日，星期六，农历三月十七，属狗，多云，有小雨

李世忠和李爱生收今年祭祀山神的钱，每户是6元。前次是因为寨子里有死人，不合适做具体的祭祀，就推到这次属虎日来祭祀山神。他们两个人把钱收起来以后，可以找集日买好所需要的东西。

2012年4月8日，星期日，农历三月十八，属猪，阴，有雨

都到了这个时候，田里的水都要干完了，今天下的这场雨真的很好，暂时缓了一下急，地面潮湿了一点，田里也有了一点水，我也是急着给田里灌水去了。

2012年4月9日，星期一，农历三月十九，属鼠，多云间晴

今天，村里的话，主要是办理李小生母亲的丧事，因为是上了年纪的人，辈数大、子孙多，来丧祭的就多，有阿挡寨的、棕匹寨的、罢达村的、团结村委会上广坪村的……反正，他们两弟兄也都请了，能来的都来了。村民们要帮他家忙，又要帮忙来丧祭的人家，还是很忙的。

下午，李晶晶硕士研究生到箐口村来，她是做哈尼族服饰调查的，这次也要在箐口做一段时间的调查，补做她的毕业论文。

2012年4月10日，星期二，农历三月二十，属牛，晴，有阵雨

就如同正常的葬礼，村里，今天是送葬李小生的母亲，他们家没有选择送到寨子脚的坟山上，而是送到从公路进村口的自己家地里。他家还是学着有些人家看了一点所谓的风水，认为他们家的地比较适合，就选择安埋到他们自己家的地里。

2012年4月11日，星期三，农历三月二十一，属虎，晴

昨天是送葬了李小生的母亲，按照仪程，今天是李小生家请客，而根据村民的做法，李爱生是他的大哥，这是两个弟兄一起为老人办丧事了，为了便于认好自己的亲戚和朋友，李爱生家也办伙食，接待自己的亲戚和朋友。而在村里，都是一个寨子的人，大鱼塘村、黄草岭村民小组、我们箐口村都是要做两家的客，都要分别给他们两家过礼。

今天，村里就祭祀山神去了，有的村民集体祭祀可以不用李正林，而这个祭祀需要摩批李正林，主要就是祈求今年风调雨顺的意思。我参加过一次，主要用一头小猪、鸡鸭一对，为了让来参加的村民吃一点，买好这些主要的牺牲品，其他的钱就是买市场上的羊肉，让来参加的村民够吃。

2012 年 4 月 12 日，星期四，农历三月二十二，属兔，晴

今天，我们元阳县南沙镇过一年一度的泼水节，说今年太干旱了，我们元阳县政府也不敢出面举办这个节日，而是交给南沙镇政府简单地组织，过节再邀请更多的人来参加，只是过一个程序罢了。

为了调查我们元阳县南沙镇的泼水节，云南大学马翀炜教授打电话过来说今天到南沙镇来，所以没有来他的调查点箐口村来。

2012 年 4 月 13 日，星期五，农历三月二十三，属龙，晴

张正明犁田，李田明、张明生等都快要插秧了，村民就忙着整理田里的事情。正常情况下，我们箐口村就是 4 月底 5 月初插秧的，现在还是传统的老品种栽种得多，多数村民还是一直学着老人家教给的那一套经验种田。

农科站、农牧局等人来村里试验消灭小龙虾的药，发现他们前次用的药连鳝鱼也能闹死，鱼也能闹死，所以，我们知道了以后，很不喜欢用这样的药。作为农民，要是田里没有几条鱼，种田的兴趣都没有，我们的目的是闹死龙虾而不能闹死鱼。

2012 年 4 月 14 日，星期六，农历三月二十四，属蛇，晴

马翀炜教授、巴丹研究生、贾超芝杉研究生前几天过来，于今天上午返回昆明市了。而在中央民族大学读博士的杨京彪今天过来，说是要在箐口村做一段时间的调查，今天的我就是陪着他调查的。

2012 年 4 月 15 日，星期日，农历三月二十五，属马，晴

今天是属马的日子，祈福的村民家有李跃家，参加人是李扎卜，摩批是李树华；李正林家，李正林自己是我们村的大摩批，但是原则上自己不做自己家的法事，请的摩批是张里保，就是他的徒弟，可能是做他孙子的事，参加的就有其孙子李雪；还有卢新家，请的摩批是张贵敏，是兄弟的亲家，参加的人还有李得云。

快要到插秧的时间了，就看见整理田埂的人家多起来，都要开始忙着田里的事情了。

2012年4月16日，星期一，农历三月二十六，属羊，晴

今天整治田埂的有张学家、李正云家、卢朝生家、李志和家等，村民正常的种田过程就是先要把田埂做好，然后是犁田、再耙田，之后是插秧。多数村民家的话，主要集中到4月底5月初插秧，所以，先得把田整理好。

而有劳动力、水源又方便的人家会提前一点，正如今天的张正祥家就犁田了，已经是准备插秧了。

2012年4月17日，星期二，农历三月二十七，属猴，晴

没有水，田里的事情基本做不了，看水源方便的村民都整理田了，我们越发着急，就组织了几个人去清挖水沟，便于种田。

今天，村里有上面的领导来检查工作。说是检查工作，其实在我们农村，最多要做的算是打扫卫生了，每次来人都要这样做。

犁田的有卢世华家等，他家的田就在白龙泉下面，不缺水，只要有劳动力，什么时候去种田都方便。现在到了插秧的时候，他就请人去犁田，再过几天就可以插秧了。

今天，看见马卫华家已经插秧了，说是今年他家育的是杂交水稻秧苗，卖种子的人告诉他秧龄要比其他的老品种短一些，一定要在他们说的时间即四十五天左右插下去，所以，他是加快了一点速度，比一般村民动作要快些。

2012年4月18日，星期三，农历三月二十八，属鸡，晴

到了这个时候，是有必要耙一次田，让土质松软些，等到了插秧的

时候再犁一次、耙一次就好了。所以，今天我去耙自己家的田，老人养的牛闲着，我的主要事情还是和其他村民一样，一定要争取在其他村民栽种同时插秧下去。

2012年4月19日，星期四，农历三月二十九，属狗，晴

在我们箐口村做民族服饰调查的李晶晶研究生返回学校。这几天，我还是抽出时间来陪她，没有来得及处理田里的事情。现在她回学校了，我看着其他村民种田了，心里还是有点慌的，这几天就得赶紧去处理田里的事情。

2012年4月20日，星期五，农历三月三十，属猪，晴

今天还是去挖自己家的田，其他村民的事情就观察得少。

2012年4月21日，星期六，农历四月初一，属鼠，晴

今天，我还是去整理自己家的田。箐口村民家的田块不多，每户多则几亩，少则就是几分，我们一家从父辈这一代大概有3亩，可以收2000斤左右的谷子，在村里来说属于中间的农户。只是田块的面积不大，每块田只有几分，上下有陡坡，要是认真种的话，每次都还是要五六天的时间才能做好，还是要辛苦一些的。

2012年4月22日，星期日，农历四月初二，属牛，晴

看村民都很忙，我自己也很用力劳作，趁这个时节赶紧去种自己家的田，几天下来，感觉还是挺辛苦的。只是劳动生存是必须的，在辛苦之后，看到自己种好的田就会感到很欣慰了，特别是到了收获的时候就感到一种幸福。

2012 年 4 月 23 日，星期一，农历四月初三，属虎，晴

现在的年轻人就是不好好种田，兄弟张明福也很少操作农技。他家的秧苗长高了，老父亲着急，今天是我过去帮忙犁的田，他家的秧田很肥，也不缺水，老人家管理得好，秧苗也长得快，老人家着急要去插秧了，叫我去犁田，完成田里的事情是老人家的心愿。

插秧时间，村里做叫魂仪式的人就会多。张贵学家的老父亲就是我们张氏大摩批，可是自己家的法事他是很少做的，一般情况是请自己的徒弟来做，今天下午他家就请自己的徒弟来做，不知道什么原因。

中央民族大学杨京彪博士在村里做了一段时间的调查以后，于今天上午返回学校。他是中央民族大学生命与环境科学学院博士生，他的调查主题是生物多样性，调查了箐口村一带的树种及生存环境，从那么远的地方来我们这里做学问，很辛苦也很努力，并且与我们结下了一定的友谊。

2012 年 4 月 24 日，星期二，农历四月初四，属兔，晴

昨天犁张明福家的田，因为技术不好没有犁完，今天还得继续去犁。几个弟兄分田以后，他家的田只要犁两天就完成了，只要明天再去耙一天就可以插秧了。做田里的事情，一天下来还是比较累的。

拔秧苗的有卢学贵家，他家是准备明天插秧了。

2012 年 4 月 25 日，星期三，农历四月初五，属龙，晴

今天，我还是接着去耙兄弟张明福家的田，耙田的话，速度要比犁田快，到了下午 1 点左右就好了。卢朝生也是村里出名的种田能手，人身体好也勤快，家里又养着牛，田里的水源方便，他也是今天耙田。

今天，看见插秧的有卢学贵家，人们的愿望是做什么事都要抢先，只是能力的大小罢了。听说卢学贵的老人年轻时候身体不错，农活也很能做，现在也不落伍，还督促儿子做农事，基本上每年都种在前面。

2012 年 4 月 26 日，星期四，农历四月初六，属蛇，晴

犁完兄弟张明福家的田，今天是转过来犁自己家的田。这次犁田的话，因为土质松软了很多，犁起来既省力也快，一天就犁完了，到明天耙几个小时就好了。

今天，看见插秧的有李扎卜家、卢小华家、张明福家，这些人家都是勤劳的村民家，做农事相对积极。

2012 年 4 月 27 日，星期五，农历四月初七，属马，晴

就像昨天说的，昨天是犁好了自己家的田，今天是耙自己家的田，土质松软，耙田就省力且快，几个小时就完成了，今天的任务轻松一些。

今天插秧的有张龙家、卢政清家。渐渐地，田块就要变绿色，就要换装了。

2012 年 4 月 28 日，星期六，农历四月初八，属羊，晴

今天拔秧苗的有李平真家、李红亮家、李其沙家、李志学家、李贵云家等，算是正式进入农忙时间了。从早上到下午，村民都忙着田里的事情，难怪村民有一种说法是：插秧农忙时候来不及处理后娘的丧事。

也就是说，以前有一户人家因为忙着插秧的农事，把过世的后娘尸体搁置在楼梯下面，等忙完农事再来处理丧事。所以，现在的老人都不许小孩在楼梯上玩久，生怕后娘的灵魂来惊扰，怕得了什么病。

插秧的有张明生家、张小龙家、李小龙家、卢正荣家等。

2012 年 4 月 29 日，星期日，农历四月初九，属猴，晴

就我们几个弟兄分家、分田的事来说，我的情况很矛盾：说我懒惰也对，因为我家的田就在寨子脚下方一点，不远，生产来去都很方便，懒得走远，这是以前的说法。现在的话，我又变成聪明的了，因为现在的粮食多数都够吃，谁都想在最近的地方栽种一点就算了。说我憨厚也对，以前村民栽种的都是传统老品种，海拔低的地方产量要稳定一些，其他几个弟兄考虑以后都不愿意分寨子脚（现在我管理的那片田），都嫌在山头上，粮食病虫害多，产量很低，这是能分到我头上的主要原因。现在的话，我经常换种，特别是换种了杂交新品种以后，产量基本稳定，病虫害也少了，生产也最近，他们又有点后悔当初没有选择我的这一份，这是很矛盾的。

2012年4月30日，星期一，农历四月初十，属鸡，晴

上午，老年协会的主要负责人通知村里参加老年协会的老人来领取会员证，我还年轻，我是不看好这个组织的。在我们农村，谁家的老人也没有那么多精力去参加村里的活动，也没有什么经费开展活动，名义上成立了协会，但是不能给村里做什么事情的话，也就没有多少用处的。那么，成立起来能做什么呢？成立了又有什么意义呢？政府组织、村民选举出来的村民小组都做不了什么事情，成立了他们真的能为村民做一点什么事情？我是想不通的，对这一事情是不感兴趣的。除非，以后村里发展了，村民都丰衣足食不用劳动了，整天休息的话倒是可以考虑一下。

今天，元阳县文化局等带着他们的文艺队，以及其他村寨的文艺队来村里演出，因为明天就是五一劳动节了，他们想着放假期间会有游客来，就特意过来。

今天插秧的村民家有李世文家、李得卜家等。

2012年5月1日，星期二，农历四月十一，属狗，晴

今天是"五一"国际劳动节，虽然村里缺水干旱，但是，要是能够劳作的村民正常时间都出去劳动，正是名副其实的农忙时候。村民们都早出晚归整天忙碌于田间的事情，甚至连晚上都有很多村民像赶集一样给自己家田里赶水，都希望自己家的田灌满水，巴不得尽快把秧苗插下去。正因为多数村民都急于插秧，因为赶水而每天都出现村民与村民之间吵架的事情，原以为村里水源一直够用而不需要水法的我这次深深感到还是要健全一定的水法。听说其他村寨因为水的问题而出了人命的事，看来可以断定是有的。这一段时间村民的确很忙了，主要都是忙着插秧的事情。用这几年县里举行"梯田节"这个名词来解说的话"现在就是村里的梯田节了"，村里闲着的人几乎是不可能有的，除了生病的、老人和小孩，其他都要正常地劳动。

可是，村民小组和老年协会忙里偷闲召集会餐，给每个党员发了一个热水瓶（这是本人在村里任党支部书记的时候多次向上级组织申请党员活动经费所拨下来的一笔 1000 元，在党组织没有开展什么活动的情况下开支这笔钱认为不太适合）算是过劳动节吧。由于本人也忙着到田里劳作，今天的会餐就没有参与，听他们说是杀了一头牛，还购买了其他的蔬菜和烟、酒，还邀请了隔壁村寨的村民小组人员来参加。

正如上面说到的，现在是农忙时候，村民都在忙着插秧的事情，而村民小组和老年协会组织过这样的活动似乎不是时候。从老年人口中侧面打听得知，有一部分村民是希望这个活动能避开农忙这个时间，认为插秧的时间耽误不得。今天连炊事人员都没有来几个，因为这几天就是特别忙的时候，要是提前几天或者推后几天参与的人员就会多一些了。

2012 年 5 月 2 日，星期三，农历四月十二，属猪，晴

因为昨天我没有参加村民小组和老年协会的会餐，今天早上是特意来请我过去的，都是一伙人，农事又基本忙完了，还是过去跟他们喝了两杯。喝酒很多时候就是误时误事，上午喝了两杯酒，头脑都晕晕的，还能做什么事情，一天的时间就这样过去了。只是，前一段时间农忙，不是种自己家的田就是忙着帮亲戚朋友家，有点累，现在喝一两杯酒，不要过量，再好好休息一两天，恢复一下体力也好。

2012 年 5 月 3 日，星期四，农历四月十三，属鼠，晴

秧苗插下去了，雨水还没有到来，这几天的事情主要是管水，保证秧苗不要被晒死就行了，还没有插秧的村民着急也没有办法，一边找水，一边插秧，总是要把一年的希望播种下去的。

2012 年 5 月 4 日，星期五，农历四月十四，属牛，晴

我们家田里不缺水，我先把自家田水灌满再供水给其他弟兄家，还要帮助他们做田里的农事。当然，我们家的秧苗是长得慢些，要不然是可以在他们家之前插秧的。前些天插好了秧，也还是顺利的。在我没有就业上班的情况下，做完了农事还能做什么呢？还是有点闲的，每天到田里走一走、管管水，观察一下秧苗的返青情况和病虫害情况就行了。

回来之后，我又不喜欢打牌、搓麻将，不是找朋友喝酒消遣就是学习了，没有事情的时候就是忙着学习了。

2012 年 5 月 5 日，星期六，农历四月十五，属虎，晴

这几天，我的时间就是这样，每天到田里走走，回来学习一阵就是休息。辛苦了一段时间，也是该休息一阵了。

因为劳动节放假，学生们都在家里闲着。

2012 年 5 月 6 日，星期日，农历四月十六，属兔，多云转阴，有中雨

这场雨虽然下得不多，但还是稍微解决了村里缺水的问题。特别是有些已经裂开缝的田块是讨水喝的。经过这场雨水后，部分村民家的田就可以开始劳作了。不然的话，缺水是一个大问题，而现在又是到了插秧的时间，没有水是件让村民绞尽脑汁也无可奈何的事情。

2012 年 5 月 7 日，星期一，农历四月十七，属龙，多云有阵雨

今天卢正华家拔秧，田是前几天整好了，只是因为没有雨水，整好的田怕晒干了而不敢插秧，因为昨天有一阵雨，想可能是雨水季节到了，就安心插秧了。

2012年5月8日，星期二，农历四月十八，属蛇，多云有阵雨

今天插秧的有李永福家等。前些日子的田块真的是太干了，有的村民家的秧田里有水，但是稻田里没有水也不敢插秧，生怕插下去的秧苗会被活活晒死，到时候还得重新找苗插秧，他们就想还不如等着雨水来了再插秧。

2012年5月10日，星期四，农历四月二十，属羊，多云间晴

插好了秧苗，基本就没有什么事情要做了，这几天就是休息，每天到田里或者到其他什么地方走走，回来要么休息要么学习，一天的时间很好打发。今天是趁天气好一点，到自己家树林观察了一下。

2012年5月11日，星期五，农历四月二十一，属猴，晴

今天是新街镇的集日，因为妻子一直要求为儿子做一个法事，已经请摩批都说好了日子，今天就到街上买了一些东西回来，一天的时间就这样打发了。

2012年5月12日，星期六，农历四月二十二，属鸡，晴

今天是孩子的生肖，我们在家做一个法事。我很不相信这些的，说是有小人想害我，而我正是年轻力壮的时候，害不到我，反而害了自己的小孩，冥冥之中打扰他学习，不能让他集中精力，想这想那。我很不相信这些，只相信一个人喜欢什么，爱好什么，有多少的意志力……我的孩子年纪还小，他的意志力是薄弱了一些，所追求的理想还没有定型，被身边的环境所左右。但是，我从尊重的角度来讲，还是请了摩批做一个法事。

2012 年 5 月 13 日，星期日，农历四月二十三，属狗，晴

这个插秧时节是叫魂的季节，插好秧苗以后，几乎每天下午都有村民家叫魂。今天下午是有李世华家、李高才家等。李世华是我的表哥，他们家做这样的事情都会叫到我，请到的摩批是张保祥。下午，到他们家吃饭，他们家还请了邻居来吃饭，一共有五六桌人。

2012 年 5 月 14 日，星期一，农历四月二十四，属猪，晴

今天下午，叫魂的村民家有李宏家，也是请邻居和亲戚朋友来吃喝一顿，很好玩。别人家这么做，我们也这么做，像是相互请吃饭一样。

2012 年 5 月 15 日，星期二，农历四月二十五，属鼠，多云

学习也是一件很辛苦的事情，有时候，干农活回来特别累，根本没有精力来做作业和学习，只有农闲下来才能学习。所以，这个时候对于村民来说是农闲时间，很有空闲时间喝酒、聊天，年轻人打牌。而我因为要学习，要读很多书，日子倒是过得挺实在，只是觉得经济来源差了一点，有时候还感到手头拮据，要是想办法创造一份产业填补经济上的困难，生活就更充实了。

2012 年 5 月 16 日，星期三，农历四月二十六，属牛，凌晨暴雨，白天多云

这是一场及时雨。虽然，由于雨水过多，冲倒了很多村民家的田埂。有的毁坏程度还很大，需要五六个人工才能够修复好。但是，这场雨水下过之后，村里绝大多数人家田里的水都灌满了，村民们都可以正常地进行劳作了。能够按时插秧，还是要谢谢这场雨水。

2012 年 5 月 17 日，星期四，农历四月二十七，属虎，多云间有阵雨

昨天的一场雨水后，村里的雨水就丰富了。到了这个时候，李平真也想着雨水时间到了,就接着整理旱田,想把旱田也尽早种了。

拔秧苗的有张文和家和李树华家,他们家属于今年落后的人家了,别人家都插好了,就只有他们家没有插秧,也就是因为水源了。要是有水的话,他们家也早就插好了。

新街镇的垃圾车到村里来运村里停车场旁边的垃圾,这倒是一件新鲜的事情。村民处理垃圾的办法要不就是烧,要不就是丢。就是因为这样,寨子周围到处是塑料和玻璃垃圾,特别是寨子脚被水冲下去不少,很让人担忧。现在,有这样的垃圾车来处理,估计情况会好些,可以减少很大一部分村民的生活垃圾。

2012年5月18日,星期五,农历四月二十八,属兔,多云有阵雨

今天插秧的村民家有李树华家和张文和家等,从总体来看,村里没有插秧的人家不多了,只是剩下少数几户。做什么事情都有个前后时间问题,村里插秧也该是这样。落在其他村民家后一些插秧的几户人家也是有各种原因的。有的是劳力问题,有的是秧苗问题等。这两天插秧的张文和家和李树华家主要都是因为无法赶水到自己家田里,只能干着急,前天早上下过雨后一大早就出去整理田块,要是根据秧苗长势的话,他们两家秧田都在寨子脚比较肥的位置,秧苗已经好高了,说是有的还长了节,到今天能插下去还算不错了。

2012年5月19日,星期六,农历四月二十九,属龙,多云间晴

村里的田基本上要插完了,就寨子脚的来说只有数得清的几户了。今天插秧的有李永得家,造成他家到今天来插秧的原因其实村民都知道的,主要是他太懒惰了,平时对自己家的田不进行管理,或者说是缺少经验。原本他家老人留给他的是村里比较好的田块,去年收割后没有犁耙,造成田块不容易积水,还长满了野草,不便于劳作。正像是村里的老人们说的那样:"要是你敷衍田块,田块也会敷衍你"。"你对田进

行了多少劳动,田也回报你多少粮食",村里的老人们如是说。

说一点村里插秧的一般情况,村里插秧的程序是头一天请人把自己家的秧苗拔好、捆好,并且负责背送到稻田里,第二天再根据自己家的情况请插秧的妇女。一般情况是男的负责拔秧苗和背送秧苗,女的负责插秧。这是村里一直以来形成的无严格意义上的自然分工。说是一般一个男的一天能拔好100把(一把可能有个三四百株秧苗)左右的秧苗,多的一百四五十把,少的五六十把不等;女的一天能插三四十把秧苗(秧苗大小或者插秧人的技术不同,所能完成的数量就有所差别了),这个不奇怪。

要是有人问我,插秧后的这段时间村里流行什么祭祀,我的回答是叫魂。要是注意观察的话,每天下午四五点就有摩批和一个祭祀家姑姑一方的人带着祭祀品来往于田间(这一段时间叫魂的主要路线是从自己家的田到家里)。今天是有卢荣家叫魂,请的摩批是张正和,姑姑方是其妹子即李建福的妻子,由于叫魂祭祀亲戚朋友都可以参加,每家叫魂都会请自己的亲戚朋友来吃喝,一般都有三四十人来用餐,他家今天晚上也该不会少于40人吧。有的祭祀是限制人数的,有的要成双数,有的是单数等不同。这段时间的叫魂人数不限制,只要主人家乐意就可以请自己的亲戚朋友等来参加,也是一个家庭成员团聚起来谈家常、议事情的机会。这样的祭祀从消费观点来说可能大一些,而从另外一个角度,比如家属来往、加强和睦团结、可以议事的方面来说是完全必要的。平时都忙着处理家务,没有多少来往的时间,而这种情况下没有什么事情就会派人来参加,交谈中就会知道亲属间的一些事情,就会听到一些存在的问题和处理问题的意见,彼此间多一些了解,多一点和睦,感情也增强一些。

初步预算一下近期村民做一个叫魂祭祀的费用:中等家庭三四十人来算,一对小鸡(一公一母)得四五十元,一只鸭子得60元要买四五只,猪肉得五六十元,10斤酒得50元,五六包烟得50元,摩批的请工费20到50元,考虑到鸡鸭的肉不够吃就要加一两只鸡或者鸭子(现在很多村民家是买街上的饲料鸡两只）来做得50元，再加一些其他的蔬菜，有的可以自己家找到，有的买还划算，有的就不细细去算了，根据祭祀家的能力多消费一些，有的可以少消费一些，油盐可以不算，总的需要四五百元吧，这是中等家庭的。小的可以只请摩批和找必要的祭祀品，大的请五六十人买更多的消费品就上千元。只是，要看自己家的能力办事了，有的人喜欢叫亲戚朋友吃饭喝酒，爱热闹，而有的人喜欢独处，不愿意叫多的人来就可以简单一些。

2012年5月20日，星期日，农历四月三十，属蛇，多云有小阵雨

应该在以前的日志里提到过，箐口村的旱田相比其他村寨是少些，但也不是没有。李平真家的田离寨子1000米左右的东方就有一处。前两天一场大雨加上后来两天连续的阵雨，村里的水量是足够了。在栽种完其他的田后，这两天李平真就继续整理他家的旱田，希望在秧苗长节之前尽快栽种下去。据有经验的老人们说是秧苗长了节返青就慢，分蘖就差，收获当然就没有长节前插的秧苗好。

是不是村民都相信死鬼怪物、树精石神、奇水灵地之类的呢？我虽然到目前为止没有很详细地去问过村民，但是从部分村民的情况中打听知道，有些过老的树死掉或者显灵的树一旦成精就会给人带来麻烦，寨神林的树一般是动不得的，祭祀房前面以前是有几棵很大的树，过老后自然倒掉，或者是它显灵害人的结果，几年来已经有很多家村民做这种祭祀了。今天是有李永得家在寨子磨秋场祭祀房旁边做这个祭祀，摩批是李则安，参加的人有李爱生、李院生、李永忠，包括李永得就五个人，这个人数应该是选定的。

2012年5月21日，星期一，农历闰四月初一，属马，凌晨阵雨，白天多云间晴

拔秧的有李平真家，准备栽种旱田，帮他拔秧的有李树华、李小生、李则中，都是他的朋友，其他朋友家拔秧时他过去帮助了，现在他家拔秧苗了就叫他们来帮助，就是互换劳动力。

在村里做生意的大理商人寸珍莲母女早上说是回老家一趟，过一段时间再过来。

在村里，稻谷种下去之后到收割这一段时间村民主要做什么呢？我也说得不太清楚，无非就是看看田里的水，庄稼的长势，除除草，施施肥，要是害病了就打打药，反正轻闲了很多，中青年人就可以出去打工了。总体来说就是这样，中青年人农忙时回来家里做农事，到了这样农闲时候就出去打工，村里插完了秧之后，基本上每天都有人出去。今天上午就有张明福夫妇出去，说是到个旧市的一个工厂做事，他们总是想着去挣一笔钱。

2012年5月22日，星期二，农历闰四月初二，属羊，多云间晴

前一些日志里说过了，村民插秧一般是头一天拔好秧苗并且负责背到田里。昨天拔秧苗的李平真家今天就是请了妇女去插秧，他家插好后，箐口村民只有少数几户没有插秧了，多数都插好了，就等着秧苗渐渐返青了。

俗话说"家和万事兴"，相反，家不和万事就不兴了吧。今天拔秧苗的卢某某家该是一个例子，父母已经60多岁了，发什么神经各在一方已经两三年，实际意义上就是离婚，只是村里很多夫妻都没有办理结婚证书而我不太愿意用"结婚"或者"离婚"这样的字来表述，几个姊妹各持己见互不来往。他的一个儿子卢某某前一段时间与父亲闹分家，没有与父亲和好，搞得家务事情都无人管理，包括田就没有人去招呼了，不知道什么迫使他前两天去整理，今天请了人拔秧苗并且背到田里，准备明天去栽种。"家和万事兴"，家不和事就不兴了。这应该是咱们中国人总结的经验家训吧，我相信是的。

2012年5月23日，星期三，农历闰四月初三，属猴，多云间晴

正如昨天说的，今天有卢某某家插秧，该是今年村里最后一家插秧了。万事都有先后，但是，可以这么说，造成他家今年最后插秧的原因是家人不和睦。不和睦到父子都各立锅灶，60多岁的生母外出，父亲搞外遇，家人都只顾自己所谓的私事，这样的家庭哪里有不坏家务事的？全村人都看着他们家插秧。不过，可能是考虑到落在其他村民家后面的缘故，他们家请了14个插秧妇女，好像是比以前请得多，收工的时间好像也比以前早些。从我的观点来看，应该要表扬两个女儿，一个是嫁在大鱼塘村的，一个是嫁在黄草岭村民小组的，她们两个是过来帮了忙。其他还有两个还是三个具体我也没有把握有没有回来帮忙，应该是护她们母亲一伙的。这看起来是父亲有一伙，母亲有一伙在闹帮派。吵吵闹闹也是一家，既然吵了闹了就该转回来团结，毕竟是一个父亲一个母亲生养的，一个人只能活一世，几十年弹指瞬间过的时候用千金去哪里买后悔药？

按照日历，今年农历有两个四月，今天是农历闰四月初三。要不然的话已经是五月初三应该准备过端午节了。正是因为这样的原因，有的村民说按照汉族日历暂时不要过端午节，有的村民说我们是哈尼族，我们还是要按照自己的程序过端午节。也可能就是因为这样的原因，黄草岭村民小组的人（黄草岭大咪古、李克明、我的姐夫）打电话叫我问村里的大咪古或者摩批李正林现在是否可以过端午节，大鱼塘村人（李贵生、我的姐夫）也打电话问（这可能主要是因为箐口村过端午节和苦扎扎节一般要早于他们两个村寨）是否就是现在过节。

这种情况的决定权和解释权该归谁呢？我分析主要该是村里的咪古、摩批，其次才是村里的老人和其他的村民。或者说，某种意义上也没有必要过多地去在意，只要大家村民愿意过就过吧。

今天是新街镇的集日，因为我们箐口村明天就要过端午节了，到街上买东西的村民多。

2012年5月24日，星期四，农历闰四月初四，属鸡，多云

箐口村今天就过端午节了，我还不知道箐口村为什么要在今天就过节。有的村民说是箐口村经常会出现火灾，提前过节就是为了防止火灾。我认为这是吹牛，没有道理的，只是他们这么说了多数村民就跟着这样说。

下午，我们老家张明福家叫魂，请的摩批是张保祥，也叫我过去做菜、吃饭。

同时，还有堂叔张文和家叫魂，摩批是张正和，我到兄弟张明福家吃饭，就没有去堂叔家了。

2012年5月25日，星期五，农历闰四月初五，属狗，阴，有雨

到了这个时候，说是村民的惠农粮种补贴款已经到个人的账上了，所以，这几天出去取惠农一折通款的村民多，像是担心被什么人拿走似的。当然，有的村民可能是真的没有钱花了，有必要拿回来用。

2012年5月26日，星期六，农历闰四月初六，属猪，阴，有雨

今天，村口售票房处挂了一块"箐口文化惠民示范村"的牌子，说这块牌子是元阳县文化局的人来挂的，我不明白，挂这样的牌子有什么意义。箐口村已经有几块牌子了，现在又来挂这样的牌子，有什么意思呢？本来就是一个寨子，挂一块牌子让游客和过路人知道就行了，却还要增加这样的牌子。

2012年5月27日，星期日，农历闰四月初七，属鼠，阴，有雨

今天卢俫应去修理电视机，可能是昨天打雷的时候很多村民家的电视机都被击坏了，听说还有李永忠家的房子也被一定程度上击坏了。村民都说，气象局应该来村里安装避雷器，这个事情，我担任村民干部的时候就反映过，箐口村周围都是树木，雨水季节雷电多，为了防止人和牲畜被击应该是来安装一些的。

2012 年 5 月 28 日，星期一，农历闰四月初八，属牛，阴，大雨
早上，看见李永新等人要出门打工了。
上午，我知道李爱生去处理卢学明与妻子的事情，给卢学明退回来了 2000 元的礼金。从现在这一带的哈尼族来说，男女结婚时男方要给女方一点礼金，一旦婚姻破裂，女方要退还结婚时男方所给的礼金。

2012 年 5 月 29 日，星期二，农历闰四月初九，属虎，阴，大雨
没有亲眼见过吸毒吃大烟的人，只是在电视电影上偶尔看到过。村里公认的喝多了酒中了毒不正常的人也就几个，我也因为时常与朋友们喝酒，有时甚至连续喝而醉过几次，有时真的到了后悔没有喝死就是好事的地步。李某某（庆峰）前几年被村民们认为是比较能醉的一个，但是听说，前几天到了蒙自市州医院打针之后这几天是滴酒不沾了，闻到酒味也会反胃，今天是从医院复检回来。掌握不了酒量，经常能喝醉的人如果能断酒就是好事情，特别是喝酒误事的人应该医治才好。

2012 年 5 月 30 日，星期三，农历闰四月初十，属兔，阴，有雨
经过这么多年代代相传，村民多少还是掌握了一定的卫生知识，比如懂一些感冒、拉肚子、皮外伤等小病之类的治疗方法，但是在一些大一点的问题出现时就会显得无所适从了。昨天卢则龙妻子临产就是一个例子，她的婆婆等家人在家准备接生，但是生不下来。于是今天早上送医院才顺利生了一个男孩。这个已经是第 3 个孩子了，该算是超生了。记得计划生育政策刚落实时，政策执行得格外严格。村里超生的没有几个，也不知道近年来刮什么风，村里超生的出现了几户，从去年到今年新街镇主管计划生育的工作人员经常到村里罚款，但是，不知道出于什么样的观念，还是有村民超生。

下午，有李生亮家叫魂，他们一家人在新街镇做铝合金门窗生意已经几年了，农忙时间也只是偶尔回来一下，平时都是忙着料理生意上的事情。

2012 年 5 月 31 日，星期四，农历闰四月十一，属龙，阴，有大雨

今天有大雨，只是出去田里转了一圈就回来休息了。

农闲时间也没有过去村里观察村民的事情，有时候，还是有点烦了，不做什么事情，跟朋友喝一点酒就是休息。

2012 年 6 月 1 日，星期五，农历闰四月十二，属蛇，阴，有雨

今天是国际六一儿童节，学生都在老师的带领下愉快地集中到土锅寨小学去过节日了。这两年实施"集中办学"，村里原来有三个年级也集中到土锅寨小学去了，只有两个年级，学生又少又小的，所以，他们都在老师的带队下过去土锅寨小学参加活动。为了安全，下午一点左右老师又将学生带回来。

好长时间没有约朋友来吃饭了，今天是星期五，就打电话约了表哥普灿来基地杀了两只鸭子吃，一家人好长时间不在一起还是会想念的。

前天，卢则龙的妻子在家里遇到难产，家人没有办法，之后是送医院去了，今天出院回来，生了一个儿子。医学技术提高，附近有医院就是好，要是跑很远的地方，妇女们生孩子遇到这样的麻烦事情也很痛苦，也很不安全。

2012 年 6 月 2 日，星期六，农历闰四月十三，属马，阴，有雨

插了秧苗，村民的鸭子都要关养到秧田里来，它们的活动范围就小了。有的村民家就是没有地方关养，所以，很多村民的鸭子要卖出去了，相对就要便宜一些。我们家有关养的地方，就跟村民买了 5 只鸭子来养，50 元一只，都是几年的老鸭子了，多数村民还不知道老鸭子的市场价格要高些，算是便宜点了。平时，有放养鸭子的地方的时候价钱要高些。

说是卢则龙家的孩子晚上经常闹夜致使休息不好，怀疑是晚上有羊摩来捉他的魂灵，今天他家请了摩批李则安来做法事。做这个法事一般会选择离寨子远一点的地方，忌讳被生人知道，特别是忌讳被怀疑的小人知道。

羊摩是一种特殊的人，白天是正常人，到了晚上，就会变猫、变狗、变母猪爬墙出来活动，会诅咒小孩和病人，会捉拿病人和小孩的灵魂，甚至使他们死了来增加他的法力。他的活动时间一般是半夜，躲到黑暗的地方诅咒小孩和病人，到明处，他就变成正常人。我是没有看见过，我的几个好朋友说是亲自经历过，身体好的时候撵打过，村里以前确实有这样的人。这种人有可能是遗传的，也有可能是通过食物传染的。所以，我们的老人教育我们小孩不要轻易吃生人给的食物，也很少跟这些人一起吃饭，家长们忌讳与这样家庭的子女结婚成家，他们成家往往就是一样的门宗，知道的一般是不会去娶、嫁这样的人家。现在，恐怕是没有这样的人了。

2012年6月3日，星期日，农历闰四月十四，属羊，阴，有雨

昨天晚上，张文学的父亲去世。今天早上我们在家，听到鸣响的鞭炮就知道了，我们都是张氏家族的人，发生这种事情，只要在家的都要参加帮忙。今天的主要事情是做棺材，清理家庭卫生，便于来的人有空闲聊，或者打牌等。

2012年6月4日，星期一，农历闰四月十五，属猴，阴雨转晴

根据葬礼的进程，今天召集了亲戚朋友来奔丧。他家亲戚多，来奔丧的人就多，去做后勤帮忙的我们一天都忙个不停。一天下来，又忙又累，特别是几个掌厨的人。现在的人讲究口味，做不好还要被说。

2012年6月5日，星期二，农历闰四月十六，属鸡，中雨转晴

到了这个时候，秧也插了，没有多少事情。我有时候到张文学家坐坐，看看有什么要做的事，要是没有什么事就回来学习。进入农闲时间了，学习的时间就多一些，只是在我们农村，有时候就是分不清事情的轻重。有时候自己的事情要做，村民和朋友家的事情也要帮忙，很多时间就是这样用去的。

2012年6月6日，星期三，农历闰四月十七，属狗，阴，有雨

今天有雨，我的事情还是跟昨天差不多，到田间转一回，又到张文学家转了一下。每天晚上都有亲戚家来发放糖果，就想去凑凑热闹，跟他们打打牌也行，但是总觉得自己的事情多，每天都做不完，不敢随意去消磨时间，要不就是学习，要不就是忙其他的，有点累但也感觉充实。

2012年6月7日，星期四，农历闰四月十八，属猪，阴，有雨

根据张文学家的安排，明天就要开始办理丧事，今天是准备明天需要的物资。到了晚上，我们张氏家族的人组织开会，就是安排明天的事情，有些主要的事情是要安排到个人头上的，特别是来丧祭的人家要提前安排好，不能让来的亲戚没有着落，让来的亲戚都有休息的人家，便于他们生火做饭。

2012年6月8日，星期五，农历闰四月十九，属鼠，阴，有雨

根据安排，今天我们张氏家族主办张文学老父亲的丧事，我们张氏家人都过来帮忙。

来丧祭的有全福庄、棕匹寨，都是他的两个女儿家。我知道，有的村是统一在村里的公房办葬礼，但是在我们箐口村，主要就是在主人家办，来丧祭的亲戚会安排一户人家分担他们吃住，这样的话，他们的吃住就要方便些。有村民议论要学其他村寨统一办伙食，我想是村里的条件不成熟，还是需要一点时间。很多事情是条件成熟、观念成熟的时候才能顺理成章办成的。

2012年6月9日，星期六，农历闰四月二十，属牛，阴，有雨

这两天基本都是在张文学家帮助，今天是要送葬张文学老父亲了。

上午，我们张氏家族人要与每一户来丧祭的人家见面，给他们每户人家敬一点酒，说一点客气话。吃过饭后，很多来丧祭的人是可以返回家了，而有的人家要休息一阵后，随我们村民一起给老人送上山。

2012年6月10日，星期日，农历闰四月二十一，属虎，阴，有雨

按照葬礼的程序，今天是张文学家请客，村民都要来做客。这样这个丧事就算基本办好了，只要过一段时间再做一个法事就好。

晚上，用从李和明家买来的鸡、鸭做法事，主要是这次张文学家来丧祭的棕匹寨一家人安排在他们家着落。晚上，就是打扫这次来丧祭牛的人家在他家办理的事情。某种感情上，村民都想互相帮助，谁家出了什么事情都愿意帮助，这样将来丧祭的人家安排在他们家着落和办事情也是相互帮助的一种。然而，在某种观念上，这样帮忙办理丧事也会想到自己家沾上了晦气，传统上认为有必要做一些法事来打扫一下，这也是人们内心矛盾的一种表现。

2012年6月11日，星期一，农历闰四月二十二，属兔，多云有阵雨

张文学家请摩批到墓地祭祀，说是他家这次是选择了新地点，有必要做一个法事消灾。所以我有时候想，哈尼族的摩批是全能的，他能消灾祈福，人的生老病死也都要由他们来掌管。我想还是好好去学一点，对这些会多一点理解。

下午，有外地人用三轮车装着香蕉来村里卖，每斤1元钱，在外地来说已经算很便宜了，可是在我们这地方，还是要讲价的。有时是五角、八角一斤的也买得到，甚至还会有更便宜的。主要是到了夏天，栽种香蕉的河谷地方的香蕉熟得快，要是没有外地的老板来收购，他们也没有办法处理，只好便宜卖给附近的村民。

前两年，世博元阳旅游公司元阳分公司联合元阳县政府征用我们箐口村的地，现在已经动工建设办公楼，所以，我们村民跟着做工的人去他们老板那里打工。

2012年6月12日，星期二，农历闰四月二十三，属龙，多云有阵雨

前几天出门打工的李爱守回来了，主要是帮助张文学家办丧事，他们是隔壁邻居，也是朋友，知道后在附近地方就要回来帮忙，宁愿费几个工钱也要对得起他们之间的感情。

从目前村民反映和本人观察的情况来看，村民的稻田病虫主要有稻飞虱、叶枯病、小龙虾等，这些天只要天气晴一阵就有村民到田里打农药。今天李正云、张保祥等人都打稻飞虱药了，至于小龙虾药在插秧前就打过一次了，对于叶枯病多数村民可能还不知道，只是少数一些村民家有这种情况，但可能不知道原因，所以也不知道怎么处理，其中最明显的要数李沙芬家，从远处都能明显看到。对于箐口村民来说稻飞虱是能防治了的，早就听说很多村民家每天都去打药，包括一些妇女，所以稻飞虱对稻田的伤害程度就没有刚出现的那年大。也就是说"知识就是从实践中来"。前一两年村民拿小龙虾没有办法，有的请了小孩子去捉拿，过一段时间又多了起来。有的是在街上买药回来打，结果是把田里的鱼、泥鳅等都给弄死了。这次是新街镇农科站、县农牧局等联合组织试验推广一种药，讲授了所需要的药水浓度后，只闹死小龙虾而其他的小生命都安然无恙，村民自然就高兴，也会用这种药了。

2012年6月13日，星期三，农历闰四月二十四，属蛇，晴转有阵雨

跟表哥相处中知道，有一种药材，方言叫"重楼"，书名叫蚤休，又叫草河车，又叫七叶一枝花。适合在本地方生长，就是在阴暗、潮湿的树林里生长的一种好药材。根据书上的介绍，今天是抽时间到山上找了，可能知道的人还是有一些，但是要想做大、做好，还是要有资本，要有技术的，我也很想在树林里栽种一些，估计会很适合的。就是找不到多少，只有几个地方有几株，不是每个地方都有的。

2012年6月14日，星期四，农历闰四月二十五，属马，晴

今天，我还是如同昨天到山上找野生重楼，想在自己的树林里栽种一些。虽然能找到的不多了，但是想着既然是名贵药材，树林空着也怪可惜的，还是去找一些栽培。当然市场上也可以买到一些，还是要从不同的地方找一些回来栽培得好。

2012年6月15日，星期五，农历闰四月二十六，属羊，阴，凌晨有暴雨

因为凌晨的一场大暴雨，很多村民家的田埂都倒塌了。我们这些山区就是怕雨，怕雨水过大，山体倒塌，泥石流不断，造成人生命危险和财产损失。

李庆亮母亲给田里施肥，他家的田很肥，但是她还是施了一些化学肥料，估计栽种的都是杂交水稻了，要是老品种的话，他家田里的水稻是要倒伏的。

李小强是村里的一个大学生，现在帮助元阳县文化局在村里做一点事情，可能是他与文化局联系取得了一些物资，他与隔壁邻居李牛后家、李爱守家、李文才家等几户人家一起准备材料想修复一下共同的路面和院子。

2012年6月16日，星期六，农历闰四月二十七，属猴，多云间晴

从今天来卖鱼的两个商人来看，做生意是不是要讲究市场和时间？应该说是要讲究的。同样说的都是石屏县的鱼苗，一个是早上6点钟就

到村里，每公斤 25 元，村民看鱼苗大小适中价钱也适合，买的人就多，一两个小时百把公斤鱼苗就抢卖完了，最后剩的 20 公斤左右鱼苗以十五元一公斤卖掉，连本带利收了 5000 多元。而下午六七点又有人来卖，也说是石屏县的鱼苗，也是每公斤 25 元，但就是很少有村民来买，唯独李庆华买了 30 元的。做其他的事情还要如同这样讲究时间和地点吧？我就是这样考虑的。

2012 年 6 月 17 日，星期日，农历闰四月二十八，属鸡，多云间晴

就在昨天，别人买鱼，我也买了一些放到田里，希望收割的时候长大些做伙食用，这是一贯的做法。我每年都要养一些，有些年的鱼可能是品种好，还养得很大，味道也很鲜美，所以我是很乐意养的。当然，有些年的鱼可能是我管理问题，随雨水跑完了，捉回来的小而少，我也很是失望。

2012 年 6 月 18 日，星期一，农历闰四月二十九，属狗，多云间晴

村民处理病猪有几种方法：一是打针、喂药；二是杀了卖或是自家吃；三是证实有大问题的就要埋了、丢了。这是我知道的村民处理病猪的几种方法。今天，我看见张正和家杀猪，说是得了一点病，认为不可能恢复就杀了请亲戚邻居吃。

2012 年 6 月 19 日，星期二，农历五月初一，属猪，多云间晴

早上，我看见几个咪古集中在李志学家的门口开会，商量决定今年过苦扎扎节的时间。这个李小生，当大咪古已经有几年了，自己没有一点主见，完全依靠李正林，全听李正林指挥，惹恼了一些朋友。当然，遇到大事情还是过问一声好的，今年是闰年，有两个农历四月份，他们就要商量一下具体在什么时间过节，这也是常理。

今天是农历的五月初一，张文学家因为上个月老父亲去世，这个月就得做一个法事，今天是请了家族的人都来吃饭。

2012 年 6 月 20 日，星期三，农历五月初二，属鼠，多云有阵雨

我们人类是离不开水与火，是水与火给人类创造了赖以生存的各种条件，是生命之源。可是，水与火一旦过多、过大，也会给人们带来很大的麻烦。生活在山地、林间的箐口村民因为水、火而常常困恼，插秧前 2、3 月因为缺水，干旱害苦了村民，白天连着黑夜赶水还是解决不了田间没水无法劳作、无法插秧的问题。现在，雨水来了多了又没有放处，倒塌的田埂、地脚需要不断修复，又是忙坏了我们村民。到今天为止，倒塌比较严重的是罗金得家的一处田埂，他家倒塌的田埂差不多就要连着他家的房子了，不得不接着运沙、买水泥、石头请人砌倒墙，以免雨水过大再影响房子的稳固。另一个是李世荣家的秧田埂，倒塌宽度可能要有十米左右，也得投入一定的人力和物力才能解决问题了。还有一个地方是前几年就有裂缝的李正林家田边水沟，应该是村民集体来修复的。但是，张明生、李红、李正安、李得生等几户村民家的田埂也出现这些问题，眼睁睁看着村民集体几天没有动静，就相互组织去修复，以免过些日子灌溉不了秧苗还被田鼠等所害，这就是村民常说的靠天、靠地靠别人不如先靠自己，或者说先自助而后人助吧，有的事情自己能处理的还是自己处理好了。

今天，是有云南农业大学在村里做试验的两个学生来，在村里售票的不知道，还要他们买门票，后来解释了，就没有叫他们买了。

2012 年 6 月 21 日，星期四，农历五月初三，属牛，多云有阵雨

今天停电，没有电的时候，很多事情都做不了，学习也没有好心情，就到田里走走，又到树林看看，一天的时间就这样过去了。

2012 年 6 月 22 日，星期五，农历五月初四，属虎，多云有阵雨

听说，今天是有学生们考试了，又是接近放假了。

下午，有两个卖菜的外地人到村里来，一个在前一些，一个在后一些，后来卖的人看见前面有人在卖了就返回去了，说是要到其他一个寨子去卖。

2012年6月23日，星期六，农历五月初五，属兔，多云

根据日历今天才是端午节，可是，村里没有按照日历上的过，而是在前个月初四就过了。不过，有部分村民知道隔壁村寨在这个时候过端午节，也就又跟着包粽子，所以应该也说是在过端午节吧。然而，多数村民就没有什么可做，有的只是接受其他村寨亲戚朋友的邀请到他们那边过节罢了，去彝族土锅寨村（杨正明到林正光家）的也有，去哈尼族全福庄村寨（李志文到其姐夫家）的也有。从这一点看，过节时人们除了继承中国几千年的文化，履行一个程序之外，还有一个更重要的好处是加强了亲戚或者朋友之间的沟通，感情得以加深，反正我是这样认为的。当然，因为过年、过节，亲戚朋友相处中产生矛盾、激化矛盾的也不少，这也是肯定的。只是人们总是要向着好的方向想，向着好的方向走。

早上，过路时看见李四辉的儿子坐在门口休息。打听了一下，说是昨天下午五六点时由李世荣接回来，算来也有两三个月了。

2012年6月24日，星期日，农历五月初六，属龙，多云

早上，说是李树华妻子那边嘎娘乡的人来村里卖蓝靛，每公斤4元，每袋大概12公斤，就是50元，来买的妇女也不少，主要是中年妇女，有卢则龙的母亲、李得卜的妻子、李扎卜的妻子等，20袋左右的蓝靛像是抢似的一会儿就卖完了。这可能是村民家的地很少，没有栽种的地方。李树华妻子也是从她老家那边拿回来卖，还有很多妇女已经说好了，她们还没有拿到，要等过一段时间回去再拿。

上午，张保祥背着行李回来，说是帮自己孙子的忙。时间就是过得快，对于农民来说才忙完播种刚进入农闲，就要等着收割了。对于学生来说，才读了几个月的书，转眼又是一个学期结束了，再过两个月又要升一个学年了。

2012年6月25日，星期一，农历五月初七，属蛇，多云有阵雨

听说新街中心小学六年级的学生都放假了，他们的父母背着行李带他们回来，这样他们都可以在家舒服、快乐地过一个暑假了。

进入农闲时间，年轻的村民要出去打工，而这也不是绝对的，打工这个事情还是得根据自己的情况来定，有的是出去，有的是回来，今天下午还看见张学夫妇一家人回来了呢。

2012年6月26日，星期二，农历五月初八，属马，多云有阵雨

"水往低处流，人往高处走。"社会好了，人们的物质生活就会好，就会想办法改善生活条件。从前期调查和观察的情况来看，村民家电视和手机基本可以说是到了普及的阶段。村民家近两年主要着手购买的要数太阳能，从一开始一两户人家安装了太阳能，亲戚间相互来往使用太阳能知道它的方便，也就陆续有很多村民购买了。今天张学家安装一套太阳能，说是以1800元买来安装的，可能是考虑到路途比较近或者其他什么原因，只是到新街镇购买，商家就会负责送货上门还组装好。要是每户都能普及该多好，劳动了一天的村民回来后洗洗澡、除除汗，多有益于身体，估计村民的平均寿命也要延长。

在以前的日志里多少说到过，村里到目前没有什么工厂，附近也没有什么厂矿，所以，村民的主要经济来源还是靠出门打工。所以，要是注意观察的话，几乎每天都有村民出门，也有村民回来。今天早上看到的就有李庆贵妻子，她家的孩子已经放假了，就带了自己的两个孩子，还带了一些自己家种的大米去蒙自市（我们红河州的州府所在地，原来叫蒙自县，前不久已经改成蒙自市了）。

下午三四点，李志光夫妇包括他们的子女打工回来。再加上来往的游客，村里进出的人员是比以前多一些。

2012年6月27日,星期三,农历五月初九,属羊,多云间晴

上午,元阳县哈尼梯田文化传习馆的人来演出,有一段时间没有到村里演出了,所以村民们还以为是什么领导要来,后来知道他们是来村里宣传2013年红河哈尼梯田申报世界文化遗产的知识。然而这几年,多数村民知道一旦演出就有什么官员来村里或者是过什么节日,对于2013年红河哈尼梯田申报世界文化遗产的情况知道的不多,有必要进行宣传,让村民对保护梯田和发扬自己的文化多一份认识、多一份责任。

农科站来维修云南农业大学苏友波博士的稻田氧分试验站,地点在寨子脚李明家田里,这个调查试验已经有三四年了。在前期阶段,云南农业大学的师生经常下来观察,取土样和水样,以及稻谷生长的样品,近期可能是委托给新街镇农科站来做,只有农科站的工作人员经常来查看情况,然后取所需要的样品回去。今天维修的主要有前一段时间雨水多时冲垮的进水口塌方处和试验区受损的围栏板,看他们的样子,做这样的试验也很辛苦和很认真的。

2012年6月28日,星期四,农历五月初十,属猴,多云间晴

有的事情看起来简单,做起来还是难的。原本认为昨天云南农业大学师生在李明家田里做的实验当天就可以做好了,最后还是没有做好,今天还是陪着他们过去,这样又是消耗了一天的时间,其他村民的事情没有去观察。

2012年6月29日,星期五,农历五月十一,属鸡,多云间晴

陪着云南农业大学的学生在李明家田里维修试验区的围栏板已经有3天了,今天还是得过去再做一些,还是比较费时间的。本来想着白天可以跟着他们做事情,晚上回来学习。可是,一天下来,风吹日晒的,还是累的,晚上就没有精力去做自己的事情了。

2012 年 6 月 30 日，星期六，农历五月十二，属狗，多云间晴

前两天跟着云南农业大学的学生做事情，自己的事情还没有做好，明天又是建党节，今天是整理自己的学习笔记。事情就是不能耽误，一天的事情最好一天完成，很多事情不会因为你有事情没有做完就过去了，明天还是会有明天的事情。勤快的人，就是永远有做不完的事情。

2012 年 7 月 1 日，星期日，农历五月十三，属猪，阴，有雨

今天是中国共产党建党节，按照惯例，土锅寨党总支要召开会议的，要求全体党员参加，可是我们村的老党员张志林同志离开了我们，到另外一个地方与她的老同志们过节去了。村里的习惯是张氏是一家，卢氏是一家，李氏是一家，哪一个家族出了大事情，家族的人都要来帮助的。这一段时间又是农闲时间，很多年轻人都出去了，我也没有办法去参加土锅寨党总支会议，而是到张庆贵家帮助料理张志林老人的丧事。其他在家的党员多数还是通知了过去参加会议的。

张志林和张龙后一生很辛苦，他们两个没有自己的亲生后代，是由旁系堂弟兄的儿子张庆贵来赡养。老人去世了，张庆贵还是得按常规办理葬礼，继承他们的家业。今天张庆贵还是买了一头猪杀了，好好招呼来帮助的村民。晚上，已经通知了所有的亲戚和朋友，我们寨子的亲戚知道了就于今天就来了，而其他寨子的人今天是要准备的，到了晚上或者明天早上约了亲戚朋友再来。

2012 年 7 月 2 日，星期一，农历五月十四，属鼠，阴转晴

按照葬礼的程序，张庆贵家今天来了很多奔丧的人。我们知道，今天会来很多人，家族的人也就集中，各忙各的，还是能招呼来的客人。

既然张庆贵继承了他们的家业，还是招呼了自己的儿子张伟回来，就是因为昨天就通知了，今天张伟也就回来了。

2012 年 7 月 3 日，星期二，农历五月十五，属牛，阴有雨

上午，今年的两个龙头李爱生和李世忠向村民收过苦扎扎节的费用。每户 40 元，我们寨子大约 200 户了，每户 40 元是可以收起 8000 多元。一头牛就要花去七八千元，再加上买一点祭祀的鸡鸭，还有烟酒，这点钱是要收的，他们已经够节省了，要是再放宽一点的话，是要收 50 元或者再多一点，这样才好办些。

2012 年 7 月 4 日，星期三，农历五月十六，属虎，阴有雨

有新街镇的领导等来村里检查工作情况。前两年，村里建设了很多项目，所以县、镇领导人经常会过来看的，而对于村民小组和村民能做的就是把村里的卫生打扫好，很多建设项目都是政府组织老板，由老板承包了施工的。

今天是牛角寨乡集日，卢宽荣家到牛角寨子购牛，是准备到张志林老人过世处丧祭。因为张庆贵的母亲就是卢宽荣的姐姐，他拿着退休工资，经济上要宽裕一些，张志林不是张庆贵的亲生母亲，他家还是要求了去丧祭的，趁着今天牛角寨乡集日买了牛回来。

2012 年 7 月 5 日，星期四，农历五月十七，属兔，阴有雨

以前，村民的生活都很困难，谁家都花不起钱做坟墓的，最多就是到山上捡几块石头砌一下。这几年的话，还是有村民家买砖买水泥好好做坟墓了。今天的张庆贵家也买回来一些砖和水泥，明天叫了人背到山上，就是要做张志林老人的坟墓的。

张志林夫妇一生很辛苦的，今天是向元阳县新街镇民政所写了一份申请，要求给予一点物资补助。在村里我算是识一点字的人，叫我写了一份申请过去看看，我们边疆贫困县，能有多少帮助呢？是领回来 5 小袋大米，两三百斤。没有办法，嘴长在人身上，有的人说还是补助了一点；有的人说，现在这个年代不缺这两百斤大米，连来去的辛苦费都不够。

由他们去说吧。

2012年7月6日，星期五，农历五月十八，属龙，晴

村里上半年的农村最低生活保障费用是在前几天就领回来了，只是村民小组还要做统计，所以今天才能发放每人75元、92元，实际发放每人76元。

我们认为，新街镇供电所的服务态度是差，村里有30多户已经停电一段时间了，村民已经是不耐烦了，今天是每户一人到供电所反映情况，要求他们尽早来修复。否则的话，我们村民是要向更高一层的主管部门或者人民政府投诉了。

今天我们张氏家族人主要是准备明天张志林老人丧事中所需要的物资。根据决定，明天就要开始祭祀了，得先把所要的东西都准备好，否则到时候找这找那的来不及。

2012年7月7日，星期六，农历五月十九，属蛇，晴，有小阵雨

今天，我们村里是办张志林的丧事，用牛来丧祭的有卢宽荣家，养女方李牛后家。

要说的是，张志林是张氏家族的人，张庆贵也是张氏家族的人，葬礼应该由张氏摩批来做的，但是张庆贵家与我们张氏大摩批张正和家因为地界纠纷，两家关系已经很僵，互不来往。张庆贵几父子就与李正林入伙，没有跟着张正和一组了，这次就由他们家参加入伙的李正林这一组摩批来做葬礼。

2012年7月8日，星期日，农历五月二十，属马，晴，有小阵雨

根据我们村里的葬礼程序，村里今天是送葬张志林老人。早上，是安排几个年轻人到选择的地点挖好墓穴，其他人做饭菜吃饭，到了中午吃好了多数人可以适当地休息一阵，摩批和家人们继续准备各种需要的物资。到了下午两三点以后，年轻人要集中起来，男丁都要集中力量送棺材出去，等安埋好了再回来吃饭。因为明天要请客，一部分人还是继续准备明天的伙食。现在的生活条件好，年轻人要求高，要吃好喝好，很多伙食是今天晚上就要准备好的，很多年轻人还要吃消夜打牌玩到天亮的。

我在上面说到的，"年轻人要求高，要吃好喝好"。主要是主人家要尽能力感谢来帮助的亲戚朋友；而年轻人"要吃消夜打牌到天亮"，谁都吃不了多少，说都知道这不是赌博，只是象征性地玩一点而已，都知道这样很辛苦的，只是出于感情，要给主人家面子，要陪主人渡过难关。这些都是相互的，只有我有事情的时候你来陪我，到你有事情的时候我再来陪你，顺利处理事情，共同渡过难关，要不然有的家庭冷清得很，事情没有人来做，饭菜没有人来吃。

2012年7月9日，星期一，农历五月二十一，属羊，晴，有小阵雨

按照村民的一般程序，送葬了老人以后的第二天主人家是要请客接待村民的。每户村民也会安排家人来用餐，包括附近经常来往关系与我们村子比较好的大鱼塘村和黄草岭村民小组，送的礼金这两年（以前应该是条件限制要比现在少很多）大多数是10至20元，有的是送谷子或者大米。当然，关系比较亲密能力也相对强的有的也送50元、100元、两百元，甚至更多一些，这还要看他们家以前参加其他村民家的情况等各方面因素。今天请客的除了主人家之外其他来丧祭的李牛后家和卢宽荣家也请了，就出现了一个问题是，来做客的谁家先做熟了就在谁家先用餐，之后其他两家交了礼金就走的情况。

然而，从这次本人观察主人家的情况来分析，主人家是根据葬礼程序来过，而其他来丧祭的李牛后家和卢宽荣家都请客了。可能是他们家好长时间没有办理过大事情，或者是出于经济的角度来考虑，村民来做客的话，多少可以回收一点经济上的开支。其他的箐口村民都要做三家的客，对缺乏经济来源的村民家还是一种负担。

下午，看见打工回来的有李正超夫妇，他们夫妇就是在蒙自市打工做建筑的，有事情、有时间就会回来。

2012 年 7 月 10 日，星期二，农历五月二十二，属猴，晴

上午，村里张贴出一张元阳县人民检察院的来信来访回复函，其原件如下：

元阳县人民检察院

来信来访回复函，

元检回复字〔2012〕第 01 号

元阳县新街镇土锅寨村委会茶农代表：

你们向州政协、州检察院举报的问题，州检察院于 2012 年 3 月 28 日转交我院办理，反映材料已阅，针对你们反映的情况，我院已抽调专人向州扶贫办、州移民局、州民政局等有关部门做调查了解。经调查，查明：由于遭受自然灾害，上级部门拨付救灾资金，保障救灾救济和灾区恢复重建，救灾资金拨付程序按照《云南省救灾资金管理办法》、《自然灾害救助条例》执行。

受灾的村委会以村小组、个人的名义到州上联系扶贫、重建资金，州一级部门不受理。

元阳县新街镇土锅寨村委会 2000—2002 年发生泥石流，州扶贫办、州民政局、州移民局没有直接拨付资金给土锅寨村委会和村干部。因此，农民所反映的问题没有依据。

元阳县人民检察院（盖有复印章）
二〇一二年六月二十八日

村里快要过苦扎扎节了，这几天打工回来的村民就自然多起来了。

今天下午，看见有卢正华夫妇，他们已经是成家分户的人家了，根据村里的民俗，每个分家的农户每到过年过节都要回来献饭的，或者是交待亲人来做这些民俗的仪式。所以，分家做了神龛的村民家就是这样，每到过年过节就要回来。

2012年7月11日，星期三，农历五月二十三，属鸡，凌晨暴雨，白天多云

可能是村里快要过苦扎扎节的原因，也可能是工程进入收尾阶段，或者是两者皆有，上午在寨子头跟世博元阳旅游公司元阳分公司做事的妇女们领了工资回来，拿到自己的辛勤汗水付出得来的钱，看她们的样子很高兴。

2012年7月12日，星期四，农历五月二十四，属狗，阴，有雨

要过苦扎扎节了，今天搭祭祀房，原则上每户要凑3把茅草，等吃过早饭后，村民都要出来修复祭祀房。两个龙头请木匠师傅做好秋千和磨秋，晚上的话，是大咪古和他的主要助手到祭祀房杀鸡祭祀，今天的事情主要就是这些。其他村民的话，准备自己家所需的物资，明天的话就是杀牛了。

2012年7月13日，星期五，农历五月二十五，属猪，阴，有雨

按照原来生产队的安排程序，今年是轮到第三生产队杀牛分牛肉。因为有雨，还是有点麻烦的。但是村民多，一个生产队都有四五十户，一头牛嘛，出来二三十人也可以顺利处理了。

2012年7月14日，星期六，农历五月二十六，属鼠，阴，有雨

今天是我们村过苦扎扎节最主要的一天，在咪古们的组织下搭建祭祀房，祭祀磨秋和秋千，全村每户都要做好一桌饭菜到磨秋场的。等下

午三四点祭祀完毕再回来。

2012年7月15日，星期日，农历五月二十七，属牛，阴，有雨

说是麻栗寨有杨文家的亲戚去世，明天他们家要去丧祭的，今天就叫了亲戚朋友送所需要的物资。他们也是父亲从麻栗寨迁移过来的，村里就他们一家姓杨，亲戚很少，而做这样一个祭祀需要一些人手的他们是与村里的大李氏家族结盟，办大事情的时候就请大李氏家族的人来。同样，大李氏家族出了什么大事情，他们家也要出来帮助的。

所以，晚上，杨文亮家就是请大李氏家族的人来开会，商量这次事情的处理办法和安排人手，特别是去杀牛的年轻人和主要的几个人是一定要到的。

2012年7月16日，星期一，农历五月二十八，属虎，阴，有雨

前天是苦扎扎节祭祀完毕，今天是有杨文亮家到麻栗寨他们亲戚家老人去世的地方丧祭。因为是准备请大客，就通知了村里的所有人家，要求有时间的村民都过去，原则上就是每户去一个人。

2012年7月17日，星期二，农历五月二十九，属兔，大雨

中午，杨文亮家从麻栗寨丧祭回来，因为明天要请客，他们家还是安排人员到街上买菜了。下午，还是请过去帮助的人吃饭。再说，明天还要请客的，还是要叫人做明天的饭菜，这些事情都是要提前做好的，否则到了明天再来做的话，很多菜是来不及做的。

2012年7月18日，星期三，农历五月三十，属龙，多云，有雨

可能是好长时间没有做这样的大事，今天有杨文亮家请客，自然地一般村民是要到他家做客的，多少要过点礼。

2012 年 7 月 19 日，星期四，农历六月初一，属蛇，多云，有雨

今天，有张庆贵家做祭祀，就是封张志林老人去世时打开的后墙洞口。做这个仪式，要通知家族人，而有时间的家族人也会主动来参加的。从某种意义上说，做完这个仪式葬礼才算全部完成，主人家才可以从事其他的一切活动。

2012 年 7 月 20 日，星期五，农历六月初二，属马，晴

在村里，有时候事情就是会接着来的，前几天才吃了几户人家的牛肉，又听说明天就有李世华要到棕匹寨丧祭了。他们家人今天是准备明天要用的物资，晚上，是请了他们家族的年轻人开会，安排明天的人手。

2012 年 7 月 21 日，星期六，农历六月初三，属羊，多云，有雨

今天，是有黄土坡李世华家去棕匹寨丧祭，因为要请客，还是通知了箐口的全部村民家，而有时间的村民也尽量去了。

2012 年 7 月 22 日，星期日，农历六月初四，属猴，多云

中午，李世华家从棕匹寨丧祭回来，因为准备请客，回来以后还安排了人去买菜，准备明天请客需要的物资，够忙的。

2012 年 7 月 23 日，星期一，农历六月初五，属鸡，阴，有雨

正如昨天说到的，今天有李世华家请客，村民也很自觉，还是过去做客的，多少还是要过礼的。中国人就是讲面子，要是遇到亲戚朋友家有丧事，自己家的事情都可以放下搁置不管，全家人都要过来帮助的，要是你忙着去处理自己的事情，会被村民说你不要面子或不给面子的，你也会感到不好意思或对不住人家。

到今天，过苦扎扎节已经十几天了，就是节日之后第一轮属相结束。所以大咪咕李小生早上就要拆掉磨秋和秋千，不许村民再去打秋千和磨秋，否则的话，认为违反了村民的习俗，是要被处罚做一些法事的。

2012 年 7 月 24 日，星期二，农历六月初六，属狗，多云，

上午，两个龙头收"什汉普龙迥"祭祀的费用，每户 3 元，寨子有两百多户，这个祭祀所要的东西不多，两百多户可以收到 600 多元，够做祭祀就行了。组织人摩批也是尽量从俭的角度考虑的，这两年狗难找，也就基本不用狗了，要不然，原则上是要用一只狗的。

村民有句话说，"有钱不买萧炎货"，就是说，有钱不能买便宜货。前些年，为了孩子们看电视，我是买了一台便宜的电视，质量不好，经常出现故障。晚上，看他们没有事情做也很无聊的，今天就运出去修理，等修理好了再去取回来。

再说明一点，"什汉普龙迥"，"什汉"是七月份意思，"普龙迥"有驱邪的意思，就是七月驱邪，去鬼消灾的意思。

2012 年 7 月 25 日，星期三，农历六月初七，属猪，阴，有大雨

今天还是和昨天一样，一天都在下雨，不能出去做事情的，就在田里观察了一下回来学习。我是读过书的人，知道"活到老、学到老"，很多时候，就是发现自己的文化水平太低了，知识就是不够用，所以有时间的时候，我是尽量去学习的。还好我的朋友、同学在电脑里输入了很多的电子书本，够我读一生的，还有我们基地负责人马翀炜大哥带来的很多好书，够我学习一生，每次去翻看这些书，都有不同的新想法，好像是长大了一点，让我不愿离开。这是我这么多年没有离开箐口村去挣钱的理由之一。有时候，我的经济是困难的，一家人的生活都很困难，连交几十块的电费或者电话费都要向朋友们借，可是想想这么多年都辛苦过来了，辛苦中看到自己力所能及做出哪怕一点的成绩，也很欣慰的。苦中有乐，这也是其他人体验不到的一种幸福。

下午，看见打工回来的卢志文，说是近期在附近打工，事情有点少，就回来一下，过一两天还要出去的。

2012 年 7 月 26 日，星期四，农历六月初八，属鼠，阴，有大雨

已经连续两天下大雨了，而且今天是从早上一直下到下午 5 点左右，很多事情都做不了，人都要被憋死了。我是佩服了，我们这个地方到这个时候，雨水特别多，就是可以一天到晚地下个不停。大夏天的，记得有一年我洗了一件衣服挂屋里，没有来得及处理，一个月都是阴雨天，发现时已经发霉而穿不成了。

2012 年 7 月 27 日，星期五，农历六月初九，属牛，多云，有阵小雨

村里已经有自来水，除了有村民去世或者做什么祭祀用原来的老水井，很少有村民用老水井了。所以明天要用的老水井水看起来有些肮脏，好在"路不平有人踩，事不平有人管"，早上今年的大咪古李小生一个人打扫卫生，到明天就可以用干净的水，特别是祭祀用的水就干净了，村民吃喝都要放心很多。

2012 年 7 月 28 日，星期六，农历六月初十，属虎，阴，大雨

今天属虎，就是村民定好做"什汉普龙迥"祭祀了。今年闰年，农历有两个四月，但是我们村民是不管了，只算了一个四月，这个月就是七月了，就做"什汉普龙迥"祭祀了。这个月做了，下个月就不用做了。

做这个祭祀在寨子脚老水井处，下午约几个年轻人带上一点酒，再带上一点配料，分来他们安排的肉、喝酒很好玩的，喝多了也不知道。只是，今天的天气不好，辛苦了做伙食的这帮村民朋友，年轻人想多喝一点酒也不方便，只有简单过场吃喝了一点回来。

2012 年 7 月 29 日，星期日，农历六月十一，属兔，阴，有雨

这几天就是一直有雨，每天到田里走一趟，回来就学习。累了，到了晚上，找一个朋友约来喝一点酒，或者，我到其他朋友家喝酒，麻醉一点就休息，时间就是这样过去了。过得很快的，再过一个月，谷子又要熟了，就要等着去收割，发现到了这个年纪后，时间就是过得快，转眼就是一年，自己想做、该做的事情没有做好就过了一年。

2012年7月30日，星期一，农历六月十二，属龙，多云，有小雨

下午，知道张文和家病死了一头猪，有点大了，他家舍不得丢了，还是杀了以后高温煮熟了请邻居来吃的。多数村民都是这样，这样说来有点不讲卫生，但是在他们杀了的时候，还是认真观察的，真的遇到肉色变质、变味的，有特殊情况的，也不会有人吃的，自己家人或者其他多数人还是小心着的。要相信，只要是正常人，就会过正常的生活，多数人不会做、不敢做其他人不做的事情，这样遇着猪生病的多数是食物中毒，多数处理一下是可以食用的，村民基本没有发现出过大问题的。

2012年7月31日，星期二，农历六月十三，属蛇，多云，有小雨

今天，与朋友们聊天的时候，听说李绍云已经买了500元的大米。可能是他们几个弟兄分家以后，一家只能收二十几背谷子，而他是最小的兄弟，他们一家四口人，还要养着两个老人，家里一共就有六口人了，一家人都很少出去，可能是粮食不够吃而买的。

下午，李庆峰妻子背青苞谷秆回来，说是青苞谷秆可以用来喂牛的，青苞谷秆有点甜，牛都很爱吃，也可能很有营养。收苞谷的时间，很多村民妇女都会背青苞谷秆回来喂牛。

2012年8月1日，星期三，农历六月十四，属马，阴，有小到中雨

今天是"八一"建军节，我们战友协会的会长杨晟通知我到南沙镇经贸酒店参加聚会，我们这批战友退役回来后的几年，组织了一个协会，每年这个时候都要组织聚会。说是聚会，大家也想不出什么好办法来，

就是聚一下喝几杯酒就散了,总结不出什么好东西来。这次会议是认为,大家都是这把年纪的人了,都有自己的事情做,就决定每3年聚一次,平时的话,根据自己的情况联系。

中午,看见李绍云家运回来瓷砖,说是要装修一下厨房,便于以后打扫厨房的卫生。村民的生活条件渐渐地好了起来,现在的这些年轻人又跟外面的世界接触得多,见识广了,手艺好了,就是想建设好房子。

2012年8月2日,星期四,农历六月十五,属羊,阴,有小到中雨

应该是雨季的原因吧,已经连续下了几天的雨,河里的水也明显涨潮了,沟里的水自然也多,田里的水也顺着缺口不断地流,村民放养在田里的鱼就会随着水逃到沟里,这正是有经验的村民到沟里捉鱼的最好时候。今天下午就有村民李正学带着几个朋友到沟里捉鱼,值得提的是还有背着带电的捉鱼器去的。听经常带捉鱼器去捉鱼的李永新说这一季只要下一场雨,每天在河里或者沟里是可以捉到几公斤鱼的,还经常与村民喝酒吹牛说村里数他家的鱼最多,我还是第一次看李正学捉鱼,该不会像李永新说的那样吧。

这个时候,杂草长得快,牛都喂得肥肥的,养着牛的村民不愁牛没草吃,每天到田边就可以割一大背草回来。当然,谷子快要成熟了,除去田埂上的草,以后收割的时候就更方便了。今天是看见卢志明老人割田埂上的草,我想自己家的田埂草也应该去处理了。

2012年8月3日,星期五,农历六月十六,属猴,多云间晴

听有人说:"越是健康的人生病起来越是害怕,越有可能去世,特别是上了年纪的老人。"这句俗话该是印证了才会流传至今。今天凌晨去世的80多岁的李志明家老人就是这一类。他一生很勤劳,也很少得病,只是前几天生了点病,但是,这样大年纪的人,谁也不好说。既然到了这个时候，村民也只有过来帮助处理丧事了。考虑到李志明与妻子离婚了，上面有两个老人，下面有两个小孩，生活很困难，在家的村民都会过来帮忙，特别是他的亲戚经济上更是要给予帮助。

下午，我随张保祥到棕匹寨用小猪到他们亲戚家丧祭。这段农闲时间，年轻人都外出打工了，也是找不到人，要不然我的事情有点多，有点想推辞。但是，这也是相互换工的一种，人家请你过去帮助的时候你不能参加，到你家办事情的时候人家就不来参加了，村民就是这样简单、直接。

2012年8月4日，星期六，农历六月十七，属鸡，晴

根据葬礼的进程，今天李志明家通知亲戚来奔丧，他家老人已经80多岁了，儿子只有李志明一个，姑娘倒是有几个，都有了各自的子女，亲戚就多些，来的人很多。这个时候，有点农闲，来帮忙的村民也多。

2012年8月5日，星期日，农历六月十八，属狗，多云间晴

今天，村里张榜公布箐口村适合享受农村60岁养老金的人员名单，通知村民有误登记、漏登记的及时来办理，时间超过了就会很麻烦。

2012年8月6日，星期一，农历六月十九，属猪，凌晨雷雨，白天阴雨

听说，李志明家准备明天就办理丧事，所以，他们家今天就安排了人手准备所需要的物资。为了照顾两个老人和孩子，李志明一个人既要顾家又要顾生产的，很辛苦。生活也很困难，这次遇到这样的大事，都要亲戚朋友帮忙，特别是他的几个姐姐，她们是要尽力帮助的。当然，好在村民都比较团结，谁家遇到事情，亲戚朋友都会主动来帮助，共同渡过难关，一般的朋友看他困难，也会伸出援助之手的。要是过世的是村里的年轻人，他们还会组织人手捐款，以前遇到过这样的情况。

2012 年 8 月 7 日，星期二，农历六月二十，属鼠，阴，有雨

可能时间也适合了，李志明家今天就开始办理其父亲的丧事，村民基本没有什么生产的农事，都会过来帮助。这次，是由他嫁到大鱼塘的大女儿家来丧祭，是在我表哥李世华家办伙食，这样就不会集中在一起，各家办自己的伙食就要省些事情。

2012 年 8 月 8 日，星期三，农历六月二十一，属牛，晴

今天，李志明家要送葬他老父亲，同时，又有李爱生家到陈安村丧祭，都是他们大李氏家族的事情，他们李氏家的人就得分开，还真是有点忙。只是，在村里还会有其他姓氏家族的人来帮助，寨子不那么大，人员还是足够的，这样的一两桩事情是完全可以处理好的。

村民们中午在村里吃过午饭后，可以适当地休息一下，到了下午，年轻人要集中起来送葬李志明的老父亲，安埋好以后回来再用餐。

2012 年 8 月 9 日，星期四，农历六月二十二，属虎，晴

根据我们村里葬礼的程序，今天李志明家请客接待客人。他们李氏家有一部分人到李爱生家去帮忙，但是，村里的事情，还是会有张氏家人和卢氏家人来帮忙的，事情还是能够比较顺利地办好。

中午，李爱生家从陈安村丧祭回来，下午，他们家还是要请去帮助的人吃饭，表示一点谢意。村民就是这样，话不一定说，事情还是要做的。

2012 年 8 月 10 日，星期五，农历六月二十三，属兔，晴

卢超的女儿一直在外地打工，可能是赚了一点钱，今天看见她买一辆车回来，是村里女年轻人买车数一数二的。我们姑且不去分析她是怎样赚钱买车的，看到的就是人家买车回来了，没有上过多少学，还是自己驾驶车辆的，该算是一个村里的能人。

村民处理倒塌田埂的办法一般是用石头砌筑起来，今天是看见表哥李世华家运石头回来，说是准备砌他家的田埂。因为下埂是李世明家的，每年李世明家锄草时铲掉一些土，田埂就容易倒塌。而李世华家两个兄弟分家后田就少，需要保持水土，保证粮食的产量，这些年，他经常跟大老板做事情，还是能赚到一些钱，小日子还算过得去，就想找时间做起来。

2012年8月11日，星期六，农历六月二十四，属龙，晴

根据我的分析，村民养牛，一是用来种田，二是作为家庭经济收入来饲养的。梯田的叫法是名符其实的，田块在半山腰有台阶，机器使用不上。村民种田，到现在基本都是用牛，所以村里还是有很多人家养着牛，价格合适的情况下也会卖出，今天我就看见李爱生家卖了一头牛，还是适当地增加了一点家庭收入。

2012年8月12日，星期日，农历六月二十五，属蛇，晴

隔壁土锅寨彝族寨子过"六月二十四日"了，请箐口村民过去一起热闹。今天看见有李爱生、李朝生、卢同则过去做客，他们几个是与土锅寨的彝族村民相好一些的，彝族村民过节会电话通知请他们过去，村里过节也是会通知彝族过来的。

2012年8月13日，星期一，农历六月二十六，属马，晴转小雨

听说新街镇也过彝族火把节暨民族摔跤运动会，上街的村民很多，特别是带着小孩去买东西。这个节日很热闹，特别是以前，在我的印象中，街上都挤满了人，人来人往的，很不容易落脚。

有一对夫妇驾驶车辆进村来，给村民照相，做相框，还是有几个中老年人来做，说是收的不贵，认为做一个可以留纪念。

都知道李四辉身体特殊，每天就在停车场收停车费，习惯了，脸皮也厚了，尽管村民小组和世博元阳旅游公司元阳分公司的人都叫他不要收费但是他还要收，家里有其他人的收入撑家，说他的钱有进无出，自己还是存下了一些钱的。有些人看他身体不好，会给一些，而有的人就是不愿意给，认为他收费不合适。今天他去跟一个驾驶员收费时，被驾驶员指责了一顿，驾驶员硬是不给，两个人还吵了起来。很多年了，我也曾经给管委会收停车费，也给世博元阳旅游公司元阳分公司管理过停车场，也曾经说过他，他就是听不进去，硬是厚着脸皮来收费，看他身体不好是可怜，看他来扰乱秩序又可恨，真是拿他没有办法。

2012年8月14日，星期二，农历六月二十七，属羊，晴

村口的停车场是应该做一个标志牌了，特别是售票房子前有台阶的地方要有一个"禁止车辆进入"的明显牌子，要不然，经常会有外地的车辆直接冲到村口出事故。今天就有一辆车不小心驾驶到售票处台阶上，好在台阶不高，车辆受损不大，要是车速再快些，说不准会出大事情，估计以后有人是要投诉的，甚至打官司。村民小组或者主管部门再不管的话是要出问题的。

2012年8月15日，星期三，农历六月二十八，属猴，晴

农闲时间，白天没有多少事情，除了除田埂上的草，跟朋友们聊聊天，回来学习一阵，基本就是一天的生活了。

下午，说是小水井村文艺队成立，其实是他们村的村民小组办公楼建起来了，邀请了整个土锅寨村委会5个寨子的村民干部去吃饭。

2012年8月16日，星期四，农历六月二十九，属鸡，晴

村民小组宣传并收了60岁以上老人的户口簿和身份证，说是从2012年7月办理了相关手续后，可以享受农村养老保险了。虽说每月60元，一年720元，对于我们困难的农村，这样的一点钱也够一两个月家庭开支的。

2012 年 8 月 17 日，星期五，农历七月初一，属狗，晴

村民小组继续收取 60 岁以上老年人的户口簿及身份证，刚开始就认真做好统计的话，避免以后出现大的问题。

2012 年 8 月 18 日，星期六，农历七月初二，属猪，阴，大雨

现在是雨季，前几天的天气还好，今天却下了一整天的雨。这样的天气，我们村民是不会到田地里做事情，而在家里休息或者做其他的一些事情。

张贵学家做大祭祀，原因是他生了几天病，请了外地的一个彝族妇女来做。其实他父亲就是我们张氏家族的大摩批张正和，别人家出了什么大事，要做什么法事，他都可以承担做的，但是，自己家有事情还是要请其他摩批来做的，今天就是这样。听说这个彝族女摩批是隔壁土锅寨村的妇女，路过看见，所要的东西很多，比平时我们村里的摩批要多。本来心里想着过去看看的，但是，我知道，人家这样做法事的时候是避免生人打扰，要问一些问题也得过后，不能当场打扰。

2012 年 8 月 19 日，星期日，农历七月初三，属鼠，阴转晴

昨天，下了一整天的雨，地面潮湿得很，现在还不到收割很忙的时候，时间是有些的，就出去走走，回来学习一段时间，或者跟着朋友们喝喝酒，打打牌也是消磨时间。

2012 年 8 月 20 日，星期一，农历七月初四，属牛，多云

上午，看见李庆五家在水碾旁边做一个法事。我知道，一般人不能与做这种法事的人交流，要想问什么，都只能是做法事前或者做好以后再说，现场是不能与他们说话的。

学校快要收假了，我们箐口小学的老师回来学校看一下情况。

要是没有什么病情的话，新街镇兽医站的人是很少到村里来的。可能是气温发生变化，今天新街镇兽医站的人来村里给猪、牛打预防针。但是，村民一般在没有发生病情之前并不愿意打针的，他们还害怕针水有毒。

2012年8月21日，星期二，农历七月初五，属虎，晴

这一段时间，我的事情是少些，可以每天到田间转一下，找找蜂子烧来吃而今天的运气好像是好些，刚好找到了一窝蜂子，要是有这方面的技术就可以去烧着吃了。

晚上，我约了李国忠等几个朋友烧蜂子吃。我知道，有的地方是不吃蜂子的，而我们云南特别是本地方，都是将蜂子作为一种山味来吃，要是到市场上去买的话，还很贵呢。当然，有的人会过敏，还是有不吃的人。

2012年8月22日，星期三，农历七月初六，属兔，晴

还没有到收割的时间，可是，今天看见李明、李春等几个年轻人已经打工回来了。当然，做家长的是可以回来准备了，栽种早谷的人家可能要收割了。

的确，栽种早谷的人家下午就有做吃新米仪式的。过新米节没有明文规定是哪一天，而是村民根据庄稼的生长成熟程度来定，要是有的人家栽种了早谷，谷子成熟快，可以自己家单独摘几株谷穗回来献祭了而去收割。一般情况是，村民家的谷子都要成熟完了，到了要收割前是会选择一天属龙的日子统一来过的，具体没有规定要几月几日过节，都是根据当年的庄稼长势来定。而明天是一个属龙的日子，我知道，下午几户栽种早谷的人家是去背谷穗了，要在明天献祭了以后就去收割了。

2012年8月23日，星期四，农历七月初七，属龙，晴

昨天是属兔，今天属龙，有几户栽种了早谷的村民家吃新米饭了。

我知道的就有李志文家、张志新家、李学亮家、张庆贵家、李新明家等七八户，都是因为要去收割，要在其他多数村民把新米拿回来前献祭了才去收割。

要收谷子了，老米怎么办？特别是粮食多一些的家庭，今天村里的李正云就去卖米了，每市斤2元，他家的粮食有点多，一家人经常外出，很少有人在家吃饭，今天是卖了七八百斤换成现钱用。

2012年8月24日，星期五，农历七月初八，属蛇，晴

早上起来，知道昨天晚上李四华的儿媳去世了，他们家的亲戚都过去帮助处理事情。我想年纪轻轻的，谁知道是得了什么病呢？要是老人过世的话，我也会去帮助的，但是，村民的习惯是，年轻人过世都会有生人回避的，只有自己家的亲戚不得已而去帮忙。

今天的天气不错，收谷子的村民家有张立新家、李学亮家，栽种的是早谷，名字就叫"百日收"，名符其实成熟得快，就要早些收割了。今天是今年村里收谷子的第一天，要是评奖的话，他们家要拿头名了。

今天，是有表哥李世华家请人背石头，他是从工地上运回来一些用剩的石头，是准备砌田埂，巩固下与李世明家的田埂。

2012年8月25日，星期六，农历七月初九，属马，多云转晴

收谷子的村民家有张立新家、卢新家、李文光家，栽种的也是早谷，成熟快，收割就会在其他品种前了。

李世华家还是继续请人背石头，可能是准备今年秋收以后要砌田埂了，现在准备好材料，到时候没有什么农作物，做起事情来就方便多了。

下午，我看见在李世荣家墙上张榜公告2012年2月15日新修正《云南省红河州哈尼族彝族自治州哈尼梯田管理条例》。李世荣家的房子就在进村口，很显眼，村民小组要公布、张榜什么都基本在李世荣家墙上了。

2012年8月26日，星期日，农历七月初十，属羊，晴

我无知但是有趣地认为：女人是一本难念的书。原本昨天晚上就吵了一架的卢某妻子和李某妻子今天一到天亮就接着吵架了，什么难听的话都吵出来，她们两个之间相互知道的底细都无所保留，对于我来说真是刺耳死了。

从今年谷子长势和打听的情况来看，栽种早谷（村民叫"百日收"）和栽种"建水谷"的村民是比往年多了几十户，栽种早谷的有二十几户，栽种"建水谷"的也有二十几户，这两个品种是这两年村里引进比较多的品种，其他少数村民试验性栽种的品种还是比以前多了。主要原因，一是考虑了产量问题；二是考虑抗病虫害，还有新品种不容易倒伏，很省事情。我家就是一个例子，因为田都在山头上，有点风，有点雨的，再加上老品种株高，要成熟时就最容易倒伏了，我现在是不会去选择栽种老品种了。

这两天收谷子的都是栽种早谷的村民家，今天是有卢新家、李春家、张庆贵家、卢荣贵家，说今天收割的这几家栽种的是杂交水稻，成熟得要比老品种早。听说产量也是比一般老品种高，只是不知道米质怎么样。要是米质好，容易栽种管理的话，还是会有村民喜欢栽种的。

张庆贵家帮忙的有卢宽亮夫妇、李和、张永福、李生学家等，帮李春家收割的有其岳父母李和明夫妇、张文学夫妇等，这种收割的事情一般是叫几个亲戚朋友来帮忙，基本都是在一天收割完毕，到了其他亲戚朋友家收割的时候又转过去互换劳力。

到收割谷子的时候，在附近打工的中青年人一般都要回来帮忙的。今天，打工出去的有李政和，这些年来，说是打工很挣钱，特别是村里在蒙自市打工的几户人家，都已经建起来新房子，买了新车回来了，是村里变化比较明显的几户人家，所以，家里有人引荐的年轻夫妇都跑去蒙自市打工，现在是有十多户了。

2012 年 8 月 27 日，星期一，农历七月十一，属猴，晴

说来也很好玩，早上，就有张志学和李德福向每个他们同龄放牛的人收取十元，说是他们放牛的一伙今天要到山上放牛场打野餐，向每人收取的十元是要到街上买一点荤菜和烟酒，寻找他们自己的乐子。

收谷子的村民家有李和明家、罗金得家、李世华家等，这些人家栽种的都是老品种。

我认为，孩子厌学是一件不容乐观的事。据我估计，村里 10～18 岁停学的孩子至少有一二十个，他们尚小，出门打工体力和心力都受不住。只能整天在村里闲逛，还学着抽烟，专门去折磨寨子边田里的鱼或者果树，对应的就折磨他们双方的家长，这样的事情我在任村里的主要负责人时就担心过。听说念初二的张春华儿子今天回来，不知道是什么原因。要是真是出现厌学的情况着实让做父母的担心，比供不起他们读书还要担心。小小年纪，他们能做什么呢？现在的社会，经济发展这么快，这样的文化知识素养能跟得上社会的发展吗？姑且不说到需要科学技术知识的地方去做事，现在做农民也是要有一定的知识，将来的社会更是需要，社会只会一天比一天好，不会一天比一天坏。孩子，听家长的话，听老师的话，还是多读一点书好！

2012 年 8 月 28 日，星期二，农历七月十二，属鸡，晴

今天收谷子的有卢超家、张志新家、李政荣家、卢明华家，是到了要收割的时间了，尤其是栽种早谷的人家就可以收割了，其他品种的谷子还是要等几天时间的。

村民小组宣布 59 岁的村民来做登记，就是为明年享受农村养老保险提前做好登记，便于明年不要出什么差错。

2012 年 8 月 29 日，星期三，农历七月十三，属狗，多云间晴

陆续进入收割了，要是没有亲戚和朋友家去收割的话，也没有什么事情，就出去走走，回来就学习一会儿，消磨一天的时间倒是快。

2012年8月30日，星期四，农历七月十四，属猪，多云间晴

李四华家准备儿媳的丧事，正常情况下，因为是年轻人，一般人家是不选择日子而是尽快送葬。但是，她已经是结婚的人了，他家还是选择了日子才搁置了这么几天。

做人还是要有几个弟兄和朋友的，表哥普灿很关心我的事情，经常跟我联系商量做一些事情，这几天没有多少事情，就约了他上来喝酒，一边吃饭一边商量一些事情。这次主要是准备找一块地栽种三七和重楼药材，叫我在村里适合的地方商量一块地。

2012年8月31日，星期五，农历七月十五，属鼠，多云间晴

现在是农闲时间，又是大热天。按理说，李四华儿媳的丧事应该前几天就要办理的，可是，箐口的哈尼族就是讲究选择日子，可能认为前两天送出去不好，就硬是搁置到现在，今天来办理。

也是因为这是年轻人的事情，我们又没有亲戚关系，所以，我是没有过去帮忙，而是在做自己的事情。

2012年9月1日，星期六，农历七月十六，属牛，多云有雨

今天虽然还有点雨，但是，看见有李爱生家、李生明家收割谷子，他们这些人家栽种的都是早谷，成熟得要比其他老品种快些，多数老品种还没有到收割的时候。就我们村的情况来说，多数都要等9月中下旬和10月才收割的。

黄土坡李四华家办理他儿媳的丧事，今天是送葬了，他的儿媳还很年轻的，估计也就是20多岁，与儿子成家时间还不长，就是生死由命，大家谁都掌握不好，或许是得了什么病，这么年轻就上山了。因为年轻，我们这些不沾一点亲戚关系的人一般是不会去帮助的，说是这样年轻的

人去世会给我们带来晦气。这样年轻的人去世，送上山也要到远一点的地方去，村民的原则是不许安埋在附近的地方，免得那些晦气沾到活着的村民，特别是那些非正常死亡的人，所以，今天参加送葬的人多数是他家亲戚，他们也要辛苦一些的。

2012年9月2日，星期日，农历七月十七，属虎，阴，有雨

今天的天气情况不是很好，但是，既然定了时间，还是有人家去收谷子的。看见今天是有李志祥家收谷子，这样在雨天收割回来潮湿的谷子要是招呼不好，最容易发霉、发芽了，主人家要得多用心招呼的，否则，一年的辛苦都会白费了。

2012年9月3日，星期一，农历七月十八，属兔，多云间晴

村里明天就要过新米节，有很多村民都上街买菜了，基本上每户都有一个人，我们箐口村离城近，来去的车辆多，比较方便的，所以，每到什么节日，都会有很多村民要上街买东西的。

就是因为明天要过节，今天是有李树华家杀了一头猪，用谷子交换的，是说他家的谷子都被做实验的新街镇农科站运回去了，所以，他家需要杀一头猪，用猪肉来交换粮食。没有听说还有其他村民家杀猪的，有时候，一个节日里杀几头猪都是正常的。但是，杀猪主要集中在过春节，到时候，基本上每两三户就要杀一头猪的。

就是因为明天要过新米节了，我也到街上买东西回来，村里的事情观察得要少些，也不知道记录些什么，只有等过些天与村民交流知道的再补记一些。

2012年9月4日，星期二，农历七月十九，属龙，晴

眼看寨子脚的谷子都要成熟了，一片金黄色，层层的稻谷就同梯级随风舞蹈。有人说，梯田是冬春两季好看，层层的梯田像是一面面波光

粼粼的镜子；然而，我认为梯田还是各季有各季的好看，冬、春两季是看在眼里，感动在心里，而夏、秋两季是看在眼里，喜在心里。夏季秧苗变绿，说明它在茁壮成长，生命力旺盛，秋季谷子黄了说明丰收在望，能不让我们做农民的人高兴吗？秋收季节，田里又可以捉鱼回来吃，蔬菜又丰富，有什么还比这快乐的呢？真的，秋收的季节是看，蓝天，白云，金黄的梯田，忙着收割的村民，景色实在迷人！

今天是属龙日，根据田里的庄稼长势，箐口村按照自己村生产、生活的进程过新米节了。我们箐口村过新米节还是比较热闹的，好像家家户户都有客人一样，连村里平时空着的停车场都停满大小车辆，连路上都停着，只有相互招呼着才能通车了，比其他什么节日都要热闹，可以说是最热闹的一个节日。

2012年9月5日，星期三，农历七月二十，属蛇，晴

这两天的天气就好起来了，今天看见收谷子的村民家有李光明家，也是栽种了早谷。这种早谷品种，看起来长势还是不错的，看不见有多少秕谷，就是栽种过的人家说的，产量很低，只有一般品种的一半产量左右。卢宽亮家和张志新家栽种过，他们都是这么说的，栽种了一年就再也不愿意栽种了，再说，米质也很一般。这是村民的一般做法：谁都不愿意栽种产量低、米质不好的稻种。

2012年9月6日，星期四，农历七月二十一，属马，晴

今天属马，按照村里的习俗，新米节后的第一个属马日要组织村民去修路，主要是修麻栗寨河到村口的路，其目的是村民收割谷子来回容易，安全行走，其他再多的故事就不太清楚，我也很不想听村民自己编造的想当然的故事。

虽然，今天是全村每户要出去一个劳动力修路的，但是，看着天气好，还是有人家去收谷子的。今天收谷子的村民家有卢长生家、李小云家等，

这些人家就不会来参加村民集体的劳动了，没有听说今天去收割的要被处罚什么的情况。

2012年9月7日，星期五，农历七月二十二，属羊，多云

昨天，我是跟着多数村民去修路了，晒了一段时间的太阳，身体好像感冒了，很不舒服，想在家休息的，然而，早上听说张龙后老人又去世了，我们张氏家人只有到他家帮助。张氏老人虽然说是上了年纪，但是，他的妻子7月才过世，两口子不离一个月就这样去世了，张庆贵两个月内处理这样两桩丧事，现在的物价又高，每一桩丧事都要花费几万元，他是有点吃力了，但是，事情既然出现了还是得处理，还是得想尽一切办法来解决问题的。

晚上，兄弟张明福通知我明天到他家收谷子，毕竟是一家人，有什么劳动会说，有什么好吃的也会说的。

2012年9月8日，星期六，农历七月二十三，属猴，阴转晴

就像昨天说到的，今天的我是到兄弟张明福家收谷子去了，同时，看见今天收割的还有罗金得家、李世忠家等。听说，他们这些现在就收割的都是栽种了早谷，名符其实的，成熟早收割就早了。

出去收割了，我们年轻人一般就是打谷子，一天下来，还是很累的，晚上，就没有精力再学习了。只有休息一阵，恢复一点体力，心情平静一点再学习。

2012年9月9日，星期日，农历七月二十四，属鸡，阴转晴

收谷子的村民家有张学亮家、张明福家、卢荣祥家、卢志文家、李庆光家、李志宽家、李树林家，到了这个月中旬以后，只要天气好，收谷子的村民家就多起来了。

这个时候，能好好拍摄一些村民收割的场景，肯定是很不错的材料，我有时候就是这样想的，那些摄影师和导演们应该抓住这样的机会。

2012年9月10日，星期一，农历七月二十五，属狗，多云转晴

今天收谷子的村民家就多了，有李政祥家、张龙家、李得运家、卢学贵家、李世华家、李庆亮家等，基本上进入秋收的农忙时间了。

收割很累的，但是只要天气好，景色就会好的，心情就会好的，劳累一点也无所谓。

2012年9月11日，星期二，农历七月二十六，属猪，阴转晴

是农忙时候了，今天收谷子的人家有张文和家、李绍新家等，但是，丧事还是得处理的。张庆贵家是要处理养父张龙后的事情，今天准备物资，定在明天祭祀，后天送葬，我们张氏家又是更忙了，多数还是得停止生产过来帮助的。

2012年9月12日，星期三，农历七月二十七，属鼠，阴转晴

今天，张庆贵家主办张龙后的丧事，我们张氏家人基本都停止收割来帮助，因为，只要天气好，其他村民家还是会忙着去收割的，只有我们张氏家先团结起来，其他村民才会来帮助的。

知道收谷子的人家有张保祥家，他家的田有一部分在麻栗寨河底，相对来说是我们箐口村田地比较远的了，人手不够，再说，在他家收割之前，就有人家叫来了马匹，他家的谷子就由马驮回来，说每袋谷子的驮运费是9元钱，一匹马一次能驮两塑料袋，就是大概200斤，比用人背回来的要快，这样就可以省出几个人力了。但是，有一点的是，用马驮运的人家都说，马上不了楼梯，上不了楼顶，就得麻烦用人背上去，要是有人手的话，有的人家还是愿意请人背的。

2012 年 9 月 13 日，星期四，农历七月二十八，属牛，大雨

今天，我们张氏家族是要给张龙后老人送上山的。早上，安排几个年轻人到山上挖墓穴，先是做好上午的饭菜吃了，之后，一般村民可以适当地休息一阵，到了下午两三点钟集中起来送葬去，安埋好回来再用餐。

还得特别地提醒一下，我们张氏家的丧事一般都是张正和摩批一组主持的，但是，张庆贵一家人与张正和家吵架了，互不来往。张庆贵和父亲张里保、兄弟张小华都参加到李正林一组中去，这次葬礼也就由李正林这一组来主持。

早上起来，知道昨天晚上又有李正光老人去世了，他们二李家族的人又得过去帮助了。这样，我们村今天更忙了，只得分开人手来帮忙。

2012 年 9 月 14 日，星期五，农历七月二十九，属虎，凌晨有暴雨

根据葬礼的程序，张庆贵家请客，又有暴雨，又有李建军家有奔丧事的人来，村民基本上都没有出去收割了，一是到张庆贵家做客，二是到李建军家帮忙。村民今天的事情还是有得做的，在家的，村民的眼睛是会被盯着的，我是到李建军家帮忙了。

同时，二李氏家族的人要到李建军家帮助招呼来奔丧的人，村民是不可能去收割了。

2012 年 9 月 15 日，星期六，农历七月三十，属兔，多云间晴

张斌家收谷子，他家就在李建军家旁边，本来是该到李建军家帮忙的，但是，又是收割时间，误不得的，还是得根据自己家的情况安排，这样的大事多一个人不多，少一个人不少，寨子这么大，会有很多亲戚朋友来帮助的，办理一桩丧事应该说没有什么问题。我听说，有的寨子小的，遇到丧事这样的大事是要通知回来的，村民规定，要是有谁家不来帮助的，是要被处罚的，听说还处罚得重，一天要处罚几百元的。这样的规定我们村暂时还没有，村民都很自觉的，基本上每桩丧事都能顺利办理。

2012 年 9 月 16 日，星期日，农历八月初一，属龙，多云间晴

今天是农历的八月初一了，张庆贵家做祭祀，打扫这次丧事，又是要通知所有家族的人来帮助的，但是，农忙时间，是不会有多少人来了。要不然，做这种法事的时候是会有很多家族的人参加的，烟酒和饭菜还得多准备一些的。

2012 年 9 月 17 日，星期一，农历八月初二，属蛇，晴

今天的天气就好些了，大哥张明生家收谷子，我也是跟着去帮助收割的，这个时候，劳动力需要得多，就是付钱也请不着人手的，只有一家人商量着团结起来收割了。

大哥张明生已经 60 岁左右了，一年比一年老，特别是前些年在张斌家拆房子出事情后，他的身体就一年不如一年了，很需要弟兄们帮助，重体力活还是尽量少做得好。人，总是要讲一点感情的，毕竟，他是我们的兄长，随着父母撑起家庭的主要劳动力，现在，他到了这个年纪，我们还是尽力帮助一点的好。

2012 年 9 月 18 日，星期二，农历八月初三，属马，多云间晴

昨天去帮助大哥家收谷子，今天的天气还算不错。我们家就是今天组织了亲戚朋友去收谷子的，我们家的田离寨子近，来去都比较方便，比远地方要省很多力。打好的谷子今天可以不用背回来，等明后天去背回来也不要紧的。

2012 年 9 月 19 日，星期三，农历八月初四，属羊，阴，有雨

昨天，收了我家的谷子，今天，有卢永贵家收谷子，是妻子的哥哥家，

没有人手,我还得过去帮助。几天下来,感到很累,早上起来,要到帮助的人家吃饭,晚上收工回来,吃完饭就休息了,很少有时间去观察其他村民家的事情,所以,这一段我能记录的事就少些,多数就是收割的事情。

2012 年 9 月 20 日,星期四,农历八月初五,属猴,多云有雨

这两天虽然有雨,但是,收割的事情拖不得,特别是村里又有丧事没有处理,到时候村民还得过去帮助,请不到需要的人手,所以,李正云家今天组织了人手去收谷子。我家收割的时候是请他过来帮助的,今天,他家收割了,我也得过去帮助,连续几天以后,感觉实在有点累了,很想休息一两天,只是,这样收割的时间又耽误不起,只要天气好些,还是得跟着亲戚朋友去收割的。

2012 年 9 月 21 日,星期五,农历八月初六,属鸡,多云间晴

什么是天灾?什么是人祸?我很不知道。但是,老子去世,儿子办理其丧事又出事去世了,对于一个家庭来说是天大的灾难。一个屋里同时横躺着父子两具棺材,留下了年幼的孙子,是村里的第一个例子。谁不伤心?谁不悲痛?听说李和明今天为了给去世的父亲做坟而去买砖包了车回来,在回来的路上,到寨子头村口弯道时翻车死亡,哭倒了他的妻子,也哭倒了他家所有的亲人,是很伤心的事情了。

但是,事情都出了,只有他们家的亲戚都过来帮助了,其他的村民基本停下自己的事情过去帮助了。

今天,我是跟着二哥家去收谷子的,忙着收割的事情,做了一天的活计,很累的,回来后,还真有点不敢相信这就是事实。

2012 年 9 月 22 日,星期六,农历八月初七,属狗,多云有雨

我知道,今天收割的有张斌家,虽然,村里有老人去世,但是,农事的事情还得根据自己家的情况来安排的。今天还下一点雨，他们家还是去收割了。

昨天出事的李家还是有亲戚家人来奔丧的，没有办法，家人和亲戚还是要照面的，咱中国人就是要面子，我们哈尼族也是的。

2012年9月23日，星期日，农历八月初八，属猪，多云间晴

李建军家准备明天要用的东西，父子两个都横躺在那里，家人亲戚都很悲痛的，都希望尽量把时间缩短了，"长痛不如短痛"，亲戚过来了，朋友过来了，就是想办法尽快处理了这桩丧事。

同样，一个寨子的人，这几天，我都尽了我的能力帮助他们家做事情的，看着他们家遇到这样的特殊情况，还是觉得挺可怜的，只是，谁也无法想到会有这样的事情。

2012年9月24日，星期一，农历八月初九，属鼠，多云间晴

今天主办李家的丧事，因为是两父子的事情，要杀两头牛的，我们村民都很忙的，因为是父子两个的丧事同时一天来做，认为太悲哀了，很让人伤心的。原来准备来丧祭的亲戚都不来了，只能象征性地用小猪或者其他的方式来见面过礼，用牛来丧祭的亲戚家就免了。

村民小组通知一部分人到村委会进行免费体检，是卫生局抽出名单来体检的，具体要做什么就不知道了。

2012年9月25日，星期二，农历八月初十，属牛，多云间晴

箐口村今天就是一个特殊的日子，特别就主人李某家来说：父子同一天上山。这在村里或是某一个家庭来说都是百年不遇的事情。村里为了能够顺利地将他们送上山，早上就特意通知村民今天不要忙于收谷子，停止一切劳动来帮忙。一人有难，千人帮忙。村民还是比较自觉的，就连少数几家即使出去收谷子的也是早早赶回来，要不是人员集中，今天

是会有点麻烦的，两个棺材基本同时送出去，要是人手少就很吃力的。

今天有一件事情值得提一下，就是他们亲戚认为可能是老人去世时给他装棺材时位置没有摆好，把两个老人送到山上入土后，两具棺材都打开了观察情况，如手脚的位置对否？头脸的摆放位置等情况。说是如果位置没有摆放好也会对后人产生伤害，所以，他们亲戚事前就准备好毛毯，是等他们下葬后，由人撑开毛毯遮盖棺材，说是不能让死者看到天空，再让亲戚检查是否摆放好。然后，重新盖住棺材再安埋土上去。听村里的老人说，这也是村里的头一例。

"人死如虎，虎死如花。"刚进棺材的人谁敢去打开看呢？只有他们家的亲人，的确处于无奈，在其他参与送葬的人用盖棺材的毛毯盖住棺材上面后由亲人检查，检查是没有什么变动才重新盖住安埋，我也参加送葬，亲眼看这一葬礼，是有点特别。

有卢龙家收谷子，极少数了，村里出了这样的大事还要出去收割，当然，也是到了下午两点就收工回来。这样特殊的日子，谁家不来帮助要被村民说的。

2012年9月26日，星期三，农历八月十一，属虎，多云间晴，有阵雨

清早，寨子脚又传来两声清脆的鞭炮声，听惯了这种声音的人就知道又有人去世了。打听了一下，说是张志光老人去世了，我们张氏家族人又得过去帮助了。

根据习俗，李建军家还是请客接待村民的，程序还是和其他人家一样进行，他们家还组织几个年轻人去修理一下昨天的坟墓，之后，除了特殊情况就不能去坟墓那边看望了。

听说，昨天晚上有李小祥和马刚金害病，说是同一种病，说是被昨天送上山的老人害的。这就怪了，两个年轻力壮的人，这次丧事中还是主要来帮助的人手，为什么还要为难他们呢？

收谷子的村民家有李正和家，新街镇农科站的试验水稻，李树华家，李庆生家等。

2012 年 9 月 27 日，星期四，农历八月十二，属兔，多云间晴

收谷子的村民家有张五家、张牛后家、高文华家、李正林家，这些人家都是前面就决定好的日子，要不然，有几家是该过来帮助张学亮家的。

昨天是有张志光老人去世，我们基本把家里的事情料理好，通知了所有亲戚。今天是有很多亲戚家人来奔丧，我们张氏家人还要团结起来招呼来的客人，一天下来，还是有点累的。

2012 年 9 月 28 日，星期五，农历八月十三，属龙，多云间晴

收谷子的村民家有张龙家、卢建忠家、李树华家、李正超家。

我家的谷子也收了，再说，张氏一家人这两天都是在张学亮家帮助，知道今天还是有几个亲戚来奔丧的，昨天可能有事而没有过来。

2012 年 9 月 29 日，星期六，农历八月十四，属蛇，多云间晴

李小明夫妇及孩子都在蒙自市打工地方已经几年了，很少回来，他家的田也是基本上请小工来做的，今天是看见卢新犁李小明家的田。村里养着牛，能给村民家种田的有几个，卢新是其中的一个，每年还是可以挣到一点辛苦费的。

没有办法，家里去世了主要劳动力，生产、生活就要亲戚朋友帮助的。今天是看见李春等几个亲戚帮助李建军家搭田埂，因为他家的事情的确太特殊了，所以，其他的亲戚朋友就过来帮助一天，过一关就是一关。

2012 年 9 月 30 日，星期日，农历八月十五，属马，多云间晴

这两天的天气还是不错，今天看见收谷子的有李科长家、张龙家等，只要天气好，都要忙着收回来了。

收谷草的村民多，有张政和家、卢学贵家、张斌家、李世文家等，他们家都养着牛，为了牛过冬，养着牛的人家还是要收谷草的。我们箐口村地少，能放牧的地方就少，整个冬天到明年的四五月份野草长出来之前基本是靠谷草来喂牛，能不收谷草吗？

今天是八月十五，是中秋节，懒得去田里劳动，就到街上随便买些孩子们要吃的东西，人家过节，我们也过节嘛，事情哪里有做得完的，还是应该劳逸结合。前一段时间接连劳动，静下来休息两天恢复体能也无妨。

2012年10月1日，星期一，农历八月十六，属羊，多云间阴

可能是多数村民家都栽种杂交水稻的原因，在我看来，今年收割的时间要早于往年，多数村民家的庄稼都要收割完了，只有少数的村民家还有一些。今天收谷子的有卢世华家、李金家等，他们家收的都是糯米。总的来说，糯米的成熟期要晚于一般水稻，糯米的产量也是低于一般水稻，所以，村民家栽种的糯米也少，村民只是为了过年过节的时候使用一点。相对的，有姑娘出嫁的村民家栽种得会多一点，因为，根据这里哈尼族的习俗，姑娘出嫁的当年要给姑娘家送一些糯米粑粑过去的，就会多栽种一点糯米。

2012年10月2日，星期二，农历八月十七，属猴，多云间晴

李永得可以说是村里比较出名的懒汉，栽种庄稼晚，栽的又是一般品种，谷子成熟得就要晚，收割就要晚于其他村民家了，他家的谷子今天才去收。

其他收完谷子的村民家要是收谷草的话就可以收了，今天是有李志和家、张明福家等收谷草。从村民某种观点上讲，村民收谷草要急于收谷子，因为要是谷草被雨淋过，就得要等几天等谷草晒干了才能收，所以，

收谷草要比收谷子赶时间，收谷草的村民出工要晚，等中午露水干一些才能捆起来，收工回来得也要晚些。

今天李贵文家收谷子，也是收糯米。今年收割好像相对要早一点，村民家的谷子都要收完了。如果在有些年，要到10月中旬才收得完。

2012年10月3日，星期三，农历八月十八，属鸡，阴雨转晴

今天收谷子的有高九沙家，可能是今年村里收谷子最晚的一家了，主要原因是他的两个儿子已经分家，各管各的去了，而与他们两个老人在一起生活的小儿子常常不在家，也很不顾家里的事情，还听说好赌，在外地打工挣来的钱经常是输到赌场上。高九沙已经是60多岁了，由于身体不好，家境也不好不能正常地管理庄稼，栽种时间也是比较晚的，今天能收割也算是老天照顾了，收成自然就比往年少很多。管理庄稼还是要按照自然规律来，晚栽种了不行，早栽种了也不行，这是我们地方的气候条件所决定的。

收完谷子后，村民的主要事情就是垒田埂了。今天是有马卫华家、李世华家等垒田埂，在家的这些年轻人，都希望把田里的事情尽快做好，还要出去挣钱养家糊口呢。

2012年10月4日，星期四，农历八月十九，属狗，多云

没有办法，或者说是理所当然的事情，一家有难两家帮，自己家族的事情更不用说了。自从知道明后天要祭祀我们张氏老人，就不管今天的天气好不好，也要把家里的事情先做好再去帮忙。所以，今天的我是忙着处理自己的事情去了，明后天得帮助张学亮家处理丧事，总得给家族人一点面子，要不然，开会的时候是要被家族的人点名批评的。

2012 年 10 月 5 日，星期五，农历八月二十，属猪，多云

张学亮的老父亲在前些天就去世了，由于村里习惯选择日子，生辰上一般不能与家人相冲，就在家里摆放了一段时间。根据选择，今天才开始准备祭祀，主要准备一些明天需要的牲畜、伙食等，我们张氏家族的人基本都停止了生产活动过来帮忙。不用说，我是出名的人，得过去帮忙，经常出面的人得经常出面，要不然，会被人家认为有什么事情了，或者是关系不好，所以，这两天是停做了自己的事情。

2012 年 10 月 6 日，星期六，农历八月二十一，属鼠，凌晨暴雨

凌晨有暴雨，我们张氏家人都过来帮助处理张学亮家的丧事，是不可能出去干活了。当然了，在雨里帮张学亮家做丧事也不好玩，只是没有办法，定了的事情还是得想办法处理，我们要不穿了雨衣，要不就换了衣服来做。

2012 年 10 月 7 日，星期日，农历八月二十二，属牛，多云间晴

昨天我们张氏家人祭祀了以后，根据村里的习俗，今天的村民都停止生产送葬张学亮家老人，我们是一个家族的人，自然是得过去帮忙，因此还是耽误了我几天时间。但也没有办法，这是村民一直以来的做法，谁家出了大事都是这样解决的。他们家出事的时候，我们过去帮助，我们家出事的时候，人家才会过来帮助。有的人，平时不来往，都要被开会点名批评，他们家有事情的时候来往的人也会很少。

2012 年 10 月 8 日，星期一，农历八月二十三，属虎，多云间晴

按照葬礼的程序，今天是张学亮家待客，作为张氏家族的一个年轻人，我也去参加帮忙，主要就是伙食上的事情。妇女们负责洗菜，男人们负责炒菜，与他们在一起是免不了要喝一点酒的，精神就有点乱了，除了跟他们出力气以外，做一些事情还是有点麻木，又要误一天的作业了。没有办法，今年村里去世的老人是多了一点，基本上每个月便有一两个，每一个老人办事用去一两天的时间，有的花费的时间更多，过去帮助的时间认为还是多了一点。不行，得想想办法，该帮忙的还是去帮忙，该做自己的事情还是要找时间做，有时候是确实误时间的，我们得学会衡量和处理这样的事情。

2012年10月9日，星期二，农历八月二十四，属兔，多云间晴

卢世华家约了卢建忠、卢小华、卢永贵等去打田埂，到了11月、12月以后，水自然是凉了，村民都不愿意进水里劳动。所以，都想办法尽快在这个月内做好田里的事情，做好了的，要不就闲着，要不就忙着打工去了，在村里不会有什么收入，村民基本都要依靠打工挣钱。我是真希望在村里有什么事情做，能给村民带来一点经济收入。

2012年10月10日，星期三，农历八月二十五，属龙，多云间晴

早上起来，听说李庆五和张祥的摩托车昨天夜里在停车场被盗，报了案后派出所来调查，这还是村里第一例。有村民分析议论可能是与村里知道情况的人联系着偷了，可是谁知道呢？人来人往的，即使附近村民家夜里听到有动静也会误以为是他们自己在使用，我就住在停车场上面，经常夜里也在做作业，可就是真不知道停车场的车都是谁的。真是不巧，小小的一个村寨也出现了偷摩托车的事件，自己的财物还是自己多管理好些。

村里有一个习俗，就是收割完了，在粮食入仓库之前做一些糯米粑粑放到仓库里。今天属龙，就有妇女们做糯米粑粑，与入库的新米一起放到仓库里献祭，主要意思就是粮食丰收，年年有余，再多的意义村民也说不出来。

2012年10月11日，星期四，农历八月二十六，属蛇，多云间晴

从这些年村民改建房子的情况来看，村民是不再愿意居住茅草房了，而县里开发旅游以后又要求保存茅草房。很多所谓保存比较好的茅草房都是由于家庭的经济原因而得以留下。李正云家就是其中之一，因为几年没有换茅草出现漏雨现象，他家今天早上就请了亲戚和隔壁邻居帮忙拆换，这种情况是不用付工钱的，只要主人家准备伙食就够了，这是村民传统的做法。如果用"保存"两字来说的话，他家也是"保存"很完整的一家了。传统的茅草房子一般下面是土坯墙体，上面是真的茅草封顶，第一层是养牲畜用，第二层家人居住，第三层保存粮食。但是，村民们都不是那么爱居住在传统的茅草房了，都希望居住得宽敞一些、明亮一些、卫生一些。至于，李正云家还保存得那么完整，那也是家庭条件限制不得已的情况，父母年纪还轻的时候就离开他们弟兄姐妹而去，李正云也是这两年才成家，家底单薄让他无法考虑改建房子的事情，这是主要的一点。不然的话，他们也不想这样过日子，他们也想像其他村民那样住得舒服些，生活方便些。到目前为止，村里所谓的保持传统茅草房的只有七八户了，一个两百多户的寨子，只有七八户才是所谓的传统茅草房，现在村里其他的房子都是改建了以后再加的茅草顶，都是旅游需要上面要求而搭建的，不再是真正意义上的茅草房。

村民们还有另外一种分析法：因为茅草的寿命最多就是三五年，到了三五年还要重新更换，而每一次更换茅草的费用一般是材料加伙食费三五千元，这对村民来说是一笔不小的开支。正因为如此，早在十多年前村民就基本上更换成石棉瓦房顶或者水泥顶，只是政府出于发展旅游而要求做成茅草房。从这几年的情况和与村民交流的情况来看，可能是建筑施工的问题，还是有其他什么问题，前两年拆建的多数房子都出现问题，村民就不是那么愿意再做茅草房，很多村民都想把茅草取掉，省一些人力和物力。再者，很多年前发生的几次火灾也是箐口村民一直存在的心病。听一些老人讲，一次很大的火灾把几户人家的房子都烧落了，第二天清理一户老人家垃圾的时候，因为有人说那老人当晚已经离开火场，当发现部分尸体的时候还误认为是她家养的猪而进行品尝，听过这个火烧房子导致人吃人肉故事的箐口老人更是对茅草房子有一种说不出的感慨。

搭田埂需要朋友，特别是不太会搭的年轻人，李庆祥是前些年才从部队退役回来的，搭田埂这些农事对他来说是外行，自然请了几个朋友一同去。几个弟兄分家以后，他分到的田也不多，也就只是叫了两个朋友过去，他们三个一天轻松就搭好了，不用费多少力的。

2012 年 10 月 12 日，星期五，农历八月二十七，属马，多云

李庆祥家准备犁田，但是他前年才退役回来，参加农事不久，自己不会犁田，昨天请几个弟兄搭田埂，今天是付钱请卢建忠犁田。卢建忠的话，是村里出名的种田能手，李庆祥家的田到了下午两三点就犁好了。

看人家都种田了，我也担心到了冬天水冷的时候进田里劳动，所以，每天到田里劳动一阵，回来学习一阵，现在就抓紧时间种的话，估计几天就能做好，不会太累人。

2012 年 10 月 13 日，星期六，农历八月二十八，属羊，晴

看别人家的田埂都垒好的，我也着急了。今天自己去垒田埂，田也不是很多，只要自己一天垒一点，几天就会垒好的。

2012 年 10 月 14 日，星期日，农历八月二十九，属猴，晴

今天，我还是去垒田埂了，现在的话，草还是有点旺盛，谷桩还是深的，要想挖起来还是费劲。但是，有的事情就是要提前做好，要不然，过几天事情多起来顾不过来种田的事情。加之天气变冷后，更是不愿意进田里劳动了。做农事生产这样的体力活，一天下来还是累的，回来以后只好休息，等体力恢复了才能做其他的事情。

2012 年 10 月 15 日，星期一，农历九月初一，属鸡，晴

在前面的一些日记里说到过，村里无论谁家死了人首先要在自己家的后墙上打开一个洞口，等将死者送到山上，过了农历的当月就要选择一个日子做一个封后墙洞口的祭祀，才算整个丧事完毕。昨天是农历的八月二十九，今天是农历的九月初一，就在今天早上，张学亮家请了家族的摩批张正和做这个封后墙洞口的祭祀。这个祭祀中所需要的牺牲主要是一头小猪、一只鸭子、一对鸡，就餐的人员不定。正因为这样，主人为了表示感谢这次丧事帮助的家族和朋友，会派人去请他们来用餐，多数家庭做这个祭祀来的人就会多一些。要注意的是，祭祀中所用的小猪肉、鸡、鸭肉多数人家是不得带到屋内，剩余吃不完的都要倒掉，其他家里做的猪肉或者牛肉等是可以带到屋里的，我知道的就这么多。

可能是农忙的原因，今天来参加张学亮家祭祀用餐的人不算多，有六桌人用餐，男的三桌，女的三桌。至此，张学亮家算是完成了一桩丧事。用餐间，他的朋友与他协商因办丧事而耽误整理梯田的农事，都愿意尽一份力帮忙把他家的梯田尽快整理好。遇到这样的大事，主人家比较大的事情只要主人提出或者亲戚朋友知道都会主动帮忙，这也是一种友好的交往，带有浓浓的人情味。

2012 年 10 月 16 日，星期二，农历九月初二，属狗，晴

李志学是退休回来的工人，他的两个兄弟都打工在外，家里的农事全归他守家的人管理，而他们是不会进田的"黄牛"（村里现在已经没有人家养了，以前也很少有村民养黄牛，种庄稼不太好使，有村民就把很不会种田的人比作黄牛）。他们家每年的农活都是付钱请村民去做，今天也是请了小工去种田了。这段时间，会种田的人体力上感到累，不会种田的人如果请不到人心也感到累。但是，人还是得愉快地过日子。

晚上八九点的时候，元阳县文体局局长到村里组织开农家乐的村民开会。刚开张农家乐的时候，县里是给了他们十万元的无息贷款，要求五年还付，并要求在县里的各单位定点消费。而接下来的生意就是不如意，他们开张农家乐后买来的菜有些都消费不了，几个老板都有一些意见，这个会议就是针对这一事情展开讨论的。

2012 年 10 月 17 日，星期三，农历九月初三，属猪，多云间晴

前面的一些日记里说到，并不是所有的种田人都能种田，或者说由于市场经济的开发，有的人不乐意种田了，就请其他人管理。今天的李文祥家就是一个例子，李文祥在外打工，他的老母亲又不会种田，就请了卢同则等人搭田埂，还要在经济上开支了来保护自己家的田。直接来说的话，就是时代在变化，种田也是在变化的。以前的话，村民都是老老实实种田，不用花钱也没有钱开支在种田上，而现在是要开支的。

李贵云家也是搭田埂，是请他的朋友过去，他们这些年轻人力气是大了，但是，技术还是差一点，要是没有一些中年人来领头，他们还是做不了多少。

2012 年 10 月 18 日，星期四，农历九月初四，属鼠，晴

早上，有两个土锅寨村民来村里买猪，以两千零二元买走了张永福家的一头猪，准是土锅寨村有人过世了。附近的土锅寨村有老人过世，与我们箐口村哈尼族很大不同的一点是很少杀牛，他们就是杀猪。很多时候，只要他们村有老人过世了，就会安排了解情况的中年人来我们村买猪，这几年是看到过几次，所以，有的人会开玩笑说："只要土锅寨过来买猪，就说明他们寨子有死人了"。

今天，还有高正才家才去收谷子，他家是村里最晚收割的一家了，就是因为他老人家身体不好，孩子们又分家出去，与他们生活的小儿子经常在外地打工，不能正常处理家里的农事，农事就要比其他村民家晚了。

2012 年 10 月 19 日，星期五，农历九月初五，属牛，晴

我原来还以为村民家的谷子都收完了，今天居然还有高文华背谷子回来，说是他兄弟家的，就是他老家（他们弟兄三个分家已经多年了，按照这一带哈尼族的习俗，弟兄们分家后老人要跟最小的儿子过日子）。虽然他有点开玩笑但也是实话，就是他父母亲家的，造成他家今天才收谷子。

2012 年 10 月 20 日，星期六，农历九月初六，属虎，晴

兄弟张明福还没有学会犁田，看在老父亲的面上，今天，我是去帮助他家犁田，自己的技术也不是很好，犁了一天，还是剩余一点，明天还得去犁一天才能完成。

2012 年 10 月 21 日，星期日，农历九月初七，属兔，晴

就像昨天说的，因为昨天没有犁完，今天还是继续犁兄弟张明福家的田。两天下来，还是感觉很累的，要不是看在老父亲的面上，我是不会去帮助的。

2012 年 10 月 22 日，星期一，农历九月初八，属龙，多云转晴

前两天犁了兄弟张明福家的田，而二哥张明德也是打工在外，很少有时间回来种田的，十几年的农忙都是我帮助插秧收割的。前两天是帮助兄弟家犁田，今天是帮助二哥家犁田，反正，这些年我都在家，一天犁一点，累了就放了牛休息，多数种田的事情都是我付出劳动完成的。

2012 年 10 月 23 日，星期二，农历九月初九，属蛇，多云转晴

昨天，二哥张明德家的田还没有犁完，今天继续去犁，今天是犁完了，但是，连续几天的体力劳动，身体感到累，就静不下心来学习，也没有去观察村里的事情，就这样过了几天。

2012年10月24日，星期三，农历九月初十，属马，晴

前几天犁两个弟兄家的田，有点累了，今天休息了一天。这样连续劳动了几天，可能是体能恢复期间，突然闲下来休息也会觉得累。我发觉，今天是不想做什么事情，一心只想好好吃一点，再好好休息，休息也是工作，在身体不好的情况下是做不成什么事情的。劳逸结合是最好的生活方法。

2012年10月25日，星期四，农历九月十一，属羊，晴

昨天休息了一天以后，今天还是到田里劳动了。反正，我家的田离村里不远，就在寨子脚，用我父亲的话说就像是上卫生间一样的近，天气好了、心情好了就劳动一会儿，不想劳动了就回来学习，甚是方便。所以，每天劳动一阵、休息一阵的，人也不会累，田里的事情也做了。只是，人到这个年纪，发觉事情就是多，每天都有做不完的事情，有的事情，就是要提前做才会好。

2012年10月26日，星期五，农历九月十二，属猴，晴

这几天是在田里劳动，很少到村里观察情况，村里的事情知道的就少些。做日记每天都要观察，每天要记录，要是村里没有什么事情，正常平静地过日子的话，时间长了，我是会感到累的，觉得没有什么可以记录，心情也会烦恼，时间越长越是会感到事情的重大，越是觉得没有办法做下去，心智也会困的。所以，有时候就会记得多一点，有时候就是记得少一点。

2012年10月27日，星期六，农历九月十三，属鸡，晴

这几天的事情就是这样，每天到田里劳动一阵，回来学习一阵，时间就是安排过去了。小日子就是好过，就是做不出什么事情来，人也会活得无精打采。

2012年10月28日，星期日，农历九月十四，属狗，多云转晴

就在昨天晚上，李庆生家运回来一车砖，早上叫村民来帮助背，原来想不会有多少人来背的，然而，可能是因为农事忙得差不多了，来帮忙的村民还是不少，特别是他们家的亲戚。为什么这么说呢？主要是他们一家在蒙自市打工已经十年左右了，那么，近十年的时间在村里帮别人的忙自然就少，很多事情都是相互的，你帮忙别人的少，别人自然就会少来帮助你，一般都是这样的。看今天的情况就有点不一样，主要可能还是村民的农事相对少了，再说，村里他们家的亲戚也不少，平时，他们的父母亲也相对帮助别人不少吧。这样也好，谁也不会说什么。

搭田埂的有李永忠，犁田的有李政云、高文华、卢文华，都想赶在冬天水冷之前把田里的事情做好了。

2012年10月29日，星期一，农历九月十五，属猪，晴

从近期的情况来看，村民的事情主要就是整理梯田，包括除草、翻新田埂、犁田等。所以，只要天气情况好，村里在家的男劳力都要到田里劳作，一天的时间基本都是这样安排：早上八九点用早餐，九点到十点开始劳作，12点到下午两点多数会由家人送中餐在田间就用（有的不一定用中餐），下午五六点钟回家，这是一般种田人的时间安排。今天李志和、李平拔、卢志和等村民家搭田埂，李爱生、李树林等犁田。

电器进入农村不是一天两天的事情了，特别是电灯、电视、电磁炉、电饭煲等，很多家庭都使用了电器后，用柴火的家庭是明显减少了，但是，养猪的人家多数还得使用柴火煮猪食，也不知道还有什么用途。早上有村民小组的人用喇叭宣传"偷别人家柴火的村民要注意，让主人家抓到了处罚多少要由他们主人家说了算"，肯定就是有不自觉的村民去偷别人家的树木，让被偷了树木的村民告到村民小组那里了。

2012年10月30日，星期二，农历九月十六，属鼠，多云，有雨

昨天的天气还很好，原本就担心进入冷天不敢进田劳作，因此村民都抓紧时间整理田。我也是，就找了农具去犁田，原本打算今天可以犁完自己家的田，以便腾出时间做其他的事情。殊不知，到了中午就下起雨来，只好停止劳作。很多时候就是这样，原来的打算往往会被一些突发事情打破而乱了阵脚，我今天犁自己家的田就是这样，原本一天要完成的事情只有第二天再来做了。所以，一天的事情还是要一天去完成，时间不会因为你没有完成某一桩事情而停止。

2012年10月31日，星期三，农历九月十七，属牛，多云转晴

可能是多数年轻人常年出门在外，很不接触梯田农事的原因，也可能是犁田要讲究一定的技巧，现在的年轻人特别是二三十岁的男人能犁田的很少了。老话常说"穷苦人早当家"，当家才几年的李正云（30岁左右）今天就开始犁自己家的田了。哪有生而知之呢？只有学而知之。"劝学须及早"，农事也该如此吧。村里友好的一些老人常说：孩子，别看做农事简单，特别是犁田的事情，既要力气又要一定的技术，只有趁年轻力壮时先吃一番苦才学得会。李正云可能也是受人指点，看样子还行。

2012年11月1日，星期四，农历九月十八，属虎，晴

保养不好的田就是难做。今天去帮助二哥张明德家搭田埂就深有感触，软一锄硬一锄的，来帮忙的其他亲戚也这么说。原本三五个人就能搭好的田埂今天才完成了一半，明天还得四五个人才能搭好。难怪种田人风里来雨里去，干旱了还得连夜赶水灌溉。村民间顾不了面子，出现因抢水而吵架的事情也在所难免。传统的该改变的还得改变，该保留的还得保留，包括种田也是，这么多年来村民一直沿用传统的方法来耕种是有它符合的逻辑和生命力，要想改变得有一种更具生命力的力量产生。

可以这么说，经历过多次火灾，火灾是箐口村民最惧怕的灾难之一

了，但灾难不会因人害怕就不来。要求保持传统茅草房建筑的箐口村会不时地出现火灾，几乎每年大小都要出现一两次。从与交流村民的情况来看，火灾是箐口村民的一块心病。特别是每年二三月气候干旱的时候，村民的心一半是悬着的，经历过大火灾的村民更是如此。每一届的村民小组每到干旱季节都要用不同的方式进行宣传，教育村民特别是孩子注意用火。

今天晚上八九点的时候张志学家出现了火灾，说是他七八岁的小孙女不慎点着了堆在家里的草垛，一幢房子被搞得乌烟瘴气，惊动了隔壁的很多村民来救火。是啊，常人都知道水火无情，谁能经得起水火的折磨呢？虽然，人们离开水、火是无法生活的，但还是小心些用好。生产重要，安全第一。

按照箐口村的做法，要是谁因为违犯国家的法律而被拘留或者劳教过，当事人回来后要选择日子请摩批做一个祭祀，叫作"然喷"（喷在发音上与哈尼语有较大差别），目的就是希望以后不要因为这事情而影响了当事人的健康和出路。"人非圣贤，孰能无过"，特别是心理浮动的年轻人。听说卢明华的孩子（十七八岁）在外地打工中因为什么事情被拘留了几天，前几天回到家里来，就根据村里的做法于今天下午请了摩批做祭祀，希望以后走好吧。

2012年11月2日，星期五，农历九月十九，属兔，多云转晴

自己不能做而又不得不做的家务事情就只有请别人来帮忙了。张明德家又是一个例子，他们一家人出门在外，而梯田是要保护的，得按照常规整理、保养，否则，破坏容易恢复难。收割后的箐口村梯田近期是除草，搭好田埂，犁翻了田放水保养。他们一家人不能自己家整理田，今天就请了亲戚来帮忙做，有他妻子方多沙寨子的亲戚，也有箐口村自己的亲戚。我就是一个，认为都是一个娘生的，我有需要他帮忙的时候，他也有需要我帮忙的时候，远方的亲戚来了，附近的亲戚也该照个面吧。

这就是感情。

　　前面的有些日记里提到过，由于特殊的地理环境条件，箐口村的主要经济来源还是依靠家里的年轻人出门打工。近期村民整理梯田的农事就要基本完成了，年轻人就要纷纷出门打工。用村民的话说就是找"过年钱"。这几天几乎每天都有村民出门，今天是有卢学明带着卢正学、李院忠的儿子（十四五岁，厌学而辍学在家两三年了）等人出去。他带的人不多，只有三五个，说是由一个朋友介绍到新街镇附近做一个水利工程，工作内容是支砌方石头，每个立方90元。听有些朋友讲，这样的单价还算基本合理，只要请的师傅和工人都能做，每天的基本工资（供吃住）男的80元，女的60元还是能拿下。但是，诚信是做人的资本。卢学明由于家庭和性格等种种原因，一直都在家里务农，很少出门做建筑等工程的事情，对于建筑不是那么在行，而从多年来与他村民相处的情况来看不是那么的诚信，相信他能做工程的人就要相对少。而这些年常听传言说某个老板又是欠某些人工资，每天的工资比前些年又提高了，用人的地方又多，跟他同去的人就少些了。看来，这诚信不是用钱买来的，往往是用人格担保的，日积月累，年复一年的岁月累积在别人心中做人的雕塑。

2012年11月3日，星期六，农历九月二十，属龙，多云转晴

　　从前一些的日记中可以看出，近期是村里农忙的时间，每天都有很多村民不是忙着整理自己家的田就是忙着给其他需要整理田的人家打工，都希望把田整理好了再做其他的事情。今天，李永得搭自己家的田埂。说起李永得，村民都知道他是村里出了名的懒汉，每次的农事都要晚于其他的村民。不知道是什么原因，这次算是已经够早的了，而且是他一个人自己在做，看他家的田埂要搭完还有两三天，比起前些年快要放荒的样子是好多了，四十来岁做两个孩子的爸爸了也该学好了。

　　什么人做什么事都有能力大小问题，就会有师傅与徒弟之称，包括

农事也如此。今天的李志和看到有人犁他侄子李建军家的田时说:"张雨亮犁李建军家的田已经三天了,还只犁了一半,还剩两天的份,按照他们平时的进度,应该两天就犁完了"。

孩子不上学,真让做家长做老师的头痛。以前是有学校不能进,有书不能读,现在社会好了,反而有书不愿读,有校不愿进。村里每年都有几个孩子厌学、逃学,每年都有学校的老师来村里督促学生来校读书。今天就有一个例子,有新街中心小学的老师到村里寻找失学的孩子,要求失学孩子的家长于下星期一将孩子送到学校去。

2012年11月4日,星期日,农历九月二十一,属蛇,多云

李庆福家等一个家族的妇女因其姨父去世到麻栗寨村奔丧,主人家还准备了糕点今天晚上发给来闹夜的村民。还有卢氏家族卢正清家也带了几个妇女去,她们只是带了一只鸡,可能多数卢家人是到附近黄草岭村民小组他们家族死人的地方去了,因此去的人就要相对少些,只有五六个。不过,从现在多数奔丧的情况来看,也就是三五个人,只是去杀牛丧祭或者其他的时候人才会多些,这也是我近期发现的一个说小也不小、说大也不大的现象。

正如上面说到的,一个是黄草岭村民小组与我们寨子很近,相互间的联姻多,亲戚朋友就多,来往自然就多,关系自然就密切。不管是黄草岭村民小组出事还是箐口村出事都会相互来往,主办事情的时候还要特别通知,家族的人办理主要事情的时候,基本上每户就要有一两人来参加,今天的卢氏家族就如此。因为黄草岭卢氏家今天主办丧事,箐口村的卢氏家族人就基本上每户参加一两人,当然,一个原因可能是整理梯田的农事也要快接近尾声,只有少数的人家没有做完。

是的,从总体来看,村里这一段时间的主要农事(整理梯田)是要告一段落了,秋收后接着给田埂除草、搭田埂、犁田,现在多数村民家都做完了,只剩少数不知道是什么原因没有做完还在继续做。今天就有

李永林家请了卢新犁田。听说今年请一个犁田工连人带牛是 150 元一天，早晚还要供吃饭，烟酒自然不能少，比去年是上升了很多，这也是物价上涨的例子吧。李爱生、卢同则等人是到李志文家搭田埂去，供吃外，一个搭田埂工一天是 80 元，比去年的 60 元上升了 20 元。这也难怪，这些年出现管理田或者种田人不但不给主人家租金，还要叫主人家按照田的多少出一定的管理费用或者其他的补贴，也让没有劳力或者已经外出务工的人家考虑一番，的确，种田人是很辛苦！

2012 年 11 月 5 日，星期一，农历九月二十二，属马，多云有阵小雨

上午，看见张里保老人招呼自己家的牛，看样子是用盐巴水洗牛蹄子。听说是前些日子就有很多村民家的牛染上一种叫作口蹄疫的牛病，已经两三年了，村民家的牛有的出现病症，有的甚至死亡，有的是病了一阵就恢复，之后是过一段时间又复发。听村民说是用盐巴洗牛蹄会好些，今天的张里保老人就是因为听说的缘故而照做吧。

村里不上学的孩子去了一批又出现一批，真是恼死做家长的了。早上，张学贵夫妇在村里到处找他们的孩子才知道该上六年级的张松是逃学的学生。孩子真是天真！这么小年纪，他们能做什么呢？社会好了，家庭条件好了，学习条件好了，他们有什么理由厌学呢？现在不读书，不掌握基本知识，将来能做什么？怎样来弥补现在溜走的光阴呢？这样的人真的会是"不听老人言，吃亏在眼前"。谁不信，等着看。

什么时候箐口村成了一个宣传广告的基地？这个无从说起。然而，有宣传意识的经商者或者公司单位等就会选择在人员来往比较多的地方，或者说醒目的地方，或者说只要有人的地方就会进行宣传。今天早上元阳县仁爱医院（新农合定点医院）用白底蓝字在李志祥家墙上和李永得家墙上张贴广告："科室全，专家多。""住院条件就是好。"从目前来分析，他们家该不会收取什么费用吧？要是到什么时候，这样显眼的人家墙体成为宣传张榜广告的地方，也就成为一个发生经济效益的地方吧？正如寨子中心又是十字路口的李志学家一直是村民小组宣传张榜村务事情的地方，张榜选民或者其他村里重要事务的通知就要贴到他家墙上。

2012年11月6日，星期二，农历九月二十三，属羊，多云

上午，有土锅寨村民到村里来买猪，该不会是死人了吧？然而，情况就是如此，说是又有一个老人去世了。箐口村和土锅寨相距不远，无论是他们寨子有什么大事或是箐口村有什么事情都会相互往来，这是一直以来的事情，虽然联姻的情况比较少，但是，相互间称朋道友的不少，每当过年、过节都有不少人来往，自然而然地能讲两种语言的村民就多了。

在村里养牲畜的村民们多数除了自给自足外，还有一个渠道就是出售牲畜以增加家里的经济收入。村民家办红白事杀猪杀牛的不少，能养大猪牛的村民们也不时地出卖。今天是有一个驾驶着三轮车的人来村里买走了卢克福家的一头小牛，卖价2600元，说是今年的牛价上涨很大，这样的小牛要是在前些年1000元左右就可以买到了。用有的村民的话说，"物价上涨了或者下跌了苦的都是农民"。

卢保应犁李雪家的田，又是一个请了工的，听说今年连人带牛犁一天田要付150元，比去年是上升了二三十元。这几年，年轻人都偏重于打工，家里的田多数都是请经常在家而且相对能做活的中年人来耕种，家里不得不做的是插秧和收获。或者就是干脆付一定的费用让别家招呼了。比如，就有李祥家的田（据说一年可以产七八百斤谷子）一年付给卢建忠四百元让他来管理，他们主人家不但一点粮食都不要，还给费用，这是换了天的一个例子。要是在以前，佃农只能获得所收到粮食的少部分，多数（至少一半以上）还要给主人家的。现在不同了，要是离寨子远、水源不方便、不便于耕种的田还是没有村民去管理的，这样将田给其他村民管理的人家还有李正林家、李得卜家等，费用双方自行协商，具体的要问他们才知道。

听说是为了明年哈尼梯田申报世界文化遗产，村里的茅草房都要重新维修，据说是要请村里当老板的人负责招投标，就有村里的卢世华、张春华、李永福、李文光等人到县里参加招投标会议，不知道谁能中标，不出门就在村里发一笔财。

2012年11月7日，星期三，农历九月二十四，属猴，多云间晴

七八岁的孩子不愿意上学是一件麻烦的事情，不能出门打工，不能帮助家里做事，只能闲着，整日在村里来回闲逛，饿了、累了、没钱了跑家里，烦了、疯了、无聊了找事做。谁家的鸡鸭被偷了，哪儿出事了，做父母的提心吊胆怀疑自己的孩子是不是参与了，村里偷鸡摸狗的事情多数就是这一群孩子做的。这些姑且不说，将来的科学技术发达了，对人的各方面素质要求高了，将来他们能做什么？将来他们能适应社会的发展吗？现在参军入伍，学驾驶都要高中以上的学历，单位上班要考这样那样的试，他们能适应吗？读书不一定成才，掌握基本知识是绝对的。而村里往往就是有不少的学生失学，经常看到、听到谁的孩子又不上学了，谁的孩子又逃学了等。因为厌学逃学，今天上午又有一个土锅寨学校的老师领着杨文亮的孩子回学校了。孩子，不管是谁的孩子，听话吧，家长和老师都是为了你们好。你们现在的主要任务是读书学习，多学一点知识，多一点本领，多掌握一些科学技术，将来才会与时俱进。趁年轻多学一点知识，多学一点本领最得益的是你自己，而不是别人。时光不会倒流，当你懂事想学的时候就来不及了，到了一定的年纪想用千金赎回你流走的光阴也无力回天！

李世荣出门在外，父亲是退休生病的残疾人，兄弟李四辉也是残疾人，家里就没有一个能种田的男人，他家的田只能是依靠亲戚朋友帮忙，或者只有请小工来做，每年都是这样。前期除草、搭田埂的事情是做了，

今天是请张正荣犁田。田是粮食之源，放荒一年，恢复就难，自己不能整理就只有请别人来做，就是得花一些钱。

这一带的哈尼族要是谁家死了人就会通知亲戚来，而被通知到的亲戚家一般是组织几个亲戚或者朋友带着一只鸡和一小点米前往，叫作奔丧。生老病死，谁也无法阻止，村里死了人，其他寨子的亲戚也会来，而其他寨子的人死去，村里的亲戚也会前去。今天又有大李氏家族李永忠家组织家族的亲戚前去奔丧，说是远方全福庄寨子有一个亲戚去世，又得在这桩丧事上开支一点钱了。

2012年11月8日，星期四，农历九月二十五，属鸡，阴，有雨

这几天每天都有家族组织到外地寨子亲戚家死人的地方奔丧，昨天是大李氏家族到全福庄寨子奔丧，今天就有卢氏、二李氏、大李氏三个家族组织到团结村委会新光坪村小组。用有的村民话说，"每天都有吃死人饭的，都吃怕了、吃腻了"。是的，"人死如虎，虎死如花"。谁都害怕死人，一旦谁家死了人，就要帮忙三天五天，甚至七天八天的，让活人费时费事的。而死人的事情谁也避免不了，只有面对。

这边奔丧，那边又去祭祀。听说卢迁华的岳父是前些日子去世了，今天是请了卢世华和李永福开着两辆车一起去，由于路途比较远，请的人不多，也就是他们十几个人。也罢，除了不得不做的事情之外还是省一点好。

一是村民谁家的田都不多，也快要整理完准备过冬了；二是今天雨量也不少，天气阴冷阴冷的，就没有村民到田里劳作。除了前去奔丧的，其他村民都可能在家做家务，卢落以是请了能做建筑的亲戚卢学文和李世文改造进家门的石阶。原本是与兄弟卢正祥共用一条路，两弟兄因地界争执出现隔阂就分道而行。在箐口，没有弟兄就罢了，有了弟兄就因为这样那样的事情而吵架，最多的是因田地和财产纠纷出现种种矛盾，最终互不来往，这样的弟兄在箐口很多，得想想有什么办法。

只要下雨，就要得辛苦游客，特别是老年人。今天是有一个中老年人的团队，都是六七十岁，他们到村里的时候正在下着雨，都只好打起雨伞行走，返回的时候只好请村里的三轮车把他们送到离寨子一公里的游客服务中心，收了每位游客的运送费五元。

2012年11月9日，星期五，农历九月二十六，属狗，晴

上午，张春华夫妇、卢绍祥夫妇还有李守文等几个人坐着张春华的车出门，要到他们打工的建筑工地蒙自市。李守文夫妇在那里打工已经十多年了，说那里的工资比较高，男的一天可以拿到一百七八十元，女的八九十元，在那里租了房子过日子，孩子也就带在身边读书，十多年了，应该是挣到了一些钱。他们夫妇前几个月回来翻建房子，近期已经做第二层了，有一段时间不在孩子身边，李守文就要过去看看。张春华夫妇、卢绍祥夫妇就是他们介绍而去的，用村民的话说是双职工的家庭。在蒙自市打工的还有李成家、李小明夫妇、张立新夫妇等几户人家。出门打工就是求财，希望他们平安发财吧。

早上，村民小组通知说今天有新任县长要到村里来视察工作，要求卫生组打扫好卫生，村民小组和世博元阳旅游公司元阳分公司的协管员包括村委会的人也到村里打扫卫生。有组织有领导就是好。自从箐口村作为县里的一个重点村寨建设以后，村里是发生了很大的变化，特别是卫生，比多年前是干净多了，生活也舒服多了。相比县里的其他村寨，生活在箐口的人民应该感到幸福，是比其他村寨的人民荣幸多了。

下午，在元阳县文体局朱文珍局长、新街镇镇长和县共青团等单位的组织下，村里的文艺队举行揭牌仪式，晚上在梯田农家用餐。经济是基础，从文艺队几次拆散几次组建的情况来看，没有经济来源的文艺队是很难坚持并发展下去的。特别是经济快速发展的时代，组建一个文艺队，想要其持续发展的话，是要倾注大量人力物力的。原来旅游局组建的管委会中的文艺队员算过："一个月300元的工资连烟钱都不够。"

而只要跟谁去打工每天五六十元是少不了的（今年的一般工价已经上升，女的60元，男的80元），有的多一点，有的少一点。所以，当时的人员今天出去一个，明天进来一个，舞艺就是提不高。创业难，守业更难。希望这批文艺队一路走好！

2012年11月10日，星期六，农历九月二十七，属猪，晴

有人就有文化，在哈尼族生活的地区，摩批文化就一直发展。对不同的事情采用不同方法，不同的时间盛行不同的法事，这些都是有讲究的。下午，卢正名告诉我他家晚上做一个祭祀，意在让家里的牲畜健康成长、兴旺发达，祭祀的时间选在晚上牲畜回家之后。

今天天气晴朗，李扎卜家拆开秧田捉拿鱼苗，把鱼放到稻田里去。调查过箐口村的学者知道，村里很少有人家有专门的鱼塘养鱼，箐口村民的鱼主要是养在稻田和秧田里。4、5月和9、10月是插秧和收割的时候。4、5月间因为要耙田插秧，需把田水放掉一部分，或者说种鱼要产卵就把鱼集中到秧田里，等把秧苗插到田里又把鱼放到稻田里。同样，9、10月也是因为收割而要把稻田的水放干，要把鱼捉到秧田里养着，等田整理好了又要把鱼捉到稻田里放养。李扎卜家是前两年养了一些种鱼让它们在秧田里产卵，现在，稻田整理好了，今天就放水把鱼捉到稻田里去养。这样来回流动会使鱼长得快些，养出来的鱼也好吃。

2012年11月11日，星期日，农历九月二十八，属鼠，晴

今天是新街镇的集日，上街的村民还是和往常一样多。今天有几户人家买小猪回来准备养，李克福家买回来一头，李志祥家买回来一头，都是200元左右。他们说今年的小猪价钱要比去年便宜很多，要是在前两年要用五六百元才能买到。是因为猪价相对便宜了还是因为快要到过年了他们才买来养的姑且不说，但很多物价是由市场的供求关系来决定的，不是某一个人说了算，人们只能随着市场走这是肯定的。

近几年来，龙虾闹村里的稻田着实让人们慌了手脚，村民怎么捉都是没有办法捉拿完的。"要相信科学"，种田也要讲科学，防治龙虾怎能不讲科学呢？主管农业的元阳县农业局、镇农科站对此都比较重视了，年初就进行试验，并在全县范围内发放了农药进行群发群治，效果是让人满意的。只是当时可能有的龙虾打洞打得比较深而隐藏起来，或者藏在没人在意的水渠，或者是藏在没有打药的田里，或者是躲到旱地里而没能彻底消灭，它们的繁殖能力又是极其的快，近期村民还是发现有很多龙虾。基于这样的缘故，今天又有县农业局和镇农科站的人来村里选择田块打药做调查，结果在试验区域发现很多龙虾。他们希望引起村民的重视，希望村民自觉防治好自己家的田，彻底消灭田里的龙虾。

2012年11月12日，星期一，农历九月二十九，属牛，多云

村民的梯田就要整理完了，用年轻人的话说："就要出去找过年钱了。"今天出门打工的有李志文夫妇，他们还带上了孩子。用他的话说就是"在家要提本钱的"。还有李庆规夫妇等也出门打工了。总的来说，村里确实缺乏经济来源，每个家庭的经济来源基本上还是要依靠家人出门打工的，家人吃、穿、住、行需要的开支要是没有人打工挣钱往往会感到经济紧缺。正因为这样，村里平时就很少有年轻人在家，只是到了农忙的时候离家近能回来的尽量回来就显得多；然而，打工也不是绝对的路，有时在家里也会找到一些门路，特别是像前两年村里做什么大建设，能与领导或者老板联系的也会找到门路。前几天就有村里的几个年轻人参加村里要建设的工程招投标事，应该是张春华投中。下午他就带着家人搬行李从蒙自市的工地上回来，应该是准备运作前期事务，他就能在自己家门前找一段时间的门路了。

上午，村里召开群众大会，村民小组宣布已经向上级申请了一些水泥、水管和钢筋，所申请的项目批准不了而给了一些物资，只好组织村民修理水源点水池。会议要求每户参加一人，希望等物资到位后村民都积极投工投劳参加建设。是的，村里的水源点水池是应该修复了，虽然说村里已经安装了自来水，但是，这几年，水源点的水不进建盖的水池而是渗到其他水渠里，村里的水断了已经几个月了，村民只好找以前的老水井取水，感到甚是辛苦。修理水源点成了村里的头等大事，都希望尽快修理好以方便村民生活。

2012年11月13日，星期二，农历九月三十，属虎，晴

生病就是麻烦。特别是对于正在上学的学生，误了课程又伤了学生的心智，我是这样想的。但是，这病就是不会因为你在上学而不缠绕你的身体。下午，正在上初一的李庆五孩子随同他的父母从开远市五九医院做手术回来，可能是脚上的问题，挂着一个拐杖，由他的母亲扶着下车，看着很心疼。不知道与学校方请了几天假，要是时间长了就一定会误了他的课程，希望他早日康复，早日去上学。

2012年11月14日，星期三，农历十月初一，属兔，多云间晴

我想做生意要走对路。今天有一对夫妇驾驶一辆三轮摩托车到我们村收废品，说是废铁、废纸、废电视、废手机、废酒瓶等什么都收。废电视、废手机、废纸等前一段时间有人收过了，废酒瓶是好长时间没有人来收购，所以他们夫妇今天是收了很多废酒瓶。虽然价钱很低，一个废雪花牌酒瓶才五分钱，其他的才两分，但是，早上他们夫妇一宣传出去就有很多村民争先恐后地背来，一亩左右的停车场差不多都要摆满了，眼看停车场摆不下，议论着运几天才能运完，才与村民说今天不收了，过一段时间再来收。丈夫运了十几车都还有。村民则说：其他的什么没有，就是有酒瓶。说谁家有一屋子，谁家有一车子，村民就是没有地方丢酒瓶，即使背到街上去卖也不划算，要求他们多来几天，希望他们把村里的酒瓶都收掉。村民最害怕的就是玻璃。本人是被害者之一，曾经在水渠边脚被深深扎了一次，过了很长一段时间才慢慢恢复，那种被玻璃扎痛的

感觉依然在心里深藏着。消除村里的玻璃特别是生产田地里的玻璃是我最大的愿望。有的村民说："不给钱也运走吧，把村里的玻璃酒瓶统统运走。"还有一种是塑料制品，也是最希望有人来收走。搞得有些不懂事的村民特别是妇女经常以引火易燃为由而在家燃烧塑料制品，从烟囱飘出来的是一大股毒气（我最恨了），因此我也最希望塑料垃圾在箐口村消失。

2012 年 11 月 15 日，星期四，农历十月初二，属龙，多云转晴

听说哈尼梯田申报世界文化遗产最终就要看明年——2013 年了，政府打算把村里的蘑菇房全部重新拆建。今天运来要建盖蘑菇房的茅草，说是从接近越南的金平县，甚至是从越南、老挝等地方运来的。算起来每把茅草（七八公斤）都要五六十元钱了。以前村民做茅草房都是利用当地的茅草以及谷草来做的，相比当地的茅草与谷草这次采购的茅草使用寿命要长一些。可能是考虑到这一因素，元阳县主管部门就是选择了用茅草吧。即使不是从国外运来，也是从很远的地方运来，运输费用比较高是肯定的。

2012 年 11 月 16 日，星期五，农历十月初三，属蛇，晴

"今年是吃怕牛肉了。"有村民这样议论说。可是，好像越是害怕的东西越是会遇到，越是害怕吃牛肉越是又要去吃了。今天又有李文科、李永福两家同时去丧祭了，都是属于回礼的那种情况。别人家在自己家办丧事时祭祀了，一旦别人家出现丧事就得还礼。他们两家又得请村民参加，虽然没有规定说一定要参加，但是，这种一直以来相互往来、相互帮忙的习俗烙印在村民心中。要是没有什么特别的情况，亲戚和朋友之间要通知了一起去的，不去参加反而会让人感到一种内疚。或者，像村民平时说的："亲戚、朋友家遇到这样的事情你不去帮忙，你家遇到这样的事情他们也不会来帮忙"。

2012年11月17日，星期六，农历十月初四，属马，晴

昨天去丧祭的李文科家和李永福家今天回来。下午，请来帮忙的主要的亲戚和朋友吃喝一餐算是完成了一桩家情，或者说还了一笔账，放下了一个包袱，精神也可以抖擞一些了。

发放村里的蘑菇房保护费，每间房子每年100元，今天上午发放的是2011年和2012年两年的保护费，多少能给村民一点补贴是好。但是，建盖茅草房时有的施工队或者部分村民为了省材料，偷工减料。另外，茅草终日风吹日晒雨淋，几年就要更换一次，而更换一次一间（五六十平方米）费用按照现在的物价少说也要花五六千元，每年的政府补贴再节约也修复不了自己家的茅草房。这样算来，再愚蠢的村民也不愿意保护茅草房。再者，村里几经火灾的洗礼后村民更不愿意住茅草房，只是政府要求，村民不得已而已。大家都希望补贴要提高，或者什么时候坏了能有有关部门及时来修复，安全措施也还要加强。怎么说呢？反正，我感觉这点钱拿得不是滋味。估计这样补贴的时间不会长久。

事有不巧，按理来说，我们云南大学哈尼族调查基地的房子也是根据当地的要求建盖的，应该相应地得到保护费，在我任职时也上报了，但是，这次可能是村上漏报了或者其他什么原因而没有拿到。创业难，守业也难。这么多年来，负责哈尼族调查点的马翀炜教授也很辛苦，为了调查点的茅草房曾经自己垫付了3000元修理了一次。前年，我知道调查点的经费紧张，因此不顾家人的反对，栽种了容易倒伏的本地谷种，为的还是修复已经腐烂漏雨的茅草顶，谷子要饱满时几乎全部倒伏而费了家人不少劳力，又降低了当年的产量，最后与家人是吵了一架。也罢，做事情哪有不付出一点劳动的呢？只要选择了就尽自己的能力去做。与村民小组说明了这种情况之后，要是以后还有这个政策的话也该给些补贴，就算是工作上的支持吧。

2012年11月18日，星期日，农历十月初五，属羊，晴

我不知道说对了没有："六十不管事，七十不管家。"然而，村里种田的往往是中老年人，今天犁自己家田的李志和已经六十多岁了，由于自己两个孩子（一个30多岁，一个40多岁，都已成家有小孩）以不会犁田为借口，一直来都是他一人犁田。就是不知道做老人怎么想的，做孩子的又怎么想。做父母的应该建议孩子去学，教孩子怎么做，做子女的也应该主动去学，也应该让做父母的看看做子女的长大了。

"中保公益广告摄影组"到村里来拍景，找到了村民小组协助拍摄。是的，虽然他们是通过某上层领导来村里拍摄为村民做好事，但是，尊重当地村民的意见总要比不尊重好。

2012年11月19日，星期一，农历十月初六，属猴，晴

就如前面说到的，村里要展开全村茅草房的翻新事情。他们今天就运进来一车木料，叫了村里的李世忠等人下料，说这些材料都是从远地方运来的。一些人问为什么不用村里当地的材料，说是要保护这一地方的生态，如果用当地材料会有一些人破坏风景，容易造成一些负面的影响。

李志和是一个中年人，自己家养着牛，每年的农事都要在多数村民家之前做完，为什么今年的田到现在落后于其他村民家才犁呢？前面的一些日记里说到过了，这几年，村里的牛不时地出现口蹄疫，不时有村民家的牛生病，导致不能劳动。今年李志和家的牛就是这样，说是前一段时间生出来这种病，牛不会行走，自己家养着牛也碍于面子不好意思向亲戚借来用，只好等到现在自己家的牛稍微好些才犁了。不过，现在犁田也不迟，水不冷，人们进到水里劳作还耐得住。

到目前为止，很少有村民家的田没有犁翻的，李志和家就是少数的一些了。渐渐地，寨子周边的梯田就像是一面面镜子呈现在眼前，看镜子般梯田的游客多起来了。村民也逐渐进入农闲阶段，很多年轻人就像他们说的"挣过年钱去了"，也就纷纷出门了。

2012年11月20日，星期二，农历十月初七，属鸡，晴

今天又运进来建设茅草房的一些材料，施工队都组织了自己的人开始施工了。村里的张春华组织了一个组，李世华组织了一个组，李文光组织了一个组，李学组织了一个组，卢世华组织了一个组，还有一组是从全福庄过来的，另一个组是大老板从他原来施工的地方带过来的。这样，茅草房翻新工程就算是开始了。村民有什么样的想法？他们做什么样的事情？施工队怎样开展？以后观察了慢慢道来。

2012年11月21日，星期三，农历十月初八，属狗，晴

"没有电就是啰嗦"，有村民是这样说的。不知道是什么原因，今天上午村里又停电了。我赞同这个村民的说法，"停电确实啰唆"。这句话要是在几十年前村里没有电的时候说的话就错误了，还记得村里刚通电的时候，有的村民家点十几瓦的灯都感觉很亮，照明也只是在吃晚饭和早上起床时，或者特殊时候，每月几块钱都叹气觉得很贵了付不起，很多家庭都省着，欠电费是常有的事。而现在就不同了，很多家庭都用上了电视、电饭煲、电磁炉等电器，很多家庭每月电费都有明显上升，多数家庭都到三四十元了。都会一到时间就主动去上缴，停电了摸黑几天就感觉不自在，肚子饿了要烧火做饭就是让人来气。"没有电就是啰嗦"，如果村民欠几天电费，供电所就打电话安排人追缴电费，不按时交纳就要剪断线路罚款，重新接线要收工时费，供电所认为是应该的。停电会影响村民正常生活误了村民事情，电力部门要求赔偿损失也是合理的、应该的。今天就是这样，中午停了一会儿电，影响了村民生活，开始做茅草房的施工队也不能正常施工。

村里今天很热闹，一边是建盖茅草房的施工队施工，一边是前几天就来了的车上写着"中保公益广告摄影组"的团队在寨子脚磨秋场拍摄，请了很多村民，说是给参加的男村民一天80元的工钱，女的60元，拍摄时用的蔬菜也分给村民们了。

2012 年 11 月 22 日，星期四，农历十月初九，属猪，晴

人多事就是杂，"时间就是金钱，质量是生命"，没有读过书，见识、阅历很少，又生活在最边远最基层的村民是不可能说这样的话的，也很少有人能理解这样的意思。可是，再笨的农民也该知道没有工具不会劳动，工人应该知道没有材料不会施工。我要说的是，村里这几天已经开始施工了，分了七个组，每个施工队就有十多个人，要是按照正常的进度每天要用掉很多材料。因为材料很少，今天来一车木头材料时出现了争抢的情况，都希望自己一个组多一些材料能按照正常的速度施工，特别是妇女们也参加了，她们也知道没有材料是不会施工的。

2012 年 11 月 23 日，星期五，农历十月初十，属鼠，晴

村里拆换茅草房的工作已经全面展开，一共有七个小组进行，前几天进来的材料已经分配到各个小组，可能是出现缺少材料的缘故，今天进来的一车木料又出现争抢的情况，很不理想。我认为组织人员应该合理安排，免得下面的施工人员之间出现矛盾。

晚上八九点钟的时候运进来一车材料，天已经很黑了，可能就是这个原因，老板没有来点数，运材料来的驾驶员就运往其他的村寨了。

2012 年 11 月 24 日，星期六，农历十月十一，属牛，晴

原以为村里的田都被犁翻了，可能是人的因素，或者其他什么原因，今天还有李田明犁田回来，但总的来说，村里的田基本上犁好了。大家都看着全村的茅草房翻新这一工程项目，即使不是当老板，也都加入打工，或者说帮忙吧，自己家的人通过某一层关系委托人来组织一些人，亲戚也来帮忙。从某一种角度看的话，一个人的事情就是全家人的事情，都想组织好，都想做好，以便于以后好相处。总认为，在家门前找钱比出门找要适合些，即使工钱少一点，不要相差太多，总是希望在家门口挣钱好。出门还要备行李，心里还要牵挂家里的事。可能就是出于这样的考虑，附近打工的人都回来了很多。昨天打工回来的李绍新、李正和、李祥明都参加了自己朋友的小组打工（或者说帮忙），包括在新街镇当小老板的李文科也回来了。我想，他明天就要参加到自己好弟兄的小组做事。就如有的人说的：商场如战场。天下没有不费气力可以做好的便宜事。打铁还是要看本领，做什么事情只要选择了还是要认真去做，做好了才是硬道理。

这么多年来，我总认为当领导、当老板要具备一定的组织能力和操作能力。就今天的例子来看，村里全面展开翻新茅草顶的工程项目，两百多户七个组，一个组二三十人，材料怎么供应？人员怎么组织？应该是个问题，今天运来一车的材料，出现了几个组之间争抢材料的事情，抢材料时工人与工人之间差一点出现打架的事情。安全第一，当老板的应该尽量安排好、分配好，安全生产总是好的。

2012年11月25日，星期日，农历十月十二，属虎，晴

上午，村民小组发放2012年下半年的农村最低生活保障资金，每户350元，同时收取明年的农村合作医疗保险费，每人60元，比去年的50元多加了10元，对此，有村民说，一年来没有吃过一粒药，没有打过一支针，不知道为什么还要多收10元。也罢，一边是发放钱，一边是收钱，这样就可以省他们村民小组的事情了。

知识从什么地方来？是从实践中来，是从具体生产中总结出来的经验。昨天因为施工队工人之间出现抢材料吵架差一点动手的事情，本人就前些年一人分一千吨水泥的经验，提议村民小组和施工队组长之间由下材料的人员按组分配就不会出现什么事情了。经验就是经验，理论得指导实践，实践出真知。今天分了一车木料，两车竹子，一车茅草都没有出现什么问题。

做什么事情都要有师傅。建盖调查点茅草房的这个施工队说起来有点落后，都已经第五天了还完成不到一半，真是急死人。快要交作业了，

我得不分白天黑夜补做作业，但是，没有办法，或者说为了调查点所用的材料好一些牢固一些，以后的茅草顶使用寿命长一点就能省一点我们的事，我得参加一起来做，争取以最快的速度完成。完成一桩事情就是放下一个包袱，多一点轻松。

交易是文明社会的又一产物，做交易得选择在人多的时间和场合。这几天因为村里施工建设茅草房，村里绝大多数人都参加了施工，还来了很多外地的人，多数是来办伙食，特别是外地的人得集中办伙食。这样，村里每天就有人来卖菜，生意还很好，忙得没时间到地里摘菜的村民也来买。今天又是一个事例，村里的李树华杀了自己家的一头猪来卖肉，施工队来买，村民也来买，生意还不错。社会就是这样，人们进行生产，进行劳动，而社会又来进化人类，是劳动创造了人类。

今天的李庆生家又是一个例子，他家正在改建房子，因为村里已经全面展开建设茅草房顶，是不可能叫村里的亲戚和朋友来帮忙了，他们家就叫了外地寨子的人来承包打屋顶。金钱不是万能的，但是，没钱是万万不能的。俗言："人为财死。"只要有财，就会有人来做事，就会有人来求财。金钱一定是人类智慧和财富的集中表现，是改进人类社会的东西，用不好会使人堕落，甚至置人于死地，那是另外一回事了。

2012年11月26日，星期一，农历十月十三，属兔，晴

孩子喜欢读书能读书是件高兴的事。做父母的多苦一点，多操一份心也是心甘情愿的事。不是要求他们将来去做工作（主要指公务员），去当官、当大老板，至少他们可以多有几个朋友，多识几个字，以后在什么行业做什么事情都方便。可是，孩子一旦厌学不想读书就让做父母的为难了，特别是十一二岁的孩子，他们又不懂事，又无劳动能力，在家不能帮助父母劳动，也不能出门打工，整天只能瞎逛，饿了回家，没钱了只能伸手，甚至在村里还会做偷鸡摸狗的事情，真是让做父母的头昏。今天又有刚上初一的孩子背着行李回来了，真不知道他有什么打算。

凌晨两点，为了完成作业起床打字，才打了一个小时突然间停电。越是着急，越是出现乱子，只能躺在床上思考了。所以，一天的事情尽量一天完成，对于做事的人，事情只会是一天比一天多，绝对不会越来越少。从这几年日记记录的情况看，前些年因为事情实在是多，拖欠了很多日记没有整理，现在转回来整理是不可能一天两天就能完成的。但是，我一定要整理好！我一定对得起我这几年黄金难买的青春！这几年的日记就是我的历史，很多事情要回忆着整理，将来为家史做借鉴。即使在时间上大有耽误，也费了调查点负责人我的好大哥马翀炜教授的很大精力。在这里道一声："让您辛苦了，敬请体谅！"

2012年11月27日，星期二，农历十月十四，属龙，多云转晴

　　村民的田是基本上犁翻了，只是还是有个别的村民家的田没有犁，寨子脚水卜龙村人家的田今天是请了李志和犁，从昨天到今天已经有两天了，如果按照每天150元算，他可以拿到300元了，要是加上他铲田埂两天和搭田埂四天，每天80元算，就有480元，这样算来，田主人家要出780元的工钱。他们家的田粮食产量应该是3000斤左右，几次犁田、耙田加上插秧和收割两次大的农忙，算成经济是不划算的，只是都是为了田不放荒而栽种罢了。很多村民是有这样的想法。

　　生意要在什么地方做？要在有人的地方做。知道村里已经全面修复茅草房了，会做生意的人便陆续来了。这几天，每天都有做小买卖的人来村里，有卖水果的、有卖蔬菜的、有卖卤肉的。今天下午有一对夫妇驾驶一辆三轮摩托车来卖卤肉，买的人也不少，看样子生意还不错。

2012年11月28日，星期三，农历十月十五，属蛇，多云转晴

　　老天不会因为你有事就不会再添事情给你了，原本这几天村民都在忙着修复茅草房，忙着找"过年钱"。然而，又听说棕匹寨有人去世，与李志和、李其三有亲戚关系，他们家不得不拿着鸡到亲戚家去奔丧。

这几天村里是对茅草顶进行全部的修复，能做事的村民都基本上参加了。听说，现在的村民给他们做工，每天需要支付男工80元，女工60元，但是每天得保证能拿相应的工资。然而，人各有志，有出路的还想拿到更多的工资，还是要到能拿到更多一些工资的地方去。今天就有李才明、卢永贵两人到虾洞（一个采矿的地方）找事情做，说是那边一天可以拿到一百五六十元，甚至还要多。是啊，前些年每天才几十元的工资，现在有所提高了，但人们还是希望再多一些，什么时候谁会说够了呢？

2012年11月29日，星期四，农历十月十六，属马，晴

现在的政策就是要逐渐转好，村里从下半年就开始宣传农村养老保险的事情，这几天村民小组就是办理这些事情。18～59岁的人每年交100～500元不同等次的保险费。对于这一情况，有少数村民是看着百元钱而不愿交。多数村民还是认为这是政府对人民好的，就跟着大家交了100元。还有村民则是交五百元的，这种情况不太多，只是个别少数家庭人。

今天的游客比较多一些，外国的游客也多，其中有两个黑人，要是在十年前，村里来了一个白人或者是黑人，从未见过的村民要感到惊讶，只是这几年不同了，村民见得多，就不足为奇了。

今年，村里是死了不少人，基本上每月都有一两个死人，用村民的话说就是"怕吃牛肉了"。好好算来的确是这样。而这个月快要过了，认为没有死人，该是一个平安月了，庆幸了。然而，晚上又传来消息说卢建华到李永林家喝酒回家的路上摔死了，真是不幸。说说卢建华其人吧，男，接近五十岁，自从妻子离世的五六年来，已经基本上没有出力气做事情了，每天都找他的几个酒伴喝酒，身体状况明显下降，可以说是酒精中毒吧。村里是有这样的几个人，他们能喝酒，就算没有什么菜也要喝，而且是早晚都要喝，不出力，不出门打工，哪来的积蓄？钱不多，好的酒买不起，喝的自然是便宜的酒，时间长了再好的身体都耐不住，不中毒才怪呢！

2012年11月30日，星期五，农历十月十七，属羊，多云间晴

早上天一亮，就传来两声鞭炮声，说明卢建华的确死了。村民特别是他们卢家又得停止生产来帮忙了。上有八十多岁的老母，现在是白发人送黑发人，下有尚未成家立业的儿女，他们的路怎样走谁来带？真是悲痛！在昨天的日记里提到的，酒是人们生产生活中制造出来的，用好了、喝好了肯定有好的一面，可是，一旦过度了是要伤身体、伤家庭的。谁说"生来的八字，带来的命运"？我认为，身体往往是要靠自己注意，命运往往要靠自己把握的。锻炼强健的身体，保持一个清醒的头脑，去做一个正当的行业，噩运也一定会改变。相反，再好的命运自己把握不了也会变化的。一个人只有一次生命，一个人的身体不仅属于自己，还属于你的家人，你的亲戚，你的朋友，你的祖国。珍爱生命吧！

在村里，要是家有上了七八十岁的老人，有大树的人家往往为了后事会准备棺木，一旦老人去世就由村民帮忙制作棺材。而特殊的年轻人去世往往就临时去找去做，或者到市场上购买，今天的卢建华的棺木就是到市场买的，村民一般买的是两千元的。

村里修复茅草屋已经全面开始，因为前几天材料紧缺出现工人与工人的纠纷后，管理人员改变了分配材料的方式方法，自此这几天就正常了，今天运来了几车材料都不再出现争抢的情况。看来，什么事情都需要有领导来好好组织。

2012年12月1日，星期六，农历十月十八，属猴，多云间晴

上午九点左右，现任新街镇政府人大主席到村里宣讲十八大会议精神，会议由土锅寨党总支书记组织，由镇政府人大马主席用哈尼语宣讲，主题是"箐口村学习十八大精神宣讲会"。要求全体村民和村里建设茅草房的施工队参加。但是，因卢氏家族正在操办卢建华的丧事，很多村

民都没有参加。会议的主要内容是公布新一届党中央组成人员，以及他们的路线和目标等，要求村民一定要保持同党中央一致，服从党中央领导，听党组织安排，努力生产，提高各方面的素质，配合党中央为祖国全面建设小康社会而一起奋斗。

会上，土锅寨党总支书记李学提到了很多村民反映施工队用的材料不够的问题。他要求施工队要认真负责，与主人配合，合理用好建筑材料，既不要过于简单，让村民的蘑菇房用不了一两年就漏雨和倒塌，影响村民的积极性，也不要过多地用材料，让当老板的做亏本生意，希望村民与施工组互相配合，共同建设。

或者是卢建华年轻的缘故，或者是家属选择日子的问题，卢氏家族今天就开始主办卢建华的丧事了。很多与他家有亲戚关系的家属都停止了施工，特别是卢世华的一个施工组（他的工人多数都属于卢氏家族）就停止了施工，为的就是先把丧事处理好，用村里的话说就是："生人不大死人大"。在这种情况下，无论村里谁家死了人，一到开办的那几天，村民特别是在家的村民都会积极地出来帮忙。不来帮忙特别是经常不来帮忙的年轻人是要被说的，说轻一点是建议他要参加帮忙，说重一点就直接指责。所以，村里出了这种丧事是会有很多人来帮忙的，有村民说："这是村里的一种好的传统，好现象。"

村里的电比起多少年前是正常多了，只是有时还是会出问题。昨天晚上到今天就是这样一个情况，昨天晚上11点左右电就不正常，由于电压过高，很多村民家的电视和电灯都被烧坏了。早上就有很多村民议论纷纷，张说电视烧坏了，李说灯泡烧了等等，估计是损失了不少。

2012年12月2日，星期日，农历十月十九，属鸡，多云间晴

按照村里正常的葬礼程序，今天要送葬卢建华，村民基本上都要停止劳动，特别是他们卢氏家族的人是要全部停止生产来帮忙的。村里搭建茅草房的施工队中的箐口村民也都停止了施工，只有其他外地寨子的人还在正常施工。

2012年12月3日，星期一，农历十月二十，属狗，多云间晴

如同正常的葬礼程序，卢进家今天待客。对于卢进（昨天送葬的卢建华儿子）家，肯定是一次灾难，是一个考验。他还是一个二十多岁的孩子，还未成家，经历了母亲去世的悲痛，又再次经历父亲过世的悲痛，对他来说是过早了。还有自己的妹妹和奶奶要养活，一家三口人以后的生活基本上要靠亲戚朋友的帮助，实在是悲痛。但是，人死不能复生，只能化悲痛为力量，面对现实，面对以后的人生。人说："经历了冬寒的百灵鸟最懂得春天的温暖"。还说："穷苦人早当家"。请你挺住！每一天的太阳都是新的，太阳赋予人类温暖的阳光有你的一份，你的明天一定会好。

2012年12月4日，星期二，农历十月二十一，属猪，多云

这两天的电就是不正常，每天都有很多村民家的电器被烧坏，村里的议论很多了，包括我在做作业的时候也烧坏了这台学习的电脑，这很急人——要是里面的材料丢失了该怎么办？无论怎样还是先修复再说，只得叫他们运送去修理。这样，一去一回一天就过去了，日子就是过得快。李正学的电视也是这几天烧坏的才修理回来。在农村，还是需要配备稳压器。

前几天停止施工的村民今天都基本参加上班了，他们说："找几个过年钱吧。"包括卢氏家族的人，基本恢复了正常生产。既然承担了就要认真负责，希望做好所承诺的事情。信誉是生意之本，把事情做好了再说。

2012年12月5日，星期三，农历十月二十二，属鼠，阴，有雾

今天的天气很冷，风也大，在村里搭建茅草房的施工人员都加了厚衣服，其他村民也是。有的人家为了不让牛冻着而关养在家里。

2012年12月6日，星期四，农历十月二十三，属牛，多云间晴

今天又有李志学背着电视去修理了，说是因为前几天电压不正常烧坏的。他请村里的张牛后用三轮车运送。是的，这几天村民议论很大。有的人说要叫村民小组去统计，一起反映到政府；有的人说要打官司叫电力公司赔偿等。本人的意见也是应该要电力公司赔偿，国家给它们政策、给它们工资安排工人上班，工人做什么去了？哪里不好了应该修理了怎么不通知呢？

2012年12月7日，星期五，农历十月二十四，属虎，阴，有雾

"一心不能两用。"原本这些天我是打算尽能力补做作业，可是，就是有孩子的问题。刚上初一的张源同学不静心学习，又以没有生活费为由逃学回来，让我心神不定，怎么也静不了心。眼看着担心的事发生到我本人的头上，的确头痛。他这么小年纪就这么不听话，说是上学，每周带着的生活费居然用于上网吧和玩游戏。一周除了国家补贴的只要从家里带五六十元就足够开支了，他却找各种借口和理由与老师说谎、欺骗家长。他还以为自己聪明，还以为老师和家长都不知道，把老师和家长都当傻瓜混日子。孩子的学校已经打电话通知我了，叫我到学校办理退学手续。

孩子啊，你要失学了，正如一只刚长出羽毛的幼鹰夭折了。你想想，你这个年纪是长身体、学知识的年纪，应该是一个渴学如干旱的沙漠因雨水到来而尽情摄取永不知足，为以后拥有瀚海知识打下基础。你这个年纪失学了，你能做什么？你以后漫长的时光怎样度过？社会还是一个大学校，现在的社会又是这么发达，你这嫩小的小腿怎么跟上时代发展的步伐？你只能做社会的渣子，终究要被社会淘汰。都说："望子成龙，望女成凤。"我不希望你成龙，不希望你成凤，只希望你接受完成初等

教育，为以后你自己的人生道路打下最基本的基础知识。"知识是人类进步的阶梯。"你连爬阶梯最起码的知识都没有掌握，未来漫长的路怎样走下去？

村里建设茅草房的工程已经进行十多天了。刚开始的时候说老板供应不了材料，影响了施工队的工程进度，这几天是基本供应上了，施工队把框架做好后开始铺茅草了。不过，大家都反映了同样一个问题，说是茅草过长，不易搭建，做出来的效果不好，都想着办法解决。他们有的是用剪子剪短来铺，有的甚至是到个旧市买铡刀铡断来做。看来，天下没有不费精力可以做好的便宜事。

2012年12月8日，星期六，农历十月二十五，属兔，多云间晴

是的，云南大学西南边疆少数民族调查点负责人之一马翀炜老师（教授，博士生导师，又是主要负责人）很辛苦——他要负责大学研究院很多事情，又要负责调查点的很多事情。他曾经与我说过要愉快地生活，愉快地交朋友，愉快地做作业。对于大哥（我一直叫大哥，是因为我学识很少，作业一直到达不了他的要求，不敢也没有资格叫老师，而生活上一直给我关心就叫大哥了）我感到很抱歉！一句"愉快地交朋友"（还有很多鼓励的话不说了）给了我更多思考。是的，知识从生活实践中来，只有调查才有发言权。这一段时间是村里正在忙着建设蘑菇房的时候，我要调查什么？我能说什么？村民怎么想怎么做？施工队怎么想怎么做？我参加了一个施工队的工作，说起来很简单，施工队要赚钱，想省材料，村民可以配合，要做好。这是今天参与工作听到和看到的事实，至于以后是什么情况就要看发展了。

2012年12月9日，星期日，农历十月二十六，属龙，多云间晴

前面的日记里说到了，这几天因为村里的电压出现问题而烧坏了村民的电器，每天都有村民不是去修理电视就是去修理电饭煲等，今天也有马卫华等去修理电视。

我也是从当学生过来的,家长和老师都这样教育我:"多读一点书,为以后铺路"。我记得我们那时候生活条件很艰苦,现在的生活条件比以前好多了。当时我们还能自己勉励自己,多吃一些苦,对以后有用。现在自己的孩子学习条件是好了,家里给他的资助也多了,为什么不听老师和家长的话呢?学校是学习的场所,长知识的地方,他为什么还要违反校规、校纪?我搞不懂。按照学校的意思是要开除了,没有直说,也不能直说吧,但是我理解。至于换环境不是没有考虑过,能适合他吗?再三要求下同意让孩子在家考虑一周后回学校。精力毕竟有限,回到家的我没有精力再去看村里的事情就休息了。

2012年12月10日,星期一,农历十月二十七,属蛇,多云转晴

别人家会有事情,自己家同样会有事情,这几天是忙着做作业,可是,自己的孩子张源因为前几天逃学,学校要求家长带着孩子一起到学校,我也就只好一起去了。自己的孩子是逃学几次了,已经在学校写了保证书,按照以前的教学方式要被开除的,基于现在是义务教育,以教育为主,学校方是要求孩子换一个环境。再三商量下,一是要求孩子休学一年明年再跟读;二是在家考虑一周后再回读。休学一年的情况可能对孩子影响更大,最好就是让他静思一周后再去接受教育吧。孩子还是长身体、学知识的时候,让他失学有害无好,希望他能回心转意,珍惜自己的青春年华,以后学好一定的知识。

村里的卫生条件当然比不上城市,但是,社会是在不断地发展,比以前是好多了。要是在以前,村民的孩子打预防针都要到街上,现在就有点不同,不时地会有卫生人员到村里上门服务。今天早上就是这个情况,村民小组用喇叭通知有两个月以上的幼儿带来打预防针,这就方便了村民,给村民减少了很多麻烦。

2012年12月11日，星期二，农历十月二十八，属马，多云转晴

上午，村民小组通知今天有世博元阳旅游公司元阳分公司来村里检查卫生情况，要求村民把各自的卫生区域打扫干净。在以前的日记里提过，县里把箐口村作为梯田核心区开发旅游以后，先是县旅游局安排了人员来管理，之后是移交给世博元阳旅游公司元阳分公司来经营，村里的门票工作也随之由世博元阳旅游公司元阳分公司来运作。这样，村民除了正常生产之外就要负责卫生事宜。世博元阳旅游公司元阳分公司相应地返回每年门票收入的一部分给村民作为提成。虽然，这几年的门票收入不多，返回给村民的费用较少，但是，村民的卫生意识改变了很多，村里的卫生明显比以前大有好转，加上政府不断地投入建设，箐口村民的生活条件各方面都改善了。这一段时间建设蘑菇房的工程快要竣工了，但因工程还没有完全竣工，建筑垃圾来不及处理，只能客观情况客观考虑了。

早上八点左右的时候，李永新背着妻子出去，可能又是生病了，要到新街镇医治。寨子小，村民少，经济条件差，村里的医疗条件差，村民生病了都要到镇里医治。村委会配套的乡村医生医疗技术差，工资低，除了她的亲戚们会偶尔申请一点感冒等小病的药之外，我们村民都很不信任她的，都要到镇里医院医治，毕竟，谁都不敢拿自己的身体开玩笑的。村里要是能有自己的卫生室卫生员该多好，即使重病人员要到条件更好技术更好的地方去医治，总比现在没有要好多了。

前几天落实了18至59岁村民交养老保险的事情。要求村民把他们的身份证和户口簿复印件上交到村民小组。今天上午，村民小组又通知18至59岁有三级残疾证的村民交来身份证和户口簿复印件，也该是要给他们一些相应的照顾政策吧。

2012年12月12日，星期三，农历十月二十九，属羊，多云转晴

建设蘑菇房要到收尾阶段了。又是因为材料的原因，有的施工队今天停止了施工，多数都在等茅草。上午运来一车茅草，没有等下车人员下料就有很多施工队人员上车抢料。没有办法，大家都是为了争时间抢速度都想尽快完工了事。一般是不会出现这样的事情，而这几天就会出现，有的村民最能展示自己的心思了。

很好玩的是，自从村里开发旅游业以后，会有这样那样的拍摄组来村里采风。这两天又来了一些，车上写着中央电视台的剧组，今天又带了几个村里上学的儿童和村民一起去拍摄。这样做的结果一是给部分村民带来经济上的收益，二是给村里做了宣传，从观念上对村民有所改变。我想，箐口村以后会更好的，要是多有一些导演、多有一些明星为箐口村宣传的话就会更好了。

2012年12月13日，星期四，农历十一月初一，属猴，晴

元阳县政府对村里开发旅游业以后，对我们箐口村是比较重视的。听说这几年元阳县文化局又挂钩主管箐口村，可能就是这样的原因，经常可以看到元阳县文化局的人来村里，今天又是有县文化局的全体员工到村里的哈尼哈巴传承中心开会，具体要开展什么工作我没有去打听。

可能是昨天村里施工队之间又出现抢材料的情况，今天运来了三车茅草，施工队之间就没有出现抢茅草的情况，已经在正常施工了。

2012年12月14日，星期五，农历十一月初二，属鸡，晴

元阳县新农村建设工作组可能是为了与其他村民的住房保持一致吧，把我们云南大学哈尼族调查点也列入这次建设项目中，对房子的外墙和茅草顶进行了装修。我不想让他们简单建设了事，这次是参加他们的施工组配材料，希望做得好一些，牢固一些。今天是做基地的茅草房。

2012年12月15日，星期六，农历十一月初三，属狗，晴

有的施工队已经工作结束了。举一个例子来说，张春华的施工组今

天就买来一只狗杀吃，请了他的工人会餐。

2012年12月16日，星期日，农历十一月初四，属猪，晴

今天又运来一车茅草，因为一部分施工组收尾了，就没有再出现抢材料的情况了，都能正常施工了。

2012年12月17日，星期一，农历十一月初五，属鼠，晴

因为我个人的事情，今天去了一趟南沙。

这像是变成一种习惯。前天是有张春华一个施工队因为工程结束而会餐，今天是有李世华一个组会餐了。这样做一是带工老板对工人表示谢意，感谢他们对工作的支持，希望以后的事情中也能得到他们的帮助；二是交代他们一些事情，比如工资上的事情，如果老板有钱的话就要支付工资，如果暂时没有拿到工程款就要做一些说明。这样，村里建设茅草房的两个施工队就收尾了，估计其他施工队也快要结束了。

2012年12月18日，星期二，农历十一月初六，属牛，多云转晴

因为孩子的事情，我又到新街中学去与老师协商孩子的问题。就是头疼，孩子的事情就是头疼。该说的也说了，该打的也打了，就是没有办法。到目前为止，这应该是我这一生遇到的最头疼的事情。

2012年12月19日，星期三，农历十一月初七，属虎，多云转晴

上午，李小弟出院回来，他兄弟李小祥和其阿姨接他回来。说说李小弟，20岁左右，父母前些年就去世了，家里就他兄弟两人，其大爹和叔叔都已经分家，各立门户，家里的很多事情就要他们弟兄两个商量处理。平时，他们两个都出门打工为生，前不久不知道是什么原因生病住院已经好几个月了，而两个年轻人平时又能节约多少钱呢？说是这次的住院费都是他的亲戚凑起来的。说是"穷苦人早当家"，这样的事实是让人心寒的,以后的多少日子多少事情还要他们磨炼,也辛苦了他们。但愿他早日康复,迎接以后的每一个日子。

上午,村民小组通知上八十岁的老人家带身份证到新街镇民政所领取高龄补贴。本人的母亲也是 80 多岁了,因为有车就早早去了。每一个 80 岁以上的老人可以领到 390 元的补贴,虽然 390 元不算太多,但是,对于一个贫困的农村家庭来说,多少能解决一点家里的开支。估计箐口村可能有十个这样的老人。今年村里有点特别,基本上每个月都有老人去世,特别是 80 岁以上的老人,仅今年可能去世了五六个。有的村民说他们都害怕吃工资,只听到 60 岁以上的老人要享受养老保险了,八十岁以上的有额外的补贴,而他们就是一个接着一个在一年之内就去世了那么多。农村的老人往往就是这样,他们经历了各种磨难却享受不了一天的福,他们的命往往就是活到老苦到老。

2012 年 12 月 20 日,星期四,农历十一月初八,属兔,晴

李庆生一家人在蒙自市打工已经几年了,可能还是积攒了一些钱,今年回来重新建盖自己的房子,这两天配钢筋结构,准备过一两天就要打屋顶。

村民小组运回来准备建做水源头的水泥和钢筋,安排了一些妇女摆放到李志光家空屋里。

2012 年 12 月 21 日,星期五,农历十一月初九,属龙,晴

从这几年的情况来看,来我们云南大学哈尼族调查点的专家、教授不少,前几天是有狄老师过来,今天返回学校了。

人与人之间会吵架,公司与公司之间也会出现问题,今天是有电力公司的人和新农村建设施工队吵架,最后是梯田管理局出面解决。都是工作上的事情,本不该发生这样的事情,但都为了工作上的事情出现吵嘴了。

今天是冬至,箐口村没有过冬至的习俗。但是,附近的彝族寨子就有过冬至的习俗，有的村民受他们的邀请会去过节的。就是在这样的相互生产生活中，慢慢地，一代又一代的年轻人就知道，过了冬至，太阳就回升了，天气就要逐渐变暖了。用他们的话说，冬至六十天以后就可以育秧苗了。是的，这也是他们总结出来的一点生产经验，冬至六十天以后就该是 2 月底 3 月初了，也就是村民育秧苗的时间了。

2012 年 12 月 23 日，星期日，农历十一月十一，属马，阴，有雨

李小生家丧祭回来，下午，他们家族的人又集中到他家吃饭喝酒。

对于箐口村目前的情况来说，牛既是家里的主要生产工具，也是主要的经济标志之一，谁家养着牛都要认真照顾。下午，李文贵家牛丢失了，牛没有赶回到家里。看李文贵老人很着急的样子，我也有点担心的。

2012 年 12 月 24 日，星期一，农历十一月十二，属羊，阴转晴

昨天下了一场雨，早上的时候，新农村建设施工队都认为不能施工了，高空作业比较危险。但是，到了中午天气就变好，成了一个好日子，卢世华施工组还能正常工作。

2012 年 12 月 25 日，星期二，农历十一月十三，属猴，多云

卢国亮带的施工队也收尾了，杀了一只狗会餐，礼尚往来嘛，还邀请了梯田管理局领导和其他施工队老板来。

做什么事情会一帆风顺呢？今天有一个施工队小组长与老板之间出现吵架，说是他原来在其他寨子施工就欠十万元左右，加上这次就欠十多万元了，工程完工了，他都没有钱付工人的工资，硬是要大老板支付一部分才能安排他的工人回家，出门打工怎么能叫人家空着手回家呢？至少要叫他们买一些菜，给家人带一点什么才对得起他们。硬是叫他拿几万元出来作为工人们回家的路费。

2012 年 12 月 26 日，星期三，农历十一月十四，属鸡，阴，有雷雨

在箐口村生活了这么多年的我不敢相信在这个冬天就起雷了，是不敢相信，北方的人就不可能相信这是事实。然而，这就是事实，箐口村今天就起雷了，还下了雨，用村民的话说，今后每下一场雨天气就变暖和了，今年的春播可能就会早了。

施工队老板买来一只价值两千元的羊在李文光家会餐。这一带较穷的一个主要原因应该是人多地少，放牧的地方很有限，箐口村一直没有养羊，谁要是需要的话只能到其他地方去找，这样，这一带的羊肉就比较贵了。今天买来的两千元的羊也没有多大，说是三四十个人就吃了精光。

2012 年 12 月 27 日，星期四，农历十一月十五，属狗，多云间晴

施工组都收尾了，只有卢世华一个组在做，说是过一两天也要做完了。

今天，村里又出现停电了，没有电确实麻烦，很多家庭只有一两个人在家煮饭都嫌麻烦，懒得不愿生火做饭。人真是越闲越懒，我发觉我也染上了。

2012 年 12 月 28 日，星期五，农历十一月十六，属猪，多云间晴

有一句俗话说的是："平时不烧香，临时抱佛脚。"今天李庆生家要打屋顶，来帮忙的村民就比较少，因为他们夫妻出门在外地打工已经很多年了，平时也不常回来。自然的，树要皮，人要脸，他家考虑到不会有多少人来，就请了小工来打他家的屋顶，其余的只有亲戚来帮忙，其他村民来得不多。他与我还是带一点亲戚关系，只是我事情也多，就没有过去帮忙。

村民小组通知要安装电视锅盖的事情，需要交 300 元，100 元是电话费，说这 100 元电话费是返回给交款人的。生意人不可能做亏本的事情吧？明明是要安装电视锅盖，却还要牵扯电话费的事情，这就让人搞不懂。一个再文盲的村民都会这样想，有的村民就是这样想的，有的村民还说，到街上买都只要100多元就可以买到了，拿到村里有政府补贴的还要收这么多，有很多村民是想很多的。

2012年12月29日，星期六，农历十一月十七，属鼠，多云

眼看村里的施工队就要完成蘑菇房建设了，但在停车场剩余了一些材料，不知道为什么会剩。有很多妇女抢拿那些材料，可以说是公开地抢吧，连村民小组的人过来阻止都听不进话，妇女们厚着脸皮拿回家。我认为这除了领导管理者的问题外，主要是村民的问题，要是上面的领导知道这个事情就会气愤的，上级组织为了村里的旅游事业，统一村里的建设硬是投资了很多钱来做，而部分村民连剩余的一点材料都不放过，突然间出现偷抢的问题，无非就是几十棵木料、几十棵竹子嘛，最多不过是上百元的东西，咱村民的素质的确是低了一些，我是不想说，也不会说，更没有办法说的，只能在心里说：这就是咱的老百姓。

别人怎么做，我就怎么做。其他的施工队结束收尾时杀狗请弟兄们吃，我就杀狗请弟兄们吃。卢世华施工队今天收尾了，晚上也杀了一只狗，另外买了两个猪头请他的弟兄们吃喝。这样，在面子上可能过得去一些，不至于让其他人或者弟兄们说小气，这也是一种为人处世的艺术吧。

2012年12月31日，星期一，农历十一月十九，属虎，阴，有雾

明天就是2013年的元旦，而村里因为前一段时间施工留下了很多茅草等建筑垃圾，看起来很乱，于是，村民小组早上组织村民清扫垃圾。有村民说："这应该是施工队来打扫的。他们是拿着钱来当老板的，他们不会少赚一点钱。我们凭什么帮忙他们干活。"

卢明华家卖了两头牛，说："他们还年轻，一家人要到外面找钱，不愿意守着这几块田过苦日子。"

2013年
村民日志

2013年村民日志

2013年1月1日，星期二，农历十一月二十，属兔，多云转晴

时间过得就是快，转眼又到了2013年。今天是元旦，要是随汉族的话，村里也要过元旦节了。不同的是，村里全部是哈尼族，一直没有过元旦节的习惯，就基本上没有什么节日的气氛，只是在售票门口挂了一幅布标"庆祝元旦"。与年轻人交流中知道今天是元旦，有朋友的可能会到新街镇或者南沙镇去过节。原本，我也是受老战友们的邀请要到南沙镇（也就是现在的县城）过节的，只是后来因为接受邀请的战友们不能全部到位而改变了计划。

旅游，怎能没有一个好心情呢？然而，这两天这里的天气就是冷，特别是昨天到今天，看不见雪，但是如同下雪一样，惯于生活在四季如春的我们感觉就是冷。这两天来村里旅游的游客也可能就是由于有小雨和雾，看不到什么好风景，也来去匆匆，他们的心情也好不到什么地方。

2013年1月2日，星期三，农历十一月二十一，属龙，多云间晴

李红家前几天围的院子今天搭起了遮阴网，他是不可能与我们说起的，但是我知道他要栽培一种名叫蚕休的名贵药材，据说一公斤可以卖到三四百元，一棵苗要五六元，生长期一般是六七年。据我调查所知，要是他家能够很好地管理，像他家那么大的院子如果栽培出来也能赚到很多钱。村里除了我准备栽培之外，暂时没有听说其他人家要栽培，所以他还是村里首先栽培的人之一。李红是通过他的妹夫白万福介绍栽培的，要是这些人能栽培好，能为村里带头做事，成为村里首先致富之人，相信以后还是会有很多村民要栽培的，说不定能成为村民致富路之一。我是这样想的，也决定在自己的林里栽培，预算投资十万元以上，要是自己能够管理好，根据资料介绍，五六年后该回收上百万元，这样的事情谁不愿意做呢？只是这十万元以上的苗钱要到什么地方找，对我是一个难题，要是能申请一部分贷款或者有什么老板帮我投资该多好。

"路不平有人修，事不平有人管。"但最终还是自扫门前雪。今天有李四文的妻子和李会英背石头，准备铺到他们家的那一小段路，因为他们几户人家是这几年才新做起来的房子，有一段路不好走。这次是村民小组答应给他们一些物资，几户人家自己出一些劳动力准备一些材料才开始做。是啊，做什么事情都是这样，先自助而后人助。

2013年1月3日，星期四，农历十一月二十二，属蛇，阴有小雨

学校放了一个元旦小长假后今天开始上学，即使有雾有雨，天亮得晚，还很冷，但是小同学们还是能够正常起床，摸黑去上学。

今天还有云南师范大学的角媛梅老师带着八九个学生到村里来，准备到田间做调查。但是，由于天气不好，估计路滑，带的又都是女生，怕不安全就没有到田里，只好在村里做问卷调查。她们原来是打算在村里吃住的，但是考虑到她们都是女生，村里的条件她们适应不了，为了安全起见，老师还是带着她们到新街镇吃住，准备等天气情况好转后再到村里做调查。云南大学、云南师范大学、云南农业大学、西南林业大学、云南民族大学、云南艺术学院等几所高校都先后在箐口村做过调查，他们都是根据自己各个学科的侧重点而展开调查。

"人的脸是要经常洗的，房子也要经常打扫。"我们云南大学哈尼族调查点基地房子也该进行一次大扫除了。天气冷，那就运动一下吧，想起来就做。先擦玻璃门窗，后拖地板；先打扫楼上，后打扫楼下；先打扫卧室，后打扫厨房，就这样办。从上午十点左右开始到下午，云南师范大学的师生来时已经是下午三点多，才打扫好楼上的卧室和地板。出于一种礼节上的考虑只好停止打扫卫生而与她们交谈，发觉又有几块玻璃该换了，要是全部认真打扫的话，还需要两三天的时间才能完成。守基地说不辛苦是假的，一要做作业；二要与村民好好相处，原本要发火的人考虑到以后还要请他帮忙也只好忍住了；三是自己的私事还要做一些。前几天是电压不稳更换了烧坏的灯，还修理了电脑、电视等，也该打扫一下卫生了。蜘蛛网要扫除，灰尘也该抹一次了，人的脸洗了精神就会抖擞些，房子打扫干净了也会使人舒服些、健康些。

2013年1月4日，星期五，农历十一月二十三，属马，阴转多云

上午，村里的党员参加土锅寨党总支部组织的杨朝中同志的追悼会，在家的同志基本上都参加了，只是很多年轻的党员外出打工没有回来而没有参加。从上次张志林同志去世后，会议决定每次党员去世每个党员捐助20元，这20元即使哪一个党员外出不能参加也要叫家人垫付，在此之前是捐助5元钱和一斤大米，之后是10元钱加一斤大米。从上次李和明同志的追悼会以后就是20元，至于以后会不会变化就是以后的事情了。

新街镇今天开始召开人民代表大会，我们箐口村参加的人民代表是李文才。李学是代表土锅寨党总支参加的，希望他们真正能代表群众的意见去参加会议，选出下一届新街镇领导班子的同时汇报我村的生产情况和交流下一步发展目标计划。

2013年1月5日，星期六，农历十一月二十四，属羊，晴

从整体来看，村里使用电器的人家是多了，减少了很大一部分柴火的使用。可是村里养猪的农户多数还是要煮熟猪食来喂，只得使用柴火。就是出于这样考虑，今天打工回来的卢学明夫妇从工地上运回来一车柴火，准备家里用。

生病真是麻烦，说是年轻人李小祥生病住院已经好几个月，这次是稍微恢复后带回来的。花了很多钱，相依为命的两弟兄无能为力，靠亲戚帮忙凑钱才住院了这么多天，还不是很好，只得带回来休养，希望病情有所好转。

2013年1月6日，星期日，农历十一月二十五，属猴，多云间晴

"去找点过年钱。"这是今天上午外出打工的李红亮、李万祥、李国忠等几个人说的同一句话。是啊，我总感觉箐口人在家是不会有什么

经济收入的，即使有些农产品，也是只够自己消费。养出几头牛几头猪也是入不敷出，在家的人特别是年轻人只有支出没有收入。所以，平时很少有年轻人在家，无论如何也要到外地打工找钱。快要过年了，过年钱也如他们所说只有到外地去找了。

张明德家运回来一车石头，是准备要砌他家今年倒塌的寨子脚秧田的田埂，运到村里是每立方85元，比去年是提高了30元，叫人背到寨子脚秧田又要付一部分工钱，很费力。只是，没有办法，秧田倒塌了不修复又不行。费一点力也罢，那是一辈子甚至几代人的事情，要是这一代做好了就不用费下一代人的力气。

今天，我拆换了基地前几天就决定要换的几块玻璃。几块玻璃本不至于说起，但是，就是因为我没有在意几块玻璃的事情，让老鼠从窗子进入，咬坏了我们的几床被子，真是不应该。要是平时多注意些就不至于让老鼠咬坏我们基地的被子了。这一下，换这些被子又要找一些钱才能换了，有些事情就是因为平时不注意看起来小事而引起的。

2013年1月7日，星期一，农历十一月二十六，属鸡，多云间晴

是农民就要挖田种地。按照多年的生产经验，现在正是村民们挖地的时候。把地挖翻，将杂草晒干，等2、3月间播种时把野草烧了做底肥。这两天天气好，张明生家和李爱生家就到地里挖了。

是这样吗？一般人到所谓的景区来叫作旅游，老百姓来了叫作学习，上级特别是高层人来了叫作调研。该是这样吧，不同的人、不同的层次，到同一个地方的叫法也就不同了。今天一个朋友说州梯田管理局和文化局的人来村里调研，村里特意通知村民打扫好卫生。

李文才和李学是这次根据上级的通知要求选举出来的镇人民代表，1月4日参加选举镇党委书记和镇长等新一届新街镇领导班子，今天上午开会结束回来村里了。选举应该不会出现什么大问题吧？下一届新街镇领导班子对箐口村注入怎样的精力？箐口村人民拭目以待。

2013年1月8日，星期二，农历十一月二十七，属狗，阴

张明德家今天又运回来两车石头，是准备要砌他家倒塌的秧田田埂。水涨船高，随着物价的上涨，今年石头的价钱也提高了。运到村里一立方就要85元，再请人背到他家寨子脚的田边又要80元，一立方的石头到达他家田边就要165元。没有办法，自己的田地是要招呼的，田埂倒了是要砌的，再贵一些也得想办法砌起来。不然的话，到了立春，自己家要育秧苗，别人家也要育秧苗。到时就不好操作了，最好就是趁现在砌好了——他就是这么想的，也就这样做了。

2013年1月9日，星期三，农历十一月二十八，属猪，阴，有大雾夹小雨

今天的天气很冷，还有大雾夹小雨，大概十米就什么都看不见。但是，是工人就得上班，是农民就得做事。还是张保祥家用水冲肥到田里去，箐口村一般不会出现结冰情况，这种天气已经算够冷的了，但是只要人运动起来就会好的。说是他们家明后天还有事情做。是啊，当天的事情还是当天做完的好，免得耽误以后的事情。

2013年1月10日，星期四，农历十一月二十九，属鼠，阴，有大雾

人就是怕生病，死人更怕，死年轻人更是怕。特别对一个家庭来说死了年轻人更是不可思议的悲痛。前些天才住院回来的年仅20岁的李小祥昨天夜里去世。今天，他们大李氏家族的人只得停下自己的私事来帮忙了，很悲痛的！他们的父母也是年纪比较轻就去世而留下他们兄弟两人与叔叔和大爷们相依为命地生活。殊不知他也跟着去了，只留下比他小几岁的兄弟了，真是痛上加痛！他们家人不可思议也无可奈何，村民也为他们一家人难过。但难过又有什么用呢？他们家人、村民都只能化悲痛为力量，擦干泪水，憋住心中的痛来帮忙了。知道这事情的亲戚也从他们的施工地请了假过来帮忙了。

2013年1月11日，星期五，农历十一月三十，属牛，阴，有大雾

　　昨天去世的李小祥由于很年轻，还没有结婚成家，他的葬礼就要做得简单。今天全村人特别是在家的年轻人都过来帮忙送山。对于葬礼来说，箐口村民都比较积极主动，无论是谁家出现问题都会来帮忙的。从这么多年的调查来看，即使平时生活中有过什么过节的村民、邻里都会来帮忙的，这一点，我认为是村里的一个好习俗。

　　是的，这么多年在村里的实地调查中我是亲眼看到过的，邻居或者亲戚，或者就是一般村民之间，他们因为一些事情而大动干戈，甚至是到了动刀动枪的地步。只要他们彼此谁家遇到大灾难，有的还是会过来帮忙的。但是就是因为这样那样的矛盾与纠纷，亲戚与弟兄之间不来往的现象也有。

2013年1月12日，星期六，农历十二月初一，属虎，阴，有大雾

　　到全福庄寨子卢永清家做客，是因为他家丧祭回来，请了他认为比较亲近的人，有李平真、李平清、李正祥、李志学、卢世华等十几个人，是点了名叫的。

　　计划生育是一项国家政策。恐怕再边远的地方都宣传，都知道了吧。但是，一旦有人犯规，有人漏网了，有人看到了，别的人也自然地会跟着来一些了。村里是有这样的情况，前些年可能是管理人、负责人松懈还是什么，来村里找超生家庭麻烦的少些，跟着这两年就有一部分村民养超生孩子了。今年有几户超生家庭就被找了麻烦，而看村里的情况，还是有村民继续超生的。今天从医院接生回来的卢某家就是一个例子，明明养了两个，前几天到医院又生了一个，大活人又不能随便放弃。

2013年1月13日，星期日，农历十二月初二，属兔，多云间晴

　　前一些日子，村里村民建设的蘑菇房已经基本收尾了，今天又开始运进来材料，准备建设陈列室、水碾、水磨等公房，还有粉刷近两年村民家建的新房。这些都是政府投资做的，可以省村民的一大部分钱。所以说，政府把箐口作为民俗村来建设总的是好的，从开始投入的2000年左右算来，政府对我们箐口还是投入了很大一笔钱，该是全县投入最多的寨子之一，也是建设得很好的寨子之一。箐口村民要感谢政府，在政府的指导下建设得越来越好，要不是政府关注了箐口村，给箐口村投入了那么多资金，仅依靠村民自身的发展是不会发展到这个地步的。有人说："由于政府的投入，箐口村至少要发展快了二十年。"我想是有一定的道理的。

2013年1月14日，星期一，农历十二月初三，属龙，多云间晴

时间就是过得快，今天开始箐口小学又考试了，之后就要放一个长假，孩子们又可以痛快地玩一个多月了。为什么这么说呢？毕竟箐口是中国边远乡村之很小的一分子，很多孩子的父母或者监督人都是农民，多数都只能忙于自己的事情，无法顾及孩子的事情，或者说村里的孩子只知道玩，哪里会去管作业不作业的，想学习的都会随多数孩子出去玩了，老师安排的假期作业都不能完成，到开学的时候都要被老师说的。

2013年1月15日，星期二，农历十二月初四，属蛇，多云间晴

如果时间也分你我的话，分给自己的时间就属于自己一个人的吗？我看未必，有时还得分给其他人用。张明德是我二哥，常年在外务工，这几天是因为要砌他家倒塌的田埂而回来，近期因为自己的事情已经挤不出时间了，想到他以前对我的帮助又不得不帮忙两天，人到了一定的年纪就是感觉时间过得特别的快，一年里准备要做的事情没有做完就过了一年。所以，还是按照老人们说的当天该做的事情当天做，事情只可能一天比一天多，而不可能因为今天你没有完成这事情明天你就没有事情做了。

也不清楚村里请客发请帖是什么时候开始，也不知道是哪一家请客就开始到宾馆、酒店了。今天是李小祥结婚请客的时间，帖子都发到多数村民家里，写的是2013年1月23日下午五时到新街镇云梯酒店参加邀请，我是免不了的。

2013年1月16日，星期三，农历十二月初五，属马，多云间晴

早上，村民小组用喇叭通知，要是有村民准备用柴油机、拖拉机犁田的就来上报，不知道有没有村民去报。但是我分析认为这是迟早的事情，现在的社会好了，一头牛每天都有家人招呼，几年之后才能犁、耙田，所要付出的劳动力很多，而要是能几千元买到柴油机、拖拉机的话，只要操作时费几个工就好了，省力多了。再说，现在年轻人出门打工一天都能找到100元左右，而稻谷的商品价又是甚低，每市斤一元五角左右就能买到，每家一年一两千斤的粮食只要他们出门打工几个月就能买到，种田插秧和收割都要投入相应的人力、财力。所以都认为现在种田不划算，村里就出现与以前相反的情况，有的人家因为劳力不够叫人家栽种还要给人家一定的费用，以前是主人家收租金，现在是主人家要付费用了。

该不会是村里发现害猪病了，上午有两个新街镇兽医站工作人员到村里来，说是给村里的猪打预防针，叫村民可以带着他们去免费打针。你看看，一般情况是病主家人到有关服务站请的，他们却先来了，服务到门的事情多好。

2013年1月17日，星期四，农历十二月初六，属羊，阴，有大雾

箐口村可能是处于相对低洼的地区，要做堵河拦坝的事情时石头很难找到。"物以稀为贵"吧，买石头的价钱就觉得很贵，仅从石厂买来运到村口就要85元一方了，但有些建房子、建倒墙的人家还是不得不买。今天就有李志学家又运回来三车石头，说是要背到离寨子七八百米的田间，与一些妇女说好了他们家的背运费是每立方100元。这样他家背运

一立方石头到所要用的地方就185元了,很费劲的,主人家费钱,背的人也很费劲,一天里背不了多少石头的。只是现在村里慢慢出现人多地少,很多人家都很珍惜自己家的田地,一旦有了能力都会好好砌筑自己家的田地,也难怪村里出现纠纷最多的就是地界的问题,就是争土地的问题。

2013年1月18日,星期五,农历十二月初七,属猴,阴,有大雾夹小雨

山区的天气就是怪,阴冷冷的,有大雾,还夹着小雨,一二十米之外什么也看不见。天气不好,好像脑袋也堵塞了似的,思路就无法开阔,事情就做不好。但是,人活着总得克服这样那样的困难,还是得劳动,在村里施工的人还是照常施工,还是根据各组长的分工正常工作。停车场剩余的建筑垃圾也请人清理了,感觉可惜的是茅草,可能是没有安排管理人员,每天都有不少的小孩子在茅草堆里玩耍,浪费了很多。

该不是天气很冷的原因吧?前天才有新街镇兽医站的人来给村里的猪打预防针,下午就听说张保祥家的猪死了一头。真是可惜啊,一个农民家需要多长时间才能养大一头猪,快要到过年了,到过年时杀了猪,其他村民杀猪,自己家也杀,买猪肉的钱省出来给家里买其他的东西不是很好嘛,只是没有办法罢了。

2013年1月19日,星期六,农历十二月初八,属鸡,晴

村里上初中的学生到学校去拿他们的考试卷。之后,他们就要过一个长寒假了,不知道他们准备怎样过这个假期,可否看看课外书?以增长他们的课外知识,弥补课本中没有学到的知识,在边疆农村的他们知道怎么做吗?父母会监督吗?我是怀疑的,知识只有学而知之,哪有生而知之呢?而且是温故而知新。

鱼腥草长在什么地方呢?在村里来看,主要长在田埂上,是一道人人都爱吃的美味绿色食品。因为这样,市场价就比较好,村民铲过的田埂上刚发新芽的鱼腥草正是最好吃的时候，所以有的村民就会到田边挖鱼腥草，或者自己吃，或者去卖，但总的来说，自己家是吃不了多少，有的是看到市场价好卖就整天跑到田边去挖，鱼腥草根深，挖了田埂就会裂，就会倒，所以村民是不喜欢人到田边挖鱼腥草的，要挖就挖你自己家的田，要是你挖我家的田埂，就会出现纠纷。这样的缘故吧，今天就出现张永福的母亲与几个彝族妇女吵架，说是几个妇女到她家田埂上挖鱼腥草，差不多要把田埂都挖倒了，很生气就吵起来了。的确，要是为了找钱挖倒别人家的田埂是不好，要是为了吃一顿挖几棵还说得过去。谁家的田埂都是出了力气做起来的。

可能是还有几个茅草房没有做好，施工组今天又运进来一车竹子材料。做这个茅草房很费材料，三五年经风吹雨打后又要更新，到时又是需要人力和物力。所以在县政府定民俗村的2000年左右时，村里已经基本上换成了石棉瓦房，只是县政府将箐口村定为民俗村以后政府投资改换过来，目的是恢复哈尼族古老的建筑，包括开发其他的民风民俗来发展旅游业，带动当地的经济发展。不然的话，原来那低矮、潮湿、黑暗美化为冬暖夏凉的所谓蘑菇房我是不愿意居住了，我想住的是宽敞、明亮、卫生、安全的房子，至于保留传统意义上的蘑菇房也是有所改变的新一代的蘑菇房，而非原来因为人的意识也是经济上的原因而留下的所谓传统文明的蘑菇房。我是有看法的，是与有关人员讨论过这事情的，认为在原来的建筑理念上结合现代的卫生、舒适、美观等因素来做才可行。

又是快要到过春节了，每天便可以看到不少的年轻人回来。今天中午看见李建华夫妇回来，在新街镇包了张牛后的三轮车送到村里，买了一些水果，还有鸡、鸭，来到停车场看见他们的朋友就说："今天下午到我家喝酒"，看他们是比较愉快的。

2013年1月20日，星期日，农历十二月初九，属狗，多云转晴

箐口小学发放试卷，以后学生就要过一个长假了。

2013年1月21日，星期一，农历十二月初十，属猪，多云间晴

早上起来，听到小鸟叫鸣了，看样子是春天要来了，南方的春天就是来得早，而也有村民开始整治秧田了。今天有李田明清除秧田里的草。村民利用秧田一般就是这样，在这一段时间，他们把秧田里的草除去，到了过春节后，再把秧田犁一道、耙一道，等秧苗发芽一些后，再用耙子把秧田耙平，就可以撒秧了。

人与人之间是要相互帮忙、相互照顾的，而时间就在这之间溜走了。"屋漏偏逢连夜雨"，原本这一段时间是不接电话、不联系朋友地赶做作业，可是，到了晚上十二点正准备休息时，亲戚李祥打电话说二哥张明德又生病了。从金平县他们的石斛种植基地接回来，正在县人民医院住院，开车来接家人去看望，毕竟是自己的亲人，半夜的就随他们一起去了，过了一个不眠之夜。病人难受，守病人也很辛苦，只是生老病死，人们又有什么办法呢？到了南沙镇二哥住院的元阳县人民医院。医院，我对这里很陌生，很少吃药打针。"我怕针，比刀还怕。"这句话一直在我心里。

2013年1月22日，星期二，农历十二月十一，属鼠，多云间晴

昨天，二哥张明德在县人民医院打针观察了一夜就是不见好转，我们亲戚认为条件差了一些，就送到个旧市人民医院。回来已经是晚上了，就不知道今天村民除了做正常的事情之外还有什么值得我说起的事，今天的日记怎么记呢？只有回到家与村民交流才知道了。所以，做好村民日志还是不容易，一天、两天，1个月、2个月，1年、2年可能还行，可是要坚持十年八年就感到真的难。特别是像我这样经济条件不好的村民，这么多年坚持过来了，虽然在记录上有所欠缺，但还是感到一种欣慰和自豪，感觉自己的某种思维正在成熟，某种力量正在坚强起来，告诉自己一定要再坚强些。

2013年1月23日，星期三，农历十二月十二，属牛，多云间晴

今天下午看见李贵祥一家人开车回来，才知道是从个旧市人民医院接他父亲回来的，说是他的父亲在医院住了已经几个月了，现在稍微好转才接回来在家休养。这病，谁都敢欺负。你要是不坚强一些，它就是要欺负你呢。

按照原来的计划，李小祥今天在云梯酒店举办婚礼。30多岁了，是应该结婚了，自己一人怎么能过日子呢？在农村是绝对的晚婚了，亲戚也只有一个姐姐，是孤独了一些。既然自己一人混了这么多年又混不出什么，还是先成家再立业吧。不过，成家这事要是没有遇到就没有办法，遇到了，那也是自然的事。村里过去参加的人也不少，由于离村里比较近，他们吃过饭就回来了。

2013年1月24日，星期四，农历十二月十三，属虎，多云间晴

可能村里又发生什么猪瘟了，今天李贵云家又杀一头猪，说是这两天他家的猪不吃食，想着病死的猪肉不好吃，就叫了亲戚杀了。而且，现在又是冷天，猪肉可以晾干了食用。要不然的话，离过年的时间也不多了，家人的愿望是过年时家人都回来、其他的亲戚也来的时候杀了食用的，可这些病怎么能防治得了呢？算了，再说是家父昨天才从个旧市人民医院住院回来，可能就是失财得福，用村民的话说，用牺牲换取人命。从这么多年跟踪调查分析村民的心态来看，很多村民是不怕牺牲家里代表一定财富的猪、牛（在特殊的年代就是财福的象征）的，很多村民认为家里的牲畜多了反而给家人的身体健康带来不利，牲畜发展了反而影响人的发展，所以多数家里死一两头猪、一两头牛都不会太在意的。

李贵云与我妻子是表兄妹，受他们家的邀请，中午的时候，我也带了两包红河88烟，一瓶可以装四斤的好酒（在村里来说是好的酒，十元一斤，村民一般喝的是三四元一斤不太好的酒，这些酒是我叫一个烤酒的朋友用谷子烤出来的）到他们家做客，他们喝了这酒也是这么说的：

"这酒好喝，是好酒"。当然，这也有点自我安慰罢了。

"这几年李平真挖田也积极起来了"，这是有的村民对李平真的评价。听说李平真年轻的时候整天就是驾驶着他的拖拉机到处跑，快到插秧或者收割都不管，农事每年都要落在其他村民的后面。而现在已经是60多岁上年纪的人了，孩子已经长大，农闲时带带孙子，管理梯田也积极起来了。在田里养了些鱼，田间还养着几只鸭子，还没有几户村民整理秧田，今天他就带着锄头整治秧田了。也好，很多事情就是利用别人休息的时间自己去做而成的，学学龟兔赛跑的经验也行。

2013年1月25日，星期五，农历十二月十四，属兔，多云间晴

快要到过年了，有的买猪，有的卖猪，这得根据自己家的实际情况来定，有的需要钱，有的需要物，才会产生交易这一行业。李平真家卖了一头猪，说是自己家杀吃的还留了一头，这一头是卖了用钱买一点其他的东西。

2013年1月26日，星期六，农历十二月十五，属龙，晴

看望病人，是一种人之常情吧？张明德是自己的亲兄长，前两天生病住院，甚是挂念，又接近过年了，更是想着：有钱没钱，回家过年。有吃无吃，家人在一起。便叫了人一起去看望，仅是看望而已，有主治医生，不用我们操心。亲眼见过、处理过很多村里死人事故的我担心出现意外，生老病死，什么样的情况都可能会出现，什么样的心理都得准备。我是这样想的，唇齿相依难免相碰，在世时可能因为这样那样的事情难免出现一些争吵——现在我们家没有出现过，但是，谁要是眼睛一闭，就是再也见不到谁了。事情永远做不完，只有尽量做好。但是，自己的亲弟兄一旦离开就再也无法联系了。我真的很担心！年纪轻轻的，要留下两个未成家的孩子，谁来接手呢？当然，他的病情不该逆转，现在的医疗技术又好，应该不会出现什么意外，会好起来的，希望会早早出院，跟我们一起回家过年。

要过年了,有的买猪,有的卖猪,村里昨天有李平真家卖了一头,今天又有高九沙家卖了一头。人生在世,各有各的算盘。养猪也罢,有的人是养来自己家杀吃,有的人是养来卖吃,哪里有同样的一条路呢?

打工回来的有张庆贵夫妇,听他们说是从昆明市附近回来的。社会好了,交通好了,身体好了,农民出门打工也就是好。上点年纪的有个村民是这样说的,"要是以前,进城都要走路。""去一趟省城,想都不用想,那是国家干部才能去的。""现在嘛,不要说去省城,去首都都可以了。""我家某某(60多岁了,儿子单位资助)前几天才从北京回来。""还是坐飞机呢。"这样的话就不足为奇了。

2013年1月27日,星期日,农历十二月十六,属蛇,阴,有大雾

"要到过年了,请帖就会多。""我家前一段去了五六处,现在还有十二张没有去,不知道过一段还会不会来?"这是一个村里的妇女说的。从近期的情况来看,确实如此。今天不是这家新房迁居,就是儿女当婚,请帖比平时是多。还是用村民的话说:"这一段时间苦的过年钱有一半以上要用来去做客,有的可能还不够。"社会好了,人与人交往得多了,吃喝的就是多。还是用村民的话说:"现在的社会不可能有饿死的,只会有撑死的。"

今天的天气有些冷,从早上到下午一天都有大雾。但是听说是施工队要赶在春节前完成村里的事情,所以他们仍然还是上班,希望早些把事情做完。

晚上,张明德家做一个祭祀,请的摩批是张正和,主要就是因为一个星期之前他生病住院了,在此之前,他基本上没有生过病,看上去身体还好的,这突然间生病,他们猜疑除了身体上的因素还有其他什么作怪,就叫了家人去看尼玛,根据尼玛的意思又是请摩批做这个祭祀。人生活在某一个文化中也不得不随从某一文化的制约,这也没有办法。实际上，按照医生检查的结果是喝酒过多而血压过高，要求以后禁止喝酒，注意调整血压，增强体质。是的，从这么多年的跟踪调查来看，村民都相信一个人生老病死、贫富除了环境与自身的条件之外是有某一种力量来支撑的。所以摩批在哈尼族文化中扮演很重要的角色，箐口村就比较显著，谁家要做什么事情往往都离不开摩批。村里有几个懂得摩批文化的，今天要祭祀张家，明天要祭祀李家，看他们很忙的。村里就有那么一句话流行："当官的一天不缺少酒，当摩批的一天不缺少肉。"现在的情况正是这样。当领导的每天都要接触很多人，每天都少不了喝酒，而当摩批的常常到村民家做这样那样的祭祀，少不了杀鸡、鸭等牺牲，死了人做大祭祀的他们还要带一些回来。当然，现在生活好了，一般村民每天都不缺少吃肉是另外一回事。

2013 年 1 月 28 日，星期一，农历十二月十七，属马，多云转晴

上午，有一个外地的人来村口爆米花，生意挺不错的。村里的很多小孩都带着自己的家人来爆米花，说是爆一斤米花是一元钱，陆续来了五六十家，多数爆的是两三斤米，爆出来就可以装一小口袋了。看他们吃的样子挺香的，难怪来的小孩子那么多，今天的这个来爆米花的人少说也要赚两三百元。

快要过春节了，在外地打工的村民都陆续回来了，这一段时间基本上每天都有人回来。今天打工回来的张兵父子等，按照现在的工资，正如他们说的应该带着过年钱回来了吧。

2013 年 1 月 29 日，星期二，农历十二月十八，属羊，多云间晴

可能是冬春季节交替，气温变化，人们的身体也变化的原因吧。上午，听村民们说，最近村里的小孩生皮肤病的多。有李世文的孩子、李宏的孩子、张上语的孩子等。这种皮肤病历史就有，只是有些年多一些、有些年少一些，哈尼语叫作"咯"，一般首先出现在手指间或者大腿间，

会发痒，如果不及时地控制会发展到全身，也会传染给其他的人。不过现在的卫生条件好了，说是他们发现了以后都到医院检查而得到控制。这种皮肤病引起的原因应该是孩子不讲究卫生由一种细菌引起的。在以前村民的治疗方法是擦发霉的猪油，或者到出锈水的地方洗澡，除此之外，我是没有听说有什么更好的草药来治疗。当然，其他村寨的老草药师应该知道有的。现在嘛，只要到医院打一两针就好了，这点病不算什么。

人受气温变化的影响，牲畜也会受影响，正同往年一样，要是到冬春季节交替的时候，村里的猪往往会出现死亡的情况。今天是有李学亮家死了一头猪，还是有点可惜，早不死晚不死的偏要在过年前这几天死去。要是这几天不死，到了过年杀吃就好了。

快要到过春节了，这几天每天都有村民打工回来的。今天是有卢龙一家三口人，卢生亮一家人、李小龙、李学贵夫妇等回来，在这些回来的村民中，我看到卢生亮晚上请了他的大伯卢克福、卢落以等来吃饭，我认为这也该是孩子孝敬老人的一种做法。一是给家人报平安；二是带点什么好吃好喝的，请他们一起享受何不是一种幸福呢？除了这样，还要到哪里寻找什么样的幸福？

2013年1月30日，星期三，农历十二月十九，属猴，多云有小雨转中雨

前面的日记里说过，有一段时间因为电压不定烧坏了很多村民家的电视、电饭煲等电器。所以，经常会看见村民背着电器到新街镇修理，今天是新街镇的集日，又看见马志文背着电视去修理了。也是的，"电视把世界缩小了"，不出远门的村民只有通过电视看世界了，"在家不能看电视会觉得很无聊的"，村民如是说。也好，村民能通过电视了解世界、开阔眼界也是好事，买不起新的，修理了用一段时间也好。

"坐一把椅子无功便是过"，当一天领导就要为集体做一点什么。怎样领导好？怎样组织好集体？怎样去发展？怎样去建设？是应该考虑

的事情，发展教育、发展经济是大事。而就箐口村来说，村民们认为最基础的应该是路和水源的问题。那么，当一届村民组织人就要考虑怎样建设和怎样用好。可能是收到很多村民的反映，今天的村民小组开始修理寨子脚的一段排水沟，石头和沙等所用材料都是买来的，工人也是他们请的，这样做是减少了村民的劳动。

是的，这几天每天都有打工回来的村民，今天是有张学、张学贵一家人等，张学贵一家人还包了车从个旧市回来，可能是考虑到一家人带的东西多，转车不方便的原因吧。

2013年1月31日，星期四，农历十二月二十，属鸡，多云转晴

昨天下午到晚上的一场小到中雨给家里的田冲垮了几块，今天是去修复了。李平真家的秧田也被冲垮了，田里的鱼都冲到人家的秧田里去了，看他很生气、心痛的样子，我也觉得很可惜的。自己养着的鱼自己舍不得吃，现在被雨水冲走了，自己就吃不到了。

下午，到土锅寨村林正才家做客的村民多，他任村民小组干部的时候认识了一些朋友，我也在其中。我也被请到了，还是约了朋友一起去。

下午，打工回来的村民有李有福、张祥一家人、张五夫妇、李祥一家人等。正如前面几天的日记里说到的，快要到过春节了，在外地打工的人都陆续回来了，都希望回到家里过一个团圆年，祝福他们能在家里好好过年。

2013年2月1日，星期五，农历十二月二十一，属狗，晴，晚上有雷雨

今天，接受姐夫一家人的邀请，我从早上就到他们家帮忙了。今天主要是为他家孙子做洗礼，这类似于过周岁生日或者求福消灾（哈尼语叫"保惹保灾"）等祭祀，类同于其他民族的度戒和成人礼。姐夫家最早是由姐夫从主鲁村迁移过来黄草岭村民小组的，所以周围几个寨子中只有他家做这种祭祀。他家说是只要家里生了男孩，等孩子到了三五岁，甚至更大一点，就要选择个日子请孩子的舅舅来理发，还要舅舅家带来一头猪杀，自己家也要杀一头，用所杀的牺牲祭祖。这是这个祭祀活动最主要的一个环节。另外少不了的一个程序是请八个或者十个成双数的主要人物（免不了的是有舅舅方代表，自己家的代表，都要求健康、家庭健全，一般是选择当了爷爷和爸爸的，有儿有女的人）坐一张桌子，摆上所要用的食品后，这个做仪式的孩子要向他们求福求保佑，所参加的人要给孩子适当的礼物。这些礼物主要是指金银玉、手镯等贵重物品。但是我们这地方少有这些东西，主要以送钱为主了，今天我姐夫他做仪式的孩子的爷爷送了一副手镯，孙子的外公送了两千元，其他的都是一百元。在没有完成祭祀程序之前，在座的被请来的人是不能离开桌子的。之后，其他的程序才能开始。

  这次，他们家请了附近的亲戚和朋友都来，算是请了大客。做这个祭祀可能是不用摩批，上午，他们家就没有请摩批参与。但是，他们家平时与村里人都相处得不错，从今天来做客的人来看，我们箐口村也基本上每户去了一人，很热闹的。上午结束这个主要的祭祀后，亲戚和朋友还要忙着做其他的事情，直到下午把客人都送走。从来参加的客人所给的礼金来看，也可能是物价的上升，所给的礼金基本上都是50元或者100元，比前几年10元到20元是提高了好多。当然，主人家摆上来的烟酒菜谱也比以前好多了，数量多，品种也多，还是请了当地的专业烹调师指导做的。总体看来，主人家开支的多，回收过来的礼金也多。以前办这样一个事情可能只要开支上千元，现在是要开支上万元了，回收的礼金以前也就是几千元，现在是到了上万元了，多的人家可能要到五六万元了。的确，社会发展了，城市发展，农村也发展，人们的观念也发生质的变化。

2013年2月2日，星期六，农历十二月二十二，属猪，晴，晚上有雷雨

　　我们南方的春天就是来得早，从昨天晚上的一阵雷雨，就可以说是春天来了，燕子逐渐回归，鸟儿开始鸣叫，万物也开始复苏，村民们也逐渐脱去身上的毛衣，喜迎春天的到来，南方春色满园与北方一片雪白成鲜明对比。只是，就村里来说，只要有雨水到来，每天就有不少的村民要到田里修复被冲垮的田埂，因为昨天晚上的一阵雷雨，早上就看见有卢永贵、卢正清等扛着锄头说是要去修复田埂。去修复田埂是麻烦一些，但是，春天来了，村民可以开始春耕了，总是高兴的事情。

　　快要过年了，在外打工的村民谁不想回家呢？用他们的话说是"归心似箭"，他们都希望早些回到家，而回到家的村民这几天主要做些什么呢？从这几天的情况来看，他们主要是装修房子，给家里添置家具，今天就有卢正学夫妇给家里买回来电视、沙发等家具，卢迁华夫妇是买回来水泥等建筑材料，进行室内装修。

2013年2月3日，星期日，农历十二月二十三，属鼠，晴，晚上有雷雨

　　早上，村民小组发放农村60岁以上老人养老保险的存折，据说是每个老人从去年七月份可以领到60元的补贴，这也是国家发展的一个明显标志，如果国家不发展，财政没有资金是不可能发放的。这也好，多少给困难的农村老人一种保障，解决生活上的一点困难是最好不过了，特别是一些没有孩子照顾比较困难的特殊家庭，每个月60元的补贴可以减轻一些负担的。

　　这几天来看，每天就是有不少的打工者回来，今天是有李红亮带的一个组，有十几人，说是他们的工程还没有完成，但是看着其他村寨回来的人，他们心里都感到不自然，做活的心情也都没有，他们就说好今天回来，等过了年再出去继续做收尾工程也不迟。都说人家要过年跑回家了，谁还有心情干活呢？我也年轻过，这种心情我是能理解的，才不管口袋里有没有钱呢。

2013年2月4日，星期一，农历十二月二十四，属牛，晴

上午，村民小组继续发放农村六十岁以上老人养老保险存折，主要是村里有上百个六十以上的老人，有的昨天没有在家，或者是因家务事情而没有来领取，早上又通知来领取，毕竟是困难的农村，有的村民拿到手就接着出去到新街镇信用社领取了。今天是有李正安、李志宽等老人。困难是一回事，政府给村民补贴也是出于让村民平安过年的一种出发点，但从有些老人的话中我理解到有的老人还担心以后会没有这种政策，所以，见多了、交流多了只要别人拿了我也去拿的想法和做法的人，我对他们的理解就多一点。

今天从外地打工回来的有李三、卢卫等，我听说他们两人从个旧市包了出租车回来的，现在的社会就是好，只要口袋里的钱多一点，就可以直接找车送回家，免得路上又调车。

我看人们生活中的吃、穿、住、行四要素中排在最前面的是吃，可能就是这样的原因，今天就有几个施工组进行会餐，有李庆五一个组、李正学一个组、李世华一个组，都说是他们各个组的工程要完成了：一是表示庆祝；二是大家都是人，别人做的，我们也得学着一点，他们施工组能会餐，我们施工组为什么不能会餐？虽然说"人比人气死人"，但是，有的时候还是要比一比谁做得好，看一看谁最气派，大家的心理都一样。

村里的水源池是修理好了，但是，经过了这么长时间水管又可能堵塞了，总水池里的水满了，分到农户的水管里就是出不来水。"解铃还须系铃人"，村民小组也只好叫当时安装水管的工人李红和张文学去检查，问题查出来了，只是没有工具也不能修好，只能是等着明天买回来材料和工具才能修。

2013年2月5日，星期二，农历十二月二十五，属虎，晴

　　上午，村民小组发放村里的门票提成三万元和政府给予的春节慰问补贴金两万八千元，据去领取的村民说是每户可以领到242元。这一点补贴对于生活条件好的村民来说不多，但是，对于生活特别困难的村民来说是很好了，多少可以解决生活上的一些困难。特别是那些身体残疾不能正常劳动的特殊人来说，也是一个最大的安慰，心理上肯定感觉踏实多了。

　　从这么多年的跟踪调查来看，这一带的哈尼族离不开自己素有的文化——摩批，祭祀，拜祖，信神，信万物有灵。家里发生什么样的不幸和灾难都认为与某一种利害有关系，都会选择一定的日子做一定的祭祀。今天上午就有卢朝生家做一个祭祀，从用餐的人看他家做的祭祀可能外人都可以参加，有三四桌的人；而李生亮侄儿家做的祭祀就只有他们一家人，可能其他的外人不能参加。一种祭祀能不能有外人参加要看他们主人家做的是什么。所以，我们村民即使是亲戚和朋友在路上遇见了，只要主人不说一般是不会去搭理的，以免搭话又产生什么不利，有时还得重返做祭祀，这样的事情我也是碰到过的。从那以后，再好的亲属和村民只要知道他家做祭祀，手里拿着或者身上有什么标志性的东西，他不搭理，我就会主动回避。

　　过年过节总得有点什么好吃的菜肴、好喝的酒，舒服的环境，这该是多数人所要求的。无论谁作为村干部都要组织打扫一下的，这两天，他们不但用喇叭宣传，还在村里来回监督村民打扫卫生，他们自己也在村里不停地来回打扫。为了到时便于摆车，村民小组还请了妇女清理停车场建筑垃圾，李文光自己出159元请了马卫华抬走施工队用剩的木料，清扫后的感觉和没有清扫之前的感觉就是不一样，看上去舒服多了。

　　快要过年了，在外地打工的人慌着回来，生病住院的也慌着回来，归心似箭，都希望尽快到家过一个平安年，人们的心情都一样吧。今天就有在浙江省打工的李贵祥夫妇回来了，在蒙自市打工的李成一家人回来了，卢世文一家人也回来了。在个旧市人民医院住院的张明德哥哥也出院回来了，应该还有我没有观察到回来的，总的说来，多数都有想回到家过年的心理。

2013年2月6日，星期三，农历十二月二十六，属兔，晴

正如前面说到的，快要到过年了，村里请客送礼的情况就多了。今天同时就有两家请客的，他们是李杰家和李三家，都是因为家里的孩子要举办婚礼。从参加的村民口中得知，两家的情况有点不同。李杰家是只请了他们家的亲戚朋友，包括他孩子的朋友和亲戚，准备了六十桌子饭菜的人只来了一半左右；而李三家也原来是只打算请同年纪的朋友加上亲戚，只是他的父母考虑到都是一个寨子的人，临近前两天在村里挨家挨户地通知，说是请帖只发给他的朋友，至于没有收到请帖的村民也不要有什么想法，叫村民都来参加，请村民不要误会，所以，来的人要多一些。

请客发请柬，这该是这几十年间才出现的。记得在几十年前没有电话、没有手机的情况下只能是办事人一家一个地通知到。现在情况好了，都用上了座机、手机，学着外面的朋友请客时送发请柬，自己办事情时不发请柬认为是不够慎重或者严肃，反正按照他们的说法就是过意不去，也就跟着发了，认为就是那么几十元钱，也算不了什么的。

我也收到邀请，仅今天就有三张请柬。虽然，有点"来而不往非礼也"觉得过意不去，但是，自己的事情还是得自己把握，事情太多了一点还是会耽误的。让他们去说吧，有时是得把自己的事情搁下，去帮忙做亲戚和朋友的事情；有时还得先把自己的事情做好，免得事情越来越多。

有的人忙着打扫家里的卫生，有的人忙着购买年货，有的人忙着整理秧田，准备过年就要育秧苗了。村民李田明老人可以说是比较重视农事的一个，今天就开始犁秧田了，已经把秧田整理得没有一株杂草，整理得干干净净，看上去很舒服，所育的秧苗应该不会辜负他的劳动吧。

今天打工回来的有李绍祥夫妇等，听说他们是从浙江省某市工厂回来的，说是一起出去已经有两三年了，在工厂里既不晒太阳又不淋雨，

每月的工资又稳定。他们说，即使路途远些，过了年还是要出去的。

2013年2月7日，星期四，农历十二月二十七，属龙，晴

有一种味道叫作"年味"，平时在外的游子回来了，路上的行人多了，购年货的村民多了，孩子们穿上了新衣服，中老年人也换上了干净的衣服，有的还把平时锁在柜里的新衣服都穿了。鞭炮声多了，酒味浓了，烟味浓了，肉味也浓了，昔日宁静的农村增多了不少的热闹，这就是所谓的"年味"吧。今天是新街镇的集日，上街的村民很多，买鸡鸭肉的人多，买蔬菜的也多。

一般村民杀过年猪是在大年的最后一天，也就是后天，但是，现在的人是会根据情况有所改变的，今天杀猪的李世荣就是这样说的。他说，他们家明天就有朋友来，后天村民家都杀猪了，大家亲戚朋友都忙不过来，何不今天就杀了好呢。

2013年2月8日，星期五，农历十二月二十八，属蛇，晴

明天就是大年二十九，上街购买年货的村民自然就多，因为到了明天，村民就只能忙着处理家里的事情了，所以，都想着把该准备好的都准备好些，到明后天就不着急了。

2013年2月9日，星期六，农历十二月二十九，属马，多云

今天是农历十二月二十九了，从今天杀猪的张明生家、李红家、李庆云家、李世华家、张文和家、张五家、张正明家、卢文华家等来看，今年杀猪的村民家比往年要多一些，或许是社会好了，村民的生活条件好了，都想过好些。

2013年2月10日，星期日，农历正月初一，属羊，多云间晴

今天是大年的初一，村民都起得比较早，好像在比赛谁起得早一样，

有的凌晨三四点钟就起床放鞭炮,震醒后的我再也睡不着了。从民俗来说,今天主要是做两次祭祀:一次是用汤圆;一次是用鸡肉和猪肉。而且,习惯上今天就是起早,有村民说是要起早一些迎接新年的福气。

2013年2月11日,星期一,农历正月初二,属猴,多云间晴

我最怕过年了,这哪里是过年?分明是比赛吃喝,上午在张家吃喝,下午又在李家吃喝,这家一杯,那家一两。"身体是革命的本钱",关机(把手机也关了),关门,什么地方也不去,我决定这样做了。于是,今天我就把自己关在家里好好休息了一天,晚上整理了一些材料再休息。

2013年2月12日,星期二,农历正月初三,属鸡,晴

上午,接到初中时同学张家荣的电话,邀我到水卜龙寨子做客。过年嘛,还要到这里那里做客干什么?怎么不在自己家好好过呢?有时就是想不通,做人就是这么难。毕竟二十年前是同学又是张氏结拜弟兄,所以,我还是考虑了一段时间。不去嘛,这二十年弹指瞬间过来的感情何在?去嘛,免不了要喝酒,还是只有豁出去,"宁愿伤身体不愿伤感情"。不过,今天的表现还不错,清醒着带着好心情找了车回来,该回忆的回忆了,该交流的也交流了,毕竟好朋友好弟兄多,能有几个朋友弟兄带着坏心眼真想把你灌醉灌死呢?

2013年2月13日,星期三,农历正月初四,属狗,晴

看着小孩子们过年是很快乐的,我是感觉很累了,前几天也是受亲戚和朋友邀请到他们家做客,这几天都是晕乎乎的。为了礼尚往来,上午,本人也叫了几个朋友来吃饭,几杯酒下肚,谁还吃什么饭。在自己家,有卢建华办理婚礼,请了一个寨子的村民,与我沾了一点亲戚关系,所以我还是过去了。

2013年2月14日，星期四，农历正月初五，属猪，晴

到新街镇集会，还是如同前天说好的，今天又是接受了二十年前的同学，以及结拜的张氏家族张永的邀请，去他家集会。我们在他家吃了一种叫做竹鼠的野味，可能是没有做好的原因，也可能是我到的地方不多，也没见得有多好吃，只是"物以稀为贵"，别人说能吃的，我们能弄到就也品尝品尝。还好，今天的几个都没有喝多，这才叫好聚好散，能够自己来去。

2013年2月15日，星期五，农历正月初六，属鼠，晴

这哪里是过年？分明是过酒年，只要一出门就要遇到五六个亲戚或者朋友，能跟一个解释，找一个借口推脱一下，但就是无法跟十个八个解释和推脱。早上跟这个喝，下午跟那个喝，这几天连续酒战，真让人受不了！干脆躲起来关机或者直接就不接电话吧，何况自己的很多事情都没有做好。今天就是抱着这样的心情没有接电话，休息了一阵后做了一点自己的事情。我想，像我这样做的村民还有多少？都说现在过年不是怕有人来吃，而是怕没有人来吃，放在家里的肉都要发臭了，要是平时都能这样就好了。

从这几天来村里游玩的游客来看，还是不少，比平时是多很多。可是，从我的观点来看，可能是公路修好了，其他景点的设施也做好了的缘故，他们在路上就能看梯田了，来箐口村的游客是没有2000年左右刚开发时的多了，这是我的一点主观看法，但我相信是对的。毕竟，当时的箐口村停车场是爆满的，春节前后十天左右的游客是上百上千的，这几年的情况可能是上百人。

2013年2月16日，星期六，农历正月初七，属牛，晴

早听说表哥在水卜龙寨子脚栽培了上万株蚤休，本地叫重楼，是一种名贵药材。现在的市场价钱一公斤可以卖到400元以上，适合在本地

栽种。出门打工，受气于人，本人也很想在自己的树林里栽种，要是管理好了，几年后赚到的钱肯定比现在出门打工多。抱着学经验、学技术的心态，我今天去看了，仅听这个数字的确使人心动。创业难，守业更难，不知道期间要经历多少的磨难。

2013年2月17日，星期日，农历正月初八，属虎，多云间晴，下午有雷雨

春天到了，树叶发芽了，村民是准备育秧苗了，每天都有村民根据自己家的情况整理秧田。今天就比较多，有李红家、李庆福家、李树林家、张文和家、卢荣家等，主要是给秧田除草，整理田埂。当然，只要田里有鱼、有泥鳅的，他们就免不了捉几尾回来当下酒菜。

今天看见出门打工的有李庆云一家人，他说是在附近的个旧市做事，用不了几个小时就可以来去，说在城里做建筑装潢的，生意有时好些，有时差些，主要是考虑离家近，少找些钱也愿意，家里有些什么事情随时可以回来帮忙。

对于村里来说，现在算是过完了年，准备做事情的村民就开始动手了，今天有张学贵家、李以略家拆房子，又是准备翻新了。张学贵家的房子是五六年前才建的，是钢筋水泥混合结构的房子，说是原来的设计不合理，居住不方便，这几年找了一些钱就要翻新；李以略是与其孙子生活，居住的是土坯房，不知道哪里找了钱，也要翻新了。这样，村里又少了一间所谓的传统土坯房。算来，村里所谓的传统土坯房就只剩下七八间了，这几年村里的房子建筑就是变化大。

2013年2月18日，星期一，农历正月初九，属兔，多云

卢生亮家到阿挡寨给他家堂姐姐送糯米粑粑，说来这一家的情况有些特殊。他家的堂伯过世早，他家大妈就带着堂姐姐外嫁，十多年不来往了，他大妈所嫁的男人去年又过世，鉴于血缘、民俗和礼仪上的需要，

他们说好了今年来认亲，才补办的送糯米粑粑认亲的礼。听村民说道："哪有蹚不过去的河水，有时唇齿也会碰撞，一时的矛盾恩怨怎能一辈子过不去呢？""以和为贵，家和万事兴"，这是中国几千年的文化精髓，我们怎么能不吸取呢？但愿他们一家以后和睦相处下去，直到永远。当然，卢生亮的大妈是我母亲的第二个妹子，我也说了一句带有感情色彩的话，说话自由，不犯错误就罢了。

今天给出嫁的姑娘送礼的除了上面的卢生亮家，还有李爱记家，也是给出嫁的女儿送嫁妆，包括民俗上的糯米粑粑，有二三十人的行李、家具、烟酒等装了一农用拖拉机。这家在这一带的哈尼族中说来也有点特别，要嫁的姑娘是村民李国忠的姑娘，由于两人出现感情问题后离婚，姑娘跟着母亲过日子去，感情上与母亲相处好些，父亲也不太重视吧，就随她们吧。按照民俗来说，村民李国忠是要监护、负责的，听有人说男方也是哈尼族，知道这样的事情后还折腾了一番。

要说箐口村民建房子一般是选择在过了年的这一段时候，今天就有两家拆房子的：一家是李生亮家，他家可能是准备加建一层，因为原来的第三层是用土坯做的，建筑面积小，里面住不了人，堆放不了家具，这几年他们一家在新街镇卖建筑材料可能发了一些财，所以要回来加建。另外一家是张正和二儿子家，他们一家也是一直在外地打工，原来的房子有点旧了，设计上又不满意就要做新房子了，拆整间房子的时候会有亲戚来帮忙，再说，张正和是我们张氏家族的大摩批，什么民俗上的事情都要请他帮忙，今天到他家帮忙的家族人就特别的多，所谓平时帮忙人多，临时来帮忙的人就多。相比之下，到李生亮家帮忙的人就稍微少些。

过年前，在外地的年轻人不远千里忙着回家过年，过了年，年轻人又要忙于出门了，这几天每天都有人出去，多数还都是夫妻双双的，这是不同于几十年前的一个大变化。在几十年前"汉子出门才叫苦"。而现在是大变化了，都一起出门的多，特别是一家人一起出去的多，叫作"双职工"，他们为了找钱，有的是带着孩子出去，有的是把孩子留在家里让家人照看，今天是有张小伟夫妇出门，他们是把孩子留在家里了，说是要到浙江省的某个城市。一个人每月3000元左右的工资，两个人就是6000元左右了，一个人的工资可以开支生活，另一个人的工资可以省下来，说是比在家挣得多了。村里这样的情况是有七八户的。

2013年2月19日，星期二，农历正月初十，属龙，晴

今天，又有李志光家拆房子，他家住的是老房子，说是前两年雨天把房子冲垮了一角，原来打算当时就拆建了，只是他们家到尼玛家算卦时说日子不合适才等到现在。作为一个调查者来说，要尽可能证实他们的说法。打听了多个村民，都说他家当时没有拆建的确是出于这样民俗的考虑，而不是那种没有经济能力的原因。一个人说的可能会假，多个人说了应该不是假的。

过了年，村民又忙着出门了。今天有李红亮带着他的工人出门了，有张云、李雪等十多个人，过年前是拎着大包小包回来，过了年又是拎着大包小包出发，这就是过日子吗？过年前回来，过了年就要出走。

上午，村民小组通知说，村里有上级领导来检查工作，要村民打扫好卫生。这么多年来就是这样，只要上面有领导来就会特别通知，要是没有大的事情，村民小组也基本上不会去监督的。只是，渐渐地发现一些村民特别是家庭主妇有用背篓把家里的垃圾背出来处理的，要是十多年以前，谁会管那么多，垃圾一出门就往水沟里倒，背一转身，谁管你？看来，真的要改变环境的确需要时间。

2013年2月20日，星期三，农历正月十一，属蛇，晴

怕是一年的春播要开始了，这两天就有村民整理秧田，有李平真家、张明福家、李光明家等。妇女们则是开始播种黄豆、苞谷的，今天李建军家因为家里的人力不够，还请了其他寨子的亲戚来帮忙。还有张文和家也请了其女儿过来帮忙，以及李志学家、卢世文家等。村民农忙一般

就是这种情况，亲戚和朋友商量，说好了谁家哪一天先栽种，谁家哪一天后栽种。

"脸要经常洗，房子要经常打扫。"我喜欢经常洗头发，让脑袋经常保持清醒。也喜欢理发，而且是这十多年都是到一家理的，并不是他理发的技术多好，而是让他数我每年的白头发增加了几根，与他吹吹牛、聊聊天，发觉性格相符，与语言相同的人说话也是一种享受，心情也会好些，也该会耐老些，"何不潇洒走一回"？

虽然多数单位都收假了，但是，这两天来村里的游客还是不少，今天来了两个团队，有的老人返回时走不了便叫了村里的车载过去。从村口停车场到公路有860米，每人每次是收5元，游客多的时候，村里的几辆车还是有点收入的。

在箐口村来说，龙虾闹田是现在最让村民头痛的事情之一。刚开始时有的村民认为好玩，还好吃就拿来油炸着吃，知道闹田后麻烦死他们了，就想办法去捉，捉不完，自己到药店里买药来打，药量过大把田里的生物全部闹死的也有。只是自己一家闹龙虾，过一段时间药物失效后，其他地方的龙虾又跑过来闹田，真是麻烦死了。政府对口单位农业局知道后组织工作人员来，首先做过调查试验，之后，是去年组织了一次大规模的"消灭龙虾，保护梯田"的行动，当时效果甚好。但是，还是不可能全部消灭，现在又有所增多。农业局的人知道后，今天又来调查，说是明天要有州级领导来，给明天的试验选一个适合的地点。

下午，我们基地来了留学日本的孙洁博士，在此之前，她建立了我们云南大学这块基地后来了多次了。她在箐口做的调查先后在国家重点学术刊物上发表过，我认为这也是她在箐口村发展过程中尽到的一点责任吧，一个大学教授、人类学专家不远千里，多次来返箐口村，关注箐口村，能在一些学术刊物上为箐口村说话，为一个寨子的建设做她所能做的事情。我说："你辛苦了，谢谢你了！"而她说："一个求学者只有反复地问当地人才知道自己在做什么。"做村民日志的我感到最困难的事情就是要去发现每天要发现的东西，身在其中调查了近 10 年的我还是得学习村民，反复的问他们我在做什么？我能做什么？

2013 年 2 月 21 日，星期四，农历正月十二，属马，多云

今天是属马的日子，村里肯定有人家为要外出打工的年轻人做祈福仪式。只是，我去考察朋友栽种的一种名叫蚤休，又叫重楼、七叶一枝花、独角莲的药材，没有在家。之后，又与朋友送客人到建水县，到晚上都没有回来，所以就没有打听到谁家在做。对于蚤休这一药材，村里应该只有我栽种了几十株，至于李红家房子前栽种的一块该是他妹婿的。蚤休是一种名贵药材，是云南白药的一种配方之一，现在的市场价钱还可以，每公斤可以卖到 400 多元，有几个有钱人家在新街镇上的水卜龙一带栽种了几块。我自己家林里也发现了几株野生的，一定适合栽种，决定一定要栽种。虽然创业有点难，还是要闯一回，说是生长期有点慢，需要五六年才可以收一次，但是，只要能成功，栽一万株左右，耐心管理下来，一株能收二三百元，也该有个百十万元吧。

或者是受摩批的影响，或者是古已有之，村民有个习惯是算日子，特别是要做什么事情的时候，总是喜欢问一下今天是什么属相，明天是什么日子。外出打工的人也会这样问，不知道谁说过一句："属兔不出门，属鸡不归家"。相反，村民们总是喜欢属马、属猪、属牛这些日子外出，今天是有李成夫妇等出门，他们还带着孩子，到原来的蒙自市他们的建筑工地，他们的孩子也就在那儿上学了。

2013 年 2 月 22 日，星期五，农历正月十三，属羊，多云

早上，在村里转了一圈，发现在几家农户的墙上张榜箐口村的国家公益林有 520 亩，国家补助 4520 元给村民。我认为，最难发现的事情就是每天发生的事情。十几年了，每天都要在寨子里走过，但是，有时候就是发现不了村民在做什么、想什么、需要什么、怎么去做。今天要

是不走一走，墙上被风一刮，公示纸一掉，过路的人脚一踩，或者手一撕，村民就不知道有这样的一桩事情，村民小组事情多了，时间长了就可能要忘记了。既然承担了做日记，还是要多走一走、看一看、想一想，多一点材料，多一点见识，多一点力量。

2013年2月23日，星期六，农历正月十四，属猴，多云转晴

《好消息》：大量收购小龙虾，四元一市斤（每个小龙虾十五克以上），数量不限，随时拿来随时收。收购地点：元阳老城农贸市场对面（望云楼公寓内），另有虾网出售。望相互转告。联系电话：13887573507。这是今天张贴在村里部分村民家墙上的一则消息。是啊，村民的田里到处是小龙虾，每家田都有，而且很多，出现小龙虾时村民就这样想，要是有人收购小龙虾该多好啊！价钱越高越好。

我敢打赌，每家插秧和收割时至少可以收一两百斤，要是没有打药，村民没有找到消灭龙虾的药，有的人家是故意放田里的水去捉拿，有的是到市场找各种药打——不科学地打。有一天龙虾存在，村民的田埂是不得安宁的，村民恨死了。是啊，好消息。这下村民家田里的龙虾值钱了，不要消灭了，可以赚钱了。有的地方还要喂养的，我们村里不用喂养就天然地长大，而且还多，该多好哇。要是价钱再高些，更好！可是，我想了一下，龙虾长大十五克需要多长时间，生长期间它要在什么地方活动？是不是在田里田埂间来回，它是不是要打洞？是不是会打坏了村民的田埂？是不是村民的田就不容易积水了？发展多了，是不是会吃掉村民的秧苗？我是这样想的，要想把龙虾真的推上赚钱的市场，只有做好专门的基地来培养，要是让它在田间生长只会害多于利。

2013年2月24日，星期日，农历正月十五，属鸡，晴

天气转晴了，这几天每天都有村民忙着去整理秧田的，都想着春天来了，天气变暖了，气温升高了，该是育秧的时候了。今天李红、李正

安等村民犁秧田，给田里除草。

今天撒秧的村民家有罗金得家、李树林家等，算来还是比较早一些的了，村民每年也就是这个时候育秧苗的，只要天气好，就是时候到了。

2013年2月25日，星期一，农历正月十六，属狗，晴

今天，我又到水卜龙寨子脚观察表哥他们栽种的重楼，说是重楼是一种名贵药材，适合本地方生长，而且，市场价还可以。也许是这样，附近有钱的很多户人家都有栽种了，有的是用野生的苗，有的是选用人工培植的苗，说是投入要大一些，它的生长期也有点慢，需要五六年才能采收。不过，要是像书上介绍的，市场价好，能栽种上万株的重楼，管理好、生长好的话，五六年以后能赚上百万元，是一项值得开发的经济项目。

今天，撒秧的人家有李文贵家、李扎卜家等，这几天是村民忙着撒秧和妇女们播种黄豆的时候，他们日出而作，日落而息，撒下去的秧苗，播下去的黄豆是种子，是希望。我敢说，撒秧下去，黄豆、苞谷播种下去，谁不带着一种来年丰收的心愿呢？

2013年2月26日，星期二，农历正月十七，属猪，晴

今天撒秧的有李红家、李正祥家、卢荣家等，村里这几天主要就是忙着育秧苗和播种黄豆、玉米等，每天都有，正是春播农忙的时候。

要是前几天停电的话，还会发手机信息过来，心里还会有所准备，但是，今天没有收到信息就停电了。过惯了有电的日子，停一天的电也感觉不自在，好像心里少了什么似的，就是不自在，生活也要有所改变，特别是近期做作业的我感到很着急，心里乱得像一团麻，急死人了。

祈福的人家有李爱生家，摩批是外寨子的人，我不知道是什么地方的摩批，可能就是请不到本村里的摩批才请来的，当然，他们也说不定是通过亲戚朋友介绍才请来的。还有，李万祥家请的摩批是村里的老摩批李则安，他虽然上年纪了，但是，有一部分村民对他口碑还是好的，请的村民就自然多一些。

2013年2月27日，星期三，农历正月十八，属鼠，晴

该是开学了，孩子们一大早就三三两两地到学校去，拿着他们的寒假作业，度过了一个愉快的长假之后，他们又回到学校接受新知识了。六年级的同学还让自己的家长背着行李送到学校，看着他们一天天长大，做家长的应该高兴极了。

自从有了打工的历史以后，村民打工的历史恐怕不会结束了，或者说漫长了，或者说这几年是兴盛时期，过年前后更是明显。过年前，不管他们是身在浙江省还是广东省等很远的地方，都还是会赶回来，现在又都陆续出去了，前几天每天都有很多年轻的村民外出，这几天就相对少了。今天只看见卢宽亮外出，还是他一个人，可能是在附近吧。

2013年2月28日，星期四，农历正月十九，属牛，晴

村里初中部的同学们可能开学了，学生又背着自己的行李回到自己的学校。度过了一个很长的寒假后，又要去接受新的知识。不知道他们此时的心情怎样，如果换作我，该是多么的高兴，趁着年轻，可以接受新的知识，为以后进入社会打下良好的基础。

撒秧的村民家有张明福家、张保祥家、李志和家等，从村里整体来看，多数村民家的秧苗都撒到田里了，只是有少数的村民家稍微后面一点。不过，有什么事情是同时一起完成的呢？肯定有先有后，有快有慢的，即使是同一天撒到田里的秧苗，也会因为气温、土壤肥力等出现不同的长势，以后插秧还是有先有后，也会因为谷种问题，收割还是有先有后的，这都是正常的事情。

今天又是什么好日子？李世忠家又要准备建房子了，说是原来的老房子设计不好，需要改装，今天是他夫妻两人拆院子的倒墙，准备先把

倒墙拆建后再拆建老房子。现在的社会是好了，只要有建房子的念头，一家两三口人，一个人一个月节约一两千元，一年两三万元，两三年就应该有五六万元，自己家出一些劳动力，三五年就可以建起来了。他家是前两年就准备好了建筑材料，主要的砖和钢筋都已经准备好了，拆出原来的老房子中又可以利用一部分。他说其他村民家都基本上（箐口村两百多户，只有五六户的老房子没有翻新）翻新完了，自己家老房子不翻新不行了。是啊，人都是这样。只能跟着多数人走，我想，其他还没有翻新或者没有房子的村民也肯定这样想。这也像比赛跑步一样，谁都不想掉队，不想落伍，只想着跑到前面去，拿个第一、第二的才光彩、才有名气。

2013年3月1日，星期五，农历正月二十，属虎，晴

这几天天气特别的晴朗，气温已经达到二十多度了，又是播种的时间，每天都有村民忙着撒秧和种黄豆、苞谷等。今天撒秧的有张明德家、李志和家等；种黄豆、苞谷的有李学光家、李清华家等。至此，村民的秧苗都基本撒下去了，只有极少数的人家还没有撒下去。因为天气好，秧苗发芽快又好，都希望这几天就完成。村民的心情也很好，撒下去的不只是种子，而且是一份希望，秧苗长势好，来年丰收的希望就大。"民以食为天"嘛，虽然说现在的社会好了，各方面的物质都富有了，一家人一年的粮食消费不了多少，很多人家收回来的水稻都可以出售一些。但是，从整体来说，钱流动得快，粮食的话，只要收回来放在家里，流动速度可能要放慢一些以保证家人的肚子问题，没有钱的日子可能可以过一段时间，但是没有粮食的日子恐怕一天也过不了，所以，谁都希望自己家的庄稼好些，多收成些，就希望在好日子里播种下好希望。

或者是天气好的原因，这一段时间到村里来的游客也多，今天来了两三个团队，游客数量可能要超过上百人。村民李永福和卢世华在停车场每人运送了两三次游客，他两人每天赚得不少于100多元，这对他们来说也是一件好事。能在村里要是每天平均能赚一两百元也不错了，只是听说世博元阳旅游公司的车要运转了，以后来往于公司办公点到各个村寨景点要用它们公司自己的车，这就减少了村民赚钱的机会。不知道什么时候运营，以及运营到什么时候，且等着看它们运转吧。

算来，云南农业大学与县农业局新街镇农科站在村里做水稻等试验品种已经有五六年了，春天到了，该是播种育秧的时间，今天又有新街镇农科站的三个工作人员到村里来初步选择今年要做试验的田。一是选择在村里海拔最低的李文光家田（海拔有1460米左右）；二是选择在本人家的田（海拔1640米左右）；三是选择小水井村（海拔1800米左右），具体要等他们云南农业大学的老师来定。做科学试验也挺辛苦的，他们为了取得第一手材料，不辞劳苦要从三百多公里的昆明市，他们的学校来村里的试验区调查。好几年了，还是培养了很多学士、硕士、博士等对国家有用的人才。我也协助他们这么多年了，的确很希望他们能试验出好的结果，或者对村里的土壤、空气湿度等各方面做一些报告，将来对箐口村的生产肯定是有益无害，我是这么想的。

没有电的日子不好过，对于每天都要写日记的我，停一天的电等于停了一年，心里会特别着急，特别是这一段时间要修改作业，没有电是怎么也做不了的。只有打电话叫他们过来，原来是电表箱里的一个零件烧坏了，他们只是换一个线头就好了，说是像这种临时叫他们供电所的人来维修需要收取48元的费用。原来要求只要一个人，说是一个人工作不安全，一定要用两个人才能操作，我也只好给了，来了三个人也只是收了两个人的费用。既然公司规定了，只能暂时实施，等以后政策变化了再说吧。

2013年3月2日，星期六，农历正月二十一，属兔，晴

因为这几天连续的晴天，可以说是天干物燥，村民小组每天早上都用喇叭宣传要求村民注意用火，特别要教育孩子不要带火具。村民的秧苗撒下去了，苞谷、黄豆种下去了，要求村民管理好自己家的牛、鸭子等。是啊，在农村，生产是一件大事。每一个当村民领导的只有重视生产安全了，其他什么才会顺利。

几十年前，村民建房子多数是互相帮忙做的，除了付一点请的师傅费用，开支伙食费外，基本上不用开支其他的。现在就不同了，年轻人都基本忙着去打工，家里的老人只忙于处理家务事情，所以，建房子往往还要开支小工的费用。李才生的大儿子准备分家，准备建房子，运回来四五十方石头请了小工背石头已经四五天了，也不见其他的亲戚来帮忙，只是他一个人配合做小工的妇女们背石头。

或者是因为周末，或者是因为梯田逐渐宣传开了，今天来旅游的游客还是比较多。从早上到下午，停车场随时有十几辆车，今天有来自四川省，有来自广西省的，有来自广东省的，有来自北京的，也有国外的，多数都拿着相机，在村里来回拍摄，从这一段时间来看，村里还是挺热闹的。

2013年3月3日，星期日，农历一月二十二，属龙，阴，有小雨，大雾

现在是凌晨三点半，当村民还在静静地做美梦的时候，我得起床了。既然承担了负责基地的事情，在一天就得完成一天的事情。前些年，我是干什么去了？居然有那么多的日记没有做好，或者是因为心智不成熟，或者是因为我心情问题，或者是时间问题，又或者是精力问题，总之，自己的日记就是没有完成，当过兵的人，没有完成就是没有完成，绝对没有理由。落后就要挨打、就要挨骂，这是常理。只要完成事情达到目的，无论采取什么样的手段，都得想办法，就得比别人多抽出时间，要在有限的时间里完成作业，即使少睡一点，以后的事情绝对不会少于现在，只有把以前的事情做好，才有更多的精力做好以后的事情。加油吧，带着这样的心情整理日记已经三四个月了，平日里减少了会朋友的机会，

酒也少喝了，春节串朋友除了不得已的就不去了，除了不得已电话也不接了，短信息只有接没有发，让他们去想吧——以后会知道的。

在以前的日记里记录过，村里每年都要举行各种集体的祭祀，每年要由摩批李正林和咪咕选举产生向村民收取费用的人，村民叫作"龙头"。一直以来，每年都更换，都是按照以前四个生产队的时候来做，要是今年的"龙头"是第一、第二生产队的，明年就是第三、第四生产队的。因为去年是第一、第二生产队，今年当然就是第三、第四生产队的。现在已经是农历的一月了，祭祀就要开始了，后天就要做祭祀火神的事情，今天就得到街上购买各种所用的牺牲了。应该是摩批和咪古做好了他们的思想工作，今年的"龙头"是卢倮应和李平发，昨天上午就向每家每户收取费用五元钱，要趁今天新街镇集日把所要用的鸡鸭等牺牲购买回来，我上午没有在家昨天晚上遇到他们才给的。

今天，我参加张明德哥哥家做的祭祀，主要是前一段时间他家的田埂倒了一处，有十几米长，认为这样的倒塌不太常规，有点反常，而前些日子他又生病了，猜疑是不是这些东西带给了他病，就叫了我们张氏家族的摩批张正和选择哥哥的生辰日去做，参加的还有我父亲和大哥张明生。我们上午九点左右出去，中午一点左右回来，这种祭祀的时间是要长一些。

2013年3月4日，星期一，农历正月二十三，属蛇，阴，有小雨

前几天大鱼塘村我们张氏家一个老人去世，今天要开祭了，箐口村的张氏家每户都要有代表参加，每户要集资一升大米。因为村里我们张氏家的年轻人外出在家的少，我也随张学亮、张庆贵等几个参加去了。因为他们村里的人都会做事情，我们说不上去帮忙，只能说是一个家族的人就去照个面罢了。

上午，有一个应该是做牛生意的人来村里买走两头牛，牛的个头不算大，以我的眼力看样子是两年左右的，打听了一下村民说有一头是

3800 元买的,其他一头也相差不大,应该也是在 3800 元左右。说来今年的牛价是上涨得快,像今天他买走的这种牛要是在五年前 1000 元左右就可以买到了,这市场变化就是快。

2013 年 3 月 5 日,星期二,农历正月二十四,属马,阴转晴

外出打工的有卢成、李绍祥妻儿等几个,说是他们都要到李绍祥打工的地方浙江省某市工厂。说说卢成,他初中未毕业就辍学在家已经三五年了,在家不能从事农村的体力劳动,年纪尚小又不能从事建筑劳动等苦差事,一天只能约着同伙到镇上玩游戏机,这几个月来已经有好几天都没有回家来了,听他父亲说已经输掉了上万元。这年头,这些孩子,真是让做父母的伤透了心。到中原和沿海一带学些汉文化,吃些苦,长长见识,锻炼几年也好。这样年轻的孩子村里还有很多个,与村民茶余饭后聊天中知道,他们出去打工基本上每月都能赚到一两千元,但就是不见他们给家里添置什么,每到过年过节,甚至外出打工时都要向家里要钱,有的有时还要家人汇钱去他们工作的地方。村民都说,孩子"只会养大,谁能养好?"

有其人必有其事。村民李国忠向来做什么事情就是要比别人慢半拍,其他村民忙着整理秧田的时候不知道他忙什么去了,自己家的秧田都长满了野草,前两天才不知道从什么地方冒出来除草,到今天下午才把秧苗撒到田里。但是他家一是秧田不肥,二是管理不好,插秧和收成也该要在其他村民的后面了吧。

早上就通知今天村里要祭祀火神"迷迷米匝",要求村民每户要交一点米,一点木柴,一点草灰。这祭祀主要由村里的大摩批李正林主持,大咪古操作,等到下午他们祭祀完毕,每户村民家带着饭和酒出去一人或者数人去用餐,大人和男孩子参加的多,从来没有见过女人包括女孩子参加,至于为什么就要问摩批和老人才知道了。

2013年3月6日,星期三,农历正月二十五,属羊,晴

今天,大鱼塘村张文贵家要请客,和往常一样,箐口村民去做客的也很多,基本上每户有一人,不做什么,就仅仅是吃吃饭、喝喝酒,交10元或者20元不等,或者交谷子、大米等就回来。要说的是礼金也随着物价的上涨而有所上涨,前些年才5元到10元,现在已经到了20元30元,关系好的给的可能更要多些。

晚上,说是从河南省什么地方来的几个人在村里的停车场演出,表演了几个简单节目后拿出来一个弥勒佛摆着,拿出来两种可以挂人身上的平安符以10元、20元叫卖,说是挂在人身上后可以保人平安和健康,相信的或者说抱着玩的心态的人还是买了。又表演了几个节目后抱出来一只鸡,用鸡做试验,抱出来一大罐药,伤了鸡腿捂着,又叫看的人试擦,说是鳄鱼、蟒蛇等泡出来的,68元一瓶三四两。最后,鸡还是站立起来了,因为眼见为实吧,村民还是有人买的。可是,我就想,如果戴了他们的平安符能保人平安健康,擦了他们的药真能治好人们的病,他们何必还跑到这么远的地方来?站在家门口门槛儿都要被踏破的。这无非就是所谓的江湖骗子,只是现在信仰自由罢了。村民相信则买,不相信也没有强迫你买而已。

2013年3月7日,星期四,农历正月二十六,属猴,晴,

前两天因为大鱼塘村有我们张氏家族的老人去世而照了一个面(他们村也有大小村民过来帮忙,不好意思不帮忙),不要说喝多了一些酒,就是少喝了一些也因为酒质问题而感到头晕晕的,不能正常思考、不能写东西,今天打开电脑也感到茫然,真是"三天不写手生"。就到山上采药,在黄草岭村民小组背后的树林里找了几棵重楼野生苗栽到自己的树林里。看到山上的野樱花、昙梨花都开了,树叶都发芽了,村民的苞谷、黄豆都基本播种完了,种得早的都要发芽了。

下午回来的时候知道,今天李生亮家打第三层水泥顶了,是花1700

元请了外地的二十几个妇女来打的，可能是考虑到他们这些年都在新街镇做门窗生意，与村民照面的少，或者其他什么打算，他们家就没有请村民帮忙，而是承包给外地的村民来做。算一算账，这也是一种处世之道。要是请村民来帮忙的话，至少得买五六百元的烟酒、上千元的饭菜，相差不了多少的，就是有人的一念之差。有的人认为自己家办伙食，请亲戚朋友来帮忙辛苦一天，吃喝一顿交流感情的好；而有的人认为，要是自己平时帮忙亲戚朋友的少，请来也是欠了人情还不如付一些钱承包给其他人来做。就是人的一念之差，选择走的路不同，其目的就是做好都是一样的。

2013年3月8日，星期五，农历正月二十七，属鸡，多云间晴，下午有雷雨

可能今天是"三八"妇女节的缘故，来村里的游客有点多，散客有六七十个，团队有两个，而且多数是老人，可能是走不了山路，要求搭村民的车，而村民的车又只有卢世华在家，他们只好排队等着，由卢世华运送，可能运送了十几次，赚了四五百元。有的村民看到这样的情况后说，要是每天的游客都有这么多的话，村里有几辆车生意也会好的。真是的，人有聚散离合，月有阴晴圆缺。生意哪有一成不变的？肯定是有时好些，有时差些。人的运气也是这样，有时好些，有时差些。

下午三时三十分左右，天气突然转阴，下了一场雷雨，雨量适中，水渠里的水也上涨了一些，可谓"好雨知时节"，刚好渗透了田地，滋润的不仅是正要发芽的庄稼，还是发慌的村民的心，雨下得正是时候，下得好哇！因为每年这个时候往往都会干旱一段时间，影响村民的正常生产，村民都会着急，还会因为灌水村民与村民之间出现些小摩擦。近来也是有一段时间没有下雨了，田里的水眼看着要干了，地也被晒得快要着火的那种，村民也要发慌了，这几天就有村民要忙着给田里灌水，准备对付干旱的到来，今天的这场雨就解决问题了，至少可以睡几个懒

觉了，要是像往年一样4月底5月初雨水来临的话，今年就该不用担心干旱的问题了。

下午五时左右，镇里农科站工作人员带着云南农业大学的朱有勇校长来观察他们的实验点（观察水质问题的地方），云南农业大学在村里不同的地方设了不同的观察仪器，他们的学生和老师都会不时地来观察，他们的校长也亲自来村里几次了，说是在这些项目中投入了不少的资金。

2013年3月9日，星期六，农历正月二十八，属狗，晴

李世忠家准备要拆建房子了，可是，有点麻烦的是，供电所一直没有来拆换安装在他家墙上的几只电表，他们家去反映了几次都没有来拆，昨天约了几个农户家去了以后，今天公司安排了三个工作人员来改装。我们云南大学基地的电表也是安装在他家的墙上，本人就配合他们做拆装电表的事情，请他们吃饭，肯定又要支付一定的费用给他们了。因为在此之前，电力公司的人来村里安装电表或者拆装都要付费用的，这次也肯定不例外。对此，通过与村民交谈中知道，我们村民是有意见的，因为我们每个月都要按照用电量交费，他们的工时费、出差费为什么不在他们单位来报呢？

昨天说到的云南农业大学的校长和几个老师来，可能是打算在箐口村做什么试验了。今天是有新街镇农科站的工作人员来选择地点，与我协商说要在本人田里育秧苗，希望得到我的支持。由于村委会农科员李树华外出不在家，还要我配合他们去做所选择田做试验的主要工作。

2013年3月10日，星期日，农历正月二十九，属猪，晴

第一届"兴滇人才奖"获得者之一云南农业大学校长朱有勇和第二届"兴滇人才奖"获得者之一云南农业大学李成云到箐口村来，听说他们准备要在箐口寨子脚一百亩梯田做试验。听说得到如此奖项的科学家来村里做调查试验的人（比如我知道）就该是很高兴的，多希望他们能在村里做出好的研究结果，将来服务于村民得益于村民，多好啊！而知道这个情况的村民又有多少呢？村民知道的只是经常陪着来的新街镇农科站的人，只记着目前来还没有取得什么好的试验推广给村民，给村民没有带来什么实质性的利益，反而被选择做试验田的村民家感觉补偿偏低而不愿意配合他们，不能一次性操作自己家的田，还嫌麻烦——这也是我的一点体验（我家的田也试验过）。不过，好事多磨，为了多数人的利益怎能不牺牲点少数人的利益呢？

不知道什么原因，前两天推选出来的李平发和卢俅应两个"龙头"又换成了卢学明和李正安，新选出来的卢学明和李正安收取叫寨魂的费用，向每户收取的费用是17元，村里一共两百多户，该可以收到3000元左右，也是够开支这次费用的了。咪古和摩批都应该是考虑过的，而不像有的村民说的："为什么不多收一点？买很大的猪来做呢？"是的，一户再加几元是可以买很大的猪了，可是，再大的猪分到各户又有多少呢？何况，好多祭祀只能他们几个咪古来做，他们都上了年纪，来去能拿好那么多东西吗？要是遇到下雨天又怎么办？我相信，他们是考虑过的，他们为了村里的这些事情还是付出了很大的精力。

2013年3月11日，星期一，农历正月三十，属鼠，晴

下午，有一辆挂着"中央电视台《民族故事》摄制组"横幅的车到村里来，原来，我想着他们又要在村里拍摄什么了。然而，他们只是在村里转了一下，没有看见他们做什么就开着车返回了，不知道明后天他们是否还来。

只要天气好，只要在家有能力的人又该开始耙田了，今天就有张文和叔叔去耙田，说是现在耙过一次田的话，以后到了栽种的时候，整理田也比较好，庄稼也会长得更好一些。应该是的，已经六十岁的人，从小种田长大，应该有一定的经验。

2013年3月12日，星期二，农历二月初一，属牛，多云间晴，下午有雷雨

早上，李正和夫妇运回来一些家具，说是打工的地方有一个认识的老板要搬家，他们家用不了还能用的就叫李正和夫妇运回来。是啊，人只能一步一步地走好，都是从小长大的，万丈高楼平地起，富有也从贫穷起。谁不经历这样的过程呢？要是李正和以后再富有了，他还是要救济比他更穷一些的人，贫富相济何时没有呢？

下午五时左右有阵雷雨，这一段时间能下雨是很好的事情，村民特别盼望下雨了，来滋润庄稼，能让作物正常生长，是村民的心愿。因为雨中还有雷，村里停了一会儿电，又影响了一会儿用电村民的正常生活。要是有关单位能早一些在村里安装避雷器该多好啊。

"树高千丈，落叶归根"，或者说魂归故里吧。村里的杨云本老人由于没有儿子，十多年前就随女儿到麻栗寨生活，已经八十多岁了，前几日去世，今天出殡。根据她的遗愿，她的女婿要把她从麻栗寨送回到箐口寨子脚的坟山上安葬。这是这么多年来我见到过村里的第一个例子。从麻栗寨寨子到我们箐口村寨子脚坟上有五六公里，一般原则是不能在路上停下的，人要是不多一些是很费劲的事。不过，可能是考虑到这样的因素，今天来的人还算多的了。

对于这种事情，箐口村民也没有说什么，可能是认为人家已经决定了也没有必要过于去打岔，给人家添麻烦干什么。

2013年3月13日，星期三，农历二月初二，属虎，晴

是的，正如3月9日说到的，拆装电表是要产生费用的，说是拆装李世忠房子墙上的电表合计费用500元，我们装在他房子墙上的八户每户出了50元，由卢学明收了上交。目前来讲没有办法，有想法也只能记在心上，等以后机会合适的时候一级一级地上报。每个月的电费还是要交，电器还是要用，没有电的日子是过不习惯了，电路出现问题还得请他们来修理，还得产生费用，但是，有的费用好像不太合理，需要以后有关单位研究。

村民的秧苗基本撒到田里了，今天有新街镇农科站的工作人员到村里选择我家田育秧苗，他们为了试验育了五六十个品种，用了塑料薄膜，说是只要管理好，不出现烧苗现象，他们的秧苗还要长得比村民家的快。根据前几年的情况来看是的，只是多数村民还不习惯用这样的育苗方法，还是按照传统的方法，先把秧苗捂长出来一点，再撒到放了水刮平好的秧田里，平时注意鸡鸭踩踏和湿度，让它自然生长，到了4月底5月初，秧苗期有三四十厘米就移栽到稻田里，算一个过程完成。在我看来，还是用科学的方法要好些。那是肯定的，那可是多少人花了多少人力、物力总结出来的生产经验，只是村民不习惯用而已。

根据村里的习惯，今天村里是做寨魂仪式。由村里的大摩批李正林主持，两个今年新当选的龙头敲锣打鼓配合着。要是以前，还得请一些小孩子拿着花参加，今年的小孩子都可能上学去了，就只有他们几个大人在村里的几个固定地点和路口对着寨子外来回地叫。具体怎么叫、怎么做，还得亲自参加调查才能详细记录。有些时候，有些事情，就是每天或者每年都会看到的，也是很难发现和说明每天每年看到的事情。

2013年3月14日，星期四，农历二月初三，属兔，晴

昂玛突节是村里最主要的一个节日之一，在附近打工的年轻人一般都会回来的，特别是一些从去年的昂玛突节到今年的昂玛突节之间生了孩子的年轻人，要求都要回来参加。回来给咪古们敬烟酒，生男孩子的则送一只小鸟，生女孩子的要送一尾鱼或者一小碗泥鳅等，还要给咪古拜谢等一系列事情。今年的昂玛突节又快要到了，在附近打工的年轻人李文科、卢正学回来了，回来的不止是他们两个，只是我没有过多地去注意。

天气逐渐回暖了，听村民说今年的泥鳅特别多，市场价钱又好，一

斤可以卖到 30 元，所以，这几天晚上去点泥鳅的村民特别多，每天晚上都有二三十组人在寨子周围的田里来回捉。甚至有妇女也去点了，今天早上就有马刚金的妻子装着三四斤的泥鳅到街上去卖。

2013 年 3 月 15 日，星期五，农历二月初四，属龙，晴

张明德家做新房迁居仪式，他家建好房子已经十多年了，只是他们一家人一直在外地生活，很少回来，也就一直没有按照民族习俗做新房子迁居的仪式。可能是考虑到这一段时间他生病在家，就请了张氏家族的大摩批张正和来做，他们家没有请多少人，只是请了不得不请的亲戚来，只有四五桌的人用餐。也罢了，可能是考虑到他们平时不在家，帮忙或者做寨子里亲戚朋友家客的次数少，他们就相对请得少了。他是我的亲哥哥，免不了到他家帮忙，又免不了与亲戚朋友喝酒，喝了酒还能做什么？又耽误了我一天的时间。这时间有时是自己的，有时是别人的，有时别人的时间也是自己的，可以交换着利用。

2013 年 3 月 16 日，星期六，农历二月初五，属蛇，晴

毕竟是三十六七岁的人了，身体感觉就是不一样。二十几岁的时候喝一点酒，动一动出出汗就会好，昨天帮忙哥哥家做事情多喝了一点酒，今天就感觉很累，想坐下来写日记都难，头昏昏的，什么都想不出来，酒喝多了可能要休息一两天才能恢复。这酒，还是少喝一点好。还要养家糊口，还要做事情。身体和精力花在酒场上多不好，又不是没有听说过喝死的、喝疯的。

打工回来的有李庆云、卢永贵等，原来以为可能是快要到昂玛突节了，回来过节了，而听他们分析说，明天是属马的日子，是他们这样经常出门的人做祈福仪式的好日子，他们俩都属于要在明天做仪式而回来。这些真的是，为了做一个法事也愿意花上几百元回来，我是真的佩服我的村民朋友了。

2013年3月17日，星期日，农历二月初六，属马，晴

正如昨天说到的，今天上午做祈福仪式的有李庆云家，摩批是李则安；卢永贵家，摩批是李建国；卢世华家，摩批是张正和。李庆云、卢永贵、卢世华三人都是30多岁，要经常外出打工的。不用说，外出就是希望能够平安，希望能多赚到一些钱，这是所有的人愿望，而村里既然有这样一种祭祀，何不试试呢？

又是一个农历的二月了，村里又要过昂玛突节了，按照历来选择的日子，今天要做封寨门的仪式。这个程序主要由几个咪古做，大咪古和二咪古要用一只大红公鸡封寨子上面的一个寨门（寨子的西面，从公路入村口的停车场处，村民上街的出口点），其他四个要用一只白色大公鸡封寨子脚的一个门（寨子的东面，村民生产劳动的出入口）。这里说的封，并不是全部封死，而是选择下午五六点村民基本回来以后去做，他们要把鸡皮带毛全部剥了，拴在一条由木头做成的尖刀、斧头、锤子等草绳上面，之后挂到村民早就栽好的两棵树上，以碰不到出入村民的头上方为准，叫作封寨子。村民说，知道村里要做这个封寨门的今天要赶在他们挂草绳（封寨门前回家），否则，自己的灵魂也要被阻挡在外。

今天的游客也有点多，主要是中老年人多一些，这一段时间在家的李永福从寨子到公路这一段运送了好几次，每人收五元钱都要收几百元了。

2013年3月18日，星期一，农历二月初七，属羊，多云转晴

车子、房子可以说是城里人生活的必备品。现在生活条件好，挣钱的机会多了村里人也逐渐要求这些东西，特别是要做大事情的年轻人，交通工具成了一个必不可少的硬件条件。村民李世华带着自己的工人承包工程已经很多年了，前两年是买了一辆运材料的大拖拉机，去年没有到什么地方做事情就卖了，年初又联系到一些工程做，为了施工来去方便，今天就接回来一辆面包车，仅车子就是39600元，加上保险费、购

置附加税等是五万两千多元,准备叫他大儿子学了驾驶证后跑运营,有钱就会有赚钱的主意。

按照村里昂玛突节的过程,村里今天几个咪古要到多姓卢家房子背后的寨子神林里杀猪。一直以来,村民都认为今天是比较神圣或者说严肃的一天。其基本程序是:早上,咪古们包括村里家庭健全的中老年人要组织一两个人到村里水井和一个放在寨子脚的石虎上献祭,同时,有卢文华一家要到现在他家的树林里杀鸡献祭。咪古回来吃过饭后要到白龙泉洗身。之后是观察他们今天要路过的地方,通知村民不能乱摆放东西,特别是血、脏衣物等东西。然后,他们要从寨子脚将一个祭祀的水井用竹筒背回来,再敲锣打鼓一路到寨神林,两个今年当选的龙头要赶着猪去,到寨神林后把猪杀了,把所要祭祀的猪肉煮熟了祭祀。在整个祭祀过程中他们都不能相互讲话,只能按照之前他们规定的程序进行,不得已都只能打手语,村民特别是妇女是严禁进入他们祭祀的场所,到了他们约定好的时间再由两个龙头来背猪肉,按照说好的只能背着转身就走,绝对不能与他们搭话。祭祀完后,咪古再敲锣打鼓地回到大咪咕家。最后,在咪古家院子按照村里的户数分猪肉。晚上,去年的昂玛突节到今年的昂玛突节出生孩子的人家要摆桌子,拿烟酒敬献他们,叫作"知桌摆",一天的程序基本算完成。

2013年3月19日,星期二,农历二月初八,属猴,晴

或许是天气变化的原因,听说这一段时间又有很多村民特别是孩子生病了,每天都有人到镇里打针,今天早上是看见卢正学带着自己的孩子去,又有卢则龙的妻子背着孩子去,这好像是一种科学的说法。所不同的是,还听说很多孩子还有大人都生了一种怪病,说是村里不正常死亡的人所害,病起来的时候说名道姓的,要给他一些吃的、喝的,包括钱物等,一定要给了他所说的东西,状态才会逐渐恢复。这就怪了,每天早上六七点我起来去放鸭子的时候一路上都能看见烧的撕的钱和烟、

包括饭粒等东西，在时常与村民相处交流中听说某天某人又被害的事情。我可是没有亲眼见过，要是以后有机会遇到这样的事情得好好观察一下，记录得详细些。

村里有两个寨神林：一个是昨天去杀猪的多姓卢氏的房子背后的寨神林，主要用于叫寨魂和杀猪；一个是多姓李氏的房子背后的寨神林，主要是用来今天全村与咪古摆寨子祭祀。主要的过程是早上村民吃过饭后，由一个咪古敲锣从大咪古家出来到寨子各个方位通知做饭菜，等到中午一点左右村民都做好饭菜时，在大咪古的带队下敲锣打鼓到寨神林，出来的村民依次排队在咪古们的后面，到寨神林按照以前就基本划分好的位置摆好。接着，就是由咪古们煮昨天就留好的猪肉祭祀品，煮熟后由大咪古主持祭祀，祭祀完毕后，放响准备的鞭炮，村民才可以用餐，其间两个龙头点名的村民要敬献咪古们烟酒。然后，两个龙头再给每户分一小块祭祀的猪肉，分完后，村民们把桌子倒翻过来转好碗筷再撤回来，咪古须等村民都撤回来再按原来的路敲锣打鼓返回来。

说说在今天里观察到的几点：一是去时由咪古们带队，回来时由咪古们收队；二是村民去时桌子是正抬着，回来时要倒装着抬回，到家再摆正过来；三是妇女都不到寨神林，只有小女孩可以参加；四是这个节日中孩子们都背着核桃和染黄的蛋，孩子们包括大人都可以玩赌核桃的游戏；五是要求村民在来回的路上不能碰撞把桌子、碗筷弄坏；六是忌讳在寨神林中时树叶落到桌子上，落到了绿叶子认为来年他家要出什么大事，干树叶则认为他家谁灵魂不全；七是回来时一些人家的妇女在路边给家人抬着一碗饭、一些树枝叫魂。我分析村民对之是敬畏的，村民在敬仰某一种神灵时更是畏惧的，畏惧多于敬仰。本人年轻，不知分析对错，有志者可以找机会调查论证，包括上面提到的几点都可以一起来论证。

对于箐口村来说，这是一个大节日，一直以来都很重视，比较热闹，会邀请各方的亲戚朋友来做客。同时，每个过程都要认真、严谨进行，不能有半点马虎，特别是咪咕祭祀的程序要求不能出现半点差错，否则，认为是一种不祥的预占，村民都不安心，最希望顺利进行。

2013年3月20日，星期三，农历二月初九，属鸡，晴

今天属鸡，听老人说是我自己的生辰，而我听到我们云南大学哈尼族调查点基地的燕子上午九时左右在院子上空叽叽喳喳叫鸣着来回飞。听村民说，要叫燕子来家里搭窝也不是人为的，它们还是要选择家人和地点的，叫作人气和地气，有的人家有的房子拿回去养也是不成的。刚搬来基地时就有燕子随着我来搭窝，我的心里就有一种说不出的高兴，几年后不知道什么原因，它们又不知道到什么地方去搭窝，心里是不愉快的。今天来叫鸣，多希望它们能搭窝、生子，领着小燕子长大。然后，又领着长大的小燕子飞到其他地方去，春天到来，正如在外工作的村民回家过年一样它们也回来，能陪伴我度过在基地的这些时间，我是这样想的。

按照村里昂玛突节的程序，今天是集中到大咪古家院子摆桌子，由于寨子大，摆出来的桌子多，谁当选咪古，家里的院子都不可能摆下那么多桌子，要沿着路摆了，可能就形成长长场面，就被称为所谓的"长街宴"了。而我观察这么多年的情况是，咪古们要坐在由咪古家摆出来的院子一桌上，主要由摩批李正林主持，看每一个前几天杀鸡祭祀水井和石虎的鸡卦，算算每一个能否胜任再次参加祭祀等事情。这一主要事情完成后，村民才可以用餐，才可以向咪古们敬烟酒，每户向咪古交一个鸡蛋或者鸭蛋，等敬烟酒完毕就算这个祭祀完成，通知村民后就可以收桌子。像昨天一样把桌子倒过来装碗筷，回到家再摆正过来，这是今天的主要过程。或许是哈尼族的"长街宴"出了名，或者说村民也有外地的亲戚朋友，会邀请他们来过节，今天来村里做客的亲戚包括游客也很多。我本人有点遗憾的是，今年为了赶做作业，没有抬着一桌子饭菜亲自参与，只能让村民们体谅了，以后要是没有什么特殊的情况，我是

会参与的。毕竟，我也是箐口村的一员，也是在箐口村长大的，是托了箐口村的福让我及家人健康成长，以前是，以后也是，我的一生离不开箐口村，离不开箐口村民。

"屋漏偏逢连夜雨"，已经接到通知要我们到学校交作业，叫我们尽快整理作业，可是，处理音像的一台电脑打开时发现坏了，真是急人，让我真正体验到"平时不烧香，临时抱佛脚"做事所带来的苦痛。

2013年3月21日，星期四，农历二月初十，属狗，晴

在元阳县来讲，箐口村是一个比较走运的寨子了，政府投入了很多资金对箐口村进行建设，包括水电、交通、房屋等都进行了大的建设，用有的人话说"发展至少推进了二三十年"。是的，经过这么多年的建设，村里的各方面是比以前好多了，村民现在都能自觉打扫卫生了，比附近其他村寨是卫生多了。仅今天镇里的垃圾车来村里运垃圾来说，其他村寨是根本不可能的。早上七八点，就有镇里的垃圾处理车到村里来运走了停车场处的垃圾。这一点就与镇里的待遇一样，你说箐口村不荣幸吗？

越是不想看到的事情越是在自己的家里出现了，本人的孩子才上了一个学期的初中，就因为基础差、厌学，老师三番五次与本人交流过后，决定还是让他休学一个学期，到今年的8月另一学年开学时再去复读。那么，这一个学期他该要做什么呢？有人说"父母是孩子的第一任老师"，说明我没有教好，又返回教育，这个学期就得我当老师，从头教育，就像生意场上一样，你的货有问题——退货！

下午，李世华打电话说他家里做什么祭祀，邀请我到他家喝酒。村里就是这样，谁家做什么祭祀，只要亲戚朋友能参加的都会邀请的，要是平时的话，我也可能去了，一是被人请到了，你有意我有情；二是可以与其他参加的人说长道短，听听信息，想想以后；三是人与人之间还是好好相处的好，以后调查什么也方便。但也算了，难得再次去学习，应该静心考虑问题，把该做的尽量做好，有问题的要记住，回来后补上。

可能是生意问题，也可能是其他的什么原因，租住在李院明家的李庆五家今天搬回家了。前两年，应该是考虑到要做生意，而李院明家是进村口的第四五家，要是做生意好的话，就是生意场上说的"黄金地段"。李庆五一家就租了出来，老家留给了父母亲在住，他们一家四口就搬来居住，已经两三年了。近期来村里的游客少，村民买东西基本都上街去，买村民家的可能少些。或者，有其他什么原因，反正，他们夫妇约了人在今天要搬回老家去了，每年出租费多少我在合适的场合会以合适的方式问问，了解下。

2013年3月22日，星期五，农历二月十一，属猪，晴

今天又是一个属猪的日子，要做祈福仪式的村民又可以做了。今天上午，我看到李玉成家在做，参加的人是其父亲、他本人，摩批是李则安。还有李永福家，参加的人是李永福本人、李克福、摩批李正林，以及李绍云家，参加的人是李正超、摩批李四文。细心的人可能会问，为什么他们三家做祭祀参加的都是三人？问过摩批他们说只能是单数，三人、五人、七人等，多数就是三人和五人，至于为什么要从所选择的条件和要求来分析，所选择的人家庭一定要健全，要求所参加的人在没有消化祭祀食或者说三天之内不能与女性从事房事，所以选择人选一般就是三人、五人，七人参加的人家很少。

今年，村里是有几户建房子的，有李世忠家、李以略家、李志光家、卢明家，前三家属于拆建老房子，卢明家是加盖第二层。今天卢明运回来一车砖，说是个旧市的砖，一片砖已经卖到五角二分了，今天他家运回来了5860片。村民就是这样，看到了某一样东西，总是要说三道四，问长问短，过路的人总要说："这砖又不知道是谁家的？""现在的砖价是多少？""今天他家的砖面子是齐了，就是硬度不够"……看来，什么东西都有行家，做点什么事情还是建议多用一点心，找些行家研究一下的好。同时，李以略家运回来一车沙，是从县城南沙运来的，每方沙运到箐口村是一百一十五元。我想，建设家园是永不会停止的事，要是我们箐口村自己能自产自销就可能更好一些了。

今天还是有几十个游客，还是有游客会坐村民的车返回到公路上他们的大车停放的地方，每人每次是收五元钱，要是只有一两辆车运送，可能会赚一些钱。不过，今天有李学、李辉、卢世华他们三人都在运送，每人就可能少赚了一点。

做事情应该是心动才会有行动吧。眼看没有雨水已经很多天了，田里的水都要干完了，寨子脚我和李志和及其他几户村民家的水田都要变旱田了，水渠又被冲垮了，养了一些鱼，让我很着急。不过，已经早有准备，叫人买了一段水管，只是买来的水管很厚、很重，有十米长，需要七八个人才抬得动，需要招集几个人才能抬下去，说干就干，明天就干，为了我们几户的鱼，为了我们几户的庄稼，我跟李志和下午是这样商量的，准备明天处理那一段水渠。

2013年3月23日，星期六，农历二月十二，属鼠，多云间晴

俗话说："男大当婚，女大当嫁。"今天李跃的女儿出嫁了，嫁到附近的黄草岭村民小组。早上有汽车来接，都学着外地的年轻人整了。

每年到了这个时候，我们箐口村就会出现一段时间的干旱，而去年雨季被冲垮的水沟现在就得自己去修复。今天，是由我和李志和、马卫华等去修复寨子脚主要通往我们几户农田的水沟，不需要多少人力，我们几个人几个小时就解决了。我们几户这几年都是这样解决田里的用水问题，因为雨水季节，会把水沟填满泥土，我们几户也用不了多少水就没有去挖通，现在需要了就几个人约一下出来解决。

根据上面的通知，村民小组收集农民负担监督手册，说是上面要重新统计。

接到上面的通知，说是小水井村党支部有一个共产党员去世，要求箐口村党员参加追悼会，只是年轻的党员不怎么在家，只有经常在家的

几个党员参加罢了。

2013年3月24日，星期日，农历二月十三，属牛，晴

接到马老师的电话，明天要到云南大学参加培训，今天就简单收拾了一点明天需要的行李。今天学习了一阵就休息，基本上没有做其他的什么事情。有时候学习累了，还是要休息一下的。

2013年3月25日，星期一，农历二月十四，属虎，晴

根据云南大学的安排，我于今天早上到云南大学参加培训，村里的事情没有安排人观察，自己就过去了。

2013年3月26日，星期二，农历二月十五，属兔，晴

我在云南大学参加培训，村里的事情没有通过电话联系，也就没有办法记录了。

2013年3月27日，星期三，农历二月十六，属龙，晴

我在云南大学参加培训，还是静心学习了，没有在意村里的事情。

2013年3月28日，星期四，农历二月十七，属蛇，晴

我在云南大学参加培训，没有顾及村里的事情。

2013年3月29日，星期五，农历二月十八，属马，晴

我还在云南大学参加培训，这个年纪了，感觉学习也是件很吃力的事情，很多教授的知识都接受不了。

2013年3月30日，星期六，农历二月十九，属羊，晴

我在云南大学参加培训，快要学习结束了，一天下来，感觉就是累。

2013年3月31日，星期日，农历二月二十，属猴，晴

我在云南大学参加培训，还没有回，村里的事情没有通过电话联系记录。知道村民主要的事情是整理梯田。

2013年4月1日，星期一，农历二月二十一，属鸡，晴

我在昆明学习，村里的事情没有打电话过问，这几天的记录就要少一些了。

2013年4月2日，星期二，农历二月二十二，属狗，晴

我还在昆明学习，到明天才能回去，村里的事情多少还是可以通过电话过问一些的，可是，我没有这样做，村里的事情回去以后再补写一些算了。明天就要回去了，这两天还是安心学习了，做一件事情就是一件事情的，最好不要太分心了。

2013年4月3日，星期三，农历二月二十三，属猪，晴

3月20日，我就接到云南大学民族研究院西南边疆少数民族研究所马翀炜老师的通知，于3月24日就到昆明市云南大学学习了一个星期，于今天早上从昆明市返回来，坐了一天的车，感觉还是有点累，精神也不是很好。虽然，自我感觉还是二十岁左右的年轻人，可是，从接受了一个星期的教育来看，身体确实感觉很累，接受能力也弱一些了，老师们教的都接受不了多少，当时是记住了，过了一段时间就是记不起来。

父亲是个勤劳的老农民，知道我今天才回来，责怪我不务农业，不快些把田里的事情做好，担心误了插秧的时间，叫我尽早去做好。

2013年4月4日，星期四，农历二月二十四，属鼠，晴

今天是清明节，可是，从这么多年的情况来看，这一带的哈尼族很不惯于过清明节，箐口村也很少有人过清明节。表哥普灿、普洪两弟兄，表姐普青一家人已经参加工作，都汉化了，每年都要随汉族杀猪杀鸡地过清明节，每年都要请我过去参加。今年也是，早早地就打电话过来了，毕竟是亲戚，我还是得过去帮忙。虽然我不会做什么，但是他们叫做什么就做什么，只要手脚快些，尽自己的能力就够了。吃喝了以后，到了晚上他们又送我回来，一天就这样过去了。

2013年4月5日，星期五，农历二月二十五，属牛，晴转多云

大前天才从昆明市云南大学学习回来，昨天又去表哥家上坟帮忙回来，今天是陪新街镇农科站的人到田里选取他们要做试验栽种的田块。我的事情是多了一些，发觉自己学习的时间都没有，到了这个时候，事情就是会多，自己的事情多，要帮助其他亲戚朋友的事情也多。所以，真的是，自己的事情一天能做好的一天做好是最好的了，绝不能拖后，最多也是一两天处理好。

2013年4月6日，星期六，农历二月二十六，属虎，晴

整天学习也是很累的，能在学习之余去劳动一段时间是最愉快的事情，前几天是从昆明学习回来，感觉有点累，这两天又跟朋友们做了一点事情。今天的天气好，到了这个月底，田里水源方便的村民是要插秧的。学习之余，今天我还是到田里劳动了一段时间，还是担心到了插秧的时候亲戚朋友都会很忙的，就想着现在慢慢处理自己家田里的事情了。

2013年4月7日，星期日，农历二月二十七，属兔，晴

"通知，大量收购龙虾。收购地点：新街镇车站饭店。联系人，李先生，电话：18313345755，18313355283。"这是今天上午发现贴在村民家墙上的一则公告。在此之前也张贴过类似的公告，到现在，没有看见村民背着去卖的。我相信过些日子都去整田的时候是会有村民收拢来去卖的。

是的，从目前来看，因为龙虾太闹梯田了，一是会把田埂打坏，不易积水；二是龙虾多了还会咬坏秧苗，影响秧苗生长。所以，村民对龙虾都最恨了，近两年来用药消灭，效果不错，只是过上一段时间不知道从什么地方龙虾又来了，半年一年的，田里就自然地多了，就是消灭不了。为此，前几天，我还在昆明学习的期间，新街镇农科站到村里发放了一些药，要求村民自觉到自己家田里去打。那么，这样的生意公告是否会引起村民的反思呢？我听说过，在一些地方龙虾的生意的确不错，有的人家还成了暴发户。不过，他们养殖的方法是用水泥砌筑的大块的鱼塘之类的，基本都是在平原地方，围得比较严实，龙虾不可能爬到外面，对周围的土地伤害不大。这样养来产生的经济价值就比较好些，他们都比较喜欢养殖。而箐口一带就有点不同，地势陡，梯田就是顺着山势形成的台阶，要是龙虾成群害田，梯田就会从上到下倒塌，造成不可估量的损失。村民自然就不喜欢，只有到了有人专业养殖带来了很好的经济价值其他的村民才会跟着养殖罢了，这就等着看吧。

2013年4月8日，星期一，农历二月二十八，属龙，多云转晴

在以前的日记里说到过了，村里到了清明节也很少有人家上坟的，从现在的情况来看，每年都只有一两户上坟。而退休回来的李正荣家就有点不同，即使他的孩子们在外面工作，他也要组织几个亲戚去上坟的，主要是看他去世的前妻，其他的老祖坟也没有去看。今天也这样，只是组织了他的几个亲戚和平时与他来往比较多的朋友，其他一般的亲戚都没有通知，他的老祖坟也没有去看。要想去看他的老祖坟是要通过家族的会议，征得其他人的同意，比如他的哥哥李正亮，而他与哥哥李正亮的关系搞得比较紧张，互相不来往，自然他就没有必要去惊动他们了。

元阳县文化局、世博元阳旅游公司元阳分公司、新街镇政府的工作人员到村里来检查工作，箐口村的地理位置特殊，景色和文化都很特殊，政府对箐口村是很重视的，就是不知道什么原因红不起来。每次政府人

员来考察都会提出相应的看法，就是做不起来，多希望能做一点事情出来，让箐口村发展得更快一些。

2013年4月9日，星期二，农历二月二十九，属蛇，多云转晴

可能是昨天县文化局、新街镇政府、世博元阳旅游公司、村民小组的会议上又提到了卫生的事情，今天一大早，村民小组就用喇叭宣传村民要搞好卫生，要求村民各户负责好。白天，他们还在村里来回检查，督促摆放在停车场的建筑材料尽快搬回家，清理好，保持村里的卫生清洁。

这两天，村里来人测量村民的房子，说是要对村民的建筑群落做一个详细的统计。

2013年4月10日，星期三，农历三月初一，属马，阴，有大雾

今天上午，元阳县政府赵壮云副书记来村里调查情况，带着村委会，村民小组的人员提出意见，希望村委会和村民小组积极带动村民，把群众的思想意识提高一些，素质提高一些，配合县委政府很好地建设箐口村，提升箐口村的发展速度。

2013年4月11日，星期四，农历三月初二，属羊，阴，有大雾，有阵小雨

今天是村里昂玛突节杀猪的第二个属羊日，按照村里的民俗，今天村民都应该是休息，是禁止劳动的。在昨天晚上八九点村民劳动回来休息前，村里的大咪咕要在规定的三个地方大声通知村民明天休息，规定村民不准外出劳动，今天早上就要安排咪咕和村民在村里几个村口把守，看见谁出来劳动就要处罚谁家，以及来往村里的其他寨子的村民，也要象征性地处罚一点，也就是按照民俗，处罚一元或者一两个鸡蛋或者鸭蛋，处罚来的款和物集中到大咪古家聚餐，仅此而已。今天就有所不同，

我早上过去看了一下都没有看见守路口的人，去问了大咪咕才知道说是找不到人就没有安排人员收费了。

有一个大理人家来租李志文家，用拖拉机运来他们家的商品，说是在老虎嘴那边已经没有可以租房子的地方了，要租李志文家的房子再做几年生意。

村里有一套被叫作民族特色的藤苕桌子，今天有人过来借用村里的桌子和凳子，说是要在麻栗寨茶厂摆长街宴，接待一些外地的朋友。主要是全福庄寨子现任的元阳县副县长李世华负责的，组织了自己家乡的人来做自己家乡的特色宴会，所以，才有意来借箐口村代表哈尼族特色的竹子编做的桌子。

2013年4月12日，星期五，农历三月初三，属猴，阴，有雨，有雾

凌晨，下了一阵雨，对于村民来说很及时。村民都要整理梯田，过一星期左右就要插秧了，已经干旱了一段时间，村民就是很希望下一场雨，而且可以下大一些，恨不得田里都灌溉满了，不缺水，好做田里的活计。

今天天气不是很好，一天都有雾。可是，对村民来说应该是很好的天气了，特别是今天凌晨的阵雨，湿透了干燥的地面，灌溉了田里的水，丰富了寨子边的水渠，只要今天去灌溉，干旱些的田都可以灌满了，正是村民都要忙着整理梯田的时候，过些日子村民都要插秧了。所以，还是有很多村民家去整理梯田的，看见有卢世华家，他家是请了他的一些朋友一起去整理梯田，准备过几天就要插秧了。

2013年4月13日，星期六，农历三月初四，属鸡，阴

三年一届的土锅寨村委会换届选举工作开始了，今天下午，我们土锅寨党总支部召开党员与部分群众代表大会，推荐选举土锅寨党总支书记和委员候选人。

张学贵家打第二层屋顶，承包给卢正华妻子请小工来做。这些都是学来的，在几年前，村里打屋顶都是村民间互相帮忙来做的，或者是请外地的人来做，只是在2009年，村里新农村建设项目进来，政府给予一万五千元物资补助（主要给了20吨水泥，外墙请施工队来粉刷）。拆建的房子多，有五十户，村民间相互帮不过忙来，有的村民就出钱请外地的妇女来打屋顶，村里的妇女也就学会了，现在偶尔有一家村民要是打屋顶就可以请某个妇女组织实施，这就是说村里妇女的这一套技术都是学回来的。

2013年4月14日，星期日，农历三月初五，属狗，阴，有大雾

上午，李辉用车送李永军的妻子到医院，是李永军的妻子到分娩的时候，现在的卫生条件就是好了，很多年轻女子临近分娩多数就送到医院，由医生来接生，安全多了。要是在以前，卫生条件不好的情况下，多数都是由自己的家人或者村里某个有一点经验的妇女来接生，临时出现什么情况都很难解决，很不安全，听说是出现过问题的。现在是好了，只要谁家女子要分娩，找车交给医院就万事大吉了。

卢朝生家来安装一个三项电线，说是打算用来安装碾米机，给村民碾米，找一点生意。

2013年4月15日，星期一，农历三月初六，属猪，多云，有阵中雨

早上有小雨，看见李正林去做祭祀，可能彝族人家也有这样的习俗，他说是要到土锅寨彝族朋友家做。

这几天下过几阵小雨后，天气有点冷，但是，临近插秧了，去整理梯田的村民还是多。有李绍云家、李庆五家犁田，都是开始准备插秧的事情了。

2013年4月16日，星期二，农历三月初七，属鼠，多云，有阵中雨

李建军的家庭有点特殊，今天我看见李志和、外甥李家义等亲戚帮李建军家犁田，说是他家的秧苗育得早，已经长高了，到其他村民都忙起来的时候请不到人，想着现在村里都不是很忙的时候请得到小工就提前一点插秧好了。

2013年4月17日，星期三，农历三月初八，属牛，晴

听说是卢世华家后天就要插秧了，今天是请了朋友卢建忠、卢新等帮忙犁田，与兄弟分了田产以后，每户都只有两三亩田，只要几个人不到一天的时间就完成了。

我们村里今年的龙头是李正安和卢学明，今天是向每户村民收取祭祀山神的费用，说是今年的小猪价卖得贵，所以，向每户收取的是七元钱，比起往年是多了一些。

注：我们村里说的"龙头"，并不是其他寨子说的什么"老大"，或者主要负责人。我们寨子说的"龙头"是指向村民收取一年中各种祭祀所需要的钱，并负责购买登记，协助咪古和摩批李正林参加各种祭祀活动的人。按照村里的规定，每一年就要新换两个人，是按照以前四个生产队的划分法来推荐产生，因为要记录，最好是有一个识字的人参与。这两年村民有的推荐了也不愿意干，只有辛苦摩批李正林，协调自己的朋友或者家族的人来担任，有时候还找不出人手来。

2013年4月18日，星期四，农历三月初九，属虎，晴

今天，拔秧苗的村民家有张学亮家、卢世华家。

张学亮，这堂弟一生务农，很勤劳的，田也不多，都在麻栗寨河底，算是我们箐口村比较远的田了，水源也方便，不愁没有水，就在前几天把田都整好了，今天请了几个人拔秧苗，并把秧苗背到田里，只等明天插秧的妇女们插好了。说是他家今年要栽种杂交水稻，去买品种的时候卖种子的人就交代秧龄不能过长，一定要在四十五天左右，所以，他家要赶着一点时间，想着要在人家说的时间内插秧下去。

卢世华家的田就在寨子边白龙泉下方位置，水源很丰富，什么时候种田都行，而他老父亲又是一个勤快的人，育秧时间早，秧苗生长快，就想着趁早插到田里了事。

在村里，今天是祭祀山神的日子。李正林要带着咪咕们到村里的寨神林做祭祀，村民说要是今天有一点雨水的话，今年的水源就不会缺少，会风调雨顺的。

2013年4月19日，星期五，农历三月初十，属兔，晴

就是我预料的，到了这个时候，亲戚朋友都会忙起来的，有的亲戚就要叫我去拔秧、犁田、耙田等，今天是帮助兄弟张明福家耙田，我也和多数村民一样，年轻的时候只想着打工挣钱，鬼才真的愿意种田呢。只是，到了三四十岁以后，老人、兄长都支撑不了，辛苦不得了，自己的良知也就逼着自己去种田罢了，在没有转型改行走到其他行业之前就这样无奈了，也不知道其他有多少村民有我这样的想法。兄弟张明福也是一个，很少操作犁田、耙田的事情，今天自然就落到我去耙田，打算过几天就要插秧了，几个弟兄的，商量着还是一家一家地解决为好。

2013年4月20日，星期六，农历三月十一，属龙，晴

今天看见李绍云家插秧，他家的田水源方便，不用愁没有水的，秧田也很肥。他们几个弟兄分家以后，他老小也只能分到几块田，劳动力是绰绰有余的，只要他出去两三天就整理好了。昨天拔了秧苗背到田里，今天就请了几个妇女插秧了。

2013年4月21日，星期日，农历三月十二，属蛇，晴

今天看见李建军家插秧，正如昨天说的李绍云家一样，他们这些处

在白龙泉和长寿泉下方的梯田不用愁没有水用。今天插秧的李建军家的田就在李绍云家的田下方，田块大，容易保水。他家的劳动力缺乏，想着其他村民家忙起来之前好请人，就赶在其他村民之前插秧了。缺乏劳动力的村民有两种选择，要不就赶在其他村民之前忙好，要不就落在其他村民后面，这样才好请人。

插秧的农忙时候，我的观察点似乎就是插秧的事情，其他的事情看不到了。当然，主要是自己也要到田里劳动，观察到的当然是田里的事情，回来后洗洗手脚，吃过饭就休息，其他的事情就观察得少些。

2013年4月22日，星期一，农历三月十三，属马，晴

张正和继承父亲的摩批文化，一生做摩批的事情，负责家族人的生老病死。平时，也给其他村民去做祭祀，收一点辛苦费过日子，日子还是安逸的。平时，还是务农，家里的事情安排得很顺利，别人家插秧，他家也要插秧；别人家收割，他家也收割，还是比较幸福的。现在三个孩子都已经长大分家，经常外出打工，他老人家身体还行，家里的事情还在招呼着，农忙时叫孩子们回来帮助就可以了。他家是昨天拔的秧苗，今天是请了妇女们去插秧。

2013年4月23日，星期二，农历三月十四，属羊，多云间晴，有阵雷雨

农科站来人与村民商量调换秧苗插秧的事情，主要是云南农业大学有一个项目——生物多样性的课题，实行品种轮换，交替种植，最后要看是什么效果，他们答应要是出现粮食减产的情况，就由他们来补贴，有张春华家、卢迁华家、卢迁家、卢新家、李永福家、卢永贵家、李光明家、卢落以家等，大概有二十户。实际上，青菜萝卜各有所爱，村民都对稻谷品种也各有所爱，一家栽种的和一家不同，他们根本用不着再花钱去叫村民调换，村民原本就是自然地各栽种各的，原本就是一个生

物多样性的大梯田，他们调查着走，能与村民协调好就够了。而用不着与村民商量，当然，要是动村民家的谷子等什么的话，还是要尊重一些好。

看见今天插秧的有李杰家、马卫明家，这些人家劳动力足够，水源也很方便的，自然就会在现在来插秧了。

2013年4月24日，星期三，农历三月十五，属猴，晴

别人家都犁田、耙田、插秧的，自己家也有田，也会着急，今天我就到田里劳动了。今天的主要事情是犁田，这次犁田，不像第一次犁田一样谷桩根深，犁田很费劲，谷桩经过了一个冬天，又在前期耙了一次田，谷桩基本都腐烂完了。气温升高以后，土质也变松软了很多，这次犁田就快了，原来第一次犁田要两三天才能好的今天几个小时就犁好了。

2013年4月25日，星期四，农历三月十六，属鸡，晴

今天是耙自己家的田，这次嘛，因为土质松软，耙田就比较快了，原来要耙一天的田两三个小时就耙完了。当然，自己实践了这么多年以后，对自己家的田有所了解，做起活来就快多了，我耙好了田，还拔了一些秧苗。

2013年4月26日，星期五，农历三月十七，属狗，晴

这个时候不是很忙，还是能请到插秧妇女的。昨天耙好了田，叫妻子请了五个插秧的妇女，于是，今天我就去拔秧苗了。因为田都在一起，可以一边拔了秧苗一边就丢到梯田里，很省力的，不需要再叫拔秧的人和背秧苗的人。

2013年4月27日，星期六，农历三月十八，属猪，晴

我家的田就在寨子脚，来去都很近的，也就很省力，前两天请好插秧妇女以后，今天就叫她们去插秧。我没有叫拔秧苗的人，而是我一个

人一边拔秧苗一边给她们送秧苗，省了几个人手。

2013年4月28日，星期日，农历三月十九，属鼠，晴

今天插秧的有李得云家、李清华家。李得云与其他两个哥哥分家后，他家的田块也不多了，只需要叫五六个插秧妇女就能解决了。李清华家有村里最大的一块田，有三四亩多，他的父亲与叔叔还没有划分，一家人还是一起插秧一起收割的。田里淤泥深，妇女们插秧的速度也会慢些，叫的人要多些。

2013年4月29日，星期一，农历三月二十，属牛，晴

插秧的村民家有李志学家、卢学贵家，这些人家人力、物力都是到位的，他们家的田多，需要请的妇女就多，恐怕是村里请插秧妇女数一数二多的了。

今天李世忠和李江家同一天打屋顶，这样一天里有两三家人做大事的，村民只能分工帮助了，还是有点忙的。再说，这两天村民都忙着插秧的时候，来帮助的人自然要少些，所以，今天来帮助的村民是多辛苦一些的。

2013年4月30日，星期二，农历三月二十一，属虎，晴

今天看见有张斌家插秧，他家的田还是多一些的，请的妇女还是十几个。

我和兄弟张明福的田是插好了，今天我是去帮助张明德家犁田了，都是弟兄的，尽自己的能力帮助一点，到自己有难处的时候人家也会帮助的。

2013年5月1日，星期三，农历三月二十二，属兔，晴

今天是"五一"国际劳动节，很多单位都开始放一个小长假了，有

能力的人就有时间出来旅游了，就是因为这样的原因，来村里的游客明显比前两天多一些。我认为，他们真要是看农耕表演的话，来得正是时候，正是村民都农忙的时候，忙着整理梯田、插秧，到处是忙碌的村民，他们真可以饱看梯田，饱看村民劳作，这真是村民的实际劳作。什么人要拍出最真实的故事就是这个时候，也不用请什么人摆拍，只要有他的主演就行了。

今天插秧的村民有李爱生家、李永林家、李庆亮家、卢迁家等。到今天，村里多数的田都要插完了，所以，他们几家请的插秧人都是村里的妇女。要是在前几天，很多村民家是请不到本村的妇女，得请外地的妇女来，包括附近土锅寨、小水井、大新寨等彝族寨子的妇女，远一点的还会请多沙村的、麻栗寨村的、全福庄村的等，很少有村民家是自己插秧的。

2013年5月2日，星期四，农历三月二十三，属龙，晴

今天插秧的有李学光家，我自己家的田已经插好了，忙碌了一阵以后，感觉还是有点累的。今天的事情是去招呼了一下田里的水就回来休息，希望身体尽快恢复，接下来好做其他的事情。

2013年5月3日，星期五，农历三月二十四，属蛇，晴，晚上有阵雨

晚上有阵暴雨，稍微解决了一点干旱的情况，我到田里观察了一下自己家田里排水的情况，还是可以，能够正常流通，要不然的话，很多人家的田埂都倒塌了，还是有点费劲的。

今天，表哥叫我到水卜龙寨子脚他栽培重楼的地方，与他交流栽培重楼和发展方向的事情。这是一种新事物，要是有经济能力的话是可行的，在此之前，我知道村里的有些树林还有这种药材的，说明这种药材适合在这样的温度、这样的树林里生存。

2013年5月4日，星期六，农历三月二十五，属马，晴

中午，我还是过去了一下水卜龙寨子脚表哥栽培重楼的基地，他说重楼现在还好卖，就在水卜龙寨子脚租了十多亩的地准备栽培重楼，要我帮助他管理，每月可以给我一些生活费用，到了出卖的时候再做分配，弟兄之间的，可以做一个文字性的协议。我们按照现在的市场价算了一下，要是能够正常生长，按照预想的进展，确实是一个发财的路线，我喜欢走别人不走的路，我的心确实受到鼓动，确实想跟着他走。只是回过头来想，我都辛苦快十年了，做日记还没有什么结果，觉得这是一件半途而废的事情，把自己最珍贵的十年青春都花费在这里啦，没有一个结果真是不值得。要想发财的话，该是前些年就离开了。再辛苦也是这两年，等这两年总结一下再说，于是就没有答应他而回来。

2013年5月5日，星期日，农历三月二十六，属羊，晴

今天，我是与新街镇农科站工作人员做村民的工作，要他们在指定的田里栽种另外一个品种，要一家一户地说好，有的村民与我们相处很好，看在朋友的面上还是同意的，而有的村民嫌麻烦，他才不会给你面子，还是有人家不同意，如卢迁家。原来我以为是妻子的堂哥家，只要与妻子的堂哥说说就可以啦，后来是他的妻子出面说话，说是嫌麻烦，新街镇农科站给一点补贴都不愿意配合我们。

2013年5月6日，星期一，农历三月二十七，属猴，多云间晴

今天，我还是与新街镇农科站的工作人员跟村民商量品种多样性换种的事情，因为昨天有村民出去劳动了，找不到他们主人家商量，新街镇农科站的工作人员只好今天又过来了，就是昨天说到的，多数村民是愿意配合我们做实验调查，而少数村民就是不愿意。有的事情看来很简单，其实，通过这样的事情以后，我知道凡事都有阻力，都要人付出代价。

2013年5月7日，星期二，农历三月二十八，属鸡，多云间晴

有时候，事情多了也觉得累，而有时候，没有事情可以做也会觉得很无聊。田里的事情基本做完了，开始农闲了，事情少了些，也觉得烦。这几天就是这样，只能到田里管管水，回来做一点自己的事情，一天就这样过去了，觉得日子过得不实在。

2013年5月8日，星期三，农历三月二十九，属狗，晴

听说后天就要选举村委会的主任、副主任、委员等新一届领导班子啦。要是往年的话，会有要竞选的亲戚朋友来村里说话了，今年是有点平静，很没有风声，可能还是他们几个连任了，要是往年的话，已经可以听到一些谁要竞选的风声了。

2013年5月9日，星期四，农历三月三十，属猪，晴

是真的，今年的竞选不热闹，要是往年的话，这两天都会有人来说话了，明天就要选举，今天也没有什么动静，看样子是他们连任了。

2013年5月10日，星期五，农历四月初一，属鼠，多云，有阵雨

上午，村里选举村委会主任、副主任、委员。正如我们所料，今年的竞选不激烈，简单就过了，来投票选举的村民就是那么几个，最后还是原来的主任李伟、副主任林海连任。

2013年5月11日，星期六，农历四月初二，属牛，多云，有阵雨

云南农业大学与新街镇农科站的人来拔他们试验的秧苗，前几天放假，学校来不了人，这两天收假了再过来，他们是按照他们的思路来做的，而村民的想法是自己家要栽种的田不需要太早于其他村民家的，也不能太落后于他们，自己家的田空着难看。看田的情况下更多考虑的是人的面子，他们会说家人无能的，面子上都说不过去，就是因为这样那样的原因，有村民才不愿意跟新街镇农科站合作。当然，我配合新街镇农科站这么多年，知道补偿上是一个问题，他们只是考虑到粮食产量而没有考虑谷草和养殖方面的补贴。说我的看法，他们的补贴也是偏低了一点，要是他们真的要做实验，不要为难咱村民，可以适当为村民多考虑一点。

村里的陈列室凉亭也要开始重新维修了，今天是运进来建筑材料。陈列室运作已经十多年了，有的东西无论是管理上的问题，还是时间上的问题，总的来说是应该打扫、维修一下了。

2013年5月12日，星期日，农历四月初三，属虎，多云间晴

农科站组织人员来插秧，就是插他们实验的水稻，就是说前一段劳动节放假的时候，学校放假了，没有师生下来配合调查，现在是收假了，就下来与新街镇农科站一起做他们的实验调查。

今天上午，租李志文家房子的大理人请客，请了几个与他们相处好的村民和隔壁邻居，等于说是一种开张仪式，要村民们配合他们，要与村民们友好相处。

张学贵家打屋顶，他们家平时为人很好，特别是他的父亲张正和是摩批，平时帮助村民家做祭祀活动的事情多，人家就欠人情多，像今天他们家做这样的一个事情，不用通知，知道的村民都会来帮助的。村民都相信以后还有事情要求助于他们家，所以，今天来的人也多，建筑面积又小，几个小时就做好了。

2013年5月13日，星期一，农历四月初四，属兔，多云有阵雨

上午，村里选举村民组长、副组长，没有人出来竞选，这一届可能还是他们几个担任了，李文光任组长，李新明任副组长，李文才任党支部书记兼会计。村民小组的事情多、报酬少，到现在是很少有人愿意出来竞选，很多时候是几个村民朋友闹着选举出来的，根本不是多数村民或者是当选人的根本意愿。

春节过后的一段时间,箐口村民流行的祭祀是年轻人出远门前的祈福仪式,插秧时节又流行做什么祭祀呢?是叫魂。我不知道人是否真的有魂灵,但是,我没有出门,在家里已经十多年了,知道插秧时节村民流行叫魂,几乎每天都有。村里的几个摩批每天下午都要去给他们做法事,有点忙。今天叫魂的有卢迁华家,因为是妻子的堂哥,平时相处得也好,他家还是叫到我过去了。

　　生意人就是会掌握时间,知道有村民插秧了,就有外地人来卖鱼苗了。刚上市的,卖得贵些,现在是30元一公斤,村民嫌贵,再说,今年的雨水还没有到来,田里还旱着,怕放到田里的鱼会被晒死了无用。今天,买的村民就少些了,要是雨水来了,估计还是会有很多村民要买的。

2013年5月14日,星期二,农历四月初五,属龙,多云间晴

　　村里插秧时节流行叫魂祭祀,这一段时间几乎每天都有人家做叫魂的。今天下午就看见李得福家又叫亲戚朋友和邻居们吃喝了。现在的生活条件是好,每户人家叫魂基本上摆五六桌饭菜,菜又丰富,加上烟酒的话,做这样一次叫魂都要花上千元。晚上吃不完的,第二天再接着吃喝,村民的日子还是有些安逸了。

2013年5月15日,星期三,农历四月初六,属蛇,多云间晴

　　有几个外地的人租了卢永贵家的房子,是租来弹棉絮的,晚上过去看了一下,生意还是不错的,有几个妇女来观看了,弹了几床棉絮。

2013年5月16日,星期四,农历四月初七,属马,晴

　　早上,有一对石屏县夫妇来村里卖鱼苗,每公斤还是30元。从来买的村民情况来看,还是有点多了。应该在前两年的日记里提到过,村里也许是秧田少了,也许是吃鱼的人多起来,也许是村民家的鱼塘太少了,养鱼的人家很少,每户养出来的鱼也只能够自己家吃。所以,村民

家基本上没有可以出卖的，多数都要到街上购买，特别是办大事情要吃鱼的话，就只有到街上购买了。这一对夫妇已经有好几年了，每年到了这个时候都要打电话问我："村里是否插完秧了？需要鱼苗的村民是否多？"这也应该属于调查市场行情吧，没有市场到什么地方做生意呢？"活到老，学到老"，我还是得跟着学一点。

下午，有元阳县政协主席车高学和元阳县民宗局两个工作人员来村里检查村里的陈列室情况，他们说是代表元阳县里的哈尼族学会，特别是看了哈尼族迁徙路线图后，说可能是时间长，要对哈尼族祖先迁徙路线示意图做更改，有些文字叙述不是很准确，需要让他们做得更好些。

2013年5月17日，星期五，农历四月初八，属羊，多云间有阵雨

凌晨，已经病了几天的七十多岁的李绍云母亲去世，他们这个家族与我们张氏家族是结拜的家门，知道这个事情以后，我们还是得去帮忙的。出了远门不在家就算了，要是在家的话，这样的事情是需要过去帮助的，每个人、每个家庭都会遇到这样的事情，要是平时不来往，都要被村民批评的。批评不说，如果真固执地疏离村民的话，自己家遇到同样的事情也会很少有人来帮忙，这也是互换劳动力的一个方式。"人死如虎，虎死如花"，我不知道这句话对与否，只是我确实看到过这样的事情，特别是年轻人。我当村领导的时候，一个年轻人的妻子去世，因为没有人来帮助出殡，我去叫其他年轻人的时候，其他年轻人是这样说的：他从来很少帮助村民家出殡的，现在就让他一家人出殡吧。一点也没有夸张，人家是这么说的。

今天的主要事情是做好或者买回来她的棺材，到了晚上让她入殓，还有通知亲戚朋友来奔丧的时间，一般就是明天，家里就得准备明天用的物资。

2013 年 5 月 18 日，星期六，农历四月初九，属猴，晴

正如昨天说的，昨天是帮助李绍云家准备今天用的物资，今天是接待来奔丧的亲戚朋友。今天是比昨天要忙些，家里的亲戚和邻居都要出来帮忙。

2013 年 5 月 19 日，星期日，农历四月初十，属鸡，晴

村里与我们张氏结拜的李绍云家母亲去世，这两天我们都是在他家帮忙。今天又说是黄草岭村民小组也有我们张氏家一个老人开祭了，要我们张氏家人上去帮忙。说帮忙其实不太对，我们原来是一个先祖，无论是箐口村还是黄草岭村民小组有老人过世都要相互通知，相互来往的。只是，我们是箐口村的，他们寨子的年轻人看我们是另外一个寨子的，面子上过意不去，总是会叫我们休息，不会让我们动手做多少事情。

2013 年 5 月 20 日，星期一，农历四月十一，属狗，晴

昨天，黄草岭村民小组我们张氏老人送上山以后，按照葬礼的程序，今天的箐口村民、大鱼塘村民都要到黄草岭村民小组做客的，说是他家人平时也来我们箐口村做客的多，所以，今天到黄草岭村民小组做客的村民也多。这几个寨子的人，谁家是什么样的底细都基本知道。

2013 年 5 月 21 日，星期二，农历四月十二，属猪，阵雨转晴

听说，这几天在卢永贵家弹棉絮的生意做得不错，每天都有村民去购买，说是质量还过得去，价钱也基本合理。

村民送葬老人，一般都要选择日子的。李绍云家也算过了，说是还要停放一段时间，所以，每天晚上都有亲戚到他家发糖果，请他来唱哈尼古歌，每天晚上都很热闹。

社会在变化、在进步，这种死了老人晚上来闹夜宵的情况也在变化。以前，都是发糯米吃，现在的话，发糖果了，来发放的亲戚家还要给辛苦的村民煮东西吃,现在一般煮的是米线,一家亲戚有多少,家里有多少实力,这个时候往往也被村民看作一个侧面点。

2013年5月22日,星期三,农历四月十三,属鼠,晴

做生意还是要选择在附近的集日里,这是多年来我观察到的一个事实,只要是新街镇的集日,早上就有村民准备了货到街上,在路口的我最清楚了,只要是集日,早早地就有村民妇女过来了。

我们箐口村是小,会有多少生意做呢?在卢永贵家弹棉絮的做了几天生意后,说是今天搬走了,到其他村寨去。

2013年5月23日,星期四,农历四月十四,属牛,阵雨转晴

到现在为止,村民家的田都插完了秧,逐渐地在返青了。只是,不知道什么原因,要在李明家做试验调查的老师迟迟不来,到今天才安排了一个学生下来,带着新街镇农科站的工作人员开始工作。我与新街镇农科站都相处了很多年,今天协助他们工作,从与他们的谈话中知道,双方都有所不满:第一是农科站的人,他们原来与试验老师落实情况的时候,老师说今年不准备继续做了,准备要拆除前几年做的材料,他们心里就省了一份事,没有准备好秧苗等事情;第二是李明家,他们打电话联系一时说还要继续做,一时说不做了,这就叫他们难以处理,叫他们来人又以各种借口不来,等到大家都要进入休息阶段,秧苗都长老了又叫人做,真是让做工作的人员难处理。进入雨水天了,上午下了一阵雨,我们没有做多少就返回家吃了饭再去做。做什么事情都要讲究时节的,我都只是出于一种朋友关系而出去帮忙了,要不然仅为了几个工钱是不会去了,同去的几个朋友也这么说。

2013年5月24日,星期五,农历四月十五,属虎,多云间晴

昨天的天气不好,误了我们与新街镇农科站做调查试验的事情,今

天还是继续去做。还算顺利，基本把试验田里的事情准备好，准备明天就去插秧了。

2013年5月25日，星期六，农历四月十六，属兔，多云间晴，有阵雨

今天是试验田里插秧，应该是村里最后一块田插秧了。没有办法，秧苗还是村民们家田里剩余的那些，基本都长老了，也不知道能否正常生长。

农科站运来一些鱼种，叫作乌鱼，说是从四川省空运过来的，分别养在他们的试验田里，给了我一袋鱼苗，说是有一千多尾，要我好好管理，也不知道能否适应这里的环境。

2013年5月26日，星期日，农历四月十七，属龙，晴

前两天跟新街镇农科站的人员一起工作，有点误了自己的事情，今天可以静下来做自己的事情了。

今天，张学贵家打屋顶，村民盖房子都是很困难的。每家的面积就那么一点，正常的都是五六十平方米，最多的也就是一百多平方米，而他家的建筑面积就是小，可能就是五六十个平方米，来帮助的人还是多，做起来就快，到了下午一点左右就完成。两三点钟，帮助的村民就开始吃饭、喝酒了。

2013年5月27日，星期一，农历四月十八，属蛇，晴

"适者生存，优胜劣汰"是老古人说过的话，应该有它一定的道理。从今天观察新街镇农科站放到田里的鱼种情况来看，有部分死了。对于某一种生物，更换了一个环境需要一个适应的过程，他们说这些鱼种是从四川省空运过来的，说这种鱼可以食小龙虾，要是能发展起来就可以控制小龙虾的发展。可能是鱼苗太小或者的确不能适应的原因，有部分鱼苗死了，不知道能适应生存下来的有多少。听说这种鱼能控制龙虾发展的村民对这种鱼是比较感兴趣的，都希望有这样一种生物发展。

可怜天下父母心，在与卢某交谈中知道李某又生病了。说是她去地里干活时，路过其逝去的儿子的坟墓旁边，一时心动去看了一会儿，不慎跌了一跤，之后，她的手就一直疼痛，已经一个多月了，不见手有什么地方出现问题，医生也看不出什么问题来，说是有点搞不懂。其实，按照村民的说法，是不应该的。没有什么特殊的事情，亲人的坟墓是不能有意去看的，有时就是会出现这样那样的怪事来。

2013 年 5 月 28 日，星期二，农历四月十九，属马，多云间晴

今天是牛角寨乡的集日，过几天就要办理母亲丧事的李贵文带着李绍新到牛角寨乡集日买牛，应该在前面的日记里提到过，村里办理丧事多数都是要到牛角寨乡集日买牛。可能是历史和人们的生活习惯，或者说是市场发展所形成的一种功能，附近的寨子要是需要牛的话，多数都到牛角寨乡集日时过去买。经常帮忙村民家到牛角寨乡集日买牛的人说，只要到牛角寨乡集日需要什么样的牛都有。这就是村民都到牛角寨乡集日买牛的理由吧。

办理什么事情人们总是希望有好的结果，绝不希望出现什么不顺的差错。这可以说是人的一种心态，也就成为一种生活的习惯，总是会在人们的生产、生活中成了理所当然的事情。办理大的丧事或者喜事选择日子是箐口村哈尼族的一个生活习惯，李贵文家的这次丧事也类似于这样：原来是打算前几天属虎、属兔日（24 日和 25 日）办理丧事的，只是后来听说他们家人记起来那两天正是李贵文祖母在世的生辰，为了避免犯忌，就只好推到过几天的属猴、属鸡日了，也就是本月的 30 日和 31 日，希望求得一个好日子办丧事。

今天和李贵文他们一同去买牛的还有李文光家，出于村民与村民之间或者说朋友之间帮忙的理由，都是搭了李学的车去。不过，改道以后

村民到牛角寨是方便多了，从以前的一个多小时缩短到现在的一二十分钟。确实，云南要发展，交通是个决定因素之一。

今天，李世忠家打屋顶，不知道怎样考虑的，选择了请小工来做。我们是朋友，本是该过去帮助一天的，但是，我去帮助李绍云家的事情了，没有过去帮助李世忠家打屋顶。

2013年5月29日，星期三，农历四月二十，属羊，晴间有阵小雨

白天，我们是准备李绍云家用的物资。晚上，李氏家族集中在李绍新家开会，主要就是商量明后天办理李绍云母亲的丧事，安排这几天的工作，希望家族的人都过来帮忙，能够顺利办好这件丧事。

生意是要互相照顾的，要不然的话，今天世博元阳旅游公司元阳分公司怎么会集中在卢世华家用餐呢？他们自己也有食堂，有自己足够的人手做伙食，没有必要到村里卢世华家来吧。世博元阳旅游公司元阳分公司管理员卢保昌是卢世华的朋友，卢世华做饮食生意，自然是要照顾的，说是今天杀了一只羊，接待他们公司的员工们。

2013年5月30日，星期四，农历四月二十一，属猴，阴，有大雨

今天的天气不好，我们是参加主办李绍云母亲的丧事，天气就是不照顾人，害得我们村民帮助杀牛的人都不方便，每人都淋了一身的雨，时间关系，程序又不能停止不做，只有杀好牛又重新回来换衣服了。

我们村里这两天的主要事情就是帮助李绍云家处理丧事。我们是一个结拜的家族，我们家遇到什么事情，他们都要过来，而现在他们家遇到这样的事情，我们也是要过去帮忙的。

2013年5月31日，星期五，农历四月二十二，属鸡，阴雨转晴

从早上到中午，一直下着雨，在李绍云家帮忙的村民心里一直犯着愁，担心着到下午要是这样天气的话怎么把李母送出去。可是，人算不

如天算，过了上午以后，天气就转晴了，我们的心情也就如同天空散去了阴云变好了，李母的葬礼也能够顺利地进行，昨天的天气是不照顾人了，今天是照顾了。

这两天我也一直帮助李家做事情，很少去观察其他村民的事情了，回来累就休息了。

2013年6月1日，星期六，农历四月二十三，属狗，多云转晴

今天是"六一"国际儿童节，村里只办了小学两个年级，可能是前两天就组织过节了，也可能是其他的原因，他们今天就没有组织过什么儿童节的活动。这也是没有办法，现在的学校听说是推行集中办学的原则，所以，村里的孩子读到三年级就要到附近的土锅寨小学就读，村里就只剩下小学一、二年级的学生，学生们太小，是不可能做什么活动的。对小学校这一事情，前两年我任村民干部的时候是提过意见的，为了村里孩子的安全、师资、教学质量、环境等各方面提升，要求主管教学的领导多对箐口村做考虑，这些年都没有得到解决，只能以后慢慢解决了。

如同其他村民家的葬礼，村里的李绍云家今天要请村民做客，而习惯上每户村民都会安排人员参加，多少给一些礼金。如同其他村民家一样，来参加做客的除了本寨子村民，主要还有大鱼塘的村民、黄草岭的村民、全福庄的村民、陈安的村民、土锅寨的村民等，至于今天为什么会有十几个土锅寨彝族村民，据我分析是李贵文父亲年轻时任过现在的村委会主任，一定是因为各种业务来往而认识了一些朋友。礼尚往来嘛，有心人总会记着，总是要来往的。

2013年6月2日，星期日，农历四月二十四，属猪，阴，有雨

进入6月以后，可以说是进入农闲时间了。可对于年轻人来说，闲着也不是办法，趁着年轻总得找些事情做做，找点钱补贴家里的经济。这是多数村民家目前的经济运作方式。这几天，天一亮就可以看到中年男女要到街上或者附近等地方工作的，每天都有。早上六七点出去，下午五六点回来，今天早上有李永忠的妻子、李斗木的妻子、卢宽亮的妻子等，看她们很辛苦的，但是也很愉快。

这就是村民的过日子吧，先把家务事情做好，之后是出门挣钱，农忙回来，农闲出去，有事回来，没事出去，周而复始，就是这样延续着生活。前两天是因为李绍云家办理他母亲丧事，李绍云的好朋友、好弟兄李庆五、张文学，包括他们的妻子等在外地打工都回来帮忙。前天出殡，昨天谢客，他们今天就出去做事情了。看到这些，我是多么地想在村里开辟出一个产业来，养殖也好，种植也好，餐饮服务业也好，只要能安定地过一生，提供后人的经济能力也不错了。

2013年6月3日，星期一，农历四月二十五，属鼠，多云，有阵雨

上午，看见有李爱生家去做一个法事，参加的人是李小生、李才生，还有李爱生他本人，摩批是李建国。不知道这个是什么法事，但是人家做法事，我不方便过问，只能是问其他的村民，或者其他什么时候找时间去访问还可以。

2013年6月4日，星期二，农历四月二十六，属牛，多云，有阵雨

在村口的我，早上六点半左右就听见有鞭炮声从路上传来，之后，就有几张贴着喜字的车驾驶进来，见过外地办喜事的我，一看就知道是来接新娘的。会是谁呢？后来才知道是李兰，她已经是30岁左右的大姑娘了，以前一直在外地打工，也交往过几个男朋友，只是不知道什么原因一直没有很好地相处下来，前一段时间与现在的丈夫来往，应该是没有办理婚礼，就选择今天来做。已经30岁左右了，在我们农村来说是绝对的大姑娘了，是应该找一个心爱的人出嫁了。从表面来看，他们都已经模仿着汉族来做了，早早地到新娘家叫门是一个例子吧。之后是驾驶着车出去了，至于他们到新房怎么做，是否都是学着汉族的样子做

或者是按照哈尼族的来做，就等以后有机会的时候再做调查记录吧。

听说，她们的婚礼在新街镇云梯酒店举办，或许自己是出嫁方的原因，或者其他的什么原因，她们家没有请很多的村民参加，只是请了与她们家比较亲近的村民，有她们几户家族的李氏家，有她母亲家属卢氏的几户家，其他的村民几乎没有。

2013年6月5日，星期三，农历四月二十七，属虎，阴转晴

李庆云夫妇从个旧市回来办理结婚证，说是他们的儿子要在个旧市某小学上学，需要对他们的户籍做记录，需要补办有关材料才能让他们的儿子在个旧市上学。这也有趣，附近这一带的哈尼族按照民俗，只要他们双方相处时间长了，成了实际意义上的夫妻，按照民族的习俗做好了各种法事就可以了，无须办理什么结婚证书，上一点年纪的村民都基本没有结婚证。现在的话，国家的法律逐渐在农村推行，还是得按照国家的法律程序办，有的事情才能办理。

2013年6月6日，星期四，农历四月二十八，属兔，阴雨转晴

这几天，到信用社取钱的村民多，说是每年国家发给农民的耕地补贴款到了，领回来的村民都说今年补贴要比往年多。看来，国家还是拨了很多钱，国家的经济实力在提高，人民的各种补助待遇也在提高。

去领钱的村民都说这两天人很多，一定要排队等着。而为什么村民偏要这两天去呢？本人在与部分村民交谈中有人无意说道："说不定以后政策会有什么变化，政府给的时候领回来用掉算了。"原来，部分村民还有这样的想法。当然，我相信多数村民是知道的，款打到农户的存折上，就只有农户家人凭着有效证件才能领取，只要打到农户的账户上什么时候去领取都不会有什么事情。有政策会变化，以后会拿不到想法的人是少数村民。

下午六七点，张明福家做一个祭祀，也就是我的老人家，主要是我

的母亲这一段时间来身体很不正常，按照村民的一般习俗，做一种算卦占卜来算算她的命，希望她做了这样那样的法事后会有所恢复。

2013年6月7日，星期五，农历四月二十九，属龙，多云间有小阵雨

高考的时间更改了，说是今天就考试了。听说，今年村里也有几个参加高考的学生，就是不知道成绩如何。不过，我想，只要谁的孩子成器或者调皮的，就会出名的，也许他们的成绩很一般，所以，就会少有人知道。

2013年6月8日，星期六，农历五月初一，属蛇，多云间晴

上午，李绍云家做一个法事。今天是农历的五月初一了，就是因为前一个月，他的老母亲过世，按照村里的民俗，过了四月就得选择一天做这样的一个法事，主要是封房子后墙上打开的一个洞口，得请摩批来做法事，也要请家族和邻居来吃饭。现在，算来是农闲一点的时间，我们是结拜的家族，自然也要叫到我的，我也过去帮了忙。说是帮助，其实也没有做什么，就是做我们要吃的饭菜罢了，喝了两杯酒回来就在基地学习。

2013年6月9日，星期日，农历五月初二，属马，多云间有雨

后天就要过端午节了，今天李爱生家就杀猪了，是与其他村民朋友约着杀来吃的。他们说是自己家里养的，不怎么喂饲料，猪肉要比从街上买回来的好吃。当然，多数情况下，市场上的猪肉还是好的，要不检验员是不会通过的。只是，市场上确实也会卖一些肉质差的肉，我也碰到过，不好的肉吃起来真是没有味道。所以，我到市场买肉确实要比买其他的要小心些，真的是怕买到了不好的肉让人生气。

2013年6月10日，星期一，农历五月初三，属羊，有大暴雨

昨天夜里到今天凌晨有大暴雨，村里的河水都上涨了，田里的水都灌满了，才这个时候，暴雨就来了，我是怀疑比往年早一点。做农民的，也像工人正常上班一样，干旱了要到田里检查；雨水多了，还是要到田里检查。这样的雨水天，多数村民都要扛着锄头到田里排水，要是发现田埂倒塌就要修复。

明天就要过端午节了，今天除了很多村民到田里排水，也有很多村民上街买菜，说是买菜，主要是买鸡，很多家庭是要杀一只鸡献饭的。

2013年6月11日，星期二，农历五月初四，属猴，多云转晴

端午节应该是农历五月初五才过的，就是不知道箐口村为什么今天就要过端午节了，总是比其他村寨提前一天。有村民说是要避免箐口村的火灾，我怀疑是吹牛的，但是，这样的伪命题居然还有人相信是正确的，总是能在几个老人的嘴里说出来，有些人就跟着相信了。特别全村都是茅草房的年代，他们一吹，那时候的年轻人就记住了，现在就是中老年人，他们也只能跟着说：老人们都这么说，我们也只能这么说了。

就是因为过节了，我也没有去什么地方，找两个朋友喝了两口酒就在基地学习。没有什么事情，朋友也不能叫多，酒也不能喝多，真就只能喝两小杯就吃饭，休息一阵就要学习。

2013年6月12日，星期三，农历五月初五，属鸡，晴

中午11点左右，已经89岁的老咪咕李沙惹老人去世了，听到消息的村民又得到他家帮忙了。今天白天的事情主要是给他做好棺材，到了晚上给他入殓。我与他们家还是沾一点亲戚关系，今天还是过去帮忙了。要是同其他村寨的话，今天过端午节，只是按照箐口村历来的习俗，在昨天就过了节，时间也就是一天，只是包一些糯米，杀一只鸡献一下，没有多大的事情要做，过得简单些。今天来帮助的人还是不少的，要是

其他什么节日的话，有的村民是忌讳到这样的丧事中来。

2013年6月13日，星期四，农历五月初六，属狗，晴

昨天，李志和家做好了他老人家的棺材，到了晚上就入殓了。按照程序，昨天就通知了所有的亲戚朋友，今天是接待来奔丧事的亲戚朋友。现在有了电话就是方便，基本用电话就通知好了，不用再安排人过去。要是在以前，第二天是每一户亲戚家都要安排两个人过去通知的。现在就不用了，除了逝者的舅舅家是还要安排两个人亲自去叫的，即使他们知道了或者电话已经联系了，还是要安排两个懂一些规矩的人过去通知，到时候逝者的舅舅家带一些东西回来，具体带些什么，等我以后有机会亲自参加或者问参加过的人再清楚的说明，其他的亲戚家直接用电话通知就行了。

2013年6月14日，星期五，农历五月初七，属猪，晴

今天，云南农业大学的学生和新街镇农科站的工作人员来调查试验田里的秧苗情况，他们一开始在村里做试验就是与我一起做的，我跟他们相处做这些调查已经有好几年了，博士生、研究生毕业了一批又一批，不变的就是农科站和我。每次他们来几乎都要叫到我，今天也是，就陪他们一起到田里去了。

今天就没有到李志和家帮助了，我们是一般亲戚，没有达到不去不行的程度，可以适当做一点自己的事情。

2013年6月15日，星期六，农历五月初八，属鼠，晴

这两天的天气晴朗，气温也很高。晚上，张正明家到李志和家发糖果。

今天是新街镇的集日，李贵祥的父亲买回来一头小猪，准备饲养。可是，到了村口的时候，买来的小猪跑了，一家人都找不到，就这样给丢失，没有办法，只能重新再去买来饲养了，对富有的人家丢失这样一

点财产不算什么，可是，对于困难的人家来说，丢失这样的一头小猪也是失去了一笔钱，还是心痛的。

2013年6月16日，星期日，农历五月初九，属牛，晴

这大夏天的，天气热，死者不易搁置太长的时间。也是算好日子的，李志和家准备明天就要祭祀，今天是准备明天需要的东西，说是准备好安埋到寨子脚地里，今天买回来砖与水泥，叫年轻人今天就背到地里。

晚上，侄子张崇祥家到李志和家发糖果。李志和就是侄子的老丈人，对于亲戚家的事情，他得给一点面子。

2013年6月17日，星期一，农历五月初十，属虎，晴

正如昨天说到的，今天的村里就是办理李志和家老人的丧事。没有其他的事情，村民们总是要过来帮忙的，因为有两个地方的人来丧祭，村里还是很忙的。

2013年6月18日，星期二，农历五月十一，属兔，晴

今天村里是送葬李志和家老人。按照村里的葬礼，到了下午三四点才出殡。中午，吃过饭后，一般村民是稍微有点休息的时间，特别是年轻人，到了要出殡的时候要集中起来，而村民也很自觉地能集中起来，把死者安埋好再回来。这是村民团结的一个好风气，一直都是这样，我相信能很好地发扬下去。

2013年6月19日，星期三，农历五月十二，属龙，晴

按照村里的程序，今天李志和家请客接待，就像前面说到的一样，我们家与他们家还是有一定的亲戚关系的，是侄子张崇祥老丈人家，我还是过去做客了，给了一百元的礼金，要是一般村民的话，我也是一个困难人，是不会给这么多的。

2013年6月20日，星期四，农历五月十三，属蛇，晴

上午，村民小组在李志学家墙上张榜公布今年上半年的农村最低生活保障费名单，每户是380元，这一次是按照村里的户数来发放的。

今天，村民小组组织村民打扫卫生，说是过两天就是申报哈尼梯田世界文化遗产的时间，估计这个时候不时地会有人来村里调查，要求村民积极主动地配合，做好自己的事情，搞好自己家的卫生，村民小组要组织打扫好公共卫生，维护自我的形象。

2013年6月21日，星期五，农历五月十四，属马，晴，晚上有阵雨

哈尼梯田申报世界文化遗产是这两天的事情，村里也比较配合，这两天村民小组也督促着村民搞好卫生。

下午，有李永得家做一个祭祀，有村民的叫法是后院祭祀。这种祭祀，并不是说只有家里出了大事才能做，说是没有做祭祀的时间长了是可以做一个的。

时间就是过得快，可以收获黄豆等作物了，今天有张学贵妻子等收回来了黄豆。

2013年6月22日，星期六，农历五月十五，属羊，晴

听到有关消息说，今天在新街镇广场进行演出，电视现场揭幕中国红河哈尼梯田申报世界文化遗产的结果。我也和多数村民的心情一样很激动，带上了照相机和摄像机早早就跑出去，只是进新街镇的几个路口都有警察把关，只有有通行证的专车才能进去，其他的营运车只能出不能进，只好到警察守关路口就跑着步进去了，看电视现场转播会议。"北京时间2013年6月22日13点28分，在柬埔寨首都金边举行的联合国教科文组织世界遗产委员会第37次会议上，中国红河哈尼梯田成功入选世界遗产名录，中国红河哈尼梯田文化景观成为我国第45个世界文化遗产地和我国首个以民族名称命名的世界遗产。"非常值得我们遗产地人感到骄傲和自豪。愿"哈尼梯田，世界共享"。

晚上，世博元阳旅游公司元阳红河哈尼梯田开发责任有限公司召开联欢晚会，共同庆祝中国红河哈尼梯田世界文化遗产申报成功。村里也有很多村民去参加了，我白天到新街镇观看了电视现场会以后，感到有点累而没有去。

2013 年 6 月 23 日，星期日，农历五月十六，属猴，晴

早上，村民小组用喇叭宣传哈尼梯田申报世界文化遗产已经成功的事情，要求村民继续做好村里的各项工作，注意形象，搞好卫生，以及其他政府要求的各种事情。希望村民们再接再厉，管护好村里的各项事情。

2013 年 6 月 24 日，星期一，农历五月十七，属鸡，晴

上午，卢永贵家做一个祭祀，请的摩批是大鱼塘村的人。祭祀的主要原因是家里的房子建起来时间不久，就发现有地方裂缝，说是有必要做这样一个法事。这就怪了，房子裂了是技术上、质量上的问题，应该找建筑师来而不应该是摩批来处理，这样一个实在的东西做祭祀会好？我是不相信的，他们只能是心理上找一点慰藉罢了。

到了这个年纪，特别是对于一些做事情的人来说，时间似乎过得更快，感觉过年才是几天，栽种的黄豆都可以收获了，这两天就有不少村民收回来。今天李平发的妻子、李文光的妻子等收回来，他们家的地都是在麻栗寨河底，海拔低、气温高，庄稼成熟就快，这两天天气好，都希望在没有雨水的时候赶快收回家储存起来。这个雨水多的季节要是不注意天气变化，很多事情是做不成的。

2013年6月25日，星期二，农历五月十八，属狗，晴转大雨

　　早上八点左右，村民小组通知村民召开群众大会，要求每户要有一个人参加，会议主要由新街镇人民政府工作人员来组织。主要内容是就目前村民拆除重建房子的事情，要求村民一定要按照政府规划来建设，对于要拆建的民房，要是按照政府规划做，政府答应建设好以后给予拆建的村民家三万元的补助。这对于快要倒塌和时间过长的民房来说是一件好事，相信准备拆除重建的村民会积极申请了。以现在多数村民家建设房子的情况来说，基本上投资六七万元就做成标准房子，要是自己出一些物资、出劳动力，也基本可以做成了。有这等好事，自己具备条件可以做的村民要是不争取的话，该村民是有问题的。但是，有的政策因为时间或者人员的调动而改变，有的村民还是怀疑的。

　　上午，村里又来一个卖水果的商人，生意还是马马虎虎。自从村里能进来车子以后，每隔一天都会有卖水果和卖蔬菜的商人，每次都多少有村民做交易。这样也好，他们做生意的人多少还是可以找到一些钱，村民的需求也得到解决。我认为村里要是能有一个更集中的市场更好。

　　对于学校来说，转眼一个学期又要结束了，听说今天上午小学校里开始考试了，等考试卷子发到学生手里就要放假了。

2013年6月26日，星期三，农历五月十九，属猪，晴

　　今天，箐口小学校组织考试，但是今天就能考完了。小学生嘛，要考试的科目不多，两天就能考完了，等过几天就放假了。

　　下午，路过看见卢迁家做祭祀。祭祀的事情，我们外人一般是要回避的，不便于过问，只有确实有他家人或者摩批说了的，外人才能参加，不然的话，有的被打扰了的祭祀还要重新做。

2013年6月27日，星期四，农历五月二十，属鼠，晴转暴雨

　　到了这个时候，雨水就会多。6月10日下了一场暴雨，今天又下了一阵暴雨，田里的水还是灌溉满了，我还是免不了到田里观察了一下，怕养着的鱼都随雨水冲出去了。再者，是要注意排水的，要不然，田埂也会给冲倒的。

2013年6月28日，星期五，农历五月二十一，属牛，晴有阵雨

下午，看见打工回来的有张春华夫妇，说这次是从蒙自市回来的，他从土锅寨党总支部书记下任以后，家里只有几块田管理，而人又不能仅吃粮食生活，上有老人，下有小孩，其他的吃、穿、住、行都需要找钱来维持，村里又没有什么产业，只有到外地打工了。这山区确实太穷了，要是没有一点经济基础，什么事情都做不成。

2013年6月29日，星期六，农历五月二十二，属虎，多云有小雨

上午，村民小组登记新建房子没有土地使用证书的情况。据我估计，每年还是要新建几栋房子的。我想应该有村民没有去登记，只是我已经不任村民小组干部，具体的情况也就不知道了。

2013年6月30日，星期日，农历五月二十三，属兔，阴，有雨

俗话说："人怕出名，猪怕壮。"今天北京三联新知周刊记者贾冬婷到村里来，说是要对村里的李正林、李小生、李志和等任村里主持祭祀的摩批、咪咕进行采访，包括我，说是等她回到北京整理出来以后要发表文章的。

明天就是七一建党节了，村委会为了明天开会做伙食，在村里张明生家以1506元买了一头猪。

2013年7月1日，星期一，农历五月二十四，属龙，多云间有雨

今天是"七一"建党节，按照惯例，我们土锅寨党总支部要召开党员大会，过一年一度的建党节。可是，听说上级领导有事情，不能到我们土锅寨党支部参加会议，今天的会议就要拖到明天再召开，我们土锅寨党总支部今天就没有召开什么会议。要是正常情况下，就是在今天召开会议。

也罢，我就陪着记者贾冬婷在村里做调查，主要采访李正林和杨正明，他们两个都是我们箐口村的民间文化人，来的人多，知道的人就多。

在蒙自市打工的卢绍光夫妇等几个村民回来，他们说是在那里做建筑行业，都是师傅的待遇，要是夫妻两口子的话，还是能挣到钱的，有几个都买了私家车，在村里算是风光一点的人了。

2013 年 7 月 2 日，星期二，农历五月二十五，属蛇，多云间晴

贾冬婷女士在村里调查了几天，主要是调查我和李正林的事情，于今天离开箐口村回北京了，说是要把在箐口村的这一段资料整理成一篇文章发表的。

就像昨天说到的，因为昨天新街镇负责土锅寨党总支部的人有事不能来，我们土锅寨党总支部没有开什么会议，是推迟到今天来召开的，杀的猪是从大哥张明生家以 1506 买来的。说是开会，我们农村人没有什么要说的，我认为不过是过一个程序，每一个党员，能正常地生产劳动，听从党支部的指挥，团结村民，基本就足够了。

2013 年 7 月 3 日，星期三，农历五月二十六，属马，阴，有雨

早上，学生到自己的学校去拿考试卷子，这样，又过了一个学年，再过一个愉快的暑假就要换新的学习环境了。

前几天陪着的记者贾冬婷女士返回北京了，说是过些天还有一个记者要过来找我，要我尽量配合他们工作。

2013年7月4日，星期四，农历五月二十七，属羊，多云间有雨

上午，我是在基地里学习，接到贾冬婷记者的电话，说是下午有他的同事要过来找我，叫我尽量配合他做好工作。

说到就到，中午，三联新知周刊的记者于楚众来村里，他要我配合他在村里拍摄了很多照片，我是想跟他学一些拍摄的技术，一天就带着他到处走访。

2013年7月5日，星期五，农历五月二十八，属猴，多云间有雨

还是同昨天一样，带着记者于楚众在村里来回地走动，在村里多拍摄了一些相片，说是想要在周刊上发表一些。时间就是过得快，跟他在一起一天又过去了。

2013年7月6日，星期六，农历五月二十九，属鸡，阴，有雨

凌晨，生病了很多天的中年妇女李以略去世了。这在一个村，一个区域来说不是什么大不了的事情，可是，对她的家庭来说是一件很悲痛的事情。因为这是一个特殊的家庭，是一个奶奶和孙子两个人组建的家庭，这样生活已经很多年了，村里一直把这个家庭当作是特殊的家庭给予力所能及的照顾。她孙子李江还是一个十几岁的孩子，她离开了，就只剩下尚不能处世的孙子李江了，这是一个多么不幸的家庭！一个家庭的担子就要留给一个十几岁的孩子，可以想象是多么的悲痛！村民相信，好像她知道自己的生命要在此年此时结束，就在今年把自己的老房子翻建起来，建起来还不到一个月，还没有来得及装修整理，她一病不起，离开了自己一生花费精力建起来的新房子，离开了还年幼的孙子，离开了与她朝夕相处的村民，对她的家庭是很大的不幸！只是人们的生老病死是没有办法的。对于命运，无论是富贵还是贫穷都只有坦然面对，沿着前人走过的路，化悲痛为力量，擦干脸上的泪水和身上的汗水，克服种种困难享受属于自己的日子。

李以略去世后，知道的村民都自觉过来帮忙，现在还是不怎么忙着农活，一家有难，全村都来帮助，还是和其他正常的程序一样，该准备的物资都准备着，该通知的人也一样通知着，还是按照葬礼的程序把今天的事情处理好。

2013年7月7日，星期日，农历五月三十，属狗，多云间晴

李江家今天是通知亲戚来奔丧，村民都知道，李江家是村里特殊的一个家庭，遇到这样的事情，还是有村民积极地过来帮助的。村民的观点是，既然是一个寨子的人，无论谁家出了大事情，每一户箐口村民都有一份似的，都会过来帮助的。

就这几天的生产来说，村民的主要事情是收黄豆，只要天气稍微好一些，就有村民到地里收获。就今年的天气来说，可以说是风调雨顺了，刚开始的时候，由于农作物长势很好，村民还担心黄豆不会饱满，从现在收获的情况来看，今年的黄豆不错，多数村民家收获来的都很饱满，村民都说肯定要比往年丰收很多。

2013年7月8日，星期一，农历六月初一，属猪，阴，有中雨

因为下了一场雨，我怕养在田里的鱼都被冲出去，就到田里观察水位情况，还好，雨水不大，出水口淌着水，问题不大。回来到李江家转了一下，想尽自己能力帮助一点，可是，今天没有多少事情就又回来做自己的事情。

2013年7月9日，星期二，农历六月初二，属鼠，阴，有中雨

上午，村里发放2013年上半年农村最低生活保障费用，每户380元。自从村里换届选举以后，村里的有些措施就有所改变，以前发放农村最低生活保障费用以人数为主改成以户数为主，这是一个例子。然而，又从去年开始，农村实行养老保险以后，他们又在每家每户中根据不同的

家庭情况从中扣留了一部分交养老保险费，他们的出发点是到年底收养老保险费时有的人家临时交不出，商量决定现在就根据不同家庭的情况扣收一部分。可能是考虑到这是经济事务，这次是新街镇政府的工作人员亲自来发放。我知道，我也担任过村里的负责人，料理过十几年的村务事情，村民对村里的经济问题很敏感，哪怕是几十元的问题，都会有村民说三道四，想着还是有专人来管村里的经济事情好。然而，村里的事情终究还是要村民自己管理，依靠上级、依靠其他的只能是一时之见，时间毕竟不会太久。

2013年7月10日，星期三，农历六月初三，属牛，阴，有雨

这时候是雨季了，这个月已经连续多天没有见过太阳的脸面了，地面都很潮湿，田间的路就难行了，路难走一点还想得通，我最担心的是田里的庄稼被淋坏了，今年的收成会受到影响。

下午五六点的时候，村里又来一个卖烤鸭的年轻人。要是在前一些日子，来买的村民很多，而从今天的情况来看，好像买的村民不多，或者是地里的蔬菜多了，或者是今天来卖的这个年轻人厨艺不好，好像挑来多少又挑回去多少，没有卖出去。

2013年7月11日，星期四，农历六月初四，属虎，阴，有小到中雨

没有办法，是到了雨水上涨的时候了，从凌晨开始下雨，直到十一二点雨水才稍微停了一点，下午再转晴了一点，才给了要收获黄豆的村民一点时间。就这样的时间，村民都会感觉到赶着时间过日子，即使下一点雨都要忙着收获，要是过了时间，成熟的黄豆就会烂在地里，一年的汗水都要白流了。

驾车还是小心些好，无论是宽敞的国防路，还是崎岖的乡村小路，都会有交通事故发生。今天在村里就有一起，可能是驾驶员的技术有问题，应该算是在好的乡村口公路上，有一辆车差点翻到路边的地里，还

好车没有再翻跟斗，最后是叫了几个人来牵到路上才返回城里。

2013年7月12日，星期五，农历六月初五，属兔，阴，有雨

今天，云南农业大学的研究生来调查村里稻飞虱害水稻的情况。可是，他们来晚了。我带着他们到田里看情况的时候，发现稻飞虱都要飞走了，在村里的水稻上捉不到，他们只好返回学校，说今年村里的稻飞虱实验调查情况是做不了了。

农闲时间，没有多少事情，就在田间观察一下情况又回来学习，这个年纪的事情就是这样，有时候忙得很辛苦，连饭都顾不及吃；有时候又闲着，不知道该做什么事情，闲得慌，我是无法想象整天闲着的村民是怎样过日子的。

2013年7月13日，星期六，农历六月初六，属龙，阴，有雨

村里的两个龙头收取今年过苦扎扎节的费用，每户收了五十元，村里有两百多户，总的就可以收到一万多元。当然，因为这次苦扎扎节主要用一头公牛，牛价又高，至少要买七八千元的一头，再加上支付一点咪古的小费和买一些鸡、鸭，一万元左右还是要用的。

今天的天气还是不好，心情也不好，就在基地学习，什么地方也没有去。

2013年7月14日，星期日，农历六月初七，属蛇，多云，有雨

基本上是农闲时间，没有多少事情就在田里观察了一下回来，之后是到李家看看有什么能帮助的，对于李家来说，我们是外家人，所要做的事情就相对少一些，要是他们李家的人，每天都有一些事情要做的，直到整个葬礼完成。

李家准备丧事所要的物资，他们李家的人要积极主动参加，要不然，要被家族的老人说的，这是村民团结的一种原始的方法。

2013 年 7 月 15 日，星期一，农历六月初八，属马，多云，有雨

村里今天是主办李家的丧事，村民都知道他家庭特殊，还是有很多村民来帮忙。可能考虑到用牛来丧祭也是留给了还未成家的李江一种负担，所以，今天没有谁家亲戚来用牛丧祭的，他们都只是用小猪，或者其他的方式来过礼了。

2013 年 7 月 16 日，星期二，农历六月初九，属羊，多云，有雨

村里，昨天是主办了李家的丧事，今天是给她送葬了，村里的年轻人还是比较集中，能够顺利给她送到山上安葬了。

2013 年 7 月 17 日，星期三，农历六月初十，属猴，多云，有雨

李家还是按照葬礼程序，今天是请客接待村民。而我去观察的情况是每户村民家都基本上来做客了，这一点，很多村民是不分贫富的，分的只会是礼金上的多少。你家平时来往得多，家里出事，来做客的过的礼金相对就会多，反之就少一些。

今天是新街镇的集日，两个"龙头"负责人到街上购买所要的物品，特别是所要用的鸡鸭，只有集日，他们需要的物品才方便购买。

2013 年 7 月 18 日，星期四，农历六月十一，属鸡，多云，有雨

今年的雨水确实过大，今天村民都忙着准备过节的物资，每户村民家要拿出三把茅草或者稻草修复磨秋房，因为有雨水，很多村民家好像没有凑茅草出来。

2013 年 7 月 19 日，星期五，农历六月十二，属狗，暴雨转多云

今天的话，村里就要过苦扎扎节了，开始搭磨秋、秋千、修复祭祀房。因为今天有暴雨，很多村民都到田里管田水去了，来参加修复祭祀房、架秋千的人就少，没有往年的多，只有几个咪古的亲戚和朋友来帮助，好像成了他们几个人的事情。

2013 年 7 月 20 日，星期六，农历六月十三，属猪，多云，有雨

今天，村里杀牛，是由第四生产队负责分牛肉的。村里的很多事情都改变了。生产队的编制早就结束了，只有这个苦扎扎节还在用"生产队"这个词，每年还是由生产队轮流来杀牛、分牛肉，这个"生产队"的名词还在用着。我们村有生产队编制的时候是有四个生产队，听说，当时的生产就是由队里统一安排、统一生产，20 世纪 80 年代联产承包以后，这个名词就逐渐在很多场合消失。就是这个苦扎扎节杀牛、分牛肉还在用着原来的生产队这个名词，要不然，很多情况下是再也用不到了。

2013 年 7 月 21 日，星期日，农历六月十四，属鼠，多云，有雨

今天，我们村里就是在磨秋场摆桌子，要求是每户要做一桌子饭菜到磨秋场，咪古们要祭祀磨秋、秋千、祭祀房。要是天气好的话，今天是比较热闹的。但是，今年的雨水确实过大了，祭祀都在小雨中进行，村民都没有多大的心情，只好简单一些做了祭祀就回来了，没往年那么热闹了。

2013 年 7 月 22 日，星期一，农历六月十五，属牛，多云，有雨

我们箐口村昨天在磨秋场摆了桌子，基本就算这个节日结束了，村民就可以正常做农事了，就是因为有雨，很多事情只能在雨中进行。我的心情很是不好，做什么事情心里都不好受，不知道其他的村民有没有同样的感受。

2013 年 7 月 23 日，星期二，农历六月十六，属虎，多云，有雨

这个雨季，今年的雨水还是有点过多，整个苦扎扎节都在阴雨中进行，去打秋千的孩子也很少。当然，也可能是社会发展的因素，记得我们小时候只要过苦扎扎节，整天都是可以打秋千的，特别是一些谈情说爱的年轻人，可以从白天打到第二天天亮，有时候还得排队，比赛谁打得高，不怕绳子断，不怕摔跤。每年的绳子"龙头"都要换几次，那时候的绳子都是用山上找来的藤子，也不是很牢固，现在的话，就变成城里买来的塑料绳子了，只有小孩子打秋千，大人们都很少打了，这是一个大变化。我还是比较能打，只是现在很多年没有玩过这些家伙了。

2013年7月24日，星期三，农历六月十七，属兔，多云，有雨

下午，接到战友的信息，说是一个一起退役回来的老人过世了，28日要一起过去见面。今年我困难，到时候去还得找点礼金送，既然通知到了，还是得见面的。

2013年7月25日，星期四，农历六月十八，属龙，多云，有雨

这几天的天气都很不好，每天都有一点小雨，不想出去找事情做，就在基地学习。下午，找朋友喝两杯休息，一天就这样过了。

2013年7月26日，星期五，农历六月十九，属蛇，阴，有大雨

南方的雨季，雨水就是多。雨整天下个不停，空气又潮湿，连人都要发霉的样子，日子就是不好过，我每天只能到田里走一走，我有条件还可以在基地学习，就是无法想象其他村民是怎样过日子的。有的年轻人整天无事就喝一点酒麻醉自己，看他们整天晕晕的，甚至到了中毒的样子，很可怜的。

2013年7月27日，星期六，农历六月二十，属马，阴，有大雨

昨天是下了一整天的大雨，今天还是如此，雨天里，不是农忙时间就基本没有什么事情可以做，只能在基地学习了。

2013年7月28日，星期日，农历六月二十一，属羊，阴，有大雨

我是从部队退役回来的，与我们一起退役回来的战友成立了一个协会，每到哪个战友出现什么特殊的情况就要通知战友聚会。前几天就通知到了，说是水卜龙战友李财云的老母亲过世，今天下午就聚会到了水卜龙寨子参加战友李财云母亲的悼念活动，等晚上吃过饭再回来。

2013年7月29日，星期一，农历六月二十二，属猴，阴，有大雨

这几天的雨水是过多了，今天的雨水还是大，不想也不能去什么地方做事情，表哥普灿在他的药材基地杀狗，叫我过去帮忙当炊事员，我这才过去散散心。虽然下着雨，出来走走心情会愉快些，要是整天闷在家里，有时会慌死人的。

2013年7月30日，星期二，农历六月二十三，属鸡，阴，有雨

昨天，过去当表兄的后勤服务员，今天没有事情，就在基地学习。阴雨天气，村民的事情也少些，要不出去打工了，要不就是放牛，在家的年轻人只会打打麻将、打打扑克，这种看似悠闲的日子其实是不好过的。

2013年7月31日，星期三，农历六月二十四，属狗，阴，有雨

早上起来到田里观察了一下，看见大咪古拆除秋千绳子、磨秋架等。这个苦扎扎节，主要祭祀时间是三天，即第一天修理祭祀房、搭磨秋、架秋千；第二天杀牛，分牛肉；第三天是在咪咕们的带领下，每户拿一桌子饭菜到磨秋场祭祀，基本就算过好了。只是，村民在这一轮的十二天是可以打秋千、磨秋的，过了这十二天，第十三天早上，就有大咪古要拆除磨秋和秋千，说明今年的苦扎扎节就过完了，之后，村民就不能再打秋千、磨秋了。个别农户家里为了给孩子取乐大人们架的秋千也被拆除了，要是有人私自架村民集体祭祀的秋千和磨秋是要被说的，甚至要被罚款,是一桩严重的事情。

天气不好,也真是烦人的,什么事情也做不了,还好现在是农闲时间,基本没有什么大事要处理。

2013年8月1日,星期四,农历六月二十五,属猪,多云,有雨

今天晚上,我们新街镇组织召开今年的民族摔跤运动会开幕仪式,往年的运动会开幕式都很热闹的,所以,村里还是有很多年轻人去参加观看。到了夜里,有的就住新街镇,有的是找了车回来。我是去看过几次了,年轻的时候看朋友们好玩,走着路也会去的,到了现在这样年纪,对这些没有多少兴趣,就不去了。

2013年8月2日,星期五,农历六月二十六,属鼠,多云,有雨

昨天晚上,新街镇组织召开了民族摔跤运动会开幕式,从今天开始就是正式比赛摔跤了,每年都有奖品。第一名奖励一头牛,第二、第三名奖励不同的奖品。

今年,我们村的苦扎扎节是前面一点过了,有时候是会同时过节。我们新街镇的这一个节日是最热闹的。小时候很感兴趣,好奇心大,几个伙伴约起来,没有车,没有钱,就是走路过去也要去凑热闹的,现在的话,只要有钱,随时都有车,年轻人反而不愿意去看了。

2013年8月3日,星期六,农历六月二十七,属牛,多云,有雨

这几天的雨水还是没有停过,雨水过多,做农民的确实担心,在基地学习也没有多大的心思,原本想着可以趁农闲时间好好学习一段时间了,就是静不下心来。再说,到了年纪,感觉看书、学习也是一件很累的事情,很多东西看了就忘了,就是记不住。所以学习确实要趁年轻。

2013年8月4日，星期日，农历六月二十八，属虎，多云有雨

今天知道村里张牛后的三轮港田车卖了，说是准备要换新的。这样，村里就暂时没有人驾驶这种车了，要不然，村里有这样一辆车的话生意还是不错的，特别是新街镇集日的时候，总是会有村民上街，一两个人驾驶这种车服务一下村民的生活，他的小日子也会好过的。

2013年8月5日，星期一，农历六月二十九，属兔，多云转晴

今天的天气稍微晴朗了一点，心情也似乎好一些了。因为到了这个时候，谷子都要抽穗了，要是像前一段时间的话，做农民的我们真担心谷子都被淋坏了，没有收成还要为粮食想办法，还是急着我们这些做农民的了。

2013年8月6日，星期二，农历六月三十，属龙，晴

昨天中午天气转晴了，今天又是比昨天晴朗很多，这就是好的。可以说今天是一个月来见阳光时间最长的日子。是应该晴朗些了，不然的话，出穗的谷子都要变秕谷了，来年的村民靠什么过日子呢？虽然，现在的社会发展起来了，特别是这两年，年轻人只要出门，每天打工都可以挣到七八十元，总是不会有饿肚子的情况。可是，并不是所有村民家的孩子都听话，特别是还未成家的年轻人，他们挣钱的水平一般每天就是七八十元，而他们花钱总是大手大脚的，他们打工挣来的钱总是入不敷出，很多家庭的油、盐、柴米总是要依靠家里的父母省下来购买，家庭的生计问题总是由做父母的解决。最常听说的是，谁家的孩子出门又跟父母拿了多少的路费等家常话题，很少能听到谁家的孩子挣了多少钱回来。总之，风调雨顺是天下农民的最大心愿，田里的庄稼正常生长、正常收获是村民的最大心事。真的，我是很担心雨再继续下去，会把庄稼都给弄坏了。

今天是新街镇的集日，可能是李江家安排谁购买了猪、鸡、鸭等，下午的时候，他家做封后墙洞口的祭祀了，也是通知了所有的家族人来参加吃饭。

2013年8月7日，星期三，农历七月初一，属蛇，晴

这一段时间村民还是在农闲阶段，主要的农事应该说是给田埂除草。今天，我也去砍草了，看到二哥张明德也去田里除草了。

一般情况下，寨子脚田埂边上的草是会有村民割来喂牛的，可是，这一段时间的草长得太快，养牛的村民都割不完了，再说，他们也只会割牛爱吃的草，并不是所有的草都会帮你割的。到了出谷穗的时候，总是自己家人要割出一些，防止遮挡庄稼，影响庄稼的生长，老鼠也会来咬吃庄稼的，容易降低粮食产量。

2013年8月8日，星期四，农历七月初二，属马，多云间晴

天气热，这一段时间到田里劳动也是很辛苦的事情。昨天没有砍完田埂上的草，今天还是继续过去砍草了，到下午，总算砍完了，完成一桩事情像是放下什么担子似的心里就踏实多了。

2013年8月9日，星期五，农历七月初三，属羊，多云

早上，表哥普灿说羊粪栽培重楼很好，他因为有事情，要我帮助他到南沙镇运一车羊粪回来，一家亲戚的，我也只有过去帮忙了，村里的事情就没有注意观察了，晚上没有回来，就在南沙镇休息了。

2013年8月10日，星期六，农历七月初四，属猴，多云有阵小雨

昨天是到了南沙镇，因为羊粪还没有装好，晚上就在南沙镇休息，今天装好以后才从南沙回来。出去后，家里的事情就很少顾及了，真有什么大事，无论在什么地方都能知道，多少还能记录一些了。

打工回来的有李绍华夫妇，听他们说是从浙江省的一个县里回来的，

这年头就是安定，村里有几个没有上过学的年轻人都到很远的地方打工了，他们夫妇就是一个例子。要是在以前，是很少有这样出远门的人。

2013年8月11日，星期日，农历七月初五，属鸡，多云

今天有中央电视台中文国际频道的人来村里拍摄，由元阳县宣传部的人员陪同，请了村里的李正林摩批、咪古李志和、演示赶水的沟长杨正明还有本人，要我穿着哈尼族服装向主翻译任伟娇女士解说我们村里寨神林被村民堵起来的事情，说我们也要上中央电视台了。他们说，到播出的时候会跟我们联系的，他们还留了名片给我。

今天一天的时间就是跟着他们拍这拍那的，有点麻烦又有点累，都是为我们箐口做他们能力范围内的事情，既然他们都找到了我们还是配合他们的好，毕竟，还是为箐口村做自己能做的一点事情。

2013年8月12日，星期一，农历七月初六，属狗，多云

这一段时间村民事情就是少，到村里转了一下也没有看见什么我认为可以记录的事情，回来之后就是学习了，看一阵书休息一阵的，日子就这样过了。

2013年8月13日，星期二，农历七月初七，属猪，多云

明天是新街镇集日，勤劳的李文贵为了养家糊口，今天一天就在家里编竹器，主要是编背篓和鸡篓，已经上了年纪了，做劳重的事情体力支撑不了，就是做些省力的事情。等到明天集日再挑着到市场叫卖，多少挣一点钱买些油盐。一家人很辛苦的，小儿子和儿媳都是特殊人，还有两个孙子要上学，是村里比较特殊的家庭。

2013年8月14日，星期三，农历七月初八，属鼠，多云

这一段时间杂草生长旺盛，也是最能养肥牛的时候。每天，都有村

民到田里割草背回来喂牛，每户人家的牛都喂得很肥。这几天父亲就到田埂上割草喂牛，他一生勤劳，我们叫他把牛卖了休息也听不进去，一年三百六十五天就是跟牛打交道，不管是天阴还是下雨，就是得招呼着，很辛苦的。

正如昨天说的，早上就看见李文贵老人挑着前几天编好的竹器到街上卖，到中午就卖完了回来，看样子生意还是不错的。

2013年8月15日，星期四，农历七月初九，属牛，多云

还没有到收割的时间，这几天天气又不好，只能在村里转一下、到田里转一下，回来之后学习一阵就是休息了。这一段时间是有点闲，有时是闲得觉得无聊，还是想找点事情做。

2013年8月16日，星期五，农历七月初十，属虎，阴，有大雨

今年的雨水多，近期更是没有一天好天气。今天又是一整天的大雨，不能做什么，只能到田里观察一阵，调节了一下田间的出水口以便于排水，田埂就不容易倒塌。而养着鱼的，还是得用竹片拦着一点，否则，养的鱼会从出水口全部冲出去，这是我种田养鱼的一点小经验。每天基本都是这样，到田里转一下，回来就学习了。

2013年8月17日，星期六，农历七月十一，属兔，阴

昨天下了一大天的雨，今天是稍微缓了一点，就是不见好转，整天都是阴沉沉的，天气不好，心情也不好。还是延续前几天的生活，到村里转一下，回来学习，没有多少农事，倒也觉得清闲，有时就是闲得慌。事情多了也觉得累，事情少了闲了也觉得无聊，还是觉得找一点事情做，日子才过得实在。

2013年8月18日，星期日，农历七月十二，属龙，多云

今天是新街镇的集日，事情不多，跟着朋友到街上转了一圈回来，随便买几注彩票，村里就是有这么几个玩彩票的，他们买的不多，基本上每天都买几注。听说是小奖中的概率会大一点，大奖到现在没有听说谁中过。回来以后，跟着朋友喝两杯酒休息，日子看起来过得清闲，心里就是不踏实。

2013年8月19日，星期一，农历七月十三，属蛇，晴

前一段时间的雨水让人很担心，特别是我们做农民的担心田里的谷子都被雨水淋坏了，今年还能收什么。

趁这几天天气好，我到田里除草去了，要是田埂上的草长高了，会影响水稻生长，还会招来老鼠打窝，破坏庄稼。再来，要是这个时候不把田埂上的草除去，过几天的话，谷穗饱满，田埂上来去都不方便了，收割的时候更是影响妇女割稻，影响她们的时间，这是我的一点经验。

2013年8月20日，星期二，农历七月十四，属马，晴

我还是到田里砍草，大白天的，又出力又晒太阳的，做农事很辛苦，村里的事情基本没有去观察就过了一天。

2013年8月21日，星期三，农历七月十五，属羊，晴

已经连续三天了，基本把田埂上的草都砍完了，又完成了一道工序，心里也踏实很多了，这样劳作的程序没有完成，心里就像是差着点什么东西发痒。

2013年8月22日，星期四，农历七月十六，属猴，晴

前几天割了田埂上的草，又是晴天里劳动，太阳很晒，有点累人。今天就在基地休息，整理自己的学习材料。

2013 年 8 月 23 日，星期五，农历七月十七，属鸡，晴

今天的天气很不错，村里放牛的中老年人又组织会餐，说是每人集资了一点钱聚一聚。这样的事情原本是图愉快，可是，二两酒下肚，又有人发热了，说是李某某一的儿子被李某某二老人用刀砍伤了，由于失血较多，最后是送医院住院了。这酒，喝多了真的闹事。李某某二老人也真是的，明知道李某某一的儿子有点智障，他老人还这么不明智地跟着他去闹，这老人，也真有糊涂的时候。

李某某二就是朋友李某的父亲，他知道以后接着就给我打电话了，叫我去看一下具体的情况，这是他们家族人的事情，我怎么能去过问呢？有的事情还得自己亲自去看、去处理才好。

2013 年 8 月 24 日，星期六，农历七月十八，属狗，多云间晴

正如昨天说的，朋友李祥今天回来了，叫我一起去看看住医院治疗的李学光儿子，出于人情，过去见一个面也好。李祥为伤者着想，交了一点住院医疗费。毕竟是一个寨子的人，何况，他们都是一个家族的，很多场合还是要一起做事情的。

2013 年 8 月 25 日，星期日，农历七月十九，属猪，大雨到暴雨

雨水天气就是麻烦，都快要到收割的时间了，稻子都黄了，下了这么一场大雨，就是把老品种的谷子都倒伏了一些，特别是寨子脚比较肥的田里。李志和家的大田就是一个例子，倒了一大片，他们夫妻只有一把一把地捆了，要不把它们捆好的话，谷子就会霉了发芽。

2013 年 8 月 26 日，星期一，农历七月二十，属鼠，多云间晴

今天是新街镇的集日，也快要到学生开学的时间了，这从上街的村民的情况就可以看出了，很多要去学校的孩子都要换行李了，很多都叫家长买新衣服、新鞋子了。这年头就是好，孩子们开学了就有新衣服、新鞋子。

2013 年 8 月 27 日，星期二，农历七月二十一，属牛，多云间晴

还没有到收割的时间，事情就相对少些。每天，我的事情就是到田里走一走，回来就学习。可能是雨水过多，今年的谷子炭疽病还很多。回来之后，打电话向新街镇农科站朋友问了一下，说是出穗百分之五的时候打一次井冈霉净，等穗子出齐的时候再打一次会控制一些，今年的话，谷子都要成熟了，怕打了也没有什么效果了。真的，做农民还是要有知识文化的。

2013 年 8 月 28 日，星期三，农历七月二十二，属虎，晴

学校都开学了，学生们都愉快地背着书包上学了，这些孩子，在家里又不能做什么，是应该上学，这假期也太长了一点。可是，厌学的孩子又要说没有玩够吧。

上午，看见李学光的儿子回家了，说是李祥家不去交医疗费用，自己家又很困难，交不了医疗费用就只有带回来了。当然，病情也可能好转一点了，要不然，他们家无论如何也要逼着李祥家交费用的，何况，他们是一个家族的人，早不见晚见，有的事情还是当面协商的好，也不知道会闹到什么程度。

2013 年 8 月 29 日，星期四，农历七月二十三，属兔，多云

这两天，村民孩子就是忙着上学的事情，多数孩子是高兴地上学了，只是就像前面日记里说到的，有一些厌学的孩子就发痒了，他们厌学的孩子可能不好受，做父母的更是头痛。十几岁的，甚至更小，他们不能做什么，又不愿意上学，待在家里能干什么呢？我是有切身体验的，自己的孩子不愿意上学，又不能外出劳动，整天就像一个智障的人在村里来回转，很无聊。做父母的就是无可奈何，说也说了，骂也骂了，打也

打了，他本人不清醒，我能有什么办法？

2013年8月30日，星期五，农历七月二十四，属龙，多云

我就是困惑，看别人家的孩子都上学了，自己家的孩子就是教育不过来，说的话都听不进耳朵，现在连基本知识都不愿意去接受，现在能做什么？将来更能做什么？现在是发展的年代，连最起码的知识都不具备，还要怎样去接受更多、更复杂的知识？他们想什么呢？想做什么呢？能做什么呢？真的很困惑。

2013年8月31日，星期六，农历七月二十五，属蛇，多云

还没有到收割的时候，事情就是稍微少些，清闲一些，学习一阵休息一阵，小日子就是过得快。在村里的，挣不了多少钱的话就是有些慌，还是想着创一点产业好，有点收入支撑家庭日子才好过，这是我一直想着的。

2013年9月1日，星期日，农历七月二十六，属马，多云

今年6月哈尼梯田申报世界文化遗产成功后，政府按照以前的规划，对辐射哈尼梯田片区村寨的房屋开始进行改造了。今天有村里的小老板卢世华、李世华等几个去看他们所要施工的村寨，要是决定了的话，他们要带工人去施工了。没有办法，我看没有什么产业的地方就是这样，有的村民就是等着米下锅一样，还是等着大小老板找工程回来领着他们干，多少挣一点苦力钱来维持生活。这几年是发展了一点，政府投入村里建设项目多，包括其他附近的村寨也建设得多，干建筑行业同样可以拿到钱来维持生计，要不然的话，村里的经济确实有问题，很多人家都过着入不敷出的日子，挺困难的。

2013年9月2日，星期一，农历七月二十七，属羊，阴，有阵雨

这几天，村里来了国土资源局的人调查核实村民房屋土地占用情况，

按照他们的说法是要更换新的农村集体土地使用证书，也就是城里人所说的房产证。他们分了组，在村民小组人员的带路下挨家挨户地测量核实，谁也不想在做事情上出什么差错。

2013年9月3日，星期二，农历七月二十八，属猴，多云间有阵雨

有消息传来，说是李学贵在南沙镇工地上受伤，而且伤得还很严重，说是不能在本县医院就医，直接带到个旧市人民医院住院治疗，在福建省某地打工的其侄子都回来看望了。都是为了生活，到处奔波，一旦家人遇到大事情就得回来看望，就是这样麻烦，要是村里有什么产业能解决村民的就业问题多好。

2013年9月4日，星期三，农历七月二十九，属鸡，阴，有雨

凌晨有阵雨，下雨天的，又是农闲时间，还不到收割的时候，基本没有什么事情要做，自己就在基地学习好了。早晚在村里来回转一下，观察村民怎样过日子，回来后写点什么的，日子就是过得快，再过几天，就会有村民陆续收割了。

2013年9月5日，星期四，农历八月初一，属狗，多云间有雨

这两天，说是村里来了州国土资源局的工作人员给村民测量房屋的占地面积以及建筑情况，说是要更换集体土地使用证书了。前几天就来了，由于寨子有两百多户，房子数量多一点，可能一两天做不好，今天也还是过来了，估计一两天该能做好了。

2013年9月6日，星期五，农历八月初二，属猪，阴，有雨

进入秋天了，好像已经是到了冬天一样，这几天的天气情况不是很好，每天都有点雨，影响了村民的生产，有的村民家的谷子都熟了。原本准备去收谷子的人家都不能正常出去干活，很是恼人，但天气的事情，也不是人能阻挡的。

已是进入 9 月了，寨子脚的谷子都黄了，一片金黄，风一吹，稻谷一扬一扬的，要是天晴的话，上空是蓝天、白云，下面是金黄的稻谷，非常的迷人。有人说，梯田是白色的好看，我看是这一段的景色最好了。而栽种了早谷的人家就可以收割了。这么多年与村民交流的情况来看，很多人家收割和播种都选日子，今天收割的李四文家也可能就是这样，虽然天气很不好，还有点雨，但是，他们家还是组织了人员去收割，也不怕家人着凉感冒。

2013 年 9 月 7 日，星期六，农历八月初三，属鼠，阴，有阵雨

今天是新街镇的集日，过一些天村里就要过新米节了，所以，上街买菜的村民比较多，基本上每户的人家都出去一两个，他们从今天就开始忙着张罗过新米节的事情。过节的事情村民都很积极，都想吃得好一些，自然就多准备几个菜，要是请了朋友来，多准备一些菜就不用说了。

2013 年 9 月 8 日，星期日，农历八月初四，属牛，阴，有雨

今年的雨水就是多，也因为有雨，今天也没有去什么地方，就在基地学习，做一些自己的事情好了，也没有看见有村民家去收割。下雨天，像是给村民星期天一样可以休息一下，等天气晴朗了，村民是要去收割了，要相互间换劳动力的，不可能有时间休息的，收割的事情是很辛苦的。

2013 年 9 月 9 日，星期一，农历八月初五，属虎，多云间晴

到了这个时候，寨子脚的稻谷都变金黄了，村民都准备过完新米节就开始秋收了。要是栽种了早谷的村民前几天就有人家收割了，如李四文家，在几天前就收割了。昨天晚上下过雨后，今天的天气转好，今天是有李正云等几户人家又出去收割了。

2013年9月10日，星期二，农历八月初六，属兔，多云间晴

今天是9月10日，是一年一度的教师节，村里的小学也放假休息了。

因为明天就要过新米节了，下午，每户的主妇都要到自己家第一块田进水口处取新稻谷回来，待明天碾出来煮好晚上献饭用。不知道是什么原因，下午去背新米的主妇背着背箩，手里会拿着余燃的柴火，有的是不能与路过的熟人打招呼，不知道为什么背回来的稻谷也不用多，只是那么几小把，可还是要用背箩背着。有的年轻人，就不是很讲究，跟过路的朋友打招呼。

因为村里明天统一过新米节，有的村民家是通知了亲戚朋友来，他们怕明天来不及准备菜，有村民今天就到新街镇买菜。

2013年9月11日，星期三，农历八月初七，属龙，多云间晴

今天属龙，根据村里的习惯，今天又恰好是摩批和咪古组织做等龙伙祭祀。根据村民的说法，这个等龙伙祭祀是每三年做两次，正好轮到今年要做，还要约几个村里的中老年人都参加，所杀的牺牲献祭后还要分一点给村民带回来献祭。只是可能要献祭的村民户不多，所以咪古和摩批到了这一天在早上就邀请村里的中老年人参加，而被请到的人要是没有什么特殊情况也会给面子，人家看得起才会叫，这不在于吃喝，而在于继承一种民俗文化，贵在交流感情。今年的情况就特殊，又是新米节，村里的中老年人都在家里忙着，就少了跟他们去做祭祀的村民。

从箐口村这么多年的观察来看，新米节是箐口村最热闹的节日之一，今天主要是吃鱼，基本上每户都会去捉几条鱼回来，也有很多村民家请了朋友来做客，村里的停车场都停满了车，比较热闹，是我们哈尼族节日中算最热闹的一个。

2013年9月12日，星期四，农历八月初八，属蛇，多云间晴

我发现我们箐口村民喜欢喝酒，你要是想跟村民交朋友的话，建议

还是喝一点酒吧,只要你不要喝太多。村民都穷,买不起好酒,只要是酒,他们都能喝的。昨天是新米节,我跟朋友喝了一点酒,昨天就基本上没有做什么事情了,只好今天起来以后做自己的事情,酒的质量不好,今天还没有完全清醒过来。

下午,有堂弟张牛志约我明天一起去收他家的谷子,没有其他再多的事情就答应了。这样农忙的事情是需要互换劳动力的,他家明天去收割,我们去帮助,等我家收割的时候又去叫他家的人来帮助,多数村民都是这样互换劳动力来完成的收割,很少有自己一家人完成的。

2013 年 9 月 13 日,星期五,农历八月初九,属马,多云间晴

今天属马,按照村里的习俗,今天全村每户要出一人参加修路,主要是修理从摩栗寨河到箐口村来去梯田的一条主要路线,这是村里一直做的事情。说是要到收割的时间了,为了谷神平安地请到家保佑家人,就是要修好路。所以,原则是今天每户要出一人的,要是没有什么特殊的事情请假是要被村民说的,或者直接就是罚款。实际上,我是想,主要是让劳动的村民好行走,方便。一个夏天的,路边都长满了野草,又因为雨水的原因,路面很多地方都会倒塌,不便于劳动的村民,现在到了收割,为了好让村民行走方便是有必要发动村民修理一下的,这才该是最主要的原因和目的所在,至于谷神不谷神的,那是哈尼族文人们创造的艺术言语吧,我是这样想的。劳动的村民是要背粮食回来的,路不好,自然要影响劳动,收割之前,发动村民修路是人们的常识,就用不着讲谷神不谷神的。

今天收谷子的村民家有张牛志家,就像昨天说到的,我与他们家相处还不错,今天是约了我们两口子过去帮助收割的,到了我们收割的时候又去叫他们一家人。老人会告诉我们自己哪几块田收成多少,插秧需要多少妇女,收割需要多少人手。所以,正常情况下,我们都会准备足够的人手,便于在自己计算的时间里完成劳作,我们基本都是这样做的。

除非找不到人手做另外的打算。

差点忘了说一下，今天的妇女还要做一些糯米粑粑，村民叫作"倮窨天"，主要原因就是到了收割的时节，村民有必要做糯米粑粑献一献的。

2013年9月14日，星期六，农历八月初十，属羊，多云

昨天是跟着村民去修路了，很多村民家的谷子是黄了。但是，还没有到可以收割的时候。今天没有多少事情，没有朋友叫我去收割，就在基地里学习，等着其他亲戚朋友家收割的时候换几个劳动力，到了我们家收割的时候又叫他们过来。现在的村民基本都是这样互换劳动力生产、生活的，很少有自己家做自己事情的情况。

2013年9月15日，星期日，农历八月十一，属猴，多云间有雨

兄弟张明福家收谷子，虽然已经分家了，但是，毕竟是一家人，有什么事情都要相互帮助的，今天早上就打电话过来说他家要去收割了，我还是过去帮助了。这样的安排是慌张了一点，一般情况下，要提前一两天说好的，不然的话，会被其他的亲戚朋友说好的。他可能考虑到现在不是很忙的时候，想着我会有时间过去的，所以，今天早上才打电话说。

做农民也是很累的，做了一天的活计下来，身体都很累了，晚上吃点饭喝一点酒就回来休息了，日记也只是简单地记录了一点。

2013年9月16日，星期一，农历八月十二，属鸡，多云

离收割的时间早一点，这几天的事情就是到田里转一转，要是有亲戚朋友来叫就跟他们换个劳动力，要是没有朋友来叫就学习，整理自己的事情，今天也就是这样。

2013年9月17日，星期二，农历八月十三，属狗，多云间晴

这几天的天气就稍微好一点了，每天会有村民家出去收割了，而我

因为没有朋友来叫，就在基地学习，整理自己的学习笔记，准备自己家收割所需要的东西。

2013 年 9 月 18 日，星期三，农历八月十四，属猪，多云间晴

今天也是在基地学习，出去观察了一下，还是有村民家出去收割了。因为明天是中秋节，没有朋友来叫我去收割，就上街买了一点明天需要的糖果，其他村民家过节也买点东西让孩子们吃一点。

2013 年 9 月 19 日，星期四，农历八月十五，属鼠，晴

今天，原本是说好了要去二哥张明德家收谷子的，我是住在我们云南大学哈尼族调查点，因为今天是中秋节，为了过节，早早地就出去买一些糕点和水果，都快要返回来了，就有家人打电话过来说："母亲已经离开我们了。"听到电话还是不太相信，因为母亲这一段时间没有生病，前几天遇到了还是好好的，还看见她到自己的菜地里。

今天是农历八月十五，中秋佳节，是我们中国人民最欢庆的节日之一，每一个中国人民都应该享受这欢庆团圆的日子。然而，对于我来说，原来准备好孝敬父母亲的糕点还未送到家，老母亲就在上午九点左右停止了呼吸，停止了心脏的跳动，回到她心爱的老父母亲，我的公公婆婆，还有我的爷爷奶奶那边去了，正如我们每天要回到自己的家，与自己的家人团聚一样，她与她的老人们团聚去了。听护理的弟媳说，早上还起来出门走了一圈，回来洗了脸回到她的房间休息，等过了一会儿叫她来吃饭的时候才发现生命已经垂危，没有一声的埋怨，很安详地躺着，儿女们没有来得及叫一声"妈妈"就安详地走了，我很值得记忆的。虽然，老母亲已经是八十多岁的老人了，也是到了该休息的时候了，她的生老病死做儿女的一定能尽力做好，她的生活已经自己不能料理，活着也感到累了。可是，一旦老人家离我们而去，做子女的还是感到难过，她把她一生的精力无私地奉献给了我们八个兄弟姐妹，我们都已经长大，都

已经成家，都已经有了自己的儿女，我们能做的只有尽力办好后事，祝她一路平安！与我们的祖先团圆吧！

按照葬礼的进程，上午是给老人家净身，换上新的衣服在床上休息着，中午是给她老人家买来了一副棺材，家里原来是准备好大板的，只是我们弟兄嫌麻烦就到私人做的地方买了一副来。亲戚们过来帮忙料理家务，该洗菜的洗菜，该打扫卫生的打扫卫生，提醒一下，在以前要是家里死了人是不准打扫卫生的，即使再脏再乱都是用脚扫一下为止了，绝不允许用扫把打扫，这个在有的家庭是改变了，有的家庭还没有改变。所以，要是你有机会见一见这样的场合，看到了很脏很乱的事情也不足为怪，到下午六点左右入殓，就是一天时间过了。

按照村里的葬礼程序，安排了人手到街上买菜回来，还买了一头猪杀了做今天和明天的伙食，今天的事情基本就是这样。

2013年9月20日，星期五，农历八月十六，属牛，晴

老母亲昨天下午入殓以后，今天是召集了所有亲戚来奔丧，已经是八十多岁的老人啦，亲戚还是有点多了，来的人也就多，准备了六十多桌子的饭菜也好像少了一点。

自己家的事情自己亲自遇到了，好像自己管不了那么多，还是得依靠亲戚朋友，多谢他们，自己却不知道忙什么，整天转来转去地招呼一下过来的亲戚朋友就糊里糊涂地过了，也说不出自己在忙什么。

2013年9月21日，星期六，农历八月十七，属虎，晴

这几天的天气都很好，好像是照顾村民收割一样。村里每天都有很多村民家收割谷子，只是，我忙于招呼来的亲戚朋友，没有来得及注意观察村民的事情了。自己也不知道忙什么，这边忙了一阵，那边忙了一阵，一天的日子就是这样过了。

根据家人安排，今天晚上是大姐夫的李克明家来养老（负责招待来

死者家里探望的亲友），他家有几个儿子，家庭条件稍微好些，今天杀了一头大猪做伙食。这几天，我们家是不需要准备多少伙食，都由来唱哈尼族古歌的亲戚家买菜来一起用餐。

2013年9月22日，星期日，农历八月十八，属兔，晴

这几天天气好，好像是照顾村民一样，所以，每天都有村民家收割谷子。特别是我家的亲戚，多数都想着在我们家办丧事之前把谷子收回来，而这几天又是晴朗的天气，他们就先忙着收割了，到了我们家办丧事的时候，他们就有时间来帮助我们家，这是一般亲戚都会想到的，所以，很多村民以及亲戚都抓紧这几天的时间去收割了。

昨天晚上大姐家过来养老，今天二姐家过来，因为时间不能太长，每天都是有几家亲戚过来，有的晚上是六七户亲戚来，第二天起来家里、院子里都是糖果塑料垃圾，哈尼族的这个葬礼真是费力。

2013年9月23日，星期一，农历八月十九，属龙，晴

到了这个时候，只要天气晴朗，每天都有村民家要收谷子的，只是，我是忙着家里的事情，很多情况下是忘记了观察村里的事情。每天，都要陪来的亲戚朋友喝一点酒，随时都有事情做，感觉已经很累了，很想好好吃一顿饭休息一下。

2013年9月24日，星期二，农历八月二十，属蛇，晴

每天都有亲戚朋友来，特别是晚上，几个亲戚家顺着来发放糖果、烟酒等，我们做主人的要得陪他们通宵，很累人的。每天晚上五六家来发放，这是要还礼的，每天晚上几千元的消耗，要是等十天半月的，我们几个弟兄每个就得背上几万元的账，从经济的角度来说，是很浪费的。但是，人活一辈子，怎能没有自己的父母？怎能没有自己的亲戚？在合理的情况下，怎么能不消费一些呢？

2013 年 9 月 25 日，星期三，农历八月二十一，属马，晴

我家收谷子，没有办法，即使老母亲躺在屋里，根据老人们推算的日子还得等几天，要是到了那个时候，谷子也可能全部烂在田里了，既然栽种了就要收获，还是组织人手去了。有困难，总是会有人帮助的，邻居和亲戚知道老母亲躺在家里都主动过来帮助我家收谷子，所以，今天收完谷子的时间就早啦。

晚上，我妻子家来养老，也是有几家。每天晚上都是五六家，来玩的孩子们都要准备塑料袋装糖果。

2013 年 9 月 26 日，星期四，农历八月二十二，属羊，多云

准备老母亲的丧事，明天就要给她祭祀了，到时候来的亲戚和朋友会更多，我们家安排了人到街上买菜回来，准备要用的东西。

听老人说，安埋老人还是讲究一点风水的，这我不知道。只认为不能太随便，随同多数村民家一样，安埋到寨子脚比较平缓的山头上安息好了。老祖们安息的地方还有一片空地，今天是我和二哥去看了一下，还算可以，就决定让她陪伴老祖们，让老人们团聚吧。

2013 年 9 月 27 日，星期五，农历八月二十三，属猴，阴，有雨

按照我们家的选择，今天就主办老母亲的丧事，就像我们几个弟兄商量好的，来丧祭的是舅舅李牛则家、大鱼塘二姐家、棕匹寨四姐家、二哥媳妇家、兄弟媳妇家。我们一家是四个姐姐、四个弟兄，这次就安排两个姐姐家、两个儿媳妇家，等父亲以后过世也是这样，没有什么好说的，都是两男两女，平均分配。

因为有这么几家亲戚家丧祭，我们得迎接他们的到来，跑来跑去的，一天下来，还真是有点累。

2013 年 9 月 28 日，星期六，农历八月二十四，属鸡，阴雨转晴

今天早上，我是叫了几个弟兄到坟山上挖老母亲的坟墓，今天属鸡，是我的生肖，一般人是要回避的，而我不是那么相信，自己母亲的丧事，怎么能不认真些呢？凌晨下了一阵雨，还担心着下午不会转晴，还好到了中午就转晴了，有些人还相信这样先阴雨后转晴，或者下葬后来一点雨水的葬礼才吉祥呢。

2013 年 9 月 29 日，星期日，农历八月二十五，属狗，晴

按照葬礼程序，今天是我们家接待客人，有点不好意思的是因为指挥人员的失误，吃中饭的时间有点过晚，有点对不住亲戚朋友，别人家能很好地招呼，我们家就为什么招呼不好呢？我是有点生气了。

吃过中午饭，我们还要去修理一下母亲的坟墓，砍出一下其他老祖坟墓，其他老祖的坟只有在这样特殊的时候才能去动的，没有其他什么事情的情况下是不能去动的。

2013 年 9 月 30 日，星期一，农历八月二十六，属猪，晴

昨天以后，基本把老母亲的丧事办好了，今天早上，我们还是请帮助我们完成母亲丧事的亲戚朋友来吃饭、喝酒，还是对他们的帮助表示一点谢意。

因为母亲的丧事基本办好了，觉得很累，吃过中午饭后，回来好好休息了一会儿，希望身体恢复一些好继续做其他的事情。

2013 年 10 月 1 日，星期二，农历八月二十七，属鼠，多云间晴

今天是国庆节，如同每年的国庆节一样，单位上班的和学生都放假休息了，来村里游玩的客人也不少，只不过，从世博元阳旅游公司元阳分公司在公路边就堵卡收费后，很多来村里的游客都有所反映，认为这样做是不合理的。然而，地方政府利用自己的资源开发项目，创造产业，

给当地人民创造就业机会，增加当地的收入，带动一部分人提高生活水平，这又有什么错呢？到底什么是对的，什么是错的？我认为只能是相对的。

2013年10月2日，星期三，农历八月二十八，属牛，多云间晴

在家处理母亲丧事已经十多天了，本来是想出去走一走的，只是听村民们说，没有处理完母亲丧事是不能出门做事的，就是说一定要过了农历的这个月处理完家里的所有祭祀才能出门做事，要是违例了，做事情也不会顺利的。我不相信，他们只不过是想让我们多孝敬几天吧，可能是故意编的？我是这样想。可是，也可以借这个机会多休息几天，也就不去多追究，这几天都是在基地学习，早晚都到老家吃饭喝一点酒，跟弟兄们聊天，也是一种幸福。要不是这种情况下，平时都是各忙各的，是不会在一起的，都已经长大成家，也是生活所迫，谁也只能忙着自己的事情，而这样的事情就像一根绳子，似乎牵着几个弟兄的手，把我们本是同母生养的弟兄牵到一起来，回过头来，何尝不是一种幸福呢？

因为家里的琐事，这一段时间是很少去观察村里的事情了，我要记录的村里的事情就少些，今天也没有出去观察，心里好像少了一根弦——没劲。

2013年10月3日，星期四，农历八月二十九，属虎，多云间晴

休息就休息吧，反正，这几天还是不断有亲戚朋友来。每天，陪他们喝一点，不要喝多，养养身体，养养心情也行。

2013年10月4日，星期五，农历八月三十，属兔，多云间晴

明天就是农历九月初一，按照村里民俗的做法，家里就要做法事，今天就叫兄弟张明福去买所要的东西，主要是一头小猪，其他的蔬菜、烟酒家里还有，就没有叫他买了。我呢，还是在家里休息，这几天的饭是到老家兄弟张明福家吃，吃好了就回到基地来做自己的事情，是该休

息够了，精力也该恢复了。

2013年10月5日，星期六，农历九月初一，属龙，多云间晴

今天是新街镇的集日，就农历来说，又是九月初一，按照村里死人后过当月做一个祭祀的话，我们家就请了我们张氏家族大摩批张正和来做祭祀了，也请了村里所有家门的人来。只是很多家族的人都忙于农事，只来了一部分，很多都没有过来吃饭，他们家做这样的事情的时候，我们几个弟兄都会尽量抽时间过去照面的，我们家做这样的事情时他们又因为农忙不来，我是有点不高兴。

2013年10月6日，星期日，农历九月初二，属蛇，多云间晴

还是在老家吃饭、喝酒，因为明天是属马日，姐姐们要去找尼玛算卦。晚上，姐姐们都过来，她们几个要去找尼玛听她算卦"妈妈为什么离开我们去招呼老祖他们去了"。

我们哈尼族很好玩的，家里出现什么大的事情，都会去找尼玛算卦，包括该找医生而不应该找尼玛的事情。

2013年10月7日，星期一，农历九月初三，属马，多云间晴

根据国家法定的休息日和地方学校自己特殊的情况，放假了一段时间的学校收假，学生又回到了自己的学校开始学习，接受新的知识。

根据村民历史以来的习惯，翻过了农历的八月，今天是农历九月的第一个属马日，就是昨天说到的，姐姐们按照前几天商量的时间，昨天晚上集中到老家休息后，今天早上就拿着该拿的物品一同出发到有尼玛的寨子去算卦了。

从晚上她们回来汇报的情况来看，老母亲已经81岁，属于上了年纪，身体确实支撑不住的正常死亡，其他再多的事情也没有算出来，没有什么不吉利的。

对于这件事，我是抱着半信半疑态度。相信的是，只要我们拿着家里的一个鸡蛋和一升米，或者再给点小费，找到她们（多数是女士）算卦，无论我们相隔有多远，从来不相熟，她们都基本能说出我们的姓、家人有多少、家居的位置以及主要是什么原因而去。怀疑的是，我到目前为止无法用正常的思维逻辑来解答，无法用科学的言语来阐释。只有以后与有志做这方面调查的学者一起学习交流慢慢梳理了。

2013年10月8日，星期二，农历九月初四，属羊，晴

母亲去世已经很多天了，出于民族的习俗，在没有做完家里葬礼中所要做的法事之前不能出远门，我们还是只能在家休养，做完了以后就可以做事情了。

2013年10月9日，星期三，农历九月初五，属猴，晴

今天中午，从工地受伤回来的李学贵去世，才五十岁左右，很不幸！这个年纪应该是为人处世的兴盛期，这些年社会这么稳定，这么发展，年轻人过世是可惜了，用我的观点来说，他们家又是属于刚起步家庭，房子改建才几年，领养的姑娘还没有长大，他的两个侄子这几年在广东打工，每年都可以拿回来一些钱解决生活上的困难。何况，他们夫妻都可以在附近打工，挣回来的钱除了家庭正常的日常开支，也没有再大的事情为难他们。就是不幸，原本带着挣钱回来的愿望出门，却发生不幸的意外，受了伤，医治不良导致死亡。从经济上来讲，老板多少会给一些补助，减少家庭的负担，自己却走上了不归路，就是不幸。所以，我劝出门求财的朋友，求财是要紧，安全生产第一，平安是福！

村里今天知道了李学贵过世消息的村民，特别是在家的村民都过来帮助了，他的亲戚过来帮助就更不用说了。

可能是学校放假的原因或者是其他什么原因，新街镇农科站和云南省农业大学今年在村民家田里试验的稻谷到现在还未来收割，今天是卢

学贵家通知了他们以后才一起来收在他家田里试验的稻谷，要是按照村民正常的收割的话，在此之前就收割完了。接着就是收稻草或者做其他的农事了。

2013年10月10日，星期四，农历九月初六，属鸡，晴

出了事情总是得想办法处理的。昨天，村里是李学贵过世了，也就在昨天，通知了所有的亲戚，今天村民就集中过来帮助他们家了。主要就是如同其他村民家办理丧事一样的过程，今天是通知了所要必须通知的亲戚来奔丧，而被通知到的亲戚一般都必须到来，一般也会约几个隔壁邻居。今天来的人会很多，一般都会有三四百人，而三四百人的伙食只有其他的村民都过来帮助解决了。所以，村里也有了这样一个不成文的习俗，村民一般都会停止自己家的事情而来帮助，都力所能及地做自己能做的事情，这也是一种换工的形式，要是这样的时候，你不到他家帮忙，到了你家的时候人家也不来你家帮忙。所以，往往这个时候可以看出一个人平时的为人。群众的眼睛是雪亮的，也就在这样的情况下，村民间互相会议论的。

虽然，前一段才处理完母亲的丧事，但是，毕竟是我们结拜的家族，我还是过去帮助了，做自己力所能及的事情。

2013年10月11日，星期五，农历九月初七，属狗，晴

这两天都是帮助李氏家，前些天，人家是来帮助我们家处理母亲的丧事，现在，人家有事了，我们也得帮助人家，在我们农村就是这样。要是你平时不与村民来往，到了自己家有事时来往的人也会少的，都是相互帮助的一个事情。所以，老人常常告诫我们：要是有时间的话，还是与村民相处好些，这些都是互换劳动力的一种特殊形式。

2013年10月12日，星期六，农历九月初八，属猪，晴

自己亲身经历以后才知道处理一桩丧事很累的，要耗费一定的精力物力，长这么大了，母亲的丧事自己亲身经历了才知道原来是这样，以现在的物价来说，每家都要花上万元才能办好一桩丧事的。要是上了年纪，来丧祭的人家多，以后还礼的要多，所要付出的代价更是大。我们大概算过一下，每杀一头牛，基本就要花费一万元左右，每杀一头小猪大概要花上千元，这样算来，自己家出一点，欠亲戚朋友家一点情，一次正常的老人葬礼就要五六万元的，要只是独子的话，还是够背账的了，两三个儿子的话，一个人承担一点，可以稍微减轻一些。

2013年10月13日，星期日，农历九月初九，属鼠，晴

云南农业大学和新街镇农科站的人来收他们试验在李树华家田里的稻谷，是属于村里今年最后一家收稻谷的了。没有办法，前一段时间天气好的时候，新街镇农科站的人说主要是因为云南农业大学的老师们放假无法过来取试验品种，也只能是等他们来取了所要的试验样品后才能收割，免得耽误一年的试验数据，他们家收割的时间就拖后了。

2013年10月14日，星期一，农历九月初十，属牛，晴

李氏家族准备明天需要的物资。没有自己的亲生子女，只是领养了一个姑娘，家里主要事情就由大哥的子女李生福、李龙福处理，当然还有其他的亲戚来帮助的，村民不可能对困难视而不见，都会过来帮助的。

2013年10月15日，星期二，农历九月十一，属虎，多云间晴

就村里来说，今天主要是办理李学贵的丧事。原来听说，他们家还没有选定日子，他的妻子与其他家人之间还存在一些纠纷，最后，按理还是主持家务事情的男人们说了算，驳回了他妻子的想法。

2013 年 10 月 16 日，星期三，农历九月十二，属兔，多云

今天的事是送葬李学贵，我们年轻人吃过中午饭后，可以适当地休息一会儿，到了两三点就集中到他家，一起把死人送出去安埋回来再吃饭的。

2013 年 10 月 17 日，星期四，农历九月十三，属龙，阴，有大雾，有雨

按照葬礼程序，李氏家请客，村民都会过来做客的，我还是过去帮助了，经常帮助村民家，朋友们都有点相信我了。只要我过去，还是要叫我做一两个菜的，我也不推辞，尽自己的能力做好，所以，朋友就会多的，每次家族人做事情都要记起我来。没有办法，这几天都是帮助他们家做事情，自己的事情就少做了。

2013 年 10 月 18 日，星期五，农历九月十四，属蛇，阴，有大雾，有雨

前一段时间，处理了母亲的丧事，之后又接着帮助李生福家处理丧事，已经很多天没有做自己的事情了。现在已经是 10 月，要是不尽快处理田里的事情，到了冷天是不敢进田劳动的，所以，今天是到田里锄草，做自己的事情了，准备在冷天到来之前做好田里的事情，免得受冷。

2013 年 10 月 19 日，星期六，农历九月十五，属马，阴，有大雾

我还是到田里给田埂锄草，看见很多村民做田里的事情了，都担心到了冷天田里的水冷，谁也不愿意到那时候在田里劳动。

2013 年 10 月 20 日，星期日，农历九月十六，属羊，阴，有大雾

我还是到田里锄草，我们家田埂正常就是三四个人工来完成，今天已经是第三天，没有多少事情就认真些做，所以，我是讲究质量不讲究速度，看剩余的估计还要锄一两天的草，完成锄草以后再垒田埂。田离家近，什么时候高兴了什么时候去种，没有人说我的，可以上午干一会儿下午休息，也可以上午休息下午再去做，田也不多，几天就能完成，在没有出去打工之前，没有什么必要着急的。

2013年10月21日，星期一，农历九月十七，属猴，阴，有雾，大雨

今天，我本来还是打算到田里劳动的，只是雨水过大，基本没有停止过，就在基地学习了，整理了日记，就没有到田里劳动了。

2013年10月22日，星期二，农历九月十八，属鸡，阴，有雾，大雨

已经连续几天的阴雨天气了，这几天的天气都无法让村民外出劳动，好像是故意给劳累了一段时间的村民休息的机会一样，或者说只有比较勤快的人才愿意出门劳动了。

2013年10月23日，星期三，农历九月十九，属狗，阴，有大雨

这几天雨水过大，想到田里做事情也不可能，心里着急想把田里的事情做了也没有办法，只能等天气稍微好了再去接着做。

2013年10月24日，星期四，农历九月二十，属猪，阴转多云

就村民来看，家里出了灾难，就有消解法事。今天早上，张明福家（当然也就是本人家了）做的一个法事就是类似的情况，其原因就是老母亲上一个月长眠，根据民俗的过程做完所有仪式，今天是做祭祀神龛的法事，请的摩批就是张氏大摩批张正和，希望先祖的在天之灵庇佑我们健康生活。

正因为我也去参加做这个法事，误了原本答应李世忠到我家树林里挖草果苗的事情，没有办法，有的事情计划就是没有变化快，只有明后天再约他一起去了。以前的话，我认为在林间种植一点草果也是可以带来一定的经济收益的。可是，这么多年过去了，草果苗是长大了，水分缺少的一些地方就是结不了果，只有改变想法移栽了其他的树木。

2013年10月25日，星期五，农历九月二十一，属鼠，晴

今天的天气好转，村民都可以到田里做农事了，我也到处去转了一下，放松一下心情，继续整理自己的田，回来又接着做其他的事情。

2013年10月26日，星期六，农历九月二十二，属牛，多云间晴

这两天天气好转了，就到田里劳动，田块不多，就是因为雨水问题，做一天休息一天的，不能快些完成。

2013年10月27日，星期日，农历九月二十三，属虎，多云

就这段时间来看，村民的主要事情是整理梯田了，只要天气不是那么坏，不下雨，能劳作的话，就有很多村民到田里劳动，有的除草，有的打田埂，有的犁田。都生怕进入11月、12月天气很冷的时候再进入田间劳动。一般来说，打田埂要是有几个人的话进展会快些，村民一般也是这样做的。今天卢永贵就是这样，他也是请了几个朋友一起去垒田埂。

村里上初一的学生说今天他们要开家长会，就带着各自的家长出去，我因为忙于管理栽种重楼而没有去，从有关材料中知道栽种重楼就是这一段时间，所以，我处理完家里的事情进入10月就一直忙于地里的事情。的确，重楼是一种好药材，而且是好药草，只是从现在的角度来看，投资要大一些，还需要一定的技术和时间，希望在未来的三五年里有所成果，并且期望成为星火燎原之势，成为这些地方的一个产业之柱，我是这样想的。

2013年10月28日，星期一，农历九月二十四，属兔，阴，有小到中雨

天就只晴了两天，从昨天下午开始到今天一天就变化了，特别是今天一天都下着雨，多数村民只有停止田里的事情了，还好冷天气没有到来，还是能在冷天气到来之前把田里的事情做完。

人，只要生活在这个世上，就不能落后，不能掉队，落后就要挨打，就要被别人笑话。这几年社会好了，经济发展了，人民的生活条件是明显提高了。一是通过政府的扶持；二是村民自身的努力，村里的民房是改变了很多，两百多间民房只有十几间是传统的土坯房子，这也无意间成了村民集中聊天的一个故事，成了一个落后的标志，这是村民的一个看法。当然，人各有志，有的人有不同的看法，却也是少数。人往高处走，谁不想生活得好些，住得好一点，吃得好一点呢？所以，这几年没有改建房子的村民都在努力地挣钱改建，都在暗地里加油。这一段时间正在建房子的卢同则家就是一个例子，今天运回来一车砖，抓紧时间集中人力建盖，想在过年前就建好房子。到时候，一家人可以搬到新房子里愉快地过年。当然，做了神龛的哈尼族，过年、过节献饭是他们的必须程序，他们就真是慌慌张张地在过年前做好的。

2013年10月29日，星期二，农历九月二十五，属龙，阴，有小雨

今天的天气还是不算好，有点阴，还有点小雨，可是，今天是新街镇的集日，还是有很多村民上街赶集的。

村里上小学六年级的学生家长到学校去开家长会，他们开会回来说的主要意思是学校与家长签订一份安全协议，希望家长监督好学生来回路上以及在家时的安全。这样看来，学校已经把学生的安全放到很重要的位置，正如工地上说的"生产重要，安全第一"。

从今天上午村里发放新的村民土地使用证来看，现在政府办事速度是快了很多，前一段时间收集，现在就整理好了发放下来。

2013年10月30日，星期三，农历九月二十六，属蛇，晴

今天的天气是好了一点，必须要在冷天到来之前把田里的事情做好，这是我的想法，也是多数村民的想法，我还是到田里劳动，垒田埂了。

2013年10月31日，星期四，农历九月二十七，属马，晴

我还是到田里垒田埂。我自己的田，正常劳动的话，需要三到四个劳动力才能垒完田埂的，我自己家的田就在寨子脚下面一点，没有叫人，就是一个人一天做一点，两三天就能完成的。请人的话，有的人慌慌张张的，做不好，到时候还得返工，还是自己认真些做，反正，就那么一两天就做好了。

2013年11月1日，星期五，农历九月二十八，属羊，晴

这几天的天气很晴朗，到田里做农事的村民也就多，都希望在冷天气来临之前做完，免得受冻。虽然，箐口村属于祖国的南方之南，没有冬天，四季气候不是那么分明，很少有结冰受冻的情况。但是，12月和来年的1月以及雾雨天气还是有点冷，过惯了四季如春的村民还是害怕到时下田进水里劳动，也就会争取时间尽量在冷天气来临之前把田里的事情做好，到时，只要灌溉水源就好了。今天到田里劳动的有李文科、卢学贵父子、李正云、杨文亮等。李文科、李正云是犁自己家的田，卢学贵父子是搭自己家的田埂，杨文亮是犁李建军家的田。我也想把田里的事情先做完，但担心天气变化，就去铲除田埂上的草。我认为村民每年给田埂除草的原因有几个：一是锄草到田间腐烂可以做地肥；二是锄草以后牛就不会去踏青，要是绿色的青草在田埂上，牛自然就会围着过来吃的，也就会踏坏田埂；三是要是有草在田埂上，田鼠就会到处觅食，到处打洞，打坏了田埂不保水。从目前的生产方式来讲，我认为是这样。

2013 年 11 月 2 日，星期六，农历九月二十九，属猴，晴

上午，村里发放 7 月至 8 月农村最低生活保障费用。两个月的，我们箐口村每户可以领到 127.59 元，实发给每户 127 元，从刚来领取的几个村民来看，多数村民都不会在意 0.59 元，也就没有发放 0.59 元了，叫村民小组留着去买办公用品好了。由于天气很晴朗又是新街镇集日，很多村民都出去做事或者上街购物，今天上午来领取的村民有点少，估计今天上午只能发放一半左右，村民小组明天还得继续发放。我也担任过村民小组的主要成员，这几年村里的事情是多，领到的报酬又少，很辛苦的。还有一个事情是，村民小组的人说，从今年开始，年满 16 岁就要开始交养老保险了，最低每人每年要交 100 元，所以，有的家有年满 16 岁的，就在农村最低生活保障费中扣除养老保险费，有的四五口人，如果家里有两个年满 16 岁以上的，除了扣除所能领到的最低生活保障费用，他们还得掏包包出来交养老保险费用的。

交农村户口的养老保险费用是今年的事情，又有一个政策要在农村推行了。

前一段时间，是政府所为还是有关部门利用政府之手征用了村民的一大部分田地，这一段已经开始施工了，被征用的村民家就得收回地里的树木，所以，这几天每天都有村民家运回来树木的，他们家不愁没有柴火烧了。只是从这一段时间村民议论的风声来听，村民都认为所补偿的资金太少了，田地一旦被征用就永久性地出去了，所补偿的钱慢慢就用完，以后的子孙后代要在什么地方栽种粮食？这是一个生计问题，是部分村民所担心的事情。

2013 年 11 月 3 日，星期日，农历十月初一，属鸡，晴

今天上午，李生福家做封后墙洞口的法事了，因为昨天正好是新街镇的集日，所需要的小猪和鸡、鸭等牺牲都在街上买到了，而且，都已经这么长时间了，他们弟兄都在广东省某地方打工，想早一些时间出去。

但从我们村的民俗来说，在家里没有办好一些特殊的法事之前，家里一些主要的家属是不能出远门的。就这样，他们家还是客气地通知每一户李氏家属和结拜家族张氏家属来家里吃饭喝酒。我也是被请了，只是忙于要去打田埂就没有去参加了。不然，这样的家族做法事一般是要参加的，你不来我不往，会有不友好之疑。

晚上，李倮明打电话约卢永贵到我们箐口山头施工的建筑队去打工，说是每天男的可以拿到一百二十元工资，女的可以拿到八十元。我真的有点不相信，前一段时间听很多外出打工的人都说，男的每天是八十元，女的六十元，这一下子就加了这么多，是不是只要身体健康，现在找一点钱是很容易的事情了？

2013年11月4日，星期一，农历十月初二，属狗，晴

晚上，李文祥家召集他们李氏家族人和结拜的张氏家族人开会，说是明天要到他外公去世的地方丧祭，看看有多少人能去，给参加的每一个人做一个分工。从历来的情况来看，每家要到什么地方去丧祭都是这样：要在去之前通知家族的人开个会议，让家族的人和其他的一些亲戚朋友知道有这么一回事；其次是明确各人负责做什么事情，操作起来就顺利一些。没有办法，就这两年的情况来看，在村里是吃怕了死人要做祭祀的牛肉、猪肉、鸡肉和鱼，每家死了人都像是办喜事一样，人比人，办的伙食是一家超过一家，烟酒也不缺，死的人多，到外村丧祭的也多，基本上每个月就有一两家，帮忙一家就得吃喝一两天。所以，我曾经开玩笑地与经常外出打工的人说，你们外出打工的人的伙食肯定没有我们在家的好，算一算，我们在村里每个月要杀几头牛几头猪的，还有鸡鸭等，烟酒花费的也不少。有时候就是这样，只是说起来不好听。9月亲自体验的我就明确了，每天都有几户亲戚家要杀猪，晚上发糖果，吃夜宵，加上主办事情的一两天，每天算下来要开支一万元左右，停放了十几天算来就要花费十几万元，而其他亲戚来做的一切我们还得不说加倍也得

同样去还礼，算来四个弟兄每人要承担三四万元的债务。亲戚们开支的算来就是我们开支的，这丧事，还是省一点办好。

因为李长斗家的地给征用了，施工中正要砍出地里的树木，李长斗就找一些小工，路上正好碰到说找不到人。一个是很多年轻人都外出打工；一个是在家的都要整理梯田；一个是有的又到附近打工去了，这一段时间找小工是有点难。

2013年11月5日，星期二，农历十月初三，属猪，晴

正如昨天说的，李文祥家今天到他外公去世处丧祭，由于没有请大客，也就没有通知更多的村民，只通知了比较近的亲戚和朋友。现在，可能是社会条件好的缘故，再困难的人家只要按习惯就要丧大祭，就是要用牛。不过，也有所改变。以前用牛丧大祭的，都要通知全村的人，回来后还要请大客。而现在呢？一般用牛丧祭的都不再麻烦更多的人，而是有点简单，只是请比较亲近的人和朋友，回来也不再请大客，只是请帮忙的和比较亲近的了事。除非，有的家是很长时间没有请大客办过事情的人家，偶尔也会请一次。

最近，村里上学的孩子好像是发了什么神经，都不愿意好好上学，而是三五成群地在村里到处乱转，真是麻烦。中午，李文才打电话跟我说准备给他儿子办理休学手续，问我怎么办，说是现在的小学六年级学生要保留学籍，如果要休学的话，需要有正当的理由。例如，医院的生病证明或者其他什么特殊的情况等，要是没有这样特殊的证明是不能办理休学手续的。嗯，做父母的，子女不听话也是够累的。

2013年11月6日，星期三，农历十月初四，属鼠，晴间多云

有去就有回，昨天是李文祥家到他外公去世处丧祭，今天中午办完事情后就回来了，晚上，他们家要请一个摩批做一个法事打扫一下这次的事务。请来帮忙的亲戚朋友聚餐一顿才算完事，一个家族的人，本来

是通知到我的，只是我要忙着整理梯田，这次就没有去参加了。

垒田埂是几道程序的事情，村民的说法是约几个人垒得快。今天看见李树华约了几个朋友去垒田埂，一人做一道工序，做起来要快些，可是，我认为从质量上来讲，当然是一个人操作的要好些。

2013年11月7日，星期四，农历十月初五，属牛，多云间晴

天气好，看别人家的田都要垒好了，自己也像是生了病似的，被别人说了也过意不去，所以，我也趁这几天天气好去做田里的事情了。

2013年11月8日，星期五，农历十月初六，属虎，多云间晴

种了这么多年梯田以后，每年都还是这个样子，周而复始，一年又一年的，种不出什么名堂来，种田仅仅是糊口，收割插秧还要出钱请人买烟酒的，是不划算，自己都有点厌倦感了。所以，去种田的，之前能一天完成的，现在是两天来完成了，昨天到今天做的活计往年是一天就做好的。

2013年11月9日，星期六，农历十月初七，属兔，多云间晴

今天的我，还是去垒田埂，因为没有请其他的朋友来帮助，自己一个人垒的话，一天只就能垒那么一百米左右，一会儿放水，一会儿捉泥鳅的，一个人要不用心的话，一天是做不了多少事情的。一天劳动下来，感觉很累，傍晚回来，吃过饭就休息了。

2013年11月10日，星期日，农历十月初八，属龙，多云

我家田就是分得两亩多，田块在村里来说算是中等大，每块田就是那么三四分，就是田埂长，每块田埂差不多就是五六十米长，一个人一天又只能垒一百米左右，到今天第四天了，总算完成了垒田埂的事情。等过几天田埂的泥土硬一点再犁田就没有多少田里的事情，我也可以做

其他的事情了。

2013年11月11日，星期一，农历十月初九，属蛇，多云

晚上，卢某某一家出事情，说是他的老母亲被卢某某二的儿媳和小女儿打伤，说是卢某某一的母亲庇护卢某某二找黄土坡的寡妇李某某，逼得他们的母亲出走，已经不像一个家了。实际上，是他们的母亲离家在前，与丈夫卢某某二分居四五年了，找了一个外地的老人，经常在新街镇街上来去的，我们村里的很多人都看到过的，也就是说他们的母亲给父亲卢某某二戴绿帽子在前，逼着他找了李某某相好。我是在平常与其他村民议论中了解到的情况。你看看，当上奶奶的人了，还有本事出去找老男人，在大街上来回地走，让村民都知道，做男人的还有什么尊严？你能找，我为什么不能找呢？所以，卢某某二也就找了李某某相好了，我们认为，他儿媳和小女儿今天做出来这样的动作是她们的不对。

2013年11月12日，星期二，农历十月初十，属马，多云

李院文家拆除老房子，准备重建。以前的村民经济条件差，做的房子矮小、潮湿、阴暗，现在的村民经济条件逐渐地好起来，想到的第一件事情就是把房子给建了，希望建得宽敞一些、明亮一些，经济再允许的话，还要学着外地的装修一下，生活起来就很舒适了。总的来说，他家的生活条件还是辛苦的，但是，别的村民家的房子都要翻新完了，已经没有剩余几栋房子，是被其他村民看不起的，所以，总是要想办法来建的。

卢同则家打第一层屋顶，看着别人家都建起了新房子，自己也是人，也会着急的，也要想办法建房子的。卢同则家就是一个例子，子女都成家了，以前的房子住不下，生活起来很不方便，就在前不久拆了重新建盖，已经盖好了一层，今天是请亲戚朋友打屋顶。

张明福重新出去到他原来的工地上班，村里没有什么厂矿企业给村

民上班拿工资，村民正常的收入只有打工了，这样的日子很辛苦。但是，暂时是改变不了什么的。

2013年11月13日，星期三，农历十月十一，属羊，阴

这几天的天气不好，我也懒得出去村里观察村民做事情，知道卢正华、卢新几个弟兄准备明天迁移老父亲坟墓的东西，如鸡、鸭、烟酒等，通知需要的亲戚和好朋友来帮助。

2013年11月14日，星期四，农历十月十二，属猴，阴，有雾

这几年从几户村民迁坟的情况看，都是选择在凌晨进行，暂时也不知道是什么原因、具体也不知道怎样进行。根据新街镇哈尼小镇建设的需要，政府又在箐口村黄土坡旁边征用了一些土地，箐口村有几户的坟墓得进行迁移。其中，包括一座前两年才安埋的卢新老父亲，接到他们的通知，又不得不迁移了，是在今天凌晨进行，考虑到时间不长，又得做新坟等很多事情，还是通知了一些亲戚和姓卢家族的人来帮助，人还是多叫了几个，与我们没有多少关系，只是一般朋友，自然就不会请我了。听过去帮助的朋友讲，尸体都还没有完全腐烂干透，棺材里到处渗出水来，给抬尸体的马某等朋友弄了一身的臭水，回来后只有把衣服都烧了。

2013年11月15日，星期五，农历十月十三，属鸡，多云，有小雨

这几天的停车场都堆满了建筑材料，说是建设"美丽家园"，主要是建设房前屋后的零星场地；有几户拆建老房子，看来，村里每年还是有人家要做房子，前几天是拆除了李院文家老房子。今天下午又有李平真家运回来砖，说也是要拆除老房子重建，这样不拆建老房子好像自己有什么问题，让人看不起的。

到目前为止，村里就有卢同则家、李平真家、李院文家拆除老房子重建，村里又消失了三间所谓的传统蘑菇房。估计村里只有七八间传统

的土坯墙蘑菇房，看样子是逐渐都要变成新式的蘑菇房了。

2013年11月16日，星期六，农历十月十四，属狗，阴，有大雾

已经几天一直都是阴雨天气，地面又潮湿，做不了什么事情，心情也像是被天气干扰了，有点乱。这样的天气村民也确实很静，没有什么大事就很少出门，我也没有出去观察了。

2013年11月17日，星期日，农历十月十五，属猪，阴，有大雾

跟着初中时候的老同学叶锦鸿到他老家阿猛控村吃羊肉，就没有参加一个小学时候的老同学儿子的生日，只有明天回来后再去补参加。

2013年11月18日，星期一，农历十月十六，属鼠，阴，有大雾

就像昨天说到的，因为我要和老同学叶锦鸿商量一点事情而没有参加老同学李玉新儿子的生日，今天是叫了朋友李庆云一起过去李玉新家吃饭。毕竟，9月老母亲不在的时候，他还是帮过我的忙，给了500元的礼金，这次人家办事情，我还是要还礼的。今天是给了他600元，听他们说还礼要比以前稍微多一点。

2013年11月19日，星期二，农历十月十七，属牛，阴，有大雾

这几天的天气就是怪，每天都有大雾，浓浓的，能见度只有十几米，生活在平原地方的人们是无法相信的。就连在这个地方生活了这么多年的村民都很不想相信，感觉挺难受的，心情一点都不好，做什么事情都不愉快。

收完了谷子，年轻人又要外出打工挣钱了。今天看见张斌父子出去，年轻人的生活就是这样：播种和收割的农忙时间回来帮助家人，过了这些日子，就是出去打工挣钱补贴家里生活所用，这基本就是村民的生活方式。

就像上面说到的，虽然今天的天气很不好，但是，有的事情还是得做，箐口后山上建设哈尼小镇的工程已经施工了，涉及村民的几座坟需要迁移，朋友卢建忠要我帮他家迁移坟墓，今天得休息早些，说是明天凌晨两三点就要带工具到山上。

2013年11月20日，星期三，农历十月十八，属虎，阴，有小雨

还是凌晨三点，应朋友卢建忠的要求，我得起床了，要在凌晨去迁移他故妻的坟。这几天，村里一边是忙着生产，建设"美丽家园"；一边是根据施工需要迁移坟墓，就现在的村民来说，迁移坟墓也是一个大的问题。迁移不说，要迁移到什么地方？还得找地方，这个中国几千年传承下来的文化在中国老百姓的脑细胞里依然根深蒂固，很普通的一个中年人都知道养老送终，都希望老人的在天之灵庇佑后代，都希望把他们安埋在一个风水宝地上，保佑后代昌盛。那么，什么地方才是风水宝地？又有几个好的风水宝地呢？不过是智者见智，仁者见仁，根据自己的见识实践罢了，要是知道的话，为什么不找来自己的老翁安埋？让自己的后代世袭皇帝呢？

就村里历史以来的观点，迁移坟墓一般是在凌晨进行。所以，被通知的人都根据通知的时间在凌晨三点左右就全部集中到他家了，在他家简单吃一点东西后就出发了。今天早上的我们就是这样，等早上办完了回来再在家里吃喝。我还是第一次参加迁移坟墓，总算是亲眼看到并配合他们操作整个迁坟的过程。我做一个简要的说明：当天晚上，得有坟主叫一个人跟着到坟墓处磕头向他说明："明天，因为某某原因，我们要迁移你的在处，你不要去什么地方，一定要在家等着我们来。"到了凌晨动土的时候，也要请自己的家人和舅舅等人磕头说明原因，希望迁移到什么地方都好好的，之后才启动。动土的时候当然要小心些，能用布保证完整地包好是更好的，时间长可能完全变成土了，时间短的还会有臭味的。今天这个是十多年前的事情，骨架还算完整，我们是用布好

好包着，拴到一个原来就准备的梯子上，之后就抬到大鱼塘村后面原来是箐口村现在是国营林场的树林里，将那里的坑挖好下埋。之后，就像新做的坟墓用砖和石头砌起来，做好之后，就是杀一对鸡，给她献一下。我们也吃过一点东西再回来，因为今天凌晨有雨，从这边迁移到安埋都是在雨中进行，包括煮鸡肉，饭都是用原来我们准备的柴火，要不然有点难烧火了。我们回来的时候已经是六点多了，回到家，我们也用不着休息，只是稍微洗了一下手脚，换一下湿的衣服就接着在他家里做饭吃了。

喝了一点酒还能去什么地方？再说是农闲时间，没有多少事情要做，稍微休息一阵，到了下午三点多就又接着吃饭、喝酒，一天就这样过去了。

2013 年 11 月 21 日，星期四，农历十月十九，属兔，阴转晴

昨天与朋友卢建忠忙了一天，十个人年轻在一起，总是要喝一点酒的，早晚都喝了以后不胜酒力。今天是到十点多才起床的，看见天气好转，到处走了一圈就又回来学习。

2013 年 11 月 22 日，星期五，农历十月二十，属龙，晴

今天是新街镇集日，上街的村民还是多的。我无意中发现，村民有这样一个习惯，村民就是新街镇集日上街，特别是妇女们，不知道要买什么，可以从上午到下午一天都在城里转着。当然，我注意观察了一下镇里集日的情况，其他村寨的村民集日这天来交易的人就是多，家用的农副产品确实很多是在集日里才买得到的。

2013 年 11 月 23 日，星期六，农历十月二十一，属蛇，晴

这两天，说是上学的初中生可以办理身份证，我就去办理儿子的身份证了，想着人家通知的时候要好办些。

2013 年 11 月 24 日，星期日，农历十月二十二，属马，多云转晴

这两天的天气是不错，村民基本进入农闲时间了，只能正常过日子，没有什么我觉得可以记录的东西，我就没有特意去在意了，就在基地学习。

2013 年 11 月 25 日，星期一，农历十月二十三，属羊，多云转晴

村民小组收村里残疾人的残疾证书，做登记，说是上面叫他们统计。

2013 年 11 月 26 日，星期二，农历十月二十四，属猴，多云转晴

9 月母亲过世，还是给我敲响警钟：已经长大了，有的事情要自己扛着，不能依靠谁了。树要分枝，弟兄们要分家的，自己的朋友自己找。所以，我是请了李文贵舅舅帮助我犁田，像他水平高的话，两天就可以犁好了，今天是上街给他买一点菜。自己会犁的，只是水平不高，今年又遇到那样的事情，没有心情犁田，就叫他帮助吧，等以后再回报他。

2013 年 11 月 27 日，星期三，农历十月二十五，属鸡，多云转晴

今天犁田的有卢永贵家，他已经 40 岁了，自己还不会犁田，就请了卢新来犁；我自己家也犁田，请了李文贵，现在连人带牛的，每天的工钱是 200 元，一年比一年高一点。

2013 年 11 月 28 日，星期四，农历十月二十六，属狗，阴，有大雾夹小雨

自去年村里建设蘑菇房，对村民的房子墙体进行全面粉刷，卢世华认识了一个大老板后，今年对其他村寨进行粉刷，也组织了人去施工。可能是工程进行到一定的程度，今天下午是杀了一只狗召集工人会餐，这是这两年流行的做法。村里有小老板带着工人施工，只要到工程结束就会约弟兄会餐，吃喝一次，表示一下意思。

2013 年 11 月 29 日，星期五，农历十月二十七，属猪，阴，有大雾夹小雨

这两年来，村里的丧事是有点多，到其他寨子祭祀的也多。今天有李贵文家、李祥家到大鱼塘丧祭，说是他们家族就是从大鱼塘迁移来的，现在过世的大鱼塘老人是他们家的亲戚，不去丧祭是过意不去的。

2013 年 11 月 30 日，星期六，农历十月二十八，属鼠，阴转多云

今天凌晨三四点，李金家和卢荣家迁移坟墓，也是因为哈尼小镇建设的需要，他们原来安埋的坟墓要全部迁移。到现在为止，还是迁移了很多座坟。基本上每隔几天就有人家迁坟。也是一种习俗，说是迁移坟墓要在凌晨进行，天亮前就要把骨头安埋下去，天一亮，新安埋的坟墓做好就回来，在家里做饭吃，感谢帮助的亲戚朋友。

2013 年 12 月 1 日，星期日，农历十月二十九，属牛，阴转多云，大雾夹小雨

这几天受冷空气的影响，天气有所变冷，而且有大雾夹小雨，白天的能见度都只有二三米，像是生活在什么鬼地方一样。应该说人们的心情都差不多，从我内心来说，就像心里塞了什么东西一样难受，心境无法开阔，什么事情也不想做。真的，云南有的地方的大雾能大到这个程度，没有经历过的人是无法想象的，我们也很少见到的，每年就会是那么一段时间，谁也不敢说是什么时候。

2013 年 12 月 2 日，星期一，农历十月三十，属虎，多云间晴

天气阴冷了几天，今天开始变晴一些了，休息了几天的村民又可以做农活了。前几天心里像塞住什么东西的感觉才突然消失了些，我又有好心情做事情了，像个孩子似的，天气好了心情会好，就会做一点事情；天气不好，心情也不会好，没有做事情的心情。

下午，有人驾驶着拖拉机来村里爆米花，生意挺不错的，村里的妇女带着各自的孩子排队来做，直到晚上八点左右天已经很黑了才离开寨子。看来，生意不一定在于大小，只要好做，钱同样可以慢慢赚多。

卢同则家今天请了外地的妇女来打第一层屋顶。可能是从经济上考虑，或者是从劳力上考虑。慢慢地，这几年村里打屋顶都请小工做得多了。要是在几年前，村里多数还是相互帮忙，主人家办伙食由村民们来做。这几年是有所改变了。是不是其他的生产方式也会随着生产力的提高和人们观念的改变而有所改变呢？我看是会的，就像打屋顶这种活计，村里的妇女原来是不会预算承包做，是外地的妇女承包我们村里的屋顶来打。现在，村里的妇女都学会了，村里基本没有外地的妇女来打屋顶，村里的妇女反而学会了到外地去打屋顶，慢慢地她们生意还不错呢。

今天是农历十月的最后一天，按照村里的民俗，村民们要准备明天过农历十月年的事情了，特别是妇女们，主要是准备明天早上献的汤圆——这是必须要做的。村里流行说吃了明天的汤圆就多长了一年了（意思是过了一年），从明天开始，哈尼族就是新的一年了。正是同汉族的元旦一样，明天是村民过农历十月年的时间。

2013年12月3日，星期二，农历十一月初一，属兔，晴

到了这个时候，这里的天气就是这样，早晚要凉一些，特别是早上，天空还有点灰蒙蒙的，还感觉有点冷。只是到了中午，太阳升高了，天气就慢慢变得暖和了，只要穿一件薄薄的外衣就可以了，让人一点冬天的感觉都没有。真的，我与外地的朋友说，从气候来说的话，生活在云南，特别是云南南方的人们真是幸福，一年四季都是生活在春天中，四季都生活在大自然的绿色中，四季都有新鲜的瓜果、蔬菜吃，是一种幸福。只是，云南的交通和各方面的经济远不如其他的省份，虽然，各有各的长处和短处，总的说来，经济上不去，其他的还要靠边，"发展是硬道理"这句话一点没有错。

今天是农历的十一月初一，正如昨天说到的，早上村民们在各自家里做汤圆煮吃了，又在议论说过了一年。从不同地域的哈尼族过十月年节日的情况来看，哈尼族应该是认同十月历的，只是轻重有所不同，有的地方是如同汉族过春节一样家家户户都杀猪，过得热闹些；有的地方只是做一点汤圆，杀一只鸡吃吃，过得简单些，我们箐口村就是属于后者。不过，从老人的言语中可以明确的是，他们都认为过了农历的十月就算过了一年，今天上午就算是过节了，村民家都做汤圆献祭，很多家都杀鸡吃，还可以相互来往着喝酒。

2013年12月4日，星期三，农历十一月初二，属龙，晴

这两年的物价有所上升，就仅请小工的工时费来说，前两年男工五六十元，女工四五十元就可以请到，而今年是男工一百元，甚至更多，女工六七十元一天；请犁田的话，去年是一百五十元一天，今年是达到两百元一天了，这事我问过了。今天，我是请了李文贵犁我们家的田，我也同样得付他两百元的工时费。如果这样算来的话，自己家没有劳力种田的话，请别人种田是入不敷出的，只是梯田一旦荒废了，恢复就更难了，这是种田人坚持种田的理由之一。

2013年12月5日，星期四，农历十一月初三，属蛇，晴

前几天天气变坏了，这两天又变好了，村民又可以正常做农事了，或者跟建设"美丽家园"的施工队打工，赚些过年的钱了。这两年做农民也不赖，只要你身体好，给一些已经外出打工或者没有劳动力种田的人家种种田，每天也可以拿80元到100元，要是给他们家带牛犁田的话，还是200元一天。正如昨天，我请了村民李文贵去犁我家的田就得给两百元。这两天这样种田的还有张文和，是犁张里保家的田，说牛是主人张里保家出，张文和只要出人就行了，每天给他的工时费是100元。要是身体好，做事情还是不多的，一个月能给其他村民种十几、二十天活，

一个月至少也该有一两千元的收入，家庭的生活条件是可以大大提高的。等到来年的3、4月要插秧农忙也是这样，只有自家劳力足够的家庭才可以解决插秧的农忙事情，很多还得以小工的方式请其他村民，到时还得付一笔费用。今天是有卢新帮卢永贵家犁田，应该还是付同样一天两百元的费用。从现在的工时费来看，只要身体好，在家里务工每月也可以挣到一两千元，村民的生活水平是大大提高。只是，收入提高了，支出也肯定提高。

2013年12月6日，星期五，农历十一月初四，属马，晴

这几天该不是村民的黄金时间吧，每天早上六点左右，天还没有发亮就有年轻的妇女们在村口议论什么。打听后才知道，她们要跟一个施工队上班去，每天她们都要在六点左右起床赶路，每天一个小工可以挣80～100元，钱是可以挣到一些，但都是苦出来的。听说是这一段时间，有一个老板专门来请村里的妇女包括几个男的建筑师傅到其他村寨打屋顶，每天都要在早上五六点钟起床，到晚上六七点由车辆送回。

2013年12月7日，星期六，农历十一月初五，属羊，晴

不知道现有的梯田是多少代人开垦出来的，但敢说是付出了艰辛的劳动才有今天的成功。现在也是村民开垦梯田的时候，这两天就有李庆祥请了十几个工人背沙、背石头，在砌筑他家的田埂。口头上说是他家的田埂很容易倒塌，已经不成田的样子了。实际上，他们几个弟兄分田下来每家可能只有五六百斤的产量，如果下田埂的人坏心挖上埂子，田埂自然就倒塌，产量一两年就减少很多，用水泥和石头砌筑是防止下埂子挖倒上田埂的一个方法，这就是很多田以前就被老人家用石头砌筑的一个绝对理由。

是的，相信什么东西都不会是天生的。包括梯田，相信是一代人又一代人通过努力劳动，才会有今天美丽壮观的奇景。今天的我，也是到

田里改造梯田了，分给我家的田原来有两块是通过别人家的田才能进水来，这两块田的肥力就相对差些，这两年我想办法出力改造后，修建了一条小水沟直通到自己的田里，这样的话，田的肥力就大大提高，粮食产量也相对提高了一点。今天是把高一些的土壤挖到低一些的地方，想着把田多平整一点还是好的。

2013年12月8日，星期日，农历十一月初六，属猴，晴

这几天的天气不错，要是在以前没有电的时候，该是准备过年的柴火的时候了，现在的村民特别是家里不养猪的年轻人家，基本上不再用柴火。只是，有老人在养着猪、鸡的家庭还是用的，每年还是要烧很多。李生明家是养猪的一户，还是要用一定的柴火，今天叫了他老丈人修理树枝。说起这个事情的原因是，爬树也是一种技术，在树上修理树枝更是需要一定的技术。我是经历过的，在一二十米高的树枝上，要是风一吹，树与人一扬一扬，要是风再大些，或者脚踩到小树枝上，手抓到了干细树枝，一不小心，就会如同一片树叶一样下地，一个人的能力和力量对于大自然来说是多么的渺小。

2013年12月9日，星期一，农历十一月初七，属鸡，多云

李志和犁水卜龙村苏家的田，水卜龙村是新街镇的另一个村委会，距离箐口村有五六公里，一个姓苏的田就在我们箐口村寨子脚，也就在本人和李志和家田旁边。至于他们家的田为什么会在箐口村，这个就不清楚了，只是插秧和收割时经常会遇到，彼此有所交流，也就相互有所帮忙，这次也该是受他们的托，李志和才犁田，至于工钱是不会少的。

2013年12月10日，星期二，农历十一月初八，属狗，多云

今天，又有村里的几户人家要约人到其他寨子奔丧，初步看来至少有七八户，有的是到麻栗寨，有的是到全福庄寨子，加上约了的人就至

少有五六十人放弃家务事情。是的，每年都要有这样的很多事情，村民每年都得把一定的时间用在办理丧事之上，没有办法，人们都生活在生老病死这个规律当中。

下午，看见张云、李中祥、李某3个未满20岁的年轻人从红河县的某个厂打工回来，说是这几天他们的厂里放假，过两天还要出去。

2013年12月11日，星期三，农历十一月初九，属猪，多云

应该在前面的日记里说到过，村民家养牛主要是用来整理田地，自给自足。但是，一旦自己家的牛发展多了，家里的劳动力忙不过来，或者说可以用来帮补家庭的经济问题就用来交换，这是村民养牛的另一个原因。比如，今天上午张明生卖了一头牛，他们的劳动力只有两个，招呼两三头牛是不够的，就可以直接卖了填补家庭。

在我们村里，或者说我在村里的这么多年，是没有看见妇女打田埂的。但是，今天就看到了，有卢正华的妻子给张志学家打田埂，也没有过问是多少钱包给她做。她是从原来的胜村乡某寨子嫁来的，说是那边多数的男人都不管家里的事情，一般都常年在外打工，给家里挣钱，那么，打田埂的事很多就由妇女承担了，很多妇女自然就学会了。看来，一个地方的生产方式是在当地长期形成的，只有某一种强势力量产生才得以改变。

2013年12月12日，星期四，农历十一月初十，属鼠，晴，有点风

今天是新街镇的集日，要交换的村民早早就上街了。比如卖米糠的，要买鸡、鸭的……特别是要买小猪的村民一般都选择在集日上，今天就有张明生、张文和、张正明三个都上街买小猪，是因为明天他们三家都要到全福庄亲戚家办丧事处祭祀。听说现在的小猪市场价钱要比前两年高峰期下跌了一些，一般一百多元就可以购买到了。有一年小猪价钱高峰期上涨到五百元，村民都清楚地记得那一年，都说要是遇到那一年的

情况，这样去祭祀也要花费上千元，真是承受不起。

村里被征用的"拿安天"（地名）开发建设已经一个多月的时间了，今天去看驻扎了很多外地的人，到处是工人。进出的路已经基本修通，很多老板已经准备好了材料，打听知道，要在2014年8月之前全部做好。

下午，李学光买回来鸡鸭，还有其他的蔬菜、烟酒等，干什么呢？原来他家也要迁移一座坟，就在明天凌晨迁移，已经通知了一些家属、弟兄和朋友。今天才准备一些必要的东西。

2013年12月13日，星期五，农历十一月十一，属牛，阴，有雾

今天凌晨，又有李学光家进行迁坟了。按照村民的说法，迁移坟墓要在凌晨两三点钟进行，要在天亮六点左右前将死者的骸骨全部入地，绝对不允许露面，这是阴阳为界的一个时间吧——我是这样分析他们意思的。其实，逝者如斯。如果人们认为这自然界中有鬼的话，那也不过是人编造的。实际上，从我亲身参加的实践来看，人来自自然，归于自然。从父母给了身体慢慢长大，长老，而后到死，入土安息，肉体化为水，多少年以后骨头又变成土而已，最终就是一捧土罢了。人恩恩怨怨、生老病死的一生在时间历史的长河来说是多么的短暂，不过是过眼烟云罢了。所以，人的生命只有一次，人与人之间的感情更是要珍惜，一旦失去就再也难以挽回。有人说，参加做这样的事情有点害怕，我认为那不过是人的心理作用罢了，对鬼的说法不过是人的一种幻觉和想象。

正如昨天说到的，今天有张明生家、张正明家、张文和家一起到全福庄村祭祀，用的是小猪，这种是小祭祀，花费不算多大。说是现在的小猪价钱基本平衡，100～300之间就可以买到一头小猪，再加上买一些烟酒、鞭炮、其他蔬菜，花上三四百元就能办好了。要是在小猪价格高涨的那年，再小的猪都要花费500元，就要花八九百元甚至上千元才能办好。有的人认为这是一种礼尚往来的习俗，亲戚遇丧事都要来往；而有的人认为这样的开支有时过大，没有必要这样做。

2013 年 12 月 14 日，星期六，农历十一月十二，属虎，阴，有雨

正如借人家的钱要还一样，人家来的礼一样要还的。还是 9 月老母亲去世时有一个麻栗寨的远房亲戚带小猪来祭祀，还没有过几个月，他的老母亲又去世了。这次，我们家人只得去上礼了，又是带着小猪去祭祀了，目的是还亲戚一个情，不还是要被人家笑话的。

要不是有什么不做不行的话，今天的这种冷天气又有很多村民要睡懒觉了。从这么多年的调查发现，村民除了农忙时候，平时都懒惰得很，遇到天阴下雨，很多人都会躲到家睡懒觉。有人告诉我，这主要是这里的物质生活和生产条件决定的，单一的农耕生产方式就是这样。早一天不早，晚一天不晚，反正都在春末夏初播种，秋末冬初收获，平时就是放放牛、养养猪、管管水，再多的事情也没有，要外出的年轻人也可以不管家中的事。很闲的，眼睛一睁，到田地转一转，摘一把青菜，拔几个萝卜，填一填肚子，再在寨子里转一转，要是遇到朋友，约了喝两杯，躺下，眼睛一闭，一天过去了。

2013 年 12 月 15 日，星期日，农历十一月十三，属兔，阴，有雨

昨天我是随其他的亲戚一起到麻栗寨村还小猪的礼，按照所要做的程序做完后，于今天上午返回来。

可能是今天雨水过多压断了电路，晚上村里出现停电，又影响了村民的正常生活。这么多年特别是村里电路进行了改造后，村里的电一直都很正常，像今天晚上一样偶尔出现一天停电感觉很难受。

2013 年 12 月 16 日，星期一，农历十一月十四，属龙，下雪

从凌晨两三点左右开始下大雪，这是 1999 年以后箐口村下的一场大雪，因为下得有点大，村里的有些树木和树枝都被压断了，进村里的公路都被树枝挡住，车辆没法进出，游客也无法进出。或许是电线线路也出现故障，电也停了，生活上也受一点影响。然而，下雪在村里是很罕见的事情，已经很多年没有下过这么大的雪了，很多十几岁的孩子根本没有见过。所以，年轻人都很高兴，有的还学着堆雪人、打雪仗，根本不觉得冷，很多年轻人都用手机拍下了这很少见的雪景。而且，由于这里很少下雪，要拍摄雪中的梯田就是很少见的事情，这是多少年才能遇到的景观，雪景中的梯田也很漂亮。

因为下雪，可能就是线路出现故障，村里也就停电了，早早就在手机上发来信息让村民做好准备，说是尽快抢修好后供电过来，希望村民给予体谅和支持。

虽然说今天下了一场雪，很大程度上打乱了村民的生活秩序，但是，下午有村民李国忠请了摩批李建福做一个祭祀，说是消灾求福的一种。已经有很长时间没有做这种祭祀了，希望做了这种祭祀以后家人平安，健康成长，一家人没有什么灾难，不要被妒忌的小人所害，他们叫作"得看容咋"，意思是祭祀院子，清扫院子。家里有什么不顺利的事情，要是做了这样的祭祀能有所缓和，有所转运的话，那也是值得的，只是我认为这首先是心理上的慰藉吧。

2013年12月17日，星期二，农历十一月十五，属蛇，阴转多云转晴

昨天下了一天的雪，有点大，村民都不敢放牛了，都穿上了往日不常穿的厚衣服在家。今天上午还是阴冷的天气，只是下午才逐渐转晴，逐渐晒化了雪。这时间，很多村民和游客拍到了雪景中的梯田，以及村庄。这是这些地方很少遇到的景观，所以，虽然今天的天气有点冷，但是，来村里的游客也不少，正是因为这样，村民张牛后就用他的三轮摩托车接送游客，路滑加上车马力小，在上去的路上差点给游客翻到路边的竹子棚里，挣钱事小，小心为要呢。

有车的人都知道车是要每年检一次的，村里有车子的都要按时到县里或者州有关单位检查的，今天卢世华约了朋友一起到州车辆管理所检查，早早出去，晚上才回来。

正如昨天说的，因为昨天下了一天的雪，线路可能出现故障，停电影响了村民的正常生活，今天下午转晴的时候，供电所可能及时安排了工作人员抢修，下午就开始供电了，恢复了村民的正常生活。是的，不知道以前没有供电的村民们是怎样生活的，现在只要停一两天的电，村民就感觉没法过日子，都要议论纷纷，都要打电话问供电所，要求他们尽快抢修、尽快供电。

2013年12月18日，星期三，农历十一月十六，属马，晴

村里有几个不愿意上学的孩子，他们还不懂事，的确是父母担心的一件事。今天有传闻说，有几个孩子在玩游戏时动了手脚，说是谁骗了谁的钱，还是在游戏机上做了手脚，有警察来调查情况了。这一班十二三岁的孩子，他们不爱读书又不能出去打工，纯粹只能依靠父母吃喝玩乐，纯粹是父母的心病。又有什么办法改变这样的现实呢？现在的学校又给予补贴，除了特殊的家庭外，父母只要身体好，他们一个月的生活费用打一天工就基本能解决，或者特殊情况东揍西拼也能解决的，这年代怎么会出现这么多辍学生，莫非中了什么邪？包括自己家的孩子，已经几次送他入学了就是听不进老师和我的话，真让人费解。时间似水，一去不返，完成了自己的学业再到社会打拼也不晚啊！

今天，有张学亮家约了家族人到陈安奔丧，箐口两百多户的人家，这两年死的人有点多，加上到其他寨子奔丧祭祀的情况，确实是占用了人们的很多时间，只是生老病死是一种常事，不能以人的想法为转移。

2013年12月19日，星期四，农历十一月十七，属羊，多云转晴

上午，有卢新家做祭祀，是他的妻子生育了一个孩子，做祭祀时不许外人进他们的家，他们家是在做的时候插一些明显的绿树叶在门口，告示除他家人外人不能进来了。所以，有关朋友或者游客到了村里，看见有类似明显的绿色树叶等标志的话，建议请留步，问清楚了再进，要不然又坏了人家的私事，搞不好还得重新再做。

今天上午，村民小组的事情有点忙，一个是要收取农村合作医疗费用，每人每年是60元，由李文才负责；一个是收取护林费每户一斗谷子，还有咪古的一年报酬是每户交两升谷子。护林员是大鱼塘村的人，交了谷子要运回他家，收取的地点就定在村口的停车场，以便于他们装车。

2013年12月20日，星期五，农历十一月十八，属猴，多云转晴

早上，有张福夫妇打工回来，妻子还背着孩子，说明是在外地接生的。这一点来说，年轻人的观念是有所改变。要是在以前，做老人的是不准他们在外地接生的，现在观念改变，科学技术也提高，在村里要出生的孩子有的父母反而对老人们怀疑，都想办法到医院生，多数都顺产回来，他们一家也该是这样吧。

今天是新街镇的集日，和往常一样，村里还是有很多到街上交易的人。可能是这两天冷的缘故，有张志学买了新衣服回来，可能是早上他儿子打工回来后给了他一些钱吧，还买了一头小猪，说是下午还要到麻栗寨村丧祭。

到了年终，各单位要结账了，供电所前几天就在手机里发信息过来，要求用电户要在这个月22日前交清电费。可能村里还有一部分村民没有去交钱，今天下午有抄电表的工作人员到村里来找村民小组商量事情，要求村民小组在村里宣传，希望村民在规定的时间内落实事情，以免产生其他的事情。是的，单位有单位的难处，个人有个人的难处，但是，电是要用的，事情是要解决的，生活才愉快。

前几天的一场大雪，压断了村里的很多树枝，这两天天晴了，就有很多妇女到树林砍柴火背回来，再加上被征用的很多村民家的树木砍伐回来，这一段时间就有很多村民运柴火回来，很多村民家原本很小的院子都摆满了柴火，有的不用柴火的人家该足够用几年了。

2013 年 12 月 21 日，星期六，农历十一月十九，属鸡，多云转晴

要是到冬至这一天，附近的彝族寨子是有过冬至的习俗，有时候村民也会到他们朋友家过节的。可是，他们一直都习惯于在明天过节，今天就没有看见有村民去做客的，估计明天是会有些的。而箐口村的话是没有什么活动的。

2013 年 12 月 22 日，星期日，农历十一月二十，属狗，多云转晴

早上，李志祥家因为猪不吃食而杀了一头，二三十斤，现在村民养猪不用饲料，养这么大还是辛苦两三个月了。怎么办呢？辛苦了这么长时间，白白丢掉也怪可惜的。一般都会叫隔壁和亲戚来杀吃的，特别是叫上几个能做伙食的人，好好烧一下，加一些草果、八角等配料高温煮熟，再做一碗麻辣色香味齐全的蘸水，要喝酒的买一些来就可以吃喝了。

2013 年 12 月 23 日，星期一，农历十一月二十一，属猪，多云转晴

卢永贵母亲和别人一起去找尼玛，说是有一段时间没有去看尼玛了，要过去占卜一下近期家里的事情。

2013 年 12 月 24 日，星期二，农历十一月二十二，属鼠，多云转晴

上午，村民小组通知村里有 80 岁以上的老人，拿着身份证和户口簿到新街镇民政所领取年末补贴。领回来的情况是这样的：满 80 岁和 80 岁以上的一年补贴是 420 元，下半年才满 80 岁的是 210 元。现在国家发展了，能给农村这样的老人一点补贴也是很好的，多少能给他们添置一些吃喝，或者买件衣服也是会让人感到温暖的。在以前没有这样政策享受的时候，这样的一点钱要到哪里去拿还是个问题。这要感谢党、感谢政府。生活在这样一个大家庭中，能让它的人民享受每一点温暖，改善一点生活上的条件也是一大进步。

2013年12月25日，星期三，农历十一月二十三，属牛，多云转晴

原本是相互帮忙打屋顶的劳动方式，现在看来是大有改变，今天的李平真家房子打屋顶也是请了小工。这样，没有被请的一般村民就不用去帮忙了，只有处得很亲近的村民才会没有被请也去帮忙。

2013年12月26日，星期四，农历十一月二十四，属虎，多云转晴

张正明家运回来一车砖，准备加建第三层屋顶。

2013年12月27日，星期五，农历十一月二十五，属兔，多云转晴

有人说："唇齿相依，难免相碰。"正可能是一种印证，原本父亲就一个独儿子，现在年纪大了才勉强有孙子继承香火，无论多大的事情都应该坐下来谈，可如果公鸡不叫而母鸡叫鸣的话，一家人也是要闹大笑话了。今天晚上就是一个例子，卢学贵家发生吵架的事情，直到晚上11点左右，请了她的姑娘们来对付她的儿子，而且都是成家的人了。村民都认为这是一个笑话。

今天，村民小组请人打陈列室凉亭的屋顶，说是那屋顶漏雨，需要加打一层才会防水。

2013年12月28日，星期六，农历十一月二十六，属龙，多云转晴

早上，李院文家叫了村民背砖，作为一个人，没有房子估计是最大的困难了，生活起居都不方便，特别是有了自己的孩子都没有自己的房子是一大悲哀，一家人怎么生活呢？而老房子旧了要烂掉了也是要想办法拆建的。李院文家是属老房子的情况，由于里面是木料结构的，时间已经很长了，他不得不想办法拆建了。所以，这次是下定了决心，说是向银行贷了一些款，自己也拿出这几年的积蓄。今天他用的这个办法不是说自己的钱够不够的问题，而是互换劳动力的一种方法。因为即使你请其他村民帮忙，其他村民需要你的时候也会叫你去帮忙的，也是一种基本平等互换劳动力的生产方式。

2013 年 12 月 29 日，星期日，农历十一月二十七，属蛇，多云转晴

中午，有红河州文艺演出人员来村里演出，说是快要过元旦了，给村里增添几分热闹。

过完冬天进入春天就要播种了，按照村民有史以来的生产方式，天气晴朗了就有村民开始挖地了。今天，张明母亲约着张松的母亲去。一个人干活是觉得有点枯燥，所以，村民都会相互约着，今天做你家的活计，明天又来做我家的活计，都是一样相互换劳力。

2013 年 12 月 30 日，星期一，农历十一月二十八，属马，多云转晴

晚上，李庆宝家运来一车砖，好像是价钱或者是数量上双方产生什么分歧了，双方在停车场商量了很长时间都没有下砖，直到晚上十一二点才下砖。

昨天下午，听说村民小组带回来一种柿子树，栽种在寨子周围。从其他寨子栽种柿子树结果的情况来看，也许是气候合适，柿子结果很好，等到成熟的时候每年都会到箐口村来卖，生意也不错。有的招呼得好的人家到现在还有，树上都是一片红红的柿子果，像花儿一样，很好看，果子诱人得叫人流口水，很不错。要是他们栽种的是那样的柿子就好了。

2013 年 12 月 31 日，星期二，农历十一月二十九，属羊，多云转晴

这几天的天气情况一直都是这样，早上有雾，还有点冷，只是到中午以后就逐渐转晴，今天下午就有点热了，村民穿一件单衣就可以了，到了下午再加衣服也行，这种天气干活很不错。也许是这样吧，这两天建房子的几家都在背运材料，给他们家帮忙的人也多，李平真家昨天运来的一车砖一天就背回家了。

有人说，在箐口村做生意很不错。应该是如此吧，几乎每天都有人来村里卖东西，有的卖水果，有的卖蔬菜，甚至卖猪肉或者牛肉。下午，我就看见有卖牛肉的、卖猪肉的、卖烤鸭的，他们都一会儿就卖完走人了，当然，他们也不是用车运进来，只是用人背了一点进来，只要买吃的人多，一会儿就会卖完的。

2014年
村民日志

2014年1月1日，星期三，农历十二月初一，属猴，多云转晴

时间过得很快，新的一年又开始了，城里过元旦节了，而且今天又是新街镇的集日，到街上的年轻人都说到城里过元旦节了。但是在村里一直没有过元旦节的气氛，村民都还是正常地做事、生产。过元旦只是年轻人的事情了，他们之间吃饭喝酒时总是会说"过新年了"。

可能是元旦节的原因，今天来村里的游客有二三十个人，村民李永福将他们从村里的停车场运送到公路，来回了三四次，要是每人收5元的话，也该赚了一两百元，不错的。按照现在的情况来讲，要是在村里每天赚一两百元，日子该过得不错了，只是人来得少的时候，一天根本不可能赚多少钱，有时还要倒贴油费。哈尼梯田申报世界文化遗产是成功了，但是，景区的基础设施什么时候能有所改善？各方面的硬件设施什么时候能改善？旅游事业什么时候才能真正发展起来？什么时候才能真正让当地人过上好日子呢？这还是得等待的事情。以我的观点来看，我们的旅游业还处在起步阶段，受各方面条件的限制，来的游客少之又少。而且，来的游客说的话大多数是我们不愿意听到的，也不清楚他们真正的意思是什么。毕竟每天的天气都不可能是一样，景色又怎能一样呢？心情又怎能一样呢？怎么能以个人的意志为转移呢？

2014年1月2日，星期四，农历十二月初二，属鸡，晴

对于某一件事情各人都会有各人的看法，比如今天有一个外地人引进了几台游戏机，摆在李光明的家里，来做箐口村民特别是孩子们的生意。本来这两年村里就出现了很多孩子不爱上学的现象，要是游戏机摆在村里，这些孩子就只会跑到那里玩耍，家里的钱会被花完了不说，还会耽误孩子的学习，有可能诞生很多不能适应社会发展的废人，我是这样想的。对此，我是很有意见的，我认为游戏机不应该摆在寨子里，做孩子们的生意，误孩子们上学。派出所应该过来查封这样的生意。虽然是一个寨子的事情，但是不利于孩子、不利于村民的事情，我还是要反

对的。

2014年1月3日，星期五，农历十二月初三，属狗，晴

快要到过年了，为了保证过年期间的电路正常运转，这几天要全面检查线路。到了晚上恢复供电，只是白天不能正常供电，需要用电的事情就做不了，还是给村民带来不少麻烦。

农村谁也没有多少机会挣到多少钱，要不是做生意赚了钱，或者当老板致富了，平时又没有什么收入，要建房子也是很难的。前两年政府征用了箐口村的很多地，大多数家得到补偿。"新农村建设"项目推进，又有"建设美丽家园"项目实施，否则箐口村是不会建设得那么快的。今天李平真家浇灌屋顶，也是属于"建设美丽家园"项目，政府给予了补助。前两年建了大儿子李庆云的房子后李平真的家境就不是很好，这次也是亲戚朋友帮忙建起来的房子。

2014年1月4日，星期六，农历十二月初四，属猪，晴

李院文家浇灌屋顶，房子的建筑面积小，可能也认为亲戚少或者是不想给亲戚朋友添麻烦，今天请了小工，包给一些能干的妇女来浇灌。自己的一些亲戚只要稍微做一下妇女们不能做的事情就行了。听说他家也是属于"建设美丽家园"项目的，政府还是给了一点补贴的。

2014年1月5日，星期日，农历十二月初五，属鼠，晴

我看李某某家也困难，李某某和李某是堂兄弟，现在李某在土锅寨村委会任党总支书记，某种事实上就占了优势。这次"建设美丽家园"项目中李某某家也占了名额，他家今天也打屋顶了，是通过亲戚朋友们帮忙做成的。

2014年1月6日,星期一,农历十二月初六,属牛,多云转晴

很多年轻人不会犁田,或者可以说基本都不会犁了,都只知道打工挣钱,犁田耙田的农事基本由家里的老人来完成。李红亮已经是40多岁了,基本还没有犁过田,今天看见他的父亲李志和犁他家的田,他自己去打工了。田就在寨子脚下面,来往的人都能看得见,很显眼,老人可能看不下去了,今天就帮他家犁田。当然,老人身体还好是事实。

年轻人打工在一个地方是待不久的,今天回来,明天出去,经常会换地方的。今天有张云、李同门打工回来。

2014年1月7日,星期二,农历十二月初七,属虎,多云转晴

张正荣犁田的技术在村里不是很好,可是看他家的日子还是难过的,有朋友来请的话,还是得去帮忙或者打犁田的工,今天犁李得云家的田,多少还会挣一点钱持家。这两年犁田的费用上涨,要是能干的话,一天还是可以挣两百多的。

2014年1月8日,星期三,农历十二月初八,属兔,多云转晴

早上,我去了一趟街上,中午回来的时候,我与李世科一家人搭一辆车,他说是放在家里的几千元连同身份证一起被偷了,刚从新街镇派出所报案回来,要叫他们调查一下,很不幸。在箐口村很少发生这样的事情,也就很少听到这样的消息。从生活的表面来看,他们家也不算富有,因为家庭困难到倮铺村生活了好几年,前几年才从倮铺村搬回来,住的还是简单的竹子编的篱笆房子,这两年通过打工或者其他什么途径才建起一层房子,能有多少钱有什么东西值得被人盯住了呢?对于要偷的人的眼睛就不好说了,只是他家离其他村民家隔了一条小河,来往的人要相对少些,就像刚说到的,因为相对穷些防盗的门窗也做得差些,被人盯上了。既然被偷了,该怎么找回来呢?一是他们向新街镇派出所报案,通过公安机关调查寻找;二是他们一家怀疑是那些不上学的孩子，特别是平时很调皮的那几个，李世科家人商量盯住他们，要是有什么异常就得采取行动；三是他们家已经派了人找尼玛（自然人，指到了一定的年纪就能通过占卜某物知道某人有某事的人。箐口村没有这样的人，说是前几年有人要变成有这样功能的人了，可能箐口村不是产生这样人物的风水地，也就没有生产这样的人，那个人变疯了一段时间就过世了），他们家的事情会不会被算出来？被偷的钱会不会找到？等着看吧。

"男大当婚，女大当嫁"是一段人生过程，是每个人都要经历的事情。下午，已经大学毕业参加工作的张崇云夫妇回来做哈尼族的结婚仪式，请的是我们张氏家族的大摩批张正和。今天做民俗上的仪式，请的人不多，只是我们一家人和他的舅舅，两三桌人。在吃饭的时候，张正和老人家提出来既然是办结婚的仪式就要给他们过礼，张崇云说还要向其他的年轻人一样打算到酒店再请一次客，到时候再说就没有人给他过礼了。

2014年1月9日，星期四，农历十二月初九，属龙，多云转晴

早上，村民小组宣传登记要栽种杂交水稻的村民，说这是一种高产的杂交水稻，适合在我们村一带的田里栽种，还是红米，他们可以以每公斤6元来收购村民栽出的谷子。一听说可以这么高价出卖，还是有村民来登记栽种的。

我也抱着试验的心态去登记了，准备栽种一点试验一下，要是好了就继续栽种，要是不好就不会栽种了。只是，上了一点年纪的人抱着怀疑的心态还是不愿意栽种。还有一种更好笑的是有的人想着是上面免费给的，登记了给了可以拿来喂鸡鸭。

2014年1月10日，星期五，农历十二月初十，属蛇，多云间晴

张明福请了一个全福庄的亲戚过来，主要是其父亲上个月过世，过

世的老人是我父亲的外甥，送葬的时候我们这边做舅舅的要做一个仪式方能出殡。按照民俗的做法，我们这边做舅舅的过了农历的当月就必须请那边的人过来认亲，说是不这样做的话以后不能往来。在这个事情中，我们做舅舅的一方要杀一只鸡，连同煮好的几包糯米饭要他带回家里。至于其他做什么，在他家里还要做什么，知道得不太多，等以后调查清楚了再说。我在家，没有去什么地方，兄弟也叫了我过去吃饭，一家人聚在一起怎么能不喝一点酒呢？但是，村民说："要想好好干事就不要喝酒。"喝了一点酒的我今天就只有休息了。

2014年1月11日，星期六，农历十二月十一，属马，晴

上午，卢迁华家来了两个大鱼塘村的老妇女。前几天大鱼塘村死的老人是卢迁华的姐夫，当时，由于受各种条件限制，他的姐姐出嫁时没有做婚礼中的各种仪式，而现在他的姐夫去世了，就得补办婚礼中的各种仪式。所以，今天他姐姐家就安排了两个妇女过来，给他姐姐补办仪式，就是正式的夫妻了。我发觉哈尼族的礼仪习俗很多，刚进入而立之年的我有时感到烦了没有去学习，人们说："活到老，学到老。"还有好多哈尼族的知识得去学习，这样的情况具体我也不知道怎么做，等问过老人后再做一个详细的整理。

2014年1月12日，星期日，农历十二月十二，属羊，阴，雷雨夹冰雹

上午，有很多60岁以上的老年人去新街镇，又不是集日，我感到有点纳闷，去打听了一下才知道是说他们可以领取60岁以上老年人生活补贴了，每月每人是60元，每半年领取一次，他们知道后相互通知就约了一起去。

应该是拿到钱了，回来的时候，他们买了一些东西。虽然今天的天气很不好，但是看着他们很高兴的样子，感觉社会好了就是这样。

昨天的天气还好好的，可今天早上一起来就发现雾浓浓的，看不到多远，果然如手机里天气预报一样转变了，说是高海拔区还要下雨下雪。晚上七八点的时候，村里下雨了，还夹着冰雹，还打雷了，真是奇怪，寒冬腊月的，打什么雷呢？我们搞不懂，这在箐口村是少有的事情，我没有经历过，其他村民也有这么说的。

天气不好，村民的生产心情就不会好，做什么事情都懒得出手。可是，"生死由命，富贵在天"。八十几岁的李则安老人偏在这个时候去世了，有村民说死得不是时候，说是人死在家里打雷就不吉利，出殡的那天还要做法事的，还要费几只鸡鸭的。

2014年1月13日，星期一，农历十二月十三，属猴，阴转多云

有卢迁华家从大鱼塘村祭祀回来，由于是他们的姐夫，在出殡时他们家要献一次饭才能回来，我是代孩子舅舅家去的。他们只是一般的亲戚，杀了一头小猪献一下，今天早上就不用做什么仪式，吃过中午饭就回来了。

李江西家今天召集亲戚来奔丧，农闲时间，来帮忙的村民比较多，把亲戚都顺利地安排好，没有遇到什么不顺的。

2014年1月14日，星期二，农历十二月十四，属鸡，阴转多云

原本很多村民是要到大鱼塘村做客的，只是村民李则安过世在家，他们的亲戚要来李家帮忙处理事情，这一部分亲戚就不能去了。

下午，云南大学哈尼族调查点负责人马翀炜老师等一行九人过来，他们要在村里做一段时间的调查，我和妻子做他们的后勤，负责他们的伙食。晚上，就在基地吃饭。

这两天村民帮助李江西家处理丧事，只是说附近黄草岭寨子又有一个老人过世了，今天有张氏家、卢氏家、李氏家都到黄草岭村民小组奔丧，箐口村民还是去得多。

2014 年 1 月 15 日，星期三，农历十二月十五，属狗，多云

说是小学生的考试今天就结束了，在水卜龙学校读六年级的学生的家人都到学校去帮他们收拾行李，学生考完试就可以回来了。这样，小学生又可以过一个寒假了。

根据村里的民俗，要是谁家的老人去世了，是必须要牺牲一头牛的，而自己家没有养牛，或者在附近的村寨买不到，村民一般都是趁牛角寨乡集日时到牛角寨乡市场上买。今天是牛角寨乡的集日，可能是要祭祀的时间不长了，李江西家今天安排人到牛角寨买了一头水牛、一头黄牛，说是他们家族也要做大祭，需要两头牛。水牛杀了自己家祭祀，黄牛是出殡的那天早上到寨子外杀了给外家族的人分吃的，一点肉也不带回主人家了，自己家族的人是不能参与的，我们张氏家男主人过世也是这样，所以，对这个事情就知道的多了一点。

说是另外两个儿媳家都要来丧祭，所以，他们两家也是趁今天一起去买牛的，一起租了一辆车送回来。

2014 年 1 月 16 日，星期四，农历十二月十六，属猪，多云转晴

以前，村里的电不够用、不方便的时候，柴火是村民生活的一大要素，没有柴火的家庭也算是困难家庭，常常担心"锅里有了锅底没有不行"，妇女们早出晚归，一年里很多时间要花费在砍柴火上。电气化发展到农村以后，箐口村用柴火的村民明显减少，田边地脚的树木多起来了，打工的机会多起来了，年轻人外出得多。电路改装好了，一家几口人一天只要几度电就可以解决生活了，是省了很多。只是村民还是很少科学养猪的，或者说猪肉还是地里的苞谷、黄豆喂出来的好吃，所以，养猪的村民家还是要烧火，今天看见李生卜家砍回来一车柴火，说是家里要养猪，不用柴火不行，还说地里的庄稼被树木遮挡了长不好。

以前建起的房子是茅草顶，现在村民建房子是用水泥浇灌。前几天加第三层屋顶的张正和家今天封顶了，由于只是建了堆放粮食，没有全部浇灌，今天不需要多少人帮忙，只是他张老人家平时为村民做祭祀帮忙的人家多，是意义上的"老大"，看见或者知道的人就会主动来帮助，所以来帮忙的人多，几个小时就完成了。

今天有一对驾驶着昆明市区车牌的夫妇来村里用炊具交换旧手机、旧电视、废铁、旧机顶盒等，从来交换的村民情况来看，生意还是不错的。村民都认为现在的手机便宜了，家里七八个烂手机放着也没有用了，就拿来交换。记得他们以前也来过，可能认为村里生意不错就再来一次。

2014年1月17日，星期五，农历十二月十七，属鼠，阴转多云

昨天卢正学的父亲可能是大意了，明明他的事情就是好好管牛，而他昨天就没有把牛赶回来，没有办法，上了年纪反应就是慢。于是今天一大早，其儿子儿媳们出去找，才把牛找回来。牛在我们箐口村来说，一是作为家庭的生产用具；二是作为家庭的一个主要经济标准。偶尔养着的牛找不回来也是一件很费心思的事情，毕竟是家里的一部分财产，不能正常找回来都担心弄丢了，家里的财产就丢了，心情是不能平静下来的。

今天是新街镇的集日，应该是李江西家要为去世的老父亲开丧了，安排了他们的亲戚到街上购物，主要买的是烟酒、蔬菜、鸡鸭等。集市上来交易的村民多，需要什么东西都好买，谁家遇到这样的大事都会选择附近集日的时候去购买。

2014年1月18日，星期六，农历十二月十八，属牛，阴

今天，村里李江西家准备办丧事的东西，明天就要开祭了。谁家办理丧事都是这样，村民们一般都会停下自己的事情过来帮忙，特别是这样的农闲时间，基本都会过来帮忙，这也是互换劳动力，要是你不来，到你家的时候我就不往，有的村民是记着的。酒后话余，村民会说村里谁这方面积极，谁最懒惰，都会议论评价的。所以，村民多数都会主动过来帮忙。

有一句俗话不是说"树高千丈，落叶归根"吗？应该是这样的。很多年轻的农村子弟是抱着某种美好的理想出门，我要说箐口村的李则龙就是其中一个。记得他年轻时候就出门了，很多年未曾回来，算来也应该有二十几年了，小一些的村民根本就不知道他还是箐口村民，我看他是把一生的精力都用在打工上了。今天在帮忙李则安丧事时看见他过来，还是当年的样子，只是脸上多了几道皱纹，头上多了几根白头发，就算是20岁出门，加上20多年在外，也该有40多岁了。儿子出去打工几年了，不知道他自己对这一段在外打工的生活有什么感慨，对家乡有什么看法，他发烟给每一个人，我不常抽烟而拒绝了，其他的人还是跟他开玩笑的。

2014年1月19日，星期日，农历十二月十九，属虎，阴转多云

今天，村里是主办李则安老人的丧事，大儿媳妇家和小儿媳妇家都是箐口村的，他们两家都来丧祭，所以，箐口村民今天就有点忙了，而且，两个儿媳妇都是本村大李氏家族的人，他们大李氏家族就只有分开人手帮忙了。

我随马翀炜老师参加俄扎乡哈播村长街宴去了，所以没有去李氏家族的丧事帮忙。

2014年1月20日，星期一，农历十二月二十，属兔，阴，有小雨

今天村里的主要事情是送葬李则安老人，我在家还是经常参加葬礼仪式的，跟着村民抬棺材是常事。往常的话，村民家都选择自己家原来就准备好的大板，等人断了气就临时请村里的木匠师傅们来做。这几年村民的经济条件好些了，有的年轻人嫌麻烦，会临时到木材加工厂去买棺材，他们工具齐全、手艺精巧，做出来的要好一些，有一部分村民是喜欢的，有的人还是有所讲究，不愿意用木材加工厂买来的棺材，他们

怀疑会有被雷击打的树木，这是忌讳用来做棺材的。这次李江西家也是砍自己家的树木加工的棺材，说是去解木板的时候，师傅看走了眼，解成比平时厚一倍的大板，心里又不愿再解开，所以，做出来的棺材很厚很沉重。原本村民送葬不能在路上停下来休息，今天因为棺材实在是太沉重了，10多个人同时扛着棺材，一路上年轻人随时更换，每个人最多只能坚持几分钟，不得已在路上停下休息了几次，停一次，摩批用牛肝献一次，最终才送到山上。实在是太沉了，年轻人都不给面子地说："这人真是雷打的，在世时刁难人，死了还这么犟。"

我也参加了，还是出了很大力气。有的五六十岁的人都说没有遇到过这样的事情，我也是第一次扛这么重的棺材。

2014年1月21日，星期二，农历十二月二十一，属龙，多云间晴

李江西家待客，村民还是能正常做客。这次的大儿媳娘家李正亮、小儿媳娘家李朝生家都请客了。村民还是要去的，即使吃不了也要给他们三家都过礼。云南大学哈尼族调查点负责人马翀炜老师已经是半个箐口人了，与村民们相处不错，每次来都有村民跟他打招呼："马老师，您回来了？"这次，还是叫我带着他过去，给每家都过了100元的礼金。

下午，李江西家做法事，我因为要给马老师和调查的师生办伙食，这几天到村里观察得少一些，再多的就没有注意去观察了。

今天的游客比平时多一些。

2014年1月22日，星期三，农历十二月二十二，属蛇，晴

一般情况下，村里的习惯是送葬了老人以后，第二天再去修理一下坟墓，之后一般都不去看望了。今天李江西家到坟地做法事，说其父亲安埋的是新地方，很少有村民家安埋，就要像做新房子迁居仪式一样，给他也做一个新坟消灾仪式，希望他能安息好，也庇佑后代。

我今天又随马老师到南沙镇，村里的事情知道得就少了。

2014 年 1 月 23 日，星期四，农历十二月二十三，属马，晴

今天，李平真家打屋顶，都快要过年了，他老人家是想到新房子里过年的，还要献饭的，就加快了建设速度。知道的亲戚也主动来帮忙，今天也是请亲戚们帮忙完成的。

下午，随马老师到李正林家做客，他是村里的大摩批，与外地人打交道多，认识就多一些。我也想向他学习一些哈尼族的文化，吃过饭后就到他家里与他们坐了一会儿。

2014 年 1 月 24 日，星期五，农历十二月二十四，属羊，晴

马老师下来一次不容易，也没有在基地好好休息过一天，但是看他不累，我跟随他学习也感觉很累了。今天又要随马老师到攀枝花乡洞铺村找朱小和老师。朱小和老师，男，哈尼族，已经 70 多岁了，是第一批国家级非物质文化遗产传承人之一。说是《哈尼族迁徙史》《哈尼族四季生产调》《十二奴局》等哈尼族文化作品中，有很大一部分都出自他的记忆，很多学者都是根据他的说唱整理材料的。我们想着有必要就去找他了，从箐口过去之前就打电话说好了，还算顺利找到，下午两三点，我们又回到基地。

过年，就是春节，这里的村民都比较重视，把它当作一年中最重要的节日，在外的村民都要回来与家人团聚。已经快过春节了，这几天每天都有很多年轻人回来，村里逐渐热闹起来了。今天看见已经在昆明打工两三年的张崇祥夫妇上街购物，应该是昨天晚上坐夜班车回来的，下午又叫我到他们家吃饭。

2014 年 1 月 25 日，星期六，农历十二月二十五，属猴，多云转晴

早上李庆峰夫妇和李世文夫妇包车从蒙自市打工回来，说包车费用是 400 元；在外地打工的多数都要回来了，李成一家人也驾驶着自己的新车回来，就是回来与家人过年的。

前两天有一个黄草岭村民小组的老人去世了，今天张保祥家、李跃家到黄草岭村民小组丧祭，用的是小猪，是小祭祀，叫的人就不多，只叫上一两个亲戚朋友就够了。

下午，卢兴家做法事，家门口插着绿树枝，意思是没有结束这个法事之前不允许外人进家门或者喊叫，要是出现这样的情况，这个法事就不成功，得重新再做。记得小时候我家也做过类似的法事，不知道情况的一个人来家里叫人，连叫了几遍以后，母亲答应了，张正和的父亲，摩批老人就说这个法事白做了，过几天还要找一个时间重新再做。

2014年1月26日，星期日，农历十二月二十六，属鸡，晴

农科站到村里发放他们做试验田的补偿费用，一个气象站一个月100元，一年是1200元，他们建了两个气象站，就要补偿2400元。我家占用田育秧苗补偿1000元，还有帮助他们收谷子等工时费。我想着在过年前兑现给他们，免得村民又说闲话，到时候兑现不了。

今天上午，李爱生的大儿子家做新房子迁居仪式，很早就杀了一头猪。按理来说，应该是要通知一声隔壁邻居的，可是不知道什么原因，连紧邻的卢学明家也没有通知，只通知他们家族最亲密的几户，很不好玩。本来我认为平时相处得好，可能也会说一声，想不到也没有叫，我也就没有去了。

下午，在元阳县嘎娘乡林业站工作的李雪回来了，说是放假了回家过年。在交谈中说到今年没有发一分钱的过年费，连年饭都不准吃一顿就回来了。说是国家纪委工作人员安排了人在县里各个点监视，一旦出现问题就会来调查，有点紧张。

2014年1月27日，星期一，农历十二月二十七，属狗，晴

明天，在我们云南大学哈尼族调查点调查学习了一段时间的学员们要返回学校了，我得好好准备一点饭菜。今天差不多一整天，我都是忙着做我们要吃的东西。

2014年1月28日，星期二，农历十二月二十八，属猪，晴

早上，我找了两辆朋友的车送马翀炜老师等一行学员，把他们送到新街镇客运站再回来，他们一行人于今天返回学校了，结束这一期学习调查。跟他们热闹了几天以后，自己一时静不下心做事。

2014年1月29日，星期三，农历十二月二十九，属鼠，晴

今天是新街镇的集日，在过年前就只有这个集日了，所以很多要交易的村民上街，都想着在这个集日买点什么，我也是趁这个集日准备了一点过年的东西。

2014年1月30日，星期四，农历十二月三十，属牛，晴

大年三十，杀猪的村民家多，我是到二哥张明德家杀猪了。早上简单吃了一点就开始杀猪，到下午两三点就做好，又开始吃喝。没有去观察其他村民家，回来就休息了。一天的时间就这样过去了。

2014年1月31人，星期五，农历正月初一，属虎，晴

今天村民起得早，献祭的人家早早就鸣鞭炮了，一次用汤圆献祭，一次用鸡肉和猪肉献祭。

大年初一，我又不做什么祭祀，能做什么呢？人家过年，我们也过年，一家人就在基地好好过年，到别人家还得喝酒，在基地自己家吃一点饭就休息也好学习也好。这过年啊，还是躲着一点吧，让亲戚朋友逮着了是要喝酒的。

我是害怕过节了，过一次醉一次就后悔一次。到了这个年纪，醉一次要休息一两天，自己要做事情的时间会有多少呢？得好好总结一下，好好过后半生，我时常是这样提醒自己的。

2014年2月1日，星期六，农历正月初二，属兔，晴

今天是农历正月初二，也是年间最热闹、最忙的时候，做日记的我应该说很有材料写了。可是这把年纪又是最要交朋友认亲戚的时候，每天都要吃喝几家，喝上几杯后，就晕晕的，想不出来写什么，也忙不过来写什么。我发现一个问题就是越是过年过节的时候越是写不了什么东西，很纳闷的。只是事情不会因我而没有，一个人的能力太有限了，忙了这边就忙不过来那边，忙了与朋友吃饭喝酒交流一下一年的工作或者一年的生产学习情况，之后晕了就只能休息睡觉，一天就这样，眼睛只睁开了几个小时又闭上了，喝了几杯酒之后忘记吃饭是常事，所以，有时候几天没有吃饭也是常事。这时候，真的感到怕过年了，真的害怕自己年轻的生命被酒鬼给揪了过去。这是我这几年过年的感想，今年也是，好想回避一些，自己做自己的事情多清闲。

2014年2月2日，星期日，农历正月初三，属龙，晴

今天是农历的正月初三，根据村里的习俗，每家都要给自己已经出嫁的姑姑姐妹送糯米粑粑，就算是过好年了。我也根据家里的安排，到出嫁在全福庄村的姐姐家送糯米粑粑，送的数量没有规定，只是说要成双的就行，不能送单数的，认为送单数不吉利。返回来时，要是背着背箩的话，姐姐家还要留一双带回来，或者装一些糖果，一般也是不能空着背箩回来。这是他们说的，由于年轻，经常在外做事，很少参与家里的民俗事情，这样的事情还得多问问老人。

2014年2月3日，星期一，农历正月初四，属蛇，晴

记不得什么时候学会了喝酒，为什么要喝酒，总之，几个朋友在一起吃饭是要喝一点酒的。我害怕过年，前几天都害怕了，今天把手机都关了，一个人躲在基地静下来心学习，等休息几天再跟朋友们见面。自己的身体自己最清楚，还是要保护的。

2014年2月4日，星期二，农历正月初五，属马，晴

刚过完年，估计是卢正明家有亲戚去世了，他的妻子拿着一只鸡，带着七八个妇女奔丧去了。这是可以明显看出来的，一般情况下，只要妇女们的带头人拿着鸡，其他妇女都换成新装，挎着背包，就是要去奔丧。这种情况可以和她们打招呼，其他的有些是不允许打招呼的，路上看见了也要像没有看见一样各走各的路，各做各的事情。特别是在路边做祭祀的，一般路过的人都不许打招呼，认为有人打过招呼，这个祭祀就是失败的，特别是妇女，在做祭祀时是不准靠近更不准打招呼的。我们箐口村在过了年之后做祭祀的事情会很多，而这期间来旅游的游客也会多，有些不知道情况的人（一般是外地朋友或者导游）不注意会问这问那，这是忌讳的。要记住了，去到哈尼族山寨看见了路边有人做祭祀也要像没有看见一样默默地走开，最多也只能默默地观察一阵，要是对此感兴趣，可以另找时间单独去交流。

村里算是过好年了，村民都可以忙着去处理自己的事情了。今天是过年后第一个属马的日子，算是一个黄道吉日吧，为了出门平安吉祥，能发财，今天做出门祭祀的村民家就多了，有八九户，做这个祭祀的时候，路边平地上都是做法事的人家。好像真的做了这个祭祀就能好些，能多发一些财。我看未必吧，人们只是求一种心理上的慰藉吧。

2014年2月5日，星期三，农历正月初六，属羊，晴

村里很多人家都有一个做法是给上了60岁的老人在新年里做一个叫魂仪式，这个仪式有点不同于四五月间插秧时的叫魂仪式。它的基本做法是通知他家出嫁的姑姑、姐妹、女儿、孙女、舅舅等人来，而来的人一般要带着一只鸡、一点布、一条白线、一点米等东西，早早地到达后，将鸡杀了煮熟，饭煮熟，然后把煮熟的鸡肉、饭等东西摆在桌子上，让被叫的老人坐在堂屋指定点，其他儿孙、姑姑等人依次拿着桌子在门口叫唤，一般是叫称呼叫其回来。如儿子要叫"阿达，阿达，哈嘎炯哩甘

甘务拉着——"（爸爸，爸爸，在什么地方都赶快回来吧，快回到家里来，与你的儿孙同在——）。李成的父亲是本人的舅舅，今天也受邀请前去参加了这个仪式。我的兄弟做了代表，我就作为一般亲戚帮忙做零碎的事情，吃喝好以后就回来了。

2014年2月6日，星期四，农历正月初七，属猴，晴

前几天卢正明家到罢达村奔丧，说是他妹子家的老人去世了，也就是他们的亲家。说是今天开始祭祀，卢正明要去丧祭，可能不打算请客了，就没有请再多的村民，而是请了他们卢氏家族的人、村里他的亲戚和平时最要好的朋友。不过由于他经常给村民家唱"哈巴"，与村民的关系不错，所以这次基本上整个村都请过来了，去帮忙的人也就不少，一是出于亲戚，二是出于朋友，我也参加了。

"耳听为虚，眼见为实"，我常听老人们说身体不好的人不能参加这样那样的丧事，那时还不理解这样的话，今天倒见识了一个真实的例子。在卢正明家到罢达村丧祭，下午要用餐时李庆光给每桌子分盐巴、辣子的时候，突然跳两米多高，"啊"地大叫一声倒地，砸坏了来摆桌子的一家人的桌子及碗筷，口里也冒出血来，人也昏了过去，人们因为害怕而纷纷离去。知情的人叫来了和我们一起去的摩批张正和，他叫人到主人家拿来一点肉，做了一个法事后李庆光才慢慢醒过来。通过他的法事，也没有碍多少事，李庆光也慢慢醒过来。与张正和同桌用餐，原本是想着不能再喝酒了，可是在张正和的主张下喝了两杯酒，吃完饭让其他的亲戚送回来的。因为我们是朋友又是亲戚，我也跟着去了，这一情况亲眼见，要是没有亲眼见这样的事情还不会相信，今天是自己亲自眼见后觉得有的东西还是要相信一点的，要是没有一点这样可以说是偶然的事情，哈尼族的摩批就不会存在，被哈尼族作为一种文化继续保存着，它的生命也不会延长到今天，我是这样想的。至于怎样用科学的语言文字来表述，希望有兴趣的人一同去深究。

2014年2月7日，星期五，农历正月初八，属鸡，晴

今天中午，到罢达村丧祭的卢正明家吃过饭回来，休息一阵后，到下午两三点就要请摩批做一个法事，还要请过去帮忙的亲戚朋友来吃饭喝酒。因为不准备请大客，基本上一两顿就要吃完，心理作用，这样丧祭吃剩的牛肉很不喜欢搁长时间，都想吃完了事。

村民们说，过年前后请客做客的就是多，每年过年前后都会有十几张帖子。下午，我们很多箐口村民到黄草岭村民小组做客，参加一个婚礼，说是请了我们一个箐口村，基本上每家都过去了。

2014年2月8日，星期六，农历正月初九，属狗，晴

上午，卢正明又打电话过来，叫我和李祥过去吃饭，去还是不去？我是犹豫了一阵，但是最后还是朋友的感情战胜了本能，我和李祥又过去喝了两杯回来，白天就休息了，基本上什么事情都没有做成就又过了一天。都说要想比别人多做出一点事情来，就得比别人多会用一点时间，利用别人休息的时间去劳动，我是有体会的。有时候一天的时间就这样简单地过去了，而总是利用别人还在做梦的时候爬起来做事情，考虑着怎样去度过每一个美好的明天。

2014年2月9日，星期日，农历正月初十，属猪，晴

这两天天气好，想着自己家有一块地没有挖，今天过去观察了一阵回来，想怎样利用好，栽种一点什么好呢？总不可能像祖父辈那样有那么好的地都做不了什么事情。计划一下，得好好栽种什么经济林木对自己或者对以后的人有用。回来以后休息了一会儿，到晚上学习一阵又过了一天。

2014年2月10日，星期一，农历正月十一，属鼠，晴

人是越闲越懒，昨天到地里转了一下，本想着趁晴天要挖地，闲了

一天又懒惰了没有去，而是在基地学习。我的时间总是很充实的，白天可以劳动，晚上可以学习，虽然在经济上辛苦一些，但是精神上是很愉快的一个人，也是很幸福的。要是自己能在经济上开辟出一条适合的路就更好了。

2014年2月11日，星期二，农历正月十二，属牛，多云转晴

前几天参加了一个黄草岭村民小组民家的婚礼，今天又参加大鱼塘村一个老同学的儿子婚礼，才发现人的一生过得很快，老同学都要当爷爷了，自己也是步入40岁的人了，半辈子都过完，自己的一生还会剩多少时间呢？想做的该做的都没有来得及做几件事情就到了这个时候，还是要做一点事情好。

2014年2月12日，星期三，农历正月十三，属虎，阴

这两天挖地的村民有所增多，自己家有一块田已经几年没有栽种了，都是树根和杂草，没有外出的话，挖了栽种一点苞谷、黄豆的，还是能喂一点鸡鸭的，所以这两天去挖地了，一天下来，还是很辛苦的。

电器进村以后，我发现村民烧火的是少了，只有养猪的人家要煮猪食而用柴火的多一些，或者村民家办大伙食的时候用得着。今天是有李永林家运柴火回来，即使自己家不用火，也要砍掉田边地脚遮挡庄稼的树木，堆放了备用。

2014年2月13日，星期四，农历正月十四，属兔，阴

说是李某某不走运，年轻时候因为手嫌，牢房几进几出。但是50多岁回来后，跟一个全福庄的姑娘好上了，生育了子女，身体还好，经常给村民家种田，妻子又能干，两口子白手起家，建起了自己的房子。这两年可能又积攒了一些钱，今天运回来石头，又准备盖新房子了。以前口碑那么差的一个人，现在真的是浪子回头金不换了，能够凭自己的

身体创造这样的家庭，确实不错的。

2014年2月14日，星期五，农历正月十五，属龙，阴

因为地里的树根多，打算全部挖出来。今天已经是第三天了，才算基本挖出来，自己想的要实现了，打算利用明天的时间平整地面就行了，第一年得挖好一点。

2014年2月15日，星期六，农历正月十六，属蛇，阴

根据昨天的打算，今天是平整前几天挖的地面，今年多施一点肥就这样栽种，估计栽种一点苞谷和黄豆不会有什么问题。新开挖的，应该会好的。

2014年2月16日，星期日，农历正月十七，属马，阴

今天卢志明家撒秧了，就是把已经捂出两三厘米的谷种撒到秧田里，该是今年最早撒秧的一户，主要是他老人家看这几天的天气都很好。再说他家的秧田是在村民所说的白龙泉下方，只要有人招呼，白龙泉冬暖夏凉的泉水会调节田里的水温，相比其他的秧田不会让秧苗受冻。所以，每年他家育秧就比其他村民早，有些年其他村民的秧苗都冻死了，他们家的秧苗还好好的。

提到这里，我是想到箐口村是沾了白龙泉和长寿泉两大股泉水的福，其他村寨缺水的时候，村里总是有两股泉水养育着箐口村人民，总是源源不断地流淌着。年轻的时候，我最爱到泉水边洗澡，再冷的冬天也是，泉水总是冒一股热气，太育人了，总是给人很清爽的感觉。难怪有外出打工的村民说去到什么地方都忘不了家乡的这两股泉水。确实，家乡的这两股泉水是好喝，而出门在外，很多地方找不到这样干净的水，能不想吗？

2014年2月17日，星期一，农历正月十八，属羊，晴

晚上，通知到李志和家开会，说是又要去吃牛肉了。在我们箐口村，这两年的牛肉是吃怕了，每隔几天就有村民家不是在村里杀牛就是到外地寨子杀牛，都是一个村里的人，不去帮忙是会被说的，去了就要跟村民喝酒，太频繁也感觉很累。我们箐口村民喝酒是过分的，过年过节要喝，办喜事丧事要喝，喝的酒又不好，在村里经常看到喝多的闹事的，有的人是直接喝废了。这酒，还是少喝一点好。

2014年2月18日，星期二，农历正月十九，属猴，中雨夹雪转阴

正如昨天晚上开会所说，今天的李志和家是到棕匹寨丧祭。早上，吃一点饭以后是安排年轻人先出去杀牛，中午是大队村民出去。晚上的话，有部分村民是要在棕匹寨过夜的，一般的村民可以回来，第二天再过去，因为交通方便，路又近，多数村民还是回来了。

2014年2月19日，星期三，农历正月二十，属鸡，阴转晴

中午，李志和家从棕匹寨丧祭回来，下午请了摩批做法事，还请亲戚朋友继续吃剩余的牛肉。做这样一个丧事，真的是很浪费村民的时间和精力。只是传统的、民俗的东西，谁一时也改变不了而已，需要新一代的人用新的观念去替代，需要排除一定的压力。

2014年2月20日，星期四，农历正月二十一，属狗，阴转晴

正常情况下村民都是在2月底育秧苗的，看见天气变好就到自己的秧田里整理、除草。得准备育秧苗的事情，有的村民家就要犁秧田、耙秧田，为了保证秧苗的正常生长，得先好好处理秧田，育出来的秧苗才健壮。

2014年2月21日，星期五，农历正月二十二，属猪，晴

时间就是过得快，挖了几天地，这两天看人家整理秧田，自己又要去整田，得准备育秧的事情，一个月很快就要过去了。

2014年2月22日，星期六，农历正月二十三，属鼠，晴

寨子脚的村民整治秧田了，今天是有李红家、张文和家等。主要是除草、垒田埂，当然了，有鱼苗的人家也要把鱼苗捉了放养到田里去，等插秧的时候长大一些了再捉回来，这一段时间的鱼还特别的好吃呢。我自己家的田就在寨子脚，水源也方便，每年都要养一些的，多少还是知道一点养鱼的常识。

2014年2月23日，星期日，农历正月二十四，属牛，晴

整理秧田的有李志和家、李庆亮家等。这两家就有鱼种了，他们两家有大田，可能在第一次犁田时就把鱼种都放到大田里去了，今天应该不会有多少，只有少数捉剩的一些。

2014年2月24日，星期一，农历正月二十五，属虎，晴

这几天，村里议论要换大咪古了，说是李小生不能胜任大咪古这一角色，在他担任大咪古期间村里不稳定，经常出事，经常死人。有人议论说是要让李志和来担任，说是李志和家担任村里的大咪古好，以前李志和的父亲当大咪古的时候村里就比较稳定，他的丧事办完已经几年了，现在可以由他儿子李志和继承了。当然，这事情主要由摩批李正林主持，李志和与李正林是亲家，很大程度上由他来决定，他的话也起了决定性作用。

2014年2月25日，星期二，农历正月二十六，属兔，晴

今天天气好，看其他村民都要撒秧了，我也要育种了。按照多数村民的做法，可以先将种子放冷水里泡一两天，天晴的时候捞出来晒干一点水分，到了晚上用热水搅拌着捂了。

2014年2月26日，星期三，农历正月二十七，属龙，晴

也许是考虑到学生明天就要开学了，也许是政府要控制游戏机了，今天有元阳县公安局工作组人员来村里收缴游戏机。我认为这是个好事，早就应该收了。不知道误了多少孩子的时间和精力，当然也包括一些大人。他们在过年间用辛苦挣来的钱在游戏机室消磨，花了时间也费了钱，很是不应该的。因为对一些人来说，他们喝了一点酒之后，在酒精的驱使下不由自主地到游戏机室，总免不了要花钱的。有的听说还输了不少，家庭也出现了一些矛盾。要是游戏机室没有了或许可以减少些这样的矛盾。

2014年2月27日，星期四，农历正月二十八，属蛇，晴

学生们开学了，同学们是过了一个愉快的假期又回到学校接受新的知识。看着他们愉快上学、健康成长的样子，像是看到了箐口村的一种希望在成长，心里有一种说不出的高兴。

2014年2月28日，星期五，农历正月二十九，属马，晴

应该是育秧苗的时间到了，很多村民家都开始育秧苗了，准备来年的播种事情，我也是今天育的秧苗，估计过两三天就可以撒到秧田里了。听有村民简单的说法是冬至60天左右后就可以育秧苗了。这说法虽然有点简单直接，但是这个时间的确可以育秧苗了。因为这时的箐口村开始有植物发芽了，气温有点升高了，育秧时间五六十天到4月底5月初就要把秧苗移插到梯田了，说是秧龄不够就会导致来年的水稻减产。这是多数村民的传统播种方法，所以这几天育秧苗的村民多，整理秧田的也多，这是村民过好年之后最重要的事情。

旧的一年过去了，新的一年又开始。村里也要开始做新一年的祭祀了，大咪古换成了李志和。今天村里是做祭火神仪式，是村里集体的第一个祭祀。如同往年一样，没有多少差别，每户凑一点钱，叫做龙头的人去购买物资后由村里的咪古和摩批主持的。到了下午，他们把牺牲品煮熟祭祀完毕后，通知每户人家来一人参加共吃祭祀品，用餐完毕之后再回去。

2014年3月1日，星期六，农历二月初一，属羊，晴

这几年出门在外的李正超夫妇可能积攒了一点钱，今天购回来一些瓷砖准备装修房子了。住也是人们生活中的一大要素，一个人、一家人怎能没有一个家居住呢？而有了住的又想住得更好，这也是人们一种正常的愿望吧。前两年村里借政府的东风大力建造房子，缓了一段时间，这两年村民又购家具装修内屋了。特别是过年前后，几乎每天都有村民家购家具回来，主要有席梦思床垫、被子、桌子、椅子、电视、橱柜等，争先恐后比赛一样改善生活条件，逐渐改变着生活的环境。

卢文华家到阿挡寨村亲戚家丧祭。和这几年多数村民的做法一样，他家也没有请全村的人参加，只是请了比较亲近的亲戚和朋友，就是说没有请大客，只是两个亲家之间过丧祭这个礼罢了。

2014年3月2日，星期日，农历二月初二，属猴，晴

做什么事情都有先后，育秧苗也是，村民家多数都育到田里了，今天还有李国忠家才育到田里，这个懒汉朋友，不知道这一段时间做什么事情去了，原本他家的秧田就不够肥，秧苗生长不就慢了嘛。

这两年来村里办丧事的情况有点多，不是村里死人，就是外村死人而村里的亲戚去丧祭。昨天是有村民卢文华家到阿挡寨村去丧祭，今天中午才回来，晚上又是请一个摩批做一个法事，请帮忙的人吃喝一餐，这个丧祭才算基本结束。

村民小组调解寨子后山上几户村民家的地界纠纷，这事已经 10 多年了。主要是由于山体滑坡造成七八户村民家的地势、树木移动，这一家的树木移动到下一家的地里，那一家的树木又移动到另外一家的地里，这户与那一户家出现纠纷已经不止一次。村民小组多次前去调查，这次是召集几户人家，通过互相协商体谅的原则基本协商好了。但愿以后不要出现什么大的动作。

2014 年 3 月 3 日，星期一，农历二月初三，属鸡，晴

原来我想村民家们的秧苗都育完了，今天下午才发现李庆明妻子用塑料薄膜育他们家的秧苗。从多数情况来看，村里育秧苗是男人的事情，但是有的家庭就不一样，主要还是看夫妻的能力，有的是男的强一些，家务事情他就做得多一点，有的是女的强一些，家务事情做得多一点，没有绝对的家庭是谁说了算。

在育秧苗这一段时间，村民最讨厌的是鸭子跑到秧田里糟蹋秧苗。所以很多村民家都会尽量招呼好自己家的鸭子，到远地方放鸭子，而育秧苗的人家也会尽量想办法保护自己家的秧苗，会用一些竹子篱笆围好秧田。可是每年就是会遇到鸭子糟蹋秧苗的例子，今天就有一例，李国忠家的秧苗被鸭子踩了，他很生气。我遇到过一年，准备过两三天要插秧了而被鸭子踩了一路，去拔秧苗的时候秧苗会从根部拔断，等放水垒田埂时发现鸭子踩过的一路都是断裂的秧苗根。

云南农业大学在村里做各种试验调查已经多年了，今天又有调查的学生来，说是还要继续做调查试验。

2014 年 3 月 4 日，星期二，农历二月初四，属狗，晴

干旱的日子到了，这几天一直都是晴天，田里的水像是人故意放干的，一天一点地露出泥土，我们组织了挖寨子脚的爱穿洛干（一条水沟）。我和李志和、马卫华管理的李正林家的田水都干完了，要不及时挖通水沟的话，田里的鱼都要被晒死了。人不能太懒，也不能全部依靠政府，自己能做的事情还是要自己做。比如今天去挖的那一段水沟，我们几个人一个多小时就挖通了，白龙泉的水自然就可以灌溉到我们几户人家的田里，仅花了我们几个人的劳力就省了我们不少事。我发觉有时候人就是懒，什么事情都要依靠别人、依靠政府，自己却不愿意出一点劳力，只要说是集体的就要怪村民集体，一两个人能做的事情都要麻烦别人，就连路上堵一块小石头或者水沟里堵一把草都是集体的事，不愿意伸手处理一下。真的要等到"路不平有人踩，事不平有人管"，不关自己的事就要高高挂着，哪怕自己过去都要等着别人来管。

2014年3月5日，星期三，农历二月初五，属猪，晴

上个月，杨正明家去过丧祭。早上他家做叫魂法事，我们是朋友，叫我到他们家吃饭，几个朋友在一起吃饭，难免喝两杯酒，早上喝酒又难受，就没有去做什么事情了，一天时间就这样过去了。这朋友没有几个也不行，有时多了也是麻烦。我知道，我的很多时间就是用在交朋友的事情上，处理朋友之间的关系还是有一定的学问。

2014年3月6日，星期四，农历二月初六，属鼠，晴

今天早上起来在村里走一走，看见卢偀应家有很多人忙着做饭菜准备喝酒吃饭了。问了一下其他的村民说是他家接到新街镇人民政府的通知，根据建设需要，于凌晨3点钟组织了人去迁移坟墓，现在是回来做饭菜吃了，今天白天就没有什么事情了。

我问过老人了，说是箐口村民迁坟都要在凌晨进行，不能等到天亮，而且迁过去的棺材或者遗体都要在天亮前安埋好，忌讳让它们见阳光。抛尸露野的棺材都认为是不吉利的，盗墓或者炸墓都是报仇的一种方法，目前村里没有出现过。听老人说有一个例子是很长时间的事情了，说是有一家的孕妇不幸死亡安埋起来之后的一段时间里，村里常常出现怪事，多少户村民去看尼玛时都说是这座坟墓作的怪，于是全村的年轻男人都出去把它挖翻了露天晒太阳，之后村里才安定下来。

2014年3月7日，星期五，农历二月初七，属牛，晴

下午，大哥张明生家叫孙子的魂，要我过去与他们吃饭，说是孙子太调皮了，这么小年纪就会动人家的钱财，被家人吓唬过，认为要做一个法事以后身体才会好。

2014年3月8日，星期六，农历二月初八，属虎，晴

这次叫寨魂每户收了9元钱，村里200多户一共就该收到2000元左右。主要就是买一头猪，还有需要的鸡鸭等祭祀物品。猪肉今年是从寨神林每户分一点带回来，明年可能是在寨神林杀了猪由咪古他们带猪肉回来在大咪古的院子里分，至于哪一年在什么地方分猪肉由负责寨子祭祀的大摩批李正林来决定。

2014年3月9日，星期日，农历二月初九，属兔，多云转晴

上午村里发放蘑菇房保护费，每一顶蘑菇房的保护费是100元。这是箐口村与其他村寨不同的一点。从现在的物价水平来看，修复每一顶蘑菇房是需要三四千元的，要是每四五年修复一次，四五年的补偿也不过是四五百元，是远远不够的。只是政府要求这样做，村民也没有办法，只能是按着政府的要求来做。到了一定的时候，村民没有办法修复坏了的蘑菇房，政府也只有投入一定的资金来修复了。不然的话，估计村民是不会修复的。

新街镇农科站的工作人员到村里来调查，他们要与云南农业大学合作试验水稻品种，村民的秧苗都育到秧田里了，他们的秧苗可能还要等几天才育下去。

2014年3月10日，星期一，农历二月初十，属龙，多云

新街中心小学开家长会，由于长女张奇臻在学校读六年级要求我参加。老师主要是向家长汇报学校的情况以及孩子在校的表现，说是到毕业了，希望学生的家长配合学校的工作，注意孩子的安全，监督好他们的学习，希望每个孩子在校期间学有所成，顺利毕业。

有消息传来说李才明在蒙自市打工不幸遇到了车祸，说是伤得不轻，要叫家人带1万元到医院。天灾人祸很多人都难免，可是就他的家庭情况来说，他是家里的主要劳动力，上有两个80多岁的老人，下有两个还比较小的孩子，要是他真的伤到不能恢复正常的情况，他的家庭可能更困难了，谁也不愿想象，但愿不要伤得很严重。

2014年3月11月，星期二，农历二月十一，属蛇，多云转晴

村里要过昂玛突节了，两个龙头得准备所需要的牺牲，以及明天封寨门用的东西。

2014年3月12日，星期三，农历二月十二，属马，多云转晴

晚上六七点，村民都快收工回来的时候，咪古们分两头封寨门。一头就是停车场的梨树，对面竖一棵竹子，用草绳将两头拴上，做成门的样子，草绳上还拴着用木头做成的刀、斧等凶器，意为挡住外来的怪物，所用的牺牲是一只大红公鸡，将鸡皮带毛剥了拴在树上，参加的人是大咪古李志和与助手李朝生；其他的几个是到寨子脚磨秋场下面一点的路上，用的是一只大白公鸡。

2014年3月13日，星期四，农历二月十三，属羊，多云转晴

从整个昂玛突节来说，应该算是从昨天开始了，就程序来讲今天是到寨神林杀猪，杀好的猪肉今年是在寨神林分发，等下午他们在那里做好之后通知村民去领回来。一个200多户的寨子，每户也分不了多少，只是哈尼族相信这样那样的祭祀，说是这样分回来的猪肉挂干了以后家里做法事有用。

2014年3月14日，星期五，农历二月十四，属猴，多云转晴

村民私人家的秧苗是育好了，今天是新街镇农科站工作人员高国兴、唐永福到我家田里育秧苗，说是他们用塑料薄膜，秧苗会长得很快的。

昨天，村里的咪古们是到寨神林杀猪。今天是全村村民到寨神林祭祀，每户都要摆一桌子饭菜，等咪古们做完祭祀以后，村民都要向他们敬烟酒。

2014年3月15日，星期六，农历二月十五，属鸡，多云转晴

和每年的昂玛突节一样，今天是在寨子里过，每户家要做一桌子饭菜到大咪古李志和家院子里的。因为在农村谁家的院子也不会有多大，最多只能摆五六张桌子，一个寨子有200多户，要是摆不下就只有随着他家的院子沿村里的路摆过去，所以有的学者干脆把这个节日叫成长街宴了。

今天的主要事情是摩批李正林在大咪古家院子里算卦，看他们咪古和其他村民在寨神林、水井、石虎等地方杀的鸡肋骨，算出来不正常的话要通知他们不能胜任，明年就得换人去祭祀，要是正常的话也就算了。等他们算好以后，村民给他们敬酒后才可以在自己的桌子上吃喝，到了下午再返回。

2014年3月16日，星期日，农历二月十六，属狗，多云转晴

要怎么说呢，政府要规划设计发展一个地方，我认为一部分人的利益是要牺牲的。这次政府要建设哈尼梯田小镇，箐口村民的田地是要被征用一部分，包括以前已经休息了多年的老人是要迁动的。今天的卢沟惹家迁移老人休息地也是一个例子，说是通知了所要求需要的亲戚来以

后，得在凌晨两三点拿着电筒进行，不允许等到天亮的。

2014年3月17日，星期一，农历二月十七，属猪，多云转晴

"树大分枝，人大分家。"老父亲已经80多岁了，我们几个弟兄也是成家的人了，我们认为应趁父亲健康把地划分了。所以今天是我们几个弟兄一起到地里划分地界，这次分家产以后，我们几个弟兄的地是基本划分好了，以后有什么事情商量着来，希望不要出现太多的纠纷。

上午，在村里看见李才明，说是前两天回来的。有的事情就是这样，在没有看到真实的情况之前不能乱断言。只是发生了车祸，村民就夸张说这次李才明在蒙自市发生的车祸很严重，而在我今天看来他不是那么严重，还能自己行走，说是要到医院打针，估计过一段时间就会恢复的。

2014年3月18日，星期二，农历二月十八，属鼠，多云转晴

或者是这一段时间天气比较晴朗的原因，或者是染布真的还要分时间，这一段时间我看村里的妇女到街上染布的比较多。今天李正祥的妻子和李长斗背着布匹到街上去染布，也不知道什么缘故，我们这一支哈尼族总是要用黑色的土布做成衣服来穿。

在新街镇举行首届红河哈尼梯田世界文化遗产摄影大展，我去看了一下，好多相片的确很漂亮，连我们这些土生土长的人没有见过的也有。

2014年3月19日，星期三，农历二月十九，属牛，多云转晴

也许到了这个时候就是这样，这几天上午有点云雾，中午才转晴，已经很多天是这样，没有下过一场雨了。村民都很希望下一场雨滋润已经播种了许多天的黄豆、苞谷等庄稼。然而这里就是这一段时间最干旱，每年到了这个时候，为了给田里灌溉水，村民与村民之间也多少会发生一些矛盾，今年也不知道什么时候雨水来临，解决村民用水之急。

2014年3月20日，星期四，农历二月二十，属虎，多云转晴

到了旱季，种庄稼的村民就知道水渠的重要。寨子脚村民叫"打碑寨罗干"和"罗干干兴"的两条水渠已经多年没有修复了，到了这样干旱的时候就不容易给田里灌溉水。今天是有村民小组组织村民修理寨子脚主要的两条水沟，要求每户有一人参加。这样一年一两次提供劳力的事情多数村民还是愿意参加的，个别人家有事情不能参加的也罢了，村民都不会特别在乎的。

做法事的村民家有李庆宝家，摩批是张宝祥；李庆光家，摩批是李建国。

2014年3月21日，星期五，农历二月二十一，属兔，阴

上午与马老师一起到南沙镇。

下午参加初中同学聚会，在老同学叶锦鸿开的茶树广场酒店集合。说是同学聚会，其实就是见个面，喝一餐酒罢了，分开这么多年，很多同学还是有所变化的，有的快认不出来了，都缺少了当年的语言。

2014年3月24日，星期一，农历二月二十四，属马，阴，有阵雨

正如昨天说到的，今天凌晨卢荣家迁坟，请了亲戚朋友去帮助，回来后在家里做饭吃。说是这次迁坟政府补偿了3600元，基本够付迁坟中所需要的鸡鸭、烟酒等费用，所以谁家迁坟都会请一些亲戚朋友来吃喝的。

2014年3月25日，星期二，农历二月二十五，属羊，多云转晴

今天属羊，前一个属羊日村里过昂玛突节杀猪祭祀。就在昨天晚上，如同前一个属马日晚上一样，村里的大咪古是在定点的地方大声通知村民今天休息。

村里规定的休息日也有点类似法定日，还出去劳动的村民家是要被

象征性处罚的。我们箐口村处罚得不多，到现在还是一两元或者一两个鸡鸭蛋。现在的话，村民都不会在乎这一点了，谁家都愿意出。听老人说很久以前，村民都很重视的，说是只要大咪古通知到位了，第二天村民是基本不会劳动了。

卢世华生病已经一段时间了，今天是请了大鱼塘的张有贵摩批做一个法事，因为人手不够，叫我也去参加了，是要到远地方做的。这种法事主要是消解被小人害或者被诅咒的恶言恶语，用的时间长，所要的牺牲也多，给的务工费也要偏高一些。

2014 年 3 月 26 日，星期三，农历二月二十六，属猴，多云转晴

早上，看见李庆林家在进村的路边做一个休息台，说是生辰八字或者不走运的人做了这样的休息台或者搭桥植树会被化解的。

2014 年 3 月 27 日，星期四，农历二月二十七，属鸡，晴

人到没有办法的时候就会想东想西的，说是今年我们家运气不是很好，就叫了张正和摩批做一个法事，希望能显灵些。主要是我们夫妻已经准备好再生一个孩子，都快临产，按照村民的说法是有必要做一个法事的，保佑他们母子平安，孩子能够顺利生产。

2014 年 3 月 28 日，星期五，农历二月二十八，属狗，晴

到今天为止，该有很多家根据政府建设需要进行了迁坟，早上我看见李文新等人拿着炊具回来，听说又是迁坟回来的。他们在新坟地杀鸡献祭以后要简单吃一点，上午回到家以后又做饭吃，还是要开支一点钱才够的。

村民育下秧苗已经 20 多天了，根据多年来的农耕经验，老品种也就是村民一直栽种的红米秧龄一般是 60 天左右，近几年引进的新品种秧龄一般是 50 天左右。如果整理几天梯田就快到了插秧的时间，就该整理梯田了，今天就有李志和犁田。不过不知道什么原因，还有很多村民家没有进行第一次犁田，这一段时间是由卢建忠和几个少数的中年人给他们家犁田的。今天卢建忠是给卢荣富家犁田的。

2014 年 3 月 29 日，星期六，农历二月二十九，属猪，晴

正常情况下到了 4 月底村民家都要插秧的，这几天天气好，我就到田里劳动了，免得到时候慌自己的手脚。

2014 年 3 月 30 日，星期日，农历二月三十，属鼠，晴

李世华家砌田脚，他经常带弟兄做工程，时常会剩一些水泥，想把寨神林旁边分给他的田用水泥浇灌起来，这样稳固一些，以后锄草的人工也要少一些了。

2014 年 3 月 31 日，星期一，农历三月初一，属牛，晴

今天的天气也很好，还是到田里了，要是现在就慢慢整理的话，到了插秧的时候也用不着忙什么了。白天忙农事，晚上又学习几个小时，日子过得很充实，觉得过得特别快。我想要是经济上再充实一些，这样的日子就好过啦。

2014 年 4 月 1 日，星期二，农历三月初二，属虎，晴

上午来了两个云南农业大学的学生，与新街镇农科站人员在村民家的田里育秧苗，带来了他们要在村民田里试验栽种的几十个水稻品种，带得不多，说仅仅是作为试验品种栽种的。村民们是忙着整理梯田，到了这个月底至 5 月初就要插秧的，他们现在才来育秧苗，无论是在谁家的田里试验栽种，村民都要嫌麻烦的。

到了农历的三月份，村民是要祭祀山神的，所要的东西由龙头在前天新街镇集日买回来。今天就叫了几个村民朋友，由李正林带着咪古们

上去，其他的村民是等下午再上去。

下午有4个云南大学的学生来村里说是主要调查村里哈尼族妇女的头饰编织。

2014年4月2日，星期三，农历三月初三，属兔，晴

依靠梯田种植水稻的箐口村民间出现地界纠纷是常事，那么做好地界标志就是村民比较注意的事情了。从多数情况来看，村民主要就是用石头等硬件物品明确这家与那家的界线，最明显的要数田与田之间这家与那家的界线是左右分开还是上下分开，多数都用石头。要说的是，今天有李世华家请了几个朋友砌田埂，主要是下面李世明家每年都要锄草，会把他家的田埂挖倒了，要是用水泥筑起来就会牢固多了。这是村民这些年来分出地界的一种方法。

2014年4月3日，星期四，农历三月初四，属龙，多云间晴

因为干旱，村民都不方便灌溉了，连续的晴天，村民家的田都要干完了。村民之间因为灌溉出现一些口角也是不得已。今天是村民小组组织清理水沟，要求每户出一个劳动力，尽可能做一些自己能做的事情吧。

2014年4月4日，星期五，农历三月初五，属蛇，多云转阴

村里谁家养猪肯定是希望养好的，一则过年过节自己家杀吃；二则养大了可以卖，补贴家里的经济。但是什么事情都不可能一帆风顺，有的就是不到时候就病死。今天李志和家死了一头猪，就是生病而杀吃的，多数村民都知道病死的猪肉不会好吃，但是养了几十斤的猪丢了也怪可惜的，确实有问题的病猪还是要丢的，一般因为食物中毒的都会煮了请弟兄们吃的，而去吃的男子多数也会带一点酒或者烟，村民是这样过日子的。

2014年4月5日，星期六，农历三月初六，属马，多云，晚上有冰雹

早上又听见两声鞭炮声，知道村里有60多岁的李庆文的老母亲去世，永远地与她的子女们离开而去了。对于一个寨子，这样的一个老人去世算不了什么，只是对于一个家庭是不幸的，村民得过去帮忙。都是老人了，村民都按照正常的葬礼给他们家帮忙，他们弟兄也认为是正常的过世，都不会很悲痛的，只有化悲痛为力量，想办法一起克服困难处理罢了。

村里死了一个老人，听说附近罢达村又去世了一个，说是村里卢氏家族亲戚，所以今天卢氏家妇女们拿着鸡去奔丧了。说是卢超的姐姐，近期没有听说生病，平时身体还好好的，去世的前几天还正常劳动，只是说身体不舒服睡到自己的房屋里就断气了，这是他们卢氏家族的人说的，又不是一个寨子的人，再具体的事情就不知道了。

2014年4月6日，星期日，农历三月初七，属羊，晴

按照村里葬礼的一般程序，李庆文家今天招呼来奔丧的亲戚。村里一般的葬礼程序是人去世的当天主人家要请村里做棺材的木匠和亲戚朋友做棺材，棺材做好后到晚上六七点再把死人装入棺材钉好，等第二天再通知亲戚和朋友来奔丧，根据自己的情况选择日子送上山。李庆文的母亲是昨天去世的，就在今天通知了所有要通知的亲戚朋友来，自己家的话就是准备伙食接待所有来的亲戚和朋友。

参加工作以后，表哥一家都成了汉族，每年的清明节都要杀猪杀鸡请亲戚朋友过节的，给在山上的父母锄草添土的。今年也不例外，就利用今天星期日来做，我还是跟着他们去上坟了，没有去帮助朋友李庆文家，只有等过几天祭祀葬礼的时候再去帮忙了，到时候还是要花几天时间的。

2014 年 4 月 7 日，星期一，农历三月初八，属猴，晴

今天是新街镇的集日，李庆文家到街上购买明天所需要的东西，说是日子已经算好，就定在明天祭祀，后天就要送上山了。

2014 年 4 月 8 日，星期二，农历三月初九，属鸡，晴

因为受朋友的邀请，我今天是到攀枝花乡阿猛控村与朋友们上坟。"礼尚往来"，不可能每次都是空手去的，今天带了一条红河 88 烟，朋友们都还交了 200 元，因为有车，晚上就回来了。

村里今天主办李庆文母亲的丧事，来丧祭的有黄草岭的一家在李庆生家落脚，村民还是有点忙的。

2014 年 4 月 9 日，星期三，农历三月初十，属狗，多云转晴

今天村里主要是给李庆文母亲送上山。早上吃过饭后，可以简单地休息一阵，到下午三四点钟，村民都要集中到李庆文家帮助忙送葬。按照习惯，年轻力盛的人都会集中过来，到山上安埋好再回来吃饭，基本上 6 点左右完成。

2014 年 4 月 10 日，星期四，农历三月十一，属猪，晴

按照正常的葬礼，今天是李庆文家请客，他是我的老同学、老朋友，还是得去参加做客。该是整理田的时候也不能出去的，别人会有困难，自己也会有困难，人总是得给一点面子的，今天给了 50 元礼金。从现在来说，一般村民就是这个数字，当然一家亲戚或者感情好的，给多一些的也有。

2014 年 4 月 11 日，星期五，农历三月十二，属鼠，晴

祖母，我的奶奶是陈安村人，我对陈安村有一种特殊的感觉，总想回一回陈安村，就是没有机会或者说没有时间。今天是接到战友们的电话，要到陈安村李杰家上坟，就抽出时间过去了，还见了祖母的家人，我应该叫表哥的李正祥，得闲之余过去喝了一杯水。我晚上回来的，到了这个年纪好像有点不习惯在外地过夜了，都希望回家来，多少还可以做自己的事情。

2014年4月12日，星期六，农历三月十三，属牛，晴

今天是南沙镇的泼水节，可能是受他们的影响，我们坐着车去新街镇时也遇到一些孩子拿着装有水的桶在路边等着，村里上学的孩子也有几个的。

不知道又来了什么好政策，村民小组统计从部队退役回来的村民名单，他们参加服役的时间及退役回来的时间，以及他们的出生年月、电话号码等，有十几个吧。要是有什么补贴也好，毕竟他们把最美好的时间奉献给了祖国和人民。

2014年4月13日，星期日，农历三月十四，属虎，晴

有红河州文化体育局的人来村里拍摄，带来了很多群众演员，从上午一直拍摄到下午，大体上拍摄了广场、水碾、梯田，还有哈尼哈巴文化中心的长街宴。不过这次参加的没有箐口村民，都是他们从外地请来的文艺队。

秧苗已经好高了，又到了一年的插秧时节，村民又进入一年当中最忙的时间。可以这么说吧，只要能劳动的都要到田间劳动，这几天只要天一亮就有很多村民往田里跑。今天就有李永福、卢永贵、李文科、李得贵等到田里种田。只是现在的年轻人都往外跑，很少在家做农活，多数农事都由家里的老人管理，这是近年来出现的一个现象，除非是已经分家的中青年人不得不自己管理的还是自己来管理。所以村里普遍出现的一个现象就是40岁的中年男子还不会犁田耙田的大有人在，与村民交往中知道这也是村里老人担心的一件事情，不知道以后的农业生产会有什么变化。

2014 年 4 月 14 日，星期一，农历三月十五，属兔，晴

原来我还在想过几天才会有村民家插秧，谁知道今天就有马卫华家插秧了，说是他家栽的新品种也就是杂交水稻，要求在 45 天左右就插秧。不过他们家的情况有点特殊，他的父亲是从团结村委会上门来的，生产队调整田地时只是一户人家的份，而现在他们弟兄三人又分成三份，所分到的自然就少了，只要他们夫妻劳作几天就种好了，难怪这几年来都是他们夫妻两人栽种，基本上不需要互换劳力。现在村里多数人家是需要互换劳力或者请小工的，仅依靠自己家的劳动力是怎么也忙不完插秧和收割这两件农忙大事的。

正如前两天说到的，这一段时间是村民为了插秧而忙于整理田地的时候，每天都有很多村民人家是要到田里劳动的。今天除了马卫华家插秧，还有卢世华家请卢建忠耙田，李文祥家请了其他村民犁田，张正和家修整田埂，张文和家耙田等等，只要没有其他特殊的事情都可以到田里劳动了。

这么多年观察的情况来看，箐口村包括附近的哈尼族是很少上坟的。某种观念上说是只要在世家人好好的，就说明在天上的他们也很好，最好就是不要惊动他们；然而，有的人家认为在世家人好，就要祝愿他们也好好的，就会有人家上坟的。今天李朝生家就是一户，而他们家也只是请了本家族最亲近的人参加。说是村里被请到的人是要拿一只鸡的，所以即使是路上看到的朋友被邀请的也只在嘴上说会来，而心里一般是不好意思去的，有一个他们家族的人邀请一个朋友去吃饭的时候就是这么说的，说是他们家又没有邀请我，我空着手怎么好意思去吃饭。

2014 年 4 月 15 日，星期二，农历三月十六，属龙，晴

是否是新街镇的集日，居住在村口云南大学哈尼族研究基地的我只要看早上和听他们说就知道了，只要有村里妇女背着米糠去卖 99% 就是新街镇的集日。今天也是，一起来就看见张牛后的三轮车上装有几个妇女的米糠，定是新街镇集日，定是张正荣妻子等几个运到街上卖的。主要是村里到目前没有专门养猪的，多数村民养猪也可以自给自足，而其他没有养猪的人家碾米出来的糠就只有到街上卖了，说是这几年的米糠还好卖的。

前两天就说到了，根据村民们秧苗的长势已经到农忙时候了，家家户户都准备插秧的事情了。今天就有育秧比较早的卢世华两弟兄家拔秧苗，几天前就叫好了插秧妇女，明天一早就有很多妇女给他们家梯田换上绿色的新装。

2014 年 4 月 16 日，星期三，农历三月十七，属蛇，晴

放心，这几天的天气会晴朗的，而且是晴得有点过分了，连村民都说田里的水比人放得干得快。只是没有到很干旱的时候，没有到村民间抢水出现纠纷的程度，那是村民间多伤感情的事情，像前两年很干旱的时候村民间吵架快要动手了到现在还没有和好。主要是离水源有点远的李得云、张永福家等他们的家人到了半夜还在给田里灌溉。天下没有不费一点精力可以做好的便宜事，做农民管管几块田也如此。没有水种植得给田里灌溉水，旱了庄稼会晒死，雨水多了庄稼也会被淹死，做农民不好玩的，谁知道我是怎么喜欢上做农民的。

都是一家人，农忙时候或者过年过节的都要招呼一下，我很不善于拔秧苗，但是明天是有兄弟张明福家叫好人要插秧的，今天我们几个弟兄的任务是拔秧苗，安排人背到田里，明天就省事多了。

2014 年 4 月 17 日，星期四，农历三月十八，属马，晴

插秧的有张明福家、张正和家，今天他们插秧的两户人家都是昨天就拔了秧苗，已经背到田里准备好了，今天就省事多了，这是箐口村民

一直以来的插秧方式。

2014年4月18日，星期五，农历三月十九，属羊，晴

今年的这两个月天气晴朗，有部分村民家的田是要被晒裂了，可是就是因为天气晴朗的时间多、气温高，秧苗就长得快，水源方便的村民家就要插秧了。今天插秧的有李树林家，他家田不多，分家出来就那么一块田，可以收二十几背谷子的一块中等田，只要六七个插秧妇女就够了。

2014年4月19日，星期六，农历三月二十，属猴，晴

今天插秧的有李正安家，他家的田大又多，秧苗是昨天就叫人拔好了的，今天只要妇女们过去插秧就行了。

2014年4月20日，星期日，农历三月二十一，属鸡，晴

今天插秧的有张文和家，这个堂叔叔身体好，人又勤快，这几年总是一家人在种田，不需要亲戚朋友跟他互换劳动力的。总是一个人拔秧，他妻子一个人插秧的，田不多，三五天就可以插好，什么时候休息什么时候干活都由着自己。

明天，大哥张明生家要插秧了，我不善于拔秧苗，但是到了农忙的时候还是得显身手。别人不敢请、请不动的大哥就敢请。话是这么说，事情还是要做出来的。这些年跟着云南大学哈尼族调查点马翀炜老师做一点事情，休息也是工作，别看我在屋里休息，其实也是在动脑筋学习，希望我们哈尼族调查点学好一点，做好一点。知道的、体谅我的，告诉一声叫我看着办；不知道的，有点怨气也不管了。我只能是对半，能挤出时间的还是尽量去帮助他们，他们也帮助我，没有时间的也真的只有叫他们埋怨了，而自己的亲戚或者朋友家也只有尽力帮助的，自己家忙的时候也是得请他们帮助的，也无非是时间和劳动力上互换罢了。

2014 年 4 月 21 日，星期一，农历三月二十二，属狗，晴

昨天帮助大哥张明生家拔秧苗，他家今天就去插秧了，路有点远，他们来去的路上要花费一点时间的，就叫了十几个插秧妇女。现在人插秧不能太晚回家，相互之间比赛似的，到了下午两三点就要收工的。当然现在的妇女都已经知道了，她们知道谁家有多少田块，就商量着加快速度插完了秧苗，时间早就可以去做其他的事情，特别是从多沙寨子请过来的妇女，她们是要走一段路回去，早插完早赶路，才不管是一点钟还是两点钟完成。

2014 年 4 月 22 日，星期二，农历三月二十三，属猪，晴

这几天插秧的都是田里水源方便又比较勤快的人，今天是有卢新家插秧，他的身体也好，除了种自己的田，还经常给其他村民家种田挣钱。

2014 年 4 月 23 日，星期三，农历三月二十四，属鼠，晴

李文贵家老人勤快，看人家插秧了，他就会着急，总是要想办法把田整好，总是会把秧苗插到田里的。

2014 年 4 月 24 日，星期四，农历三月二十五，属牛，晴

今天是看见李建生家插秧，他家的田就在白龙泉下面，再干的天也干不到他家的田，对水，他们家是不用愁的，所以，只要秧苗长高了，家里的劳动力充足，什么时候种田都行的。两个弟兄分家以后，分得的田又少，只要几个妇女就能插好。

2014 年 4 月 25 日，星期五，农历三月二十六，属虎，晴

张保祥家插秧，他家继承了李氏的一部分田以后要种的田多一点了，得请十几个插秧妇女，这两年插秧的妇女出工晚，收工又要早，要是不多请几个，收工回来晚的话，又是要被村民说的。

2014年4月26日，星期六，农历三月二十七，属兔，晴

能在这个月底插秧在村里来说是正常的了，今天是看见卢学贵家插秧，听说以前他家是地主，并不是说他家有很多钱，就是说他家的田地有点多，当时的人又少，因为政治风的来临，就是这样被评上地主的。之后他家的田很多都被划了出去，但是相比之下，田地还是多一点的，说是可以收回来六七十背谷子的，所以他家需要的插秧妇女也是多一点了，需要二三十个，怕是村里最多的了。

2014年4月27日，星期日，农历三月二十八，属龙，晴

今年的雨水季节还是没有来到，连续这么多天的晴朗天气，很多村民家的田是要干完，天气好，秧苗就是长得快，水源方便的村民家就可以接着插秧了。今天是看见有李文科家，他家的田就在水沟边，田块大，水源要方便些，又能保水，他们家的这些田就不用愁没有水了，只要自己家有劳动力，是很方便的。

2014年4月28日，星期一，农历三月二十九，属蛇，晴

谁最勤快谁最懒惰都是村民茶余饭后的谈资。对于做农活来说，卢朝生可以算一个好手，自己家的田总比别人家多犁一次，多耙一次，多施一点肥，生产出来总是要比别人的好些，今天也看见他家插秧了。

2014年4月29日，星期二，农历四月初一，属马，晴

李清华家的田是村里最大的一块了，就是因为田块大、能保水，他们家能正常插秧了。这几天插秧的都是水源方便的人家。其他的人家只能看着做一些力所能及的事情，不敢轻易插秧的，要是没有雨水，插下去的秧苗也要被晒死的，没有用。

2014 年 4 月 30 日，星期三，农历四月初二，属羊，晴

今天看见李建国家插秧，梯田也是在水沟边，灌溉水比较方便的，而他一家人的劳动力也是足够的，管理几块田绰绰有余。

2014 年 5 月 1 日，星期四，农历四月初三，属猴，多云

今天是五一国际劳动节，很多单位都放假休息了，包括学校里的学生都回来家里休息。而就村里的情况来说，这是插秧农忙的时候，每天都有村民家插秧和拔秧苗，都希望在这个时间段里把自己家的秧苗插到田里。村民认为秧苗要是过了时间，庄稼就长不好，影响来年的产量。今天是有李庆亮家、李正林家等插秧，明天插秧今天就准备好秧苗的有高里发、李世文家等。

就今年来说，由于雨水不正常，即使村民不分昼夜地给田里灌溉水都起不到多少作用，只能是慢慢整理田，而不像雨水丰沛时好整理了。因为这样，经常可以在田间听到村民间因灌溉水发生不愉快的小事，有村民因为相互抢水而吵架。从目前来看，村民都还基本上能理解，要是继续干旱下去，谁敢保证村民之间不会因为灌溉水而发生更大的事情呢。毕竟人生来是自私的，谁都希望自己的正常，包括田里的水，灌溉自己家的田也便于栽种庄稼。

2014 年 5 月 2 日，星期五，农历四月初四，属鸡，多云

今年的雨水还未来到，插秧下去的田都要被晒干了。我家田旁边的李正林家的田也要被晒干了，每天他的妻子都到田里灌溉，害怕插好的秧苗被晒死。

2014 年 5 月 3 日，星期六，农历四月初五，属狗，多云

李正云家今天请了亲戚帮忙来耙田了，主要是给田里灌溉水的村民太多了，而李正云家劳动力又仅是他一个人，无法与其他村民一起灌溉水，就只有等其他的村民插好秧，田里的水方便了再整理梯田。

李正林家前面插了一些秧，今天又犁寨子脚坟山旁边的田，也是因为前一段时间缺水，没有水就不能正常整田了，现在是看其他村民都插好了，也叫了几个亲戚过去整田。

2014年5月4日，星期日，农历四月初六，属猪，多云，有阵小雨

今天有李世文家、李正云家、卢建忠家等整理梯田，从整体来看，这几天整理梯田的人家主要是因为田里缺水，家里人没有办法处理梯田，只能等着雨水来临或者说其他村民家栽完后再插秧了。

新街镇农科站请了人来拔除我家田里的秧。情况是这样的，云南省农业大学在我们村田里做了一份水稻品种多样性的调查试验，要在同一品种之间交叉种另一个品种，为了便于给村民取种而在我家田里育很多品种。而这个时候这一部分调查试验田已经插好了，村民不再需要这些秧苗，便要拔除这些多余的秧苗，整理后要么插秧、要么养鱼，或者两者都可以。

2014年5月5日，星期一，农历四月初七，属鼠，多云有阵雨

看别的村民家都插秧了，只是觉得自己家秧苗的秧龄不够，秧田在寨子脚山头风口处，秧苗受影响长得又不够高，所以这几天一天一点地整理田，很不慌张的，但是老头子见了要说的，心里还是有点不爽，还是先把田整好再说。

2014年5月6日，星期二，农历四月初八，属牛，多云有阵雨

这几天是太干了，要是不能及时给田里灌溉水的话，秧苗都要被晒死的，所以这两天是要灌溉，免得补被晒死的秧苗。

2014年5月7日，星期三，农历四月初九，属虎，多云有小雨

今天我还是继续整理田，看别人的秧苗都插下去了，自己还是会着急的，想着还是先把秧苗插下去好。

2014年5月8日，星期四，农历四月初十，属兔，多云有小雨

今天从早上就有点雨，而且有点冷，只是没有办法，没有插好秧的村民照样出工，得处理田里的事情。李永得就是典型的一个，平时不给田里灌溉水，做好犁田耙田的事情来保水养田，到了这个时候，自己又不能正常整理田，干着急有什么用呢？只能眼看其他村民差不多插好了自己家人再慢慢去整理吧，今天他们夫妇一起去插秧了。

学生们休息了一个星期以后，今天是收假回学校上学了。

2014年5月9日，星期五，农历四月十一，属龙，多云有阵雨

白天，我还是继续整理自己家的田。

下午，李世华家叫魂。他是我的表哥，用哈尼族的叫法就是要叫舅舅的，平时我们相处得还好，他家每做这样的一个事情都要叫我过去的。今天下午也是，我还是过去喝了两杯酒才回来。

2014年5月10日，星期六，农历四月十二，属蛇，多云有小雨

今天我是去犁田了，其他的村民家都要插好秧了，自己家的秧苗已长高了，还是要插好了事。这次犁田，因为谷桩根不深了，土质松软些，犁起来就要比第一次快，原来犁两天的田现在一天就能完成了，我家的田水基本没有干过，犁田更是方便了。

2014年5月11日，星期日，农历四月十三，属马，多云有小雨

今天，我是去耙田了，就像昨天说的，土质松软，耙田更是快，三四个小时就完成了。有时候人的心情就是跟着体力走，这几天做自己

家田里的活计有点累，就没有去观察其他村民的事情，早上出去，晚上回来，吃完饭就休息了。

2014年5月12日，星期一，农历四月十四，属羊，多云间晴

今天拔秧苗，秧田和稻田在一起就省了很多事情，可以一边拔秧苗一边就丢到稻田里，自己家田里需要的几百把秧苗自己一个人就能拔完的。

2014年5月13日，星期二，农历四月十五，属猴，晴

今天的天气特别的热，田是已经种好了，我是拔秧苗，叫妻子找好插秧的妇女，昨天已经拔好了一些，今天再拔一点，明天她们插秧的时候再拔一点就够了。这几天村里插秧还是有点忙，一时找不到插秧的人。

下午我看见卢四云家叫魂。村民相信民俗，年初的时候喜欢做祈福仪式，到了这个插秧的时候是喜欢做叫魂仪式，基本上每天都有人家叫魂，村里的几个摩批还是比较忙的。

2014年5月14日，星期三，农历四月十六，属鸡，晴

这两天天气特别的热，村里也可能达到30多摄氏度了。前两天找不到插秧的妇女，今天是找到了几个，田也不多，又在寨子脚，来去都比较方便，水和淤泥都不深，最合适我们这些懒汉了，5个妇女到下午3点左右就插好了。

2014年5月15日，星期四，农历四月十七，属狗，晴

这几天的天气特别的热，没有一点雨，手机信息显示南沙镇河谷一些地方已经达到40度的高温天气了，箐口一带的半山腰最高气温可能也达到30度了，看着庄稼吃饭的村民有点着急了，都害怕田里的庄稼被晒死，又不得不慌着给田里灌溉水。有的人家育秧苗的时候用水泵机抽水，到现在不得不用水泵，这两天就有李世华、张斌两人家用水泵的。张斌用的电线可能有 200 米左右，而李世华家用的可能有个七八百米，没有办法，田里的水没有了，原来正常使用的水渠灌溉不了水就只有想办法了。记得村民用水泵机灌溉水的情况还是这三五年出现的事情，在此之前的话，村民都正常灌溉，要是没有办法了也只有等雨水季节到来再补插被晒死或者被虫咬死的秧苗，确实挽救不了也就罢了。还是现在的人有办法，人的力量解决不了的事情就用机器来解决。

中午，有一个国外的团队到村里来，已经有好多天没有看见这样的团队了。

下午，叫魂的人家有李正福家、李学光家、李学亮家。基本上每天都有人家在做这样的叫魂仪式。

2014 年 5 月 16 日，星期五，农历四月十八，属猪，晴

今天是看见李树华请了李爱生整理他家的田，李树华没有任村民干部以后跟着一个朋友到昆明市一个县打工，很少回来招呼田地了，可是到了插秧和收割的农忙时候还是会回来招呼一下，叫上几个朋友招呼一下田地，都是常理之中。其他村民家都插好了秧，剩余自己家没有插秧，好像家里出了什么事情一样，别人看了也会说的。

2014 年 5 月 17 日，星期六，农历四月十九，属鼠，晴

今天我是休息了，看见有卢志林家打药，一是因为天气太干了，秧苗不能正常返青；二是发现又出现些稻飞虱了，需要打药来控制。知识就是从实践中得来的，这几年庄稼出现过一些病虫害以后，很多村民都学会了用药，一些妇女也会用了，只要发现田里出现病虫害，他们就会主动问新街镇农科站的人，会自己到药店买药来预防了。

2014 年 5 月 18 日，星期日，农历四月二十，属牛，晴

今天还是看见堂叔叔张文和家去打药了，说是又发现稻飞虱了，想

尽快把药打了消灭掉，让秧苗尽快恢复成长。

2014年5月19日，星期一，农历四月二十一，属虎，晴

早上，新街镇农科站的人带着云南农业大学的几个学生到村里来栽种他们的试验田。就箐口村来说的话，都已经插好了秧苗，只是今年雨季还没有到来，很多已经插好秧苗的梯田都快要晒干了。每天都有很多村民像是赶集一样在田里灌溉水，村民与村民之间偶尔出现一些小纠纷，没有办法，衣食父母，以种田为主的村民一是为了来年吃饭的粮食；二是为了更好地保护梯田，要使田里的水保持正常灌溉。新街镇农科站和云南农业大学做的试验到现在才栽种主要是考虑到秧龄不够。说是他们做的试验很多都是附近村民栽种的传统老品种，要求秧龄在50天以上，因为今天栽种的这些秧苗是4月1日才育的秧，到今天正好是50天左右，估计箐口村就只有他们的这些秧苗没有插秧了。要是从附近的村寨来看就不一样了，很多村寨由于没有水灌溉，很多村民家还在等着雨水的来临才能栽种，村民着急了。

2014年5月20日，星期二，农历四月二十二，属兔，晴

都说生老病死是自然规律，可是年轻人生病是一件不太幸运的事情，特别是年轻人当家的核心家庭，一旦家里的主要劳动力生病，家庭就会极其的反常，这几个月来的卢世华家就是这样。说起卢世华，40岁左右，有两子一女，他是家庭的主要劳动力，这几个月由于生病已经跑了好几个医院医治，花了家里好几万元了，今天下午又从昆明市医治回来，不知道是否恢复了一些。我俩是表弟兄，在村里我与他相处得多一些，感情也要深一些，他的病使我很难过，真的害怕他会离我而去——再也叫不到，再也没有跟他商量事情的那一天。

2014年5月21日，星期三，农历四月二十三，属龙，晴

早上，有一个石屏县的人驾驶汽车来村里叫卖鱼苗，每公斤30元。因为田里的水都要干完了，今天是很少有村民买鱼苗的，要是田里水源充足了，村民还是会买一些的。

2014年5月22日，星期四，农历四月二十四，属蛇，晴

这一段时间村里祭祀流行什么呢？是叫魂。今天有张三和李四家叫魂，明天有杨氏和卢氏家叫魂。今天有卢龙家叫魂，也是要叫上几个邻居吃饭喝酒了。

2014年5月23日，星期五，农历四月二十五，属马，多云，有阵雨

插完秧的年轻人又要出去打工挣钱了，今天知道是有卢永贵等出去。

应该是每年的基本农田苗种补助款到位了，这几天每天都有村民到新街镇农村信用社去领取，这是村民说得比较多的一项政策转变：说是以前的话，栽种庄稼要交公余粮，而且追得还紧，一旦粮食收回来，就有工作人员到村里追缴，而这几年，政府不但把要交公余粮的政策取消，而且根据村民家栽种的田地多少发放苗种补贴，村民都说好哇。

社会发展了，经济发达了，就是好。上面说到的村民栽种粮食还有苗种补贴，而从前两年开始，村里60岁以上的老人每人每月又有60元了，这两天还是60岁以上的老人上街领工资的时候，都三五成队地领来用。

村里农忙要数4月底5月初的插秧和9月中底10月初的秋收，今年的话，由于雨水还未到来，直到现在才基本把秧苗插好了。年轻的村民插好后主要做什么呢？没有办法，就是外出打工，要挣几个钱填补家里的经济。

2014 年 5 月 24 日，星期六，农历四月二十六，属羊，多云间晴

下午，打工的李金回来了，他已经在外地打工几年了，除了过年过节很少回来的，一个人在外地做事情，是很辛苦的。

2014 年 5 月 25 日，星期日，农历四月二十七，属猴，多云间晴

今天插秧的有黄土坡罗氏家，应该是插秧比较晚的一家了。很多其事就如同其人，三十几岁的罗某，自从他父亲去世后，带着自己的小孩子跟母亲生活。人，落后就要挨打，就要掉队，他本人可能是智商弱一些，或者可能是其他身体的因素，什么事情都总是要落在其他村民后面，今年插秧也是。"家和万事兴"，听说主要是没有处理好家里的事情，与他母亲吵嘴后，他的母亲平时也就没有招呼家里的事情。

2014 年 5 月 26 日，星期一，农历四月二十八，属鸡，多云间晴

有水的秧苗是返青了，李扎卜家的田面积大，淤泥又深，很保水的。他家的田不缺水，秧苗插得早，返青就快，今天他家人给田里除草。

2014 年 5 月 27 日，星期二，农历四月二十九，属狗，多云间晴

今天上午村里分发"拿安天"山神林被征用的补偿费，一共是 1306 亩，补偿了 59660 元。村里是以农户来分发的，每户村民家发到 250 元。

下午，有一个外地的人驾驶汽车来村里叫卖床单、被套等；还有一个是驾驶三轮车卖香蕉的，每市斤一元。这一段时间以来，箐口村每天都有外地的人来村里叫卖东西，像是一个小城镇一样，每天不是有游客就是有部分人来村里做买卖，既方便了村民，而他们也从中找到辛苦费，我认为这样是不错的。逐渐地，在村里某一个地方形成小市场就更好了，多数村民都可以放心去做家务而不用担心家里没有吃的，也就用不着花交通费到城里去，既省时又省事。

中午，云南大学西南边疆少数民族研究基地哈尼族调查点来了一个中央民族大学的博士研究生，叫王艳杰，说是她主要调查村民栽种的水稻品种和村民对传统品种和新引进的杂交水稻的看法，希望通过对村民的问卷调查知道村民对传统品种和新杂交水稻的栽培情况。

2014年5月28日，星期三，农历四月三十，属猪，多云间晴

"身体是革命的本钱"，想做什么，没有良好的身体和心态做起来就吃力。昨天到村里做调查的王艳杰博士可能是不适应这两天的高温天气而没有去做调查，只能休息着让身体恢复些再继续做调查了。

张明福家运回来石头，准备砌倒了的田埂。他家秧田下面一块是李正福家的，李正福家要小田并成大田，就故意挖深，挖到了张明福家的田埂，时间长了雨水来了是要倒塌的，他也不会说什么，只有想办法用石头和水泥筑起来，以后就不容易倒塌了。

2014年5月29日，星期四，农历五月初一，属鼠，多云间晴

黄绍文老师来村里协助王艳杰博士调查水稻品种多样性，说是村民不愿意配合，我分析，这可能是以前也有很多师生做了同样的调查问卷；或者是听不懂她说的普通话。所以，就请了黄绍文老师过来协助。

村民说今年的秧苗还是有稻飞虱的，远远看去，有的人家的秧苗都发黄了，而经过前几年技术人员的指导后，多数村民还是能够防治了。所以，这些天每天都有村民到田里打药，今天李文才去打药，要是不打药防治的话，秧苗很有可能被害死完。所以，这几年一旦出现稻飞虱的话，村民都会积极地去防治，村里的妇女们也都基本掌握了防治方法。

2014年5月30日，星期五，农历五月初二，属牛，多云间晴，有小阵雨

上午，卢龙家做后院祭祀，还是请了邻居和亲戚吃饭。

因为要过端午节了，而箐口村又要农历五月初四就过节，李红亮的弟兄们今天返回来了。当然，说是工程也接近尾声了，不需要那么多的人，过了节再过去几个就够了。

2014年5月31日，星期六，农历五月初三，属虎，阵雨

凌晨5时到早上8时左右有阵雨，虽然下得不多，但是渴望雨水来临很久的箐口村民还是高兴极了，至少解决了近渴，已是进入农历五月份了，相信雨水季节来到，已经插到田里的秧苗从此应该不会缺水了。即使不可能让已经可以收回的苞谷和黄豆再返青，粮食水稻还是可以保证正常生长了，箐口村的水稻应该不会再有什么大问题了。辛苦的是，听说附近团结村委会和麻栗寨村委会因为干旱缺水，有的人家连一株秧苗都没有插到田里，说是来年过节献祖祭祀的大米都有可能要到街上购买，看他们难过的，得白白熬过一年。

不知道究竟是什么原因，箐口村过端午节就是在农历的五月初四，几年前就问过好些老人就是说不知道，反正村里有史以来就是这样过的。而今天就是五月初三了，所以，早早地就有村民上街购物了，除了有的昨天就准备好的之外，村里基本上百分之七八十的村民家是每户一人上街了。由于离新街镇只有七八公里，来回的三轮车又比较多，去买点节日货是方便多了。不过村民买的无非就是平日里吃的鸡鱼猪牛肉加上一些蔬菜，所不同一点就是同其他民族一样要包粽子。箐口村明天就要过节了。

一边是要过节了，而另一边是老人病故了，大李氏家族的人在李某的通知下又到团结村委会上广坪村奔丧，到下午四五点钟献过饭再回来。

2014年6月1日，星期日，农历五月初四，属兔，晴

今天是六一国际儿童节，村里的小朋友们也在老师们的组织下过自己的节日。

我一直都不知道箐口村为什么会在农历五月初四过端午节，问老人都说反正村里一直都是这样。所以，今年也就这样了，村里在今天就过端午节了，家家户户都杀鸡祭祀献饭菜，如同其他民族一样今天就开始染糯米包粽子了。为什么呢？还是得等问一问村民再慢慢说来吧。

人家过节，我们也过节，我也准备了一点饭菜，请了几个朋友来准备好好喝几杯，也就忙着处理自己的事情而没有注意村里的事情，一天就这样过去了。

2014年6月2日，星期一，农历五月初五，属龙，晴

有人说："只有经历过穷苦生活的人才知道生活的真正幸福！"应该是的，也应该是只有真正生活在与自然博弈中的人才知道风调雨顺对人们的重要。就从箐口今年的雨水来说，年初的时候还算正常，可进入3月播种期以来，基本上没有下过一场好雨，这就误了黄豆、苞谷的生长时间。看今天李庆光家收回来的黄豆就知道了，株高就只有往年的一半，你说收成好不好？当然也就不尽如人意了，产量肯定要比往年低。

有人说："是药三分毒。"既然是药，对有些病毒可以治好，那么，对一些事物肯定是有相反作用的。这几年村民的水稻每年到这个时候多少会出现一些稻飞虱，刚出现的时候村民还没有什么办法来控制它，只是通过这几年的学习和生产实践在一定程度上知道些，可有些人就不听药师的话，或者自己想当然地乱配药，也就难免出现一些这样那样的笑话。今天的李琼就是这样，药师已经交代配多少的药量，可她说自己在药师的要求上多加了一些，结果把田里的鱼都给闹死了，觉得很可惜的。

2014年6月3日，星期二，农历五月初六，属蛇，晴，有偏南风

原来我一直认为箐口村民的秧苗都插好了，但是今天在上街的时候才知道李永福的母亲正在给田里灌溉水，说是她家寨子后上方的田还有一块没有插秧，昨天灌溉了一天，今天用牛耙田，准备明后天她一个人栽种，她还怀疑说，今年的这块田插下去也不知道能不能收成，这就不知道了，有人说天不给灭种就还是会收成一些吧。今年说来真怪，箐口村的水基本上能自给自足，可就是偏有这么一小块田没有插秧，这也是让我惊讶的事情。这让我感到：从全人类来说，这么多年来，征服自然和改造自然的能力是无话可说的了；可是，从处于人类边缘的一群人来说，在大自然面前，他们的能力是那么弱小，生产力的发展真是离不开科学技术的发展。

下午，村里有一个石屏县的人驾驶汽车来卖鱼苗，每市斤 15 元，因为有村民与他定好了还带着江鳅苗，每尾是 5 角钱。这人这个时候在村里卖了好几年的鱼苗了，知道在箐口村是可以卖几千斤鱼苗的。只是今年从村民的嘴里知道由于这个时候村里雨水还少，都不敢买太多鱼苗，都在盼望雨水来临再买再放。因为要是没有雨水，放到田里的鱼都会被晒死，所以，即使有村民来买，也只会买一两斤试养。

2014 年 6 月 4 日，星期三，农历五月初七，属马，多云间晴

村民管田的能力在我看来是提高了，这几年施肥打药的村民明显比以前增多了，特别是今年的这个时候，每天都有不少村民打药施肥，有可能是打龙虾药，有可能是打稻飞虱药，或者是其他的。施肥也是这样，政府发放了一些，村民应该根据自己家的田肥瘦程度来确定施肥的量，也许今年家家户户都施肥了。只是做什么都要讲究科学，还是识几个字的好，特别是打药的事情，可不能马虎了，村里是发生过案例的。今天在村口又有几个妇女议论说昨天李爱生拿错了药把自己家秧苗打死了很多。由此看来，科学技术还是需要学习的。

村民们把该插的秧苗都移栽到田里，剩余的秧苗怎么办呢？有的村民是拔了丢掉，有的村民是割了喂牛，之后就把秧田犁翻后灌满水泡养，再就是养水又养鱼的，今天上午有卢荣犁秧田灌水，就是这样做的。目的是松软土质，保证秧田的土壤肥力，来年育秧苗才会粗壮，这是村民

传统的做法。田要是在寨子脚的经常灌溉村里出来的猪粪、牛粪的污水，就会很肥的；要是在寨子头的，这样的猪粪、牛粪灌溉不了，要不是自己背肥料进田，要不是砍蒿子等植物腐烂做肥料，说这种蒿子草腐烂后的肥料对来年的秧苗比较好，养鱼也最肯生长了，所以，多数村民喜欢用这种草。

下午，又有两个石屏县的人驾驶车来村里卖鱼苗，还是15元一市斤。村民还是担心田太干了，即使把鱼放到田里也会被晒死，就基本上没有村民来买鱼苗，都要等着雨水来了再放一些进去，到收割时就可以抓鱼吃了。

2014年6月5日，星期四，农历五月初八，属羊，多云间晴

今年的干旱还是特别的严重，已经连续很多天没有下过雨，田里的水一天比一天减少，村民都只有干着急。手机里的短信说这两天有雨，可是，只见云彩不见雨水降临，让人怀疑天气预报也有假了，这怀疑还是小事情。总之，村民就是等着雨水来临，灌溉田地，滋润庄稼。

凌晨，说是李正云的妻子分娩了，生了一个男孩，已经是第三个了，算他妻子带回来的大女孩，就是第四个了。有的人说生养一个就够了，他们却养了好几个，不知道是怎么想的。

2014年6月6日，星期五，农历五月初九，属猴，多云间晴

今天是新街镇的集日，上街的人比平时要多，因为集市上交易的村民多，需要的东西也就会多一些。村民就常会选择集日去交易。

常说："树大分枝，人大分家"，"燕子要搭窝，人要有房子"。卢正明家三个弟兄都已经30多岁了，有了自己的妻子孩子，只是一直都在外地打工而没有来得及处理家里的很多事情，建房子分家也是如同其他很多村民一样是他们家的一桩大事。老房子按照多数村民家的情况来看的话，要由小儿子把守，那么，其他两个弟兄家就得想办法找地方建房子，这是理所当然的事情，学习须及早，做事趁年轻。他们三个弟兄也是该做事情的时候了。也应该是考虑到这些，前两天运回来一些沙石，准备在入村口路边的地方建房，可能是准备先下好基础吧。从我目前估算箐口村要分家的情况和地势情况来看，估计不久后的几年，箐口村有很多分家的就要在这个地方建房子，在此之前就有四五户把田水放干了准备建房子，只是政府不准村民建而停止了一段时间。上有政策，下有对策，村民无可奈何，而现在有村民还是放干水栽种一下蔬菜，准备好一些石头和沙，先下好基础，等着时机成熟就理所当然地建房子了。在这里我就不把有所准备的村民名字说起了。总之，这是我与要分家的几个村民朋友交流时知道的，他们多数都选择在那里建房子，其他属于他们家的田地都在离寨子两三千米的地方，怎么也不便于建房子生活。

插秧结束了，农忙过了，在家没事做的年轻人是闲不住的。出门打工恐怕是目前唯一的途径。找几个钱，打点一下自己的行装，贴补一点家庭的开支，到了收割的时候再回来，要是不回来就给家里汇几个钱来。这是目前箐口村的基本生活方式，基本上村里每天都有年轻人出去或者回来。今天有李三背着行李出去了，说是要到昆明市去，收割的时候不一定回来，可能要到春节时再回来。

2014年6月7日，星期六，农历五月初十，属鸡，阴，有中到大雨

从凌晨3点左右开始下雨，是应该下一场雨了，咱老百姓已经等了很久。箐口村与其他寨子比起来相对好些，箐口村应该说秧苗都栽完了，只是有的可能在田里被晒死或者被老鼠等弄死了。至于有的寨子有的村民家连一株秧苗都未插到田里的情况也有，说是要是这样干旱下去，来年献饭的大米都得拿钱买了，这是我在与中央民族大学王艳杰博士调查倮马点寨子传统品种与杂交水稻栽种情况时有村民这样说的。做农民的，没有栽种一点田地的确不好玩，你看看，别人家都陆续栽种好了偏就自己家不能栽种，换作自己想想那是什么滋味？肯定是不好受的。

从这几年来看，张某某家和卢某某家的家庭不和睦是寨子里出了名的。张某某家是儿媳与公公婆婆一直不能相处好，吵嘴成了常事。卢某某家是妻子已经当奶奶了还离家出走，五六年了，怎么说也该算是离婚了吧。卢某某与寨子里一个寡妇好上了，其儿子和儿媳不服，家庭出现矛盾，一直还是有这样那样的纠纷。没有办法，生活就是这样一团乱麻。早上，不知道什么原因，张文和家又吵嘴了，既然因为缘分做了一家人生活了这么多年为什么不能好好珍惜、好好相处呢？再长的人命能活几百年吗？何不愉快地过日子呢？来生见面也愉快。一家人能吵到什么地方？谁给你发奖金呢？何不分开生活？自己的家庭破裂只会让村民笑话，何必呢？

2014 年 6 月 8 日，星期日，农历五月十一，属狗，阴，有雨

天气干燥了那么多天以后，像昨天突然下一场大雨，多少会有村民家的田埂是要倒塌的。所以，今天就有不少村民拿着锄头到田里修复田埂。我也不例外，昨天晚上就看见自己家的田埂倒塌了一大块，秧苗已被压死了一部分，正在返青的时候突然被压死了，觉得挺可惜的，只是天灾人祸的事情没有办法而已。只有把田埂子砌起来，灌溉水保护秧苗不被晒死或者不被老鼠等咬死，至于被压倒的秧苗尽可能拔开土让其重新返青，能长到什么样子就不用去在乎了。

早在前一些日子就听说了，村口停车场到陈列室这一段路边的几户人家的门窗要全部更换成木制品，应该是政府有关部门组织的吧。今天就安排了施工人员来做，是外地的人，可能是租了进村口的李志祥家，他们运来的门窗都放在李志祥家门前，晚上就在李志祥家吃饭，可能还要喝一点酒，他们吃饭前李志祥拿着酒壶到小卖部打酒。说来，这酒也是咱们家庭必备的消费品之一了，特别是在男人面前，所谓"无酒不成席"。

从他们做出来的样品来看，很不错的。我认为很美观！当初我还是村里的负责人之一的时候，有人问我愿不愿意用木门木窗，我是愿意的，认为这也是一种特色。既美观又牢固，只是我们本地的树木不太适合做家具，村民生产加工技术又极其的低下，做出来的连本村人都不愿意接受。再说，生产出来的成本算来的确是比现在村民用的钢筋、铝合金制品的要高一些，一是村民摸了自己的口袋说话；二是相关部门没有引导好，村里就成了现在的这种情况：多数都用钢筋、铝合金门窗。这次做的不过是从停车场到陈列室路边显眼的几户人家，我怀疑在不久的几年后箐口村的门窗都要换成木制品呢。

2014年6月9日，星期一，农历五月十二，属猪，多云转晴

村里有几个村民不知道什么时候加入了买彩票的队伍，知道比较积极的是李永福、李学、李祥、李国忠等（本人应该算不上，只是偶尔乐乐而已）。有了一个，就会出现第二个，有时有的人真的还是中的，到现在来看，李祥、李永福、卢世华、李学都中过上万元了。有几个也是觉得好玩，买得不多，中了请朋友乐乐也行。李世忠原本也不会买，上街经常与他们一起坐车便抱着买买玩玩的心态，前几天中了一注1000元的，今天上午又听说昨天买中了一注，两元买1000元，划算。前次买中第二天领了奖金后买了一些菜请了几个朋友喝了一顿，也算是小意思了。

下午，有一个石屏县的人来卖鱼苗，应该是前几天下几阵雨后，沟里的水丰沛起来，田里的水多起来，看今天的样子，即使鱼苗是30元一公斤，来买鱼苗的村民也有点多了。要是前几天，准备买鱼苗的村民都说田里没有水，即使放到田里鱼要不会被晒死，要不会被老鼠吃了，白白地浪费精力，没有意思的。

2014年6月10日，星期二，农历五月十三，属鼠，多云间晴

新街镇农科站来发放鱼苗，每户一公斤，不管谁家的田，大还是小，多还是少，都不管，都是根据村民小组统计上来的花名册发放。这样的做法我是有点不赞同的，有的田块小的村民拿到鱼苗回到家里就煮吃了，

很浪费的。而田块大，能够管理的也是一样多，很不合理。我想，要是条件合适的田块他们是可以多饲养一点的，要是试验不成功，给了也是白给。给村民的不能仅是物资，而更多可能要给的是知识、是技术，给的物资总是有限，给了知识，让他们自己去发展才是最好的办法，最好的出路。

2014年6月11日，星期三，农历五月十四，属牛，多云间晴

卢世华因病又送昆明市医院，已经很长时间了，怕是医治不了的那种疾病。很担心，这么年轻，这么要好的一个弟兄，要是医治不了，这个家庭就不幸了。

2014年6月12日，星期四，农历五月十五，属虎，多云有小雨

云南农业大学的学生来做调查，我又得陪他们去，一次做这样，一次做那样，跟了这么多年还是有点烦的。

2014年6月13日，星期五，农历五月十六，属兔，多云转阴雨

李世华等人从工地上回来，又结束了一段小工程。晚上，又在家里杀狗会餐，请他的弟兄们过来吃喝的。李世华与我的关系还不错，每次回来会餐都要打电话给我，今天也少不了我的，还是过去跟他的弟兄们喝了两杯。

2014年6月14日，星期六，农历五月十七，属龙，多云间有阵雨

没有办法，同样长在肩膀上的脑袋，想得不一样，做得就不一样，日子过得也不一样。几年前就知道堂弟张某家过日子与其他村民不一样，经常是儿媳与公公不和而吵架，听说已经到了一屋子摆两张桌子吃饭的地步，这在村里还是少见，是人见人笑的事情。上有卢家，下有张家。上面是指寨子头卢某某家，其母亲60多岁已经是当奶奶的人了，与其父亲闹不和离家已经多年，实际上就是离婚了，之后就是卢某某夫妻又与其父亲吵架，闹得家庭鸡飞狗跳，整个寨子家喻户晓了。下有张家就是指张谋一家了，这几天听说张谋一家又吵架了，听说张谋夫妇于今天上午离开父母到新街镇租房子生活去了。做兄长的还是有点想不通，只是没有办法，只能想开些。人活一辈子，就像是八仙过海，想自己的办法拿出自己的本领走就好了。

2014 年 6 月 15 日，星期日，农历五月十八，属蛇，多云间有阵雨

卢某的妻子从外地抱回来一个孩子领养，想着他们面子问题，这里暂时不说真名了。只是要说明的是，村里不会生育孩子的夫妻之间，有的会商量了到医院或者通过亲戚朋友收养孩子，单纯实在的想法就是希望留一个后代养老送终，自己的骨肉就是传承香火，留自己的后代。我发现这样的观念在这样的农村还是普遍存在的。

2014 年 6 月 16 日，星期一，农历五月十九，属马，多云间有阵雨

已经知道表哥普灿家金平县那边有老人去世，叫我今天随他们一起过去，我就找车到南沙镇与他们集合，又一起从南沙镇过去金平县他们老家十里村。

2014 年 6 月 18 日，星期三，农历五月二十一，属猴，多云间有阵雨

今天又是一个新街镇的集日，比平时多了一些赶集的村民，因为村民赶集都要经过村里的停车场，在基地就可以明显地看出。李牛后等买小猪回来，说是近期的小猪价钱要便宜些，而近期是猪食最多的时候，村民都认为是养猪的最好时节。所以，这几个新街镇集日都有很多村民上街买小猪。希望村民都多买些，养大了做过年猪杀吃。

上午，村里召开村民群众大会，议题主要是向村民宣传公开拿安天哈尼梯田小镇房屋出售一事，他们说村里有 43 户农户愿意购买的话，要政策性面向箐口村一部分，价款是每一个平方米 3999 元，政府可以给予确实有住房困难的农户 20 万元人民币借款购买。从目前的箐口村里说，没有几个村民愿意购买，一是村民都很困难，很少有人拿得出这么一笔钱来；二是村民都在议论房子的建筑风格不合理，很多男村民过去看了，都认为不宜居住，低矮、黑暗，生活起居都不方便。当然了，谁都不会做亏本生意，再跌一点就要收不回成本，相信一个镇长和县长是不会有这个能力和权力轻易放政策给村民的。

2014 年 6 月 19 日，星期四，农历五月二十二，属鸡，多云间晴，有阵雨

今天在家学习，学习也是我的工作。这样地记录几个月还可以，时间长了，感觉还是很累的，特别是我发觉自己不走财运，家庭生活遇到困难的时候，这条路其实也同其他的路一样艰辛。自己的知识不够，思维能力有限，学习又记忆不住，写出来的不尽如人意。一个人能力是多么的有限，学无境止，瀚海学涯里我学到了什么？

2014 年 6 月 20 日，星期五，农历五月二十三，属狗，多云，有阵雨

今天对于箐口村来说是一个重要的日子，因为中国哈尼梯田大型纪录片开机仪式在箐口村磨秋场广场举行，参加的有红河州人民政府的领导、红河州梯田管理局的领导，还有各级县镇的领导，并特意邀请了县文化局的文艺队来演出。箐口村还是很热闹的。有点不顺的是中间下了一阵雨，会议没有正常进行完毕。

2014 年 6 月 21 日，星期六，农历五月二十四，属猪，多云有阵雨

时间就是过得快，转眼一个学期又要过去了，又看见六年级的学生背着自己的行李回来了,只是与我们儿时不太一样,当时的我们是自己背着行李上学,而现在的孩子是需要自己的家长帮忙背回来。有点不一样,这也不怪,可能是时代不同了。

人活得不一样,死得也不一样。听说今天过世的李绍新母亲很少生病,前几天还到山上放牛的,今天就像平时一样安息了。知道后,亲戚和邻居都过来帮忙了。

2014年6月22日,星期日,农历五月二十五,属鼠,多云间晴,有阵雨

就今天村里的事务来看,按照村里一般处理丧事的做法,李绍新家已经通知了所有亲戚来奔丧。而被通知的亲戚也会约几个邻居或者家属带一只鸡、一点米、几封鞭炮、一包面条或者糕点来的,到半下午,主人家把这些鸡和面条等煮熟,来者象征性地献饭给死者,一起用餐后再返回。

而主人家今天的主要事情就是组织邻居和村民接待来奔丧的亲戚,一般情况下,今天的来人会比较多,主人家是要做好伙食上的充分准备。就目前来说,箐口村每户办理今天这种事情是要准备五六十桌的饭菜。所以,今天也是够忙的了,要是没有自己的一伙家族或者与自己要好的村民帮忙是够累的。还好,从目前我观察的情况来看,村民都比较团结,不是我有意夸村民,实际就是这样,虽然村民与村民之间平时有所过节不来往,但是,一般的村民到了这个时候是会来往的,当然,因为平时有过节而到了这个时候不来往的也有。而就他们家的情况来说,还是与村民或者邻居都相处好的一个家庭。这种情况下,村民无论是张三还是李四都会抽出时间来帮忙的,特别是邻居妇女,昨天晚上就已经安排好谁家煮饭,谁家煮什么菜。其他来帮忙的村民就洗菜、烧火、准备碗筷、烟酒、桌子,招呼来的客人,相互协助,能把一天的事情顺利办好。这是我在箐口村多年来观察到的一个我认为是好的现象。生老病死是一个生活的常事，每家都会必须经历的事情。所以，谁家遇到这样的事情，村民除了自己家也办大事之外都会停下手里的事情而去主动帮忙。等把整个事情处理好以后又回头来做自己家的事情。所以，这么多年来，我认为农村的事情还是挺多的，别人家的事情也要当作自己的事情来处理，之后，别人才会在自己家遇到大事的时候当作他自己的事情来用心用力。

  一个寨子死了一个人不算大事，一个镇或者一个县更可能不是什么事情，可是，一家死了一个人当然是大事，要通知所有的亲戚来奔丧，当然也要通知自己在外地的家人。李绍新的儿子儿媳也就是现在死者的孙子孙媳妇都是在外地远地方打工，由于死者前期没有什么大病也就没有通知他们回来，现在已经断气了，是应该通知回来了，他们下午就回来了。大家都认为一生不会遇到多少大事，家人是要回来的。

  村里的主要事情就是帮忙招呼来李绍新家奔丧的客人，而就在今天，箐口村又是一个特别的日子，由幸县文化局在村里寨子脚广场组织了"中国红河哈尼梯田大型纪录片开机仪式"，也就是中国红河哈尼梯田申报世界文化遗产一周年纪念会，参加会议的有红河州、元阳县、新街镇的各级领导和负责人，并安排了元阳县传习馆的人演出，中间虽然下了一阵中雨，但是，雨过天晴，会议还算正常召开。村民的说法是，这样的家里办大事或者村里有重要事情的时候下一阵雨很吉祥，那倒也是，能在这样一个小村里召开"中国红河哈尼梯田大型纪录片开机仪式"该是多么荣幸的事情呢！

2014年6月23日，星期一，农历五月二十六，属牛，多云间晴，有阵雨

  李绍新的妻子是卢四文的大姐姐，现在李绍新的母亲去世了，卢四文夫妻为了尽一个做亲戚必要做的礼节，今天就买回来糕点，准备晚上到李绍新家养寿一天，糕点就发给来闹夜的人。这是这几年出现的一个现象，只要与死者家比较亲，而且只要死者是上了一点年纪的老人，都

会有亲戚在出殡之前每天晚上轮流安排来做。比较费事的是，来的家属要根据情况准备五六桌甚至更多一些的烟酒、饭菜，准备鸡，有的还用上千元的猪，请来歌手，就在当天下午杀鸡或者杀猪献饭给死者，用过下午饭后稍微休息，到晚上8点左右就摆桌子，上烟酒、饭菜，到9点10点把拿来的糖果分给来过夜的人，其他与歌手围坐的村民要唱歌到第二天天亮，热一点饭菜吃一点再结束，算是养寿一天了。

让我大概估算一下这样养寿一天的费用吧，一般请一个歌手一晚上是一百五六十到两百元，买一只鸡是100元左右，10斤酒算50元，两条烟算200元，要买1500元的糖果，现在买一头五六百元的猪的最多，加上其他一些零散的东西开支，算来一晚上就要3000元左右的费用。这是大概地估算，算来相差不会太多，去年9月落到自己家母要我们弟兄分担责任的时候我初步算过了，当时一晚上是有两三家来，有的还用上千元的猪，一天算来就是6000元开支，七八天下来就是六七万元的开支，加上丧事出殡几天杀牛杀猪的开支就是10万元左右了，四个弟兄分担下来一个要背两三万元的债务，要是只有一个儿子的，家庭不景气一点的话够累的了。只是都会根据家庭的实力做适当的调整罢了。

今天下午有阵雨，雨下得不多，就一阵，对于干旱了很久的庄稼来说还算是好事。可是就死了老人的李家来说又多了一道祭祀。无论是村里谁家死了人，只要在没有出殡之前有雷电发生就要做一道祭祀，这是村里的一个习俗，不知道有没有更多的程序。不过，用我的观点来说，只要是在这个雨季死了，没有出殡之前有雷电出现太正常了。只是村民以前的老人们都这么做，现在也只能跟着做罢了。

2014年6月24日，星期二，农历五月二十七，属虎，多云间有阵雨

我们夫妻已经做好了再生一个孩子的准备，妻子怀孕已经9个月多了，就是不见分娩，怀疑是否正常，今天就到医院去检查，还好，检查

结果说一切正常就放心了。要不然的话，关系到人命的事情，我还是有点担心的。只是，现在医疗条件好了，交通条件也好了，只要出现问题还可以及时送医院，多少能挽救一些。

这么多年从我在村里了解的情况来看，村民与村民之间发生纠纷最多的可能要数地界了。特别是记得小时候，也可能是调整土地问题时间不久的时候，村民与村民之间每隔三五天就会有吵嘴的情况，时而是在房子与房子之间的边界处，时而是在田地与田地之间，总的来看，的确是比现在要多。

2014 年 6 月 25 日，星期三，农历五月二十八，属兔，多云间有小雨

这人就是奇怪，昨天才怀疑说时间到了还不分娩，今天凌晨两点就出现问题了，也许是时间有点过长了，妻子就是分娩不了，岳母希望在家生，就在家里等了几个小时，一个上午都不见生下来，不行，这样下去会出人命的！我心里想，也急了，征得妻子的同意，就叫了表哥李世华开车送去医院。1 点左右到医院后，医生们检查了一下，还好，来得及时，要不然就出问题了。到了下午 3 点 16 分，顺利产下一个女孩，母女健康，我们家又多了一个女儿。

2014 年 6 月 26 日，星期四，农历五月二十九，属龙，多云间晴

也不知道是什么原因，李文宽家与李正新妻子闹矛盾，村民小组调解不了，双方到村委会去调解。李文宽家与李正新女儿是邻居，相隔一条路，我猜测就是地界纠纷了。

2014 年 6 月 27 日，星期五，农历六月初一，属蛇，多云有阵雨

人想得就是不一样，而有时也会因为某些人某些事情改变一个人的想法，我也是凡夫俗子，有的想法还是会改变的。原来，我是想子女齐全了就不想再养孩子了，可是，大儿子不听话，读到初一就不愿意上学了，成了一个废人，不行，得再养一个能听话的孩子，将来为我争光。所以，在妻子的怂恿下决定再生养一个，希望是男孩，却生下来一个女孩，没事的，只要生下来，男的女的都是自己的骨肉，得尽自己的能力好好领养大，希望将来对社会、对家人有用。今天到医院去看，医生说是没有多大的事情就可以出院，就接了回来。

就现在的葬礼来看，特别是60岁以上的老人去世，从人们办理葬礼的过程来看觉得是像送别一样，每一户亲戚都要像送礼物一样表示一点意思，在去世办理入殓事情后第二天每一户都会请亲戚来奔丧，出殡之前每天晚上都有亲戚来发放糖果，叫作"养一天"。李绍新的母亲还没有出殡，每天晚上都会有亲戚来发放糖果，他家是每一天都要欠下人情的，等以后亲戚家出事了，他家又得一一还礼。

2014年6月28日，星期六，农历六月初二，属马，多云，

今天是牛角寨乡的集日，所以，李绍新家要用的牛是从牛角寨乡集市上买回来的。附近一带多数就是这样，只要需要杀牛，基本上都是在牛角寨乡集市的那天到牛角寨市场上购买。

2014年6月29日，星期日，农历六月初三，属羊，多云间有雨

昨天夜里，村里又有张小明的母亲去世了。今天就有一部分村民帮助张小明家办理丧事。他家是在陈列室李氏家族和卢氏家族集中区的旁边，今天主要就是由卢氏家族和李氏家族人帮忙了，他家卢氏和李氏的亲戚也多。

而李绍新家也是张氏家族的结拜家门，家就在张氏集中的寨子脚，做什么事情都与张氏合伙，今天是已经定好的日子，我们张氏得祭祀李绍新母亲，我们就得到他家帮忙。今天用牛来丧祭的是全福庄一头。李文科家一头、卢世文家一头，村里有这么几家做事情还是有点够忙的了。

2014年6月30日,星期一,农历六月初四,属猴,多云间有雨

根据村里的一般情况,张小明家今天是通知了亲戚来奔丧,一个寨子又是张氏家族的人,还是得过去帮忙的。今天来的人会很多,在家里做后勤服务工作的我们还是很忙的。一代不同一代,现在的生活条件好了,要求也很高,有时候办喜事的伙食还没有办丧事的伙食好,品种多了还要讲究口感,做得不好还要被说。所以,谁家遇到这样的事情,都会请爱动会做的人来帮忙。村里现在有点名气的就是卢建忠、李树林、李志学、马卫华等,偶尔也会叫我当他们的助手,今天也是。

下午3点左右,我们又过来送葬李绍新老母亲,今天的天气就有点怪了,刚下葬不久就下起了一阵暴雨,淋湿了所有送葬的年轻人,不好挖土就影响了一点时间,回来之后只有换了衣裳再来吃饭了。

2014年7月1日,星期二,农历六月初五,属鸡,多云有阵雨

和其他家办理丧事一样,今天李绍新家就请客了,包括到李绍新家丧祭的李文科家也请客。从表面看来,好像跟往常一样,不过就是办理丧事后请客而已。但是,我注意了一下来做客所给的礼物名单,一般都在20元或者30元,甚至50元、100元不等,这在礼金上就是一个上升。记得小时候所给的礼金一般是1~2元,逐渐地上升到3~5元,前一两年一般村民还是5元10元的,这两年工钱上涨了,年轻人到工地上做一天活计已经上升到130~140元了,有的物价就是变化得这么快。

今天是7月1日建党节了,按照往年的情况,我们土锅寨党总支部要组织开会的,农村党支部说是开会,其实不过就是召集来会餐,简单地讲几句话,过一个程序。虽然说近期中央搞得很紧张,打击铺张浪费的现象,我们村委会党总支部还是买了一头小黄牛,昨天就杀了做今天的伙食用,只是由于今天天气不好,加上年轻的党员很多都外出打工了,能参加的没有多少,只能来多少算多少了,我是有事情请假而没有去参加。

2014年7月2日，星期三，农历六月初六，属狗，多云间晴，凌晨有暴雨

这几天连续有雨，田里地里都涨满了水，这几天是过多了一些，凌晨的这阵暴雨下得更是过大，是今年来下得最大的一次，村民都担心田埂地脚倒塌，糟蹋了庄稼。只是天的事情没有办法罢了。前两个月正是播种的时候又不下雨，害得很多缺少水源的其他村寨有很多村民没有插秧了。"今年要献饭的一棵秧苗都没有插！"他们如是感叹，从没有经历过这么干旱的年月，往年再干旱都来得及插秧，今年恐怕是来不及了。就是这样，工人可能最怕没有地方上班，而当农民的谁不希望正常播种正常收获，不仅是工人和农民，其他做哪一行不希望自己的行业多一点出路。

今天是牛角寨乡的集日，而在村里，只要谁家正常死了成年人都必须要一头水牛祭祀。前几天去世的张小明母亲离开祭只有这个牛寨乡的集日了，也就安排了李四华等几个人到牛角寨乡集市上买牛。就我们村来说，如果需要买牛的话一般都是到牛角寨乡集市，或者趁老猛乡集日去买，而老猛乡离我们村寨远，牛角寨乡又很近，所以，这两年更多的村民买牛就是到牛角寨乡，趁着集日天，多大的牛都有，修好了新公路以后更是快了，有经验的人带上一辆三轮车来去两个小时就足够了。

2014年7月3日，星期四，农历六月初七，属猪，多云间晴

今天是原来胜村乡的集市日，现在拆乡并镇就是新街镇的一个村委会，或者说办事机构了，但是，集日还是集日，包括牛角寨乡随同新街镇五日两街循环着，附近的村民根据各个集市的特点可以来回购物。与村民的交流中知道：新街镇有点城市化，买家具和衣物可能相对好一些；而蔬菜和其他鸡鸭等农副产品可能要到胜村原集市点和牛角寨乡；而买牛目前来说就非要选择集市日到牛角寨乡了。或者就是这样的原因，张小明家今天安排了张保祥、李四华等几个人到胜村市场购买所需要的鸡鸭等牺牲。

2014 年 7 月 4 日，星期五，农历六月初八，属鼠，多云间晴

车子、房子是城里人生活中的一件大事，生活条件好了，农村的人也要求起来了，特别是年轻人，都想拥有自己的车子。李绍华是 30 多岁的年轻人，人老实，手脚又勤快，这几年在蒙自市打工挣了一点钱，说是在城里打工也需要车子了，今天看见买回来一辆二手面包车，这样才方便自己出门。

2014 年 7 月 5 日，星期六，农历六月初九，属牛，多云间晴

准备办理张小明母亲的丧事，要不是有什么特殊的事情，我们张氏人家都要集中起来帮忙的。当然，这一段是农闲时间，基本都有时间过来帮忙的。只是前几天才处理了李绍新母亲的丧事，现在又要办理张小明家的丧事，这样接着忙于丧事，我们都会感到累的。

2014 年 7 月 6 日，星期日，农历六月初十，属虎，多云间晴

村里这几天都忙着办理张小明家母亲的丧事，特别是我们张氏家族的人是要集中起来帮忙的，一次不参加罢了，要是经常不参加的话，开家族会议的时候会被家族的人指姓道名地说。这几年我都在家，还是会听到一些的。我是老实的，有什么事情都会参加，还要表扬我的，批评我的是少喝一点酒，别在其他家人面前丢了张氏家人的面子。

2014 年 7 月 7 日，星期一，农历六月十一，属兔，多云间晴

今天送葬张小明的母亲，早上的话，村民只要吃好休息就好了。到了下午两三点，村里年轻力壮的男青年都要集中到张小明家，听候摩批张正和下命令就出殡了，安埋好以后再回来。人多的话一两个小时就能安埋好的。

按照村里的民俗，在一个死人没有送上山之前又有一个死人，必须要在送后死的人的上午做一个祭祀。而这次就是这样，在李绍新母亲没有送葬之前又死了张小明的母亲,所以,在送葬张小明母亲的今天上午,大摩批李正林要组织做一个祭祀,所需要的牺牲他们两家各出一部分,其他的由村里每户凑一些钱购买。主要意思就是不希望村里同时有两个死人出现,认为这样是很糟糕的事情。今天要送葬张小明的母亲了,也不能例外,由村里的大摩批李正林主持祭祀工作,叫了与他相处好的几个人帮忙就行了。

2014 年 7 月 8 日,星期二,农历六月十二,属龙,多云间晴

两个龙头向村民收取今年过苦扎扎节所需的费用,因为这两年牛的价钱有所提高,向每户收取的是 50 元。大概估计一下,村里 200 户左右,应该就有 1 万元左右,买牛可能用掉七八千元,再买些鸡鸭、烟酒,包括村里规定的几个咪古的一点补贴,这次要花掉的就是 1 万元左右了,具体开支多少由摩批指导两个龙头来办。

2014 年 7 月 9 日,星期三,农历六月十三,属蛇,多云间晴

按照以前签订的协议,前几天村里取回来世博元阳旅游公司元阳分公司要分给箐口村的 3 万元门票收入提成,每户发到 125 元。原本是要在每年的年底发放的,不知道什么原因,一些村民有所想法。我认为他们这样做不利于村民对他们的支持,对于集体的事情应该尽快办好。要是留着公款不能正常地使用被村民知道的话,是要被一部分村民到处议论的,沸沸扬扬,一点都不得安宁。

2014 年 7 月 10 日,星期四,农历六月十四,属马,多云间晴

卢世华生病已经两三个月了,到昆明市就医过两三次,病情有所控制,但还是不见好转。病魔,真的折腾人,病人难受,家人也难受。虽然说现在有农村合作医疗政策减轻了经济上的不少压力,但陪同人和吃住上的开支还是要靠家庭来支撑,这样的核心家庭失去主要劳动力还是

给家庭带来不少的困难。

相信科学，相信人的生命只有一次，而年轻人失去仅有的一次生命是多么的不幸！挽救一个年轻人的生命非常重要，哪怕花尽家里的所有财产都值得，恢复健康的身体再重振家业也不迟，很多人是这么认为的，卢世华也这样想、这样做。已经咨询并且就医了这么长时间以后，生活于箐口村这个民俗味道还浓的村寨，有时还得听亲戚和村民的劝，还是请摩批做了几次祭祀。今天又请了大鱼塘村一个张氏摩批做祭祀，也算是祭祀种类中比较大的祭祀了，旨在驱除恶人诅咒或者非正常亡灵所害。

生病了，无论是选择用科学的途径就医，还是选择用农村的法事驱除见不到的害者，目的就是让每一个生命健康，正常生存。可是，对于一个生命来说病与老是多么的难以避免，克服这些困难就是生命的意义所在吧。

2014 年 7 月 11 日，星期五，农历六月十五，属羊，多云间有小雨

什么时候建了箐口村，什么时候箐口村开始有这样那样的民俗活动，已经做了多年跟踪调查的学者因为找不到详细的文字记载而一直在考证中。

要不是前些日子村里又死了人，村民就该准备过苦扎扎节了。而处理完了丧事后，原本两个龙头是准备昨天到牛角寨乡集市上买牛的，但是在村里打听到卢志明家的牛要卖，商量看了还划算就定了。

2014 年 7 月 12 日，星期六，农历六月十六，属猴，阴，有雨

不知道是过节的原因还是猪生病了，或者是其他的什么，今天李正祥家杀了一头大猪，在村里卖了一些，留了一些请亲戚邻居来吃饭。

2014年7月13日，星期日，农历六月十七，属鸡，阴，有暴雨

准备明天过苦扎扎节的事情，因为下暴雨，田里的水都暴满了，鱼会随着跑出来，我就到田边和水沟里捉鱼去了。自己家田里也养了很多鱼，过去的时候就发现田埂出水口处淌了很大一股水，鱼也随着被冲出来，我故意把水口放大捉鱼回来。下午就请了几个朋友跟我一起吃田里捉回来的鱼，当然还喝了一点酒，几个朋友愉快地喝一点酒也是一种生活的乐趣，很愉快的，一天就这样过去了。

2014年7月14日，星期一，农历六月十八，属狗，阴，有大雨

就箐口村来说，又是到了一年一度的苦扎扎节了，所以今天上街买菜的村民很多，基本上每户都有人出去买菜了。

过节了，村民总希望能回到家，与家人团聚，特别是在附近工作的村民，总是要抽时间回家的，现在的交通条件又好。张林新一家从蒙自回来，李庆云一家从个旧回来，就是回来过苦扎扎节的。有人说过节也像一根线，总能牵着在外的家人回来；还有一个是因为过节，会叫亲戚朋友聚会，也是联络感情、交流信息的纽带，总是好的。

新街镇农科站来补给支持云南农业大学做品种多样性调查换种的村民，大约100亩，每换一个品种给农户补贴150元。这个试验在村里已经是第二年了，去年给村民的补贴是100元。从试验换种来说，无非就是换一下品种，产量也影响不到哪里，多数村民还是愿意配合做调查的，但是，有的村民还是有想法的，他们认为在同一片区栽种一个品种生产上才方便，栽种几个品种稻谷成熟期不同，收割的时间就不同，会给自己家收割带来一定的麻烦，价值要大于他们的补给，所以，有的还是不愿意干，今年退出的就有几户。

2014年7月15日，星期二，农历六月十九，属猪，阴，有雨

村里过苦扎扎节了，今天是杀牛的日子，牛是在本村卢志明家买的。

有的旧的体制一改就没了，而有的不知道什么原因竟然还能保持？比如，今天杀牛和分牛肉的是20世纪七八十年代改制的第一生产队，其他的村民则等他们分好后去领取就行了，这可能是村里一直利用的旧生产体制的唯一形式了。当时，村里是分了四个生产队，说是以队为组来进行各种生产，包产到户后才改革的。而像今天杀牛和分牛肉一直是沿用了当时的做法，四个队为组，每一个队做一年，轮流来做，今年是第一生产队的话，明年就由第二生产队来做。

就因为是过节，回来的村民比较多，来村里的客人也比较多，村口的停车场也停满了很多车，是有农村特有的过节味道。

过节了，本应该是高兴的事，很不愉快的是下午50岁左右的李志得去世了，前两天还好好的，因为过节，还是从南沙镇回来的，他的死很突然，像是天塌下来一样，让村民想不通，特别是他的家里。他是家里的主要劳动力，上有父母，下有子女，承担着主要的力量，这样突然去世，家人是受不住的。他们说可能是脑出血，这种病会很突然的。要不然的话，他平时还好的，酒也能喝，看起来身体不错的，为人也不错，经常带着几个弟兄在南沙镇打工，能苦钱回来，一家人的日子还不错的。

2014年7月16日，星期三，农历六月二十，属鼠，多云

村里昨天是杀牛了，今天是要祭祀磨秋场，每户村民家都要做一桌饭菜到磨秋场集中。按照往年的程序，咪古们进行祭祀，他们做好之后，村民要向咪古们敬烟酒，到下午两三点再返回家。

而李春家的话，今天是处理他父亲的丧事，有的亲戚家过去帮助他家，也就没有到磨秋场参加祭祀活动。这样的特殊情况，村民也不会干涉说他们家不出来祭祀，要不然村民是要议论为什么不出来参加祭祀的。

2014 年 7 月 17 日，星期四，农历六月二十一，属牛，多云，有小雨

昨天祭祀了磨秋场，就基本算是过了苦扎扎节。而李春家的话，今天是通知了亲戚们来奔丧，村民也过来帮忙的。

2014 年 7 月 18 日，星期五，农历六月二十二，属虎，中雨转阴

李志得是张学的岳父，因为计划生育，只能生育两个小孩，张学娶的就是他的长女，不过礼可能过意不去，所以他家要去丧祭，今天就到牛角寨乡集市上买牛回来。

今天又是一个牛角寨乡的集日，而前几天去世的李志得已经决定好要在属蛇日和属马日办理丧事，他们就趁着今天到牛角寨乡集市上买牛回来。

今天下午，马老师一行 19 人到村里我们的云南大学哈尼族调查研究基地，开始进行 2014 年的暑期学校调查学习。作为云南大学少数民族调查研究基地之一，已经举办了五六期学校了，接待过国家重点学校的很多民俗学或民族学的师生，在他们的共同努力下，箐口村的文化资料整理了很多，也发表了很多文章，我想这也是对箐口村的文化建设和发展起很大作用的。

2014 年 7 月 19 日，星期六，农历六月二十三，属兔，多云间晴

是现在的生活条件比以前好多了还是人们都将就着互相学习了，或者是二者兼有。在我看来，现在村民家办理丧事都用起了砖与水泥，而且，经历了这么几年后，做一个坟墓根据地势需要多少材料都有所预算，都会在将死人送上山之前全部准备好。今天的李志得家就是这样，一大早就叫了张牛后到新街镇运回来砖与水泥，就是要等过几天办理丧事时集中人力送出去。

说来有点不好意思，但是，我在基地做了这么几年，一直都是本着说真话、说原话的原则。有村民知道有很多师生来村里做调查，说是来了这么几次以后感到没有时间陪同他们，不愿花时间回答问题，同一个问题被几个师生问了以后，觉得都烦了，不愿意回答。

2014年7月20日，星期日，农历六月二十四，属龙，阴，有大雨

云南大学哈尼族调查点负责人马翀炜教授在箐口村跟踪调查已经多年了，在来往的过程中还是认识了不少我们本地的朋友，我们元阳县民宗局局长就是他的一个好朋友、好弟兄。每次马翀炜教授过来都要来招呼一下的，这次也不例外，趁着今天休息日过来，带来一些好吃的，下午在我们基地吃饭。

因为马翀炜教授的朋友过来，我就当了后勤部长，忙着准备我们的伙食，村里的事情都没有来得及过去观察一下，只知道李春家正准备明天办理丧事的东西。

2014年7月21日，星期一，农历六月二十五，属蛇，阴，有大雨

就今天的话，村里是主办李志得的丧事，来丧祭的有其女婿张学家，还有他妻子方。在我们村里，我们张氏是一家人，这样的大事是要去帮忙的，只是因为这一段时间有马老师一行暑期调查师生，我每天都要到市场给他们买新鲜的蔬菜，有时候还得陪着他们调查，也是辛苦的。我就没有去张学家帮忙了，像请假似的，只好向他们说明我要招呼马老师一行人。

因为是年轻人，只有53岁，上有父母，下有子女，晚上就不像上了年纪正常死亡的老人唱民俗歌了，认为要是唱歌的话会给家人带来更大的痛苦。

2014年7月22日，星期二，农历六月二十六，属马，多云转晴

今天，村民是给李志得送上山了，都是按照村里正常的程序。上午，

基本上吃饭，没有多少事情，只是安排部分年轻人到山上挖好坟坑，中午可以休息一阵，到了下午三四点再出殡，安埋以后回来，基本就是这样。我知道，很多地方出殡是在早上，不知道村里怎么会是下午，这些都是村里一直以来的事情。当然，那些婴幼儿死亡就不受时间限制了，尽早埋了了事。

2014年7月23日，星期三，农历六月二十七，属羊，多云间晴

按照村里的习俗，昨天给李志得送上山，今天是他们家请客，村民还是按照村里的习俗，过去他家做客，而过去做客的人都要给他家礼金。

下午，元阳县民宗局局长又带着他的几个好朋友过来，陪着马老师他们聊天，还是带了一些好吃的东西来。晚上，又得陪他们吃饭喝一点酒，这小日子就是过得快，一天就这样过去了。

我的话，是接到初中时候老同学的通知，过去参加老同学母亲葬礼的，但是，因为这里有马老师等人，过去一会儿就回来招呼他们了。

2014年7月24日，星期四，农历六月二十八，属猴，多云间晴

今天又是新街镇的集日，因为是集日，上街的村民有点多。是不是新街镇的集日，我在调查点就知道了，要是新街镇集日就会有村民早早地背东西上来了。

我的好朋友、好表弟卢世华生病已经很长时间了，来去好几个医院了，民俗的法事也做了不少，估计花了家里很多钱了，今天又到南沙镇元阳县人民医院去治疗，心里很想帮助他一点，手里就是没有这个能力。前几天趁他在家的时候想过去看看，但因为要在基地招呼马老师等人就没有去了。

2014年7月25日，星期五，农历六月二十九，属鸡，多云间晴

俗话说：山不转水在转，水不转人在转，人不转经在转。就这一带

的哈尼族来说，攀枝花乡洞普村的朱小和老人是出了名的，我们这些学哈尼文化的人都知道，我们是利用今天的时间去拜访了一下。

李少华前一段时间在哈尼小镇做工，可能是做好了，今天是从工地上收回来不用的建筑材料，做农民的什么都需要，连一点用剩的木头都要带回来烧火。

2014年7月27日，星期日，农历七月初一，属猪，多云间晴

今天是农历的七月初一，已经过了农历六月了，张小明家请了摩批做一个法事，封房子后墙上的一个洞口，请家族的人来吃饭，从某种意义上说有感谢的意思。我也是被请到了，就是忙着招呼马老师他们就没有过去。

2014年7月28日，星期一，农历七月初二，属鼠，多云间晴

李永新是一个小学教师，每月有工资，生活上还是过得去，这两年可能积攒了一点钱，今天是拆第三层茅草房顶，准备再加建一层半。

根据学校的安排，马翀炜教授一行人明天就要返回学校了，于是我早上就上街买了好多好吃的新鲜蔬菜以及肉类，给他们多做了几个菜。

2014年7月29日，星期二，农历七月初三，属牛，多云间晴

早上，我找了几个朋友的车子送马老师他们到镇上，送他们一行19人返回学校。回来后，约了几个朋友做饭菜吃，感觉有点累，与朋友们喝了两杯酒就休息了，今天什么事情都没有去做。

2014年7月30日，星期三，农历七月初四，属虎，多云间晴

过了农历的六月份而进入七月份了，前几天才送上山的李志得，即李春的父亲，根据村里的民俗，他们家今天要做一个法事，封房子后墙

上的洞口，请家族的人来吃饭。

2014 年 7 月 31 日，星期四，农历七月初五，属兔，多云间晴

前几天招呼马老师等人，有点累，心里空落落的，今天就什么也没有干，好好休息了一天，到了晚上，才感觉精神好多了。原来，他们说的"休息也是工作"还是有一定的道理。

2014 年 8 月 1 日，星期五，农历七月初六，属龙，多云有阵雨

今天是一年一度的八一建军节，这是部队的事情，对于一个村寨来说似乎没有什么更值得提及的意义，村里正在服兵役的人都没有了，退役回来的都在各自的行业做事，每当到了这个节日都没有组织做什么事情。可是，人与人的想法是不一样的，和我们一起退役回来的这一批战友就不一样，可能是因为经常在一起相聚，特别是到八一建军节的这一天，我们都会约几个人聚会，几年后形成了一个组织，每到这个节日就要聚会，今天又是一个聚会的日子。村里有我和李庆祥参加了我们一起退役回来的战友聚会。时间就是过得快，转眼退役回来已经 20 年了，今年是到南沙镇就是我们的元阳县政府驻地聚会。

2014 年 8 月 2 日，星期六，农历七月初七，属蛇，多云间晴

做人总是要有几个朋友的，今天跟一个战友到阿猛控村去，说是他今年带几个弟兄做一点工程，赚了一点钱，要请战友们吃一餐饭，因为有车，晚上就回来了。

前几年，村里大改造的时候，村民家都是统一安装了电表。而这几年的话，谁家分家了要安装电表都要写了申请，交押金在电力公司，然后他们再安排工作人员带材料进来安装，按照多退少补的方法做，今天是有工作人员来李祥家安装电表。

2014年8月3日，星期日，农历七月初八，属马，多云有阵雨

听说，李文宽家全福庄寨子的一个老人亲戚去世了。今天下午，他们家买了糖果、烟酒等到全福庄养老，要带一个能唱哈尼古歌的歌手过通宵，带着糖果发给来热闹的所有人，到了第二天天亮以后回来，也算是一种孝敬吧。村里这几年好像有点流行这样做，谁家的老人过世了，就会有亲戚和朋友来这样做的。

2014年8月5日，星期二，农历七月初十，属猴，多云间晴，凌晨有暴雨

今天是有李文宽家到全福庄村亲戚家丧祭，因为准备请大客，通知了所有的村民家，而有时间的村民也都会给面子，跟着过去吃牛肉的。这也是互换劳力一样，要是你经常不来往参加一些的话，自己家遇到了事也不会有村民来往的，要被村民议论、提意见的。

2014年8月6日，星期三，农历七月十一，属鸡，多云，有雨

在全福庄吃过中午饭后，李文宽家就回来了，因为准备明天请大客，晚上的话，他的亲戚朋友还得准备明天的伙食。现在的生活条件是好了，谁家请客都少不了鸡鱼肉的，谁家请客都要请能做伙食的村民来帮助，他们能做，做得很好吃的，像攀比似的，每家都会做出十几个菜来，吃也吃不完，亲戚朋友吃几天还有剩余喂鸡、鸭、猪。

2014年8月7日，星期四，农历七月十二，属狗，多云间晴

李文宽家昨天从全福庄村丧祭回来，今天在村里请客。这在几十年前村民都可以理解，然而现在的情况是，一般都不请客只要去参加的亲戚朋友吃几餐就行了，大家都嫌麻烦。但是，他家从老家那边分家以后，自己基本没有做过这样的大事，可能有十多年了，自己家还是决定请一次客，我也过去做客了，给了50元的礼金，一般村民也有30元、20元的，只是这样的人少了，多数都是50元、100元的了。好像男人的面子要薄一些，多数都是50元或者100元，只有妇女才给20元、30元的。

2014年8月8日，星期五，农历七月十三，属猪，多云间晴

"有朋自远方来，不亦乐乎"，这是常人都知道的事情。由于业务上的事情，在新街镇做钢门窗生意很少回家的李生亮今天带着他的几个朋友在家杀狗吃。然而，在村里很多村民可能认为吃狗肉不是那么适合，特别是一些上了年纪的老人，很多都不会吃狗肉，忌讳在家里杀狗吃的（村里没有白姓家人，说是早些时候的一支白姓是狗母乳喂养大的）。说是村里姓卢的也不能杀狗吃肉的，只是现在的年轻人不管那么多了，认为别人能吃的咱也能吃。李姓家和张姓家就不管了。不过，李姓或者张姓，只要是摩批或者要学摩批的就一律禁止吃狗肉，我的叔叔张正和要我学摩批的时候我就常常说吃狗肉太多了，可能老祖会怪罪我，就推说不参加。

李高门夫妇今天清理前几年被旅游局征用的原来他们家养鱼的秧田，这倒是一个新鲜的事情。因为旅游的开发，很多村民的田地都被征用，有的育秧苗的基本农田都被征用，准备分家建房子的菜地也征用，可以说基本上每户多少都征用了。由于是政府的规划，很多村民就只有改变原来的生产，就如李高门家，他家的秧田被征用了以后，他们只有到其他地方育秧苗来生产。而这几年，好像元阳县旅游局也不太管这个事情了，转交给世博元阳旅游公司元阳分公司以后，这几块原来旅游局养鱼的秧田更是不像话，成了孩子们玩耍、村民的牛打滚的地方，原来招呼过一段时间的主人看着心里就不舒服了，所以，他们夫妇可能就过来清理了。不过，要是这样的路走得通，可能要有很多的村民都学着管理他们家原来被征用的田地，这样的话，政府征用田地这个事情就像一颗定时炸弹随时有可能要炸开了。我是担心的，村民也都议论起来了。

也许是学校放假的原因，今天几个貌似学校学生的团队到村里来，从近一段时间来看，游客最多的可能就是今天。用他们的话说，旅游好像有点季节性，这一段时间就是他们说的旅游淡季了，来的游客比较少。而相对来说，游客比较多的时候可能要数冬末春初，那时的多数时间，游客的车辆基本可以停满村里的停车场，很多村民卖些零食都发现生意不错，像是游客要给村民带来什么出路似的，印象不错。

2014年8月9日，星期六，农历七月十四，属鼠，多云间晴

原来李志得还带着几个工人一直跟着一个大老板做事情，前个月过苦扎扎节回来的时候，突然发病去世，现在他不在了，有人说："人死账清。"只有请亲戚李永福驾驶面包车把他的东西都搬回来，他们的账目也只有亲戚跟老板结了，留给家里很大困难，很不幸的。

2014年8月10日，星期日，农历七月十五，属牛，多云

明天属虎，村里要做"什汉普龙炯"的祭祀了，两个龙头李爱生和李世忠向村民收取费用了，就在今天或者明天上午之前购买好所需要的东西。

2014年8月11日，星期一，农历七月十六，属虎，多云

在我成长这一段时光的想法是：小孩的时候盼望长大，长大了力量就大，能像孩子时村里力量强的人一样当大力士，能背很重的东西，种很多的庄稼，让家里堆满粮食，挣很多的钱，自己想吃什么就吃什么，想穿什么就穿什么。而现在已经是40岁的人了，反而想着再年轻些多好啊！特别是自己养了儿女后的这几年，感觉时间过得更快了，去年村里祭祀"什汉普龙炯"几个村民吃喝都记得，好像还是昨天的样子，今天又要参与做"什汉普龙炯"祭祀了。在村里负责祭祀的摩批和咪古们的组织下，先由今年的两个龙头安排的人（可以说是炊事员吧）做好猪肉，然后每户原则上安排一人参加用餐，不过，有的人家因事不参加的就可以委托任何亲戚朋友代吃，做完了这祭祀，村里集体性的祭祀就算告一个段落，等来年过完春节以后重新来过。

李永新家打屋顶，房子建筑面积小，用不了多少人，就没有叫亲戚朋友，只是请了几个小工来做。有村民说："这样小气的人就是要这样干，要是叫村民去帮忙的话，我还要考虑的。"意思是说他家平时为人差，不愿意帮助他家做事。

2014年8月12日，星期二，农历七月十七，属兔，阴

今天上午，有元阳县新街镇的领导来村里。听说是要在寨子脚哈尼哈巴文化传承中心下面建一个文艺演出台，又要征用一部分村民的田地，说是一部分村民以没有秧田为由不愿意被征用，今天是来与村民商量的，希望村民能配合他们的工作。

对于村民来说，种田地累，很辛苦，但是没有田地的村民更辛苦，有些村民的田分得少，只能生产千斤左右的粮食，一家人的生活着落都很困难，要是不去打工，一家人在家是不够几个月吃的，有的连栽种一点蔬菜的空地都没有。只是，现在一家人只要身体好，是可以打工过日子的。然而，家祖留下来，或者是分给自己的田地，村民都很爱护的，说是现在政府的补偿标准太低了，村民之间私下里交易的价格也比政府补偿的高，他们多数都不愿意被政府给征用的。

2014年8月13日，星期三，农历七月十八，属龙，阴，有暴雨

每年我都要在田里养鱼的，下暴雨就要出去招呼的，今天的雨水大，故意把水口放大了捉条鱼回来，请朋友们吃。说是田里的鱼好吃，没有喂什么饲料，其实就是因为雨水过多，山高坡陡的，大田少，鱼也很难养大。再说，这个时间段，田里会有水蛇、田鼠等，田里没有水，鱼会被吃了或者晒死，雨水多了也会被冲出去。养鱼也不是一件很简单的事情，还是要用心的。

2014 年 8 月 14 日，星期四，农历七月十九，属蛇，阴

昨天下了一场暴雨，今天还是继续下雨，又是农闲时间，不能做什么事情，就在基地学习，整理自己的日记。

2014 年 8 月 15 日，星期五，农历七月二十，属马，阴

在我看来，村里最能知道谁家与谁家亲戚关系的莫过于办丧事了。接到全福庄村亲戚那边的通知后，今天又有张文和家约张氏家族的人到全福庄村奔丧了。而且，还有李院文家约李氏家族的人，卢龙以家约卢氏家族的人去，今天到全福庄村的箐口村民就有点多了。正是一方水土养育一方人，一方人又造就一方文化，就是让人琢磨不透的是堂弟张某某妹子的岳母，说不定还要去丧祭的。

2014 年 8 月 16 日，星期六，农历七月二十一，属羊，多云间晴

这两天天气变晴一些了，在寨子脚建文艺演出台的事情可能落实了，今天村民小组副组长李生明找了他的妻子等几个妇女背石头下去了。

2014 年 8 月 17 日，星期日，农历七月二十二，属猴，多云间晴

记不起在什么地方听过一个小调："山区的公路弯又窄，共产党来了变宽又直——"是吧？村里原来是没有公路的，进不了车，村民上街都要走一段路才能到又窄又灰的土毛路，来往的车辆多数是拖拉机等旧车，过往得又少。记得是 20 世纪 90 年代，镇里领导组织发动村民出义务工才挖通村里到省道的土毛路，90 年代末省道又做成沥青柏油路，2000 年左右，元阳县开发旅游业，有幸村里的路面又做成弹石路，进一步硬化。

2014年8月18日，星期一，农历七月二十三，属鸡，阴，有雨

张文和家到全福庄丧祭，一家人的，我们家平时有什么事情都需要他们家人帮助，现在他们家要做这样的事情，自然是要帮助的，早早地吃过一点饭就带着年轻人过去了。

2014年8月19日，星期二，农历七月二十四，属狗，阴，有雨

按照正常的丧祭，我们今天上午在全福庄村吃过中午饭就回来，休息了一阵后，下午又请摩批做一个法事，我们还要感谢来帮忙的亲戚朋友，对他们说一声辛苦了。

2014年8月20日，星期三，农历七月二十五，属猪，多云间晴

张文和是我堂叔，都是一个家族的人，我这两天都跟着到全福庄帮忙他们家丧祭了，自己的事情却丢在一边，还是有点累的，需要好好休息两天才行。

2014年8月21日，星期四，农历七月二十六，属鼠，阴有雨

又是农闲时间，前几天因为与堂叔家到全福庄丧祭，感到有点累。今天也是休息，趁休息天看看书、写写字，也是一件很值得庆幸的事情。

2014年8月22日，星期五，农历七月二十七，属牛，多云间晴

哈尼族生老病死都要做法事的，6月25日，妻子生了一个女孩，说是到了一定的时间要做一个法事，这几天没有多少事情，今天就上街买了鸡鸭回来。

2014年8月23日，星期六，农历七月二十八，属虎，多云间小雨

张榜哈尼小镇第二期房子出售信息，说是村里也登记要买的人了，只是很多村民都认为房子设计不合理，认为那样的建筑不舒适不想买，当然，总的来说是没有几个村民有这样的经济能力买这样的房子的。算来，一栋房子要花上百万，箐口村民都是种田人，现在是没有能力购买的，只有等外地有钱人来买。

2014年8月24日，星期日，农历七月二十九，属兔，多云转中雨

原来打算今天要做小女儿张熙楠的法事，但是，张正和说今天是本月的最后一天，说做了可能对孩子的以后不太吉利就没有做成，要等下一个属相再来做。哈尼族的民俗规矩多，生老病死，什么都要做法事。

2014年8月25日，星期一，农历八月初一，属龙，阴，有雨

今天是农历的八月初一，正值雨水多气温高的时候，是该出鸡枞的时间。表哥普灿家地里长出了一大盆鸡枞，叫了我们好几个朋友去吃，按照市场价的话，可以卖1000元左右了，都被他的弟兄朋友们吃完了。也许是土壤的问题，也许是气候的问题，我们这儿的菌类食物少，这个时候能找到的也就是鸡枞等少数几个菌类食品了。

2014年8月26日，星期二，农历八月初二，属蛇，阴，有雨

这几天雨水大，起风，刮倒了很多村民家的谷子，有李志和家的、卢志明家的等，他们这些老人还是有点执着的，还是一直爱种能填饱他们肚子的水稻品种，不愿意换种，一直都这样栽种着，说是红米好吃，但是因为株高，到了这个时候刮风下雨的，就容易倒伏了。实际上，这些老人都很少出门，不知道外面好吃的水稻品种，而是根据他们身边好的品种培育的，他们选择的品种还是有讲究、有学问的，只是谁也不会百分之百地说自己栽种的就适合自己家的田，有的时候还是要看当年的气候和虫灾的。

2014年8月27日，星期三，农历八月初三，属马，多云间晴

年轻人就想偷懒了，栽种起新杂交水稻。今天看见李永华家收谷子，说是杂交水稻，栽种时间早，收割的时间就早了。

2014年8月28日，星期四，农历八月初四，属羊，多云

李志学是退休工人，原来想他是工作过的，受外地文化教育多一些，很不会相信哈尼族的摩批文化。但是从回来在家的这几年来看，还是经常会组织做各种祭祀，今天又做一个祭祀，请的摩批是李正林。

2014年8月29日，星期五，农历八月初五，属猴，多云间晴

今天就有张学亮家收谷子，也是栽种了杂交水稻，他家的田也是在河底，气温高，成熟就早，收割当然在其他村民家前面了。

2014年8月30日，星期六，农历八月初六，属鸡，多云

因为雨水过多，自己家的田埂倒塌了一个地方，今天是去修复倒塌的田埂了。水稻都抽穗了，这一段时间出现倒塌田埂是有点麻烦，不像没有稻子时好修复。

2014年8月31日，星期日，农历八月初七，属狗，多云间晴

张永福家收谷子了，栽种的是杂交水稻新品种。他家与大哥张祥分家以后，一户的田就两亩多，要是栽种老品种的话，一家只能收十几背，而栽种杂交水稻之后是增产了不少，谷穗又不会倒伏，所以他家这几年一直栽种杂交水稻。说是自己不能留种，每年都要到新街镇市场花100多元买几斤的。

俗话说："寡妇门前是非多。"就在这几天村里又上演了一出戏，李某已经是50多岁丧夫的女子，而卢某是丧妻的人，两人相处已经多年了，只是在相处中又是经常出现隔阂，其间，李某又与另一个男人相处上了。这一段时间，李某又与卢某好上了，他们相处时另一个男人半夜来敲门让卢某知道了，出现了纠纷。在村里，还是经常出现这样那样的男女关系问题的。

2014年9月1日，星期一，农历八月初八，属猪，晴

新学年开始了，学校可能都收假开学了，村里的学生又开始回学校接受新的知识了，特别是要上初中的学生在家长的带领下，背着自己的新行李入学去了。我的心里很愉快，像是看到某种希望在实现一样，有一种说不出的幸福。

在箐口村寨子脚做的演出舞台说是县文化局的项目，开工已经有好几天了，他们会不定时地来检查，今天也有县文化局局长和几个工作人员来观察情况。是啊，人无论做什么事情只要做了就应该认真负责，尽自己的能力做好。

2014年9月2日，星期二，农历八月初九，属鼠，多云

是不是新街镇的集日早上在村口就知道了，只要早上有妇女背着米糠去卖，那肯定是新街镇的集日。今天也是，早早就看见有张学亮的妻子背米糠到停车场叫车，要运米糠到新街镇卖，说是一袋米糠能卖到四五十元，两袋就可以卖八九十元了。

寨子脚的谷子基本变黄了，多数村民家的谷子都可以收割了，只是很多村民家都因为村里没有过新米节而没有动手去收割罢了。但是有的村民也有自己的想法，认为到时全村都忙起来找不到人手就提前收了。今天就有杨志宽家收谷子，他家的谷子是新品种，成熟得也要比其他谷种快些，早些收割也是自然的事。

前段时间加建房子的李永新家今天打屋顶，由于房子的建筑面积小，他还是老师，可能积累了一些钱，或者是平时由于工作的原因帮助村民得少，或者两者皆有，今天请了小工，做得比较快，12点左右就打好了。

2014 年 9 月 3 日，星期三，农历八月初十，属牛，多云

以前小时候，村里养着很多土狗，家里也养着一只狗守家，与家人相处好，很不怕狗。几十年过去了，知道狗会传染狂犬病，特别是一些亲眼看过亲耳听过的朋友说，狂犬病很严重，有害过人的，我也被一只产子的母狗咬过一次，有点害怕。今天是随表哥到胜村防疫站给狗打预防针，预防他家的狗得狂犬病。

2014 年 9 月 4 日，星期四，农历八月十一，属虎，多云

表兄爱逗我玩，昨天是带我到胜村打他家狗的预防针，今天又是带我去打他家鸡的预防针，这样来去就是一两天了，自己的事情做不了。时间就这样匆忙地过去，我认为是可惜了一点。

2014 年 9 月 5 日，星期五，农历八月十二，属兔，阴，有雨

根据村里谷子成熟的情况，也是根据村民的生产习俗的情况，明天是属龙的日子，村里就要过新米节，就有很多村民到街上买菜，买得最多的是鸡，因为根据村里的习俗，每家都要杀鸡敬献老祖的。其次是肉食品，至于蔬菜是根据自家的情况而定，要是约了朋友来，可能会买得多一些，一家过的可能就少些了。

就是因为明天要过新米节，村里有时约几户人家搭伙杀猪分吃的。今天我知道的是有卢文华一家，是卢建忠等几个搭伙杀吃的，说是原来定好的卢永贵家的猪价有点偏高，他们就重新选择卢文华家的猪杀吃。

谷物丰收是大地赐福，先祖庇佑的原因。在我们活着的人享用前要先献一献先祖的。明天的事情今天就准备好，这是村里过新米节的程序，所以，今天下午就有每家每户的主妇到自己家田的第一块进水口处割几把谷子回来。去时带一根未尽燃烧的木棍头，来去时一般不与过路人打招呼，现在的年轻人讲了也无妨，有一大部分妇女还是讲究的，带回来后放晾在干一点的地方，准备明天献饭时用。

2014年9月6日，星期六，农历八月十三，属龙，阴，有雨

寨子脚的谷子黄了，成熟了，就等着去收割了，又到了过中秋节的时候。今天是属龙的日子，"龙"与"落"发音接近，落地，落回来有丰收的内涵，箐口村的长辈们就选择今天用新米脱粒，煮熟了连同杀好煮好的鸡肉、酒来敬献祖先。而这同时又是田里的鱼长肥了长大了的时候。村民也学习其他民族先进的文化，结合其他民族的文化就是年年有余（鱼），这时捉几条鱼来与朋友享受何不是一件快乐的事情。长此以往就成了一个节日，也就是一种文化吧。所以，村里的这个节日比较热闹，家家户户都可以说会有朋友来，村里停得下上百辆车的场子也会停得满满的，驾驶员得小心停放。今年我是请了几个初中时候的同学来，别人有朋友，我也应该有几个才是。有人说多一个朋友多一份麻烦，我认为多一个朋友多一份快乐！

可能是村里过新米节的原因，也可能是星期六的原因，或者后天就是中秋节的原因，在镇里读初中的学生也回来了，说是过了中秋节再回学校上课。

2014年9月7日，星期日，农历八月十四，属蛇，多云间晴

昨天才过新米节，很多村民还在酒后的昏晕中，明天就要过中秋节了。原本哈尼族中可能没有中秋节这个节日，不是很热闹，可是村民在不断地与其他民族的交流中学会了接受，在我很小的时候村里就一直与其他民族一起过这个节日了。所以，为了明天过中秋节，今天基本上还是每户都有人上街买糕点、水果的，晚上，还是有很多村民鸣鞭炮、点蜡烛赏月的。

为了明天过中秋节，在附近打工的很多村民还是回来了，今天看见有李雪夫妇、李绍明夫妇等，他们都是拿着明天过节的东西与家人团聚来了。

2014年9月8日，星期一，农历八月十五，属马，晴

今天是八月十五中秋节，很多村民还是到街上买东西回来过节。

根据村里的规定，每到了新米节后的第一个属马日，村里都要组织村民去修从麻栗寨河到村里的这一段去田间的路，让去收割的村民好行走，也有让谷神安全回家的意思。

张明德家收谷子，按照村里的规定，或者不应该说规定，但是从村里的习俗来说，可以说是一种规定吧，今天是"星期天"，村民都应该停止自己家里的活计而每户出一个劳动力参加修补路面。只是，个别一两家都定好收割的人，决定人数的就不那么追究了。

下午，由李德福通知村民家明天黄草岭村民小组张有明家要到高城村丧祭，希望有时间的村民前去参加。

2014年9月9日，星期二，农历八月十六，属羊，晴

又是过了新米节，又是过了中秋节，又是天气特别的晴朗，今天收谷子的村民家就多了，有卢学贵家、张春华家、李春家、李文祥家、杨文亮家、卢新家、张小明家等等。当然，主要是谷子都到了可以收割的时候，村民都希望在天气晴朗的时候收回来，要是阴天收回来不注意晾干的话，最容易让谷子发霉发芽了，管理起来就很辛苦。

2014年9月10日，星期三，农历八月十七，属猴，晴

或许是天气晴朗，昨天到今天收谷子的村民有些增多了，今天有李清华家、李建军家、卢世华家、卢学贵家、卢树云家等。

2014年9月11日，星期四，农历八月十八，属鸡，晴

李文光可能这几年做工程赚到了一些钱，今天下午接回来一辆比亚迪新车，说是十多万元买来的，还是他自己开回来的。这样，箐口村又多了一辆车。如果是年轻人驾驶车没有什么，只是他已经是六十二三岁的人了，说驾驶证还是这两年才考的，这就有点意思了。一把年纪了还想着驾驶车，好像老树开花，好玩得很。

2014年9月12日，星期五，农历八月十九，属狗，晴

今天是有兄弟张明福家收谷子，一家人的，什么播种收割都会叫到，到了自己家收割的时候还是需要人手，还要叫他们过来帮忙的，所以今天我也去帮忙收割了。

由于这几天是村里忙着收割的时间，到黄草岭村民小组张有明家做客的村民就比平时少很多，有的还托人代交礼金。他是我的堂兄，平时还是相处得很好的，自己要帮助弟兄家收割，我的礼金也是委托朋友交的。

2014年9月13日，星期六，农历八月二十，属猪，晴

正是收割的农忙时间，有个朋友带了一个加拿大的老师来，要结识村里的一些唱歌和弹乐器的人。我定在朋友杨正明家，他是村里的唱歌能手，又请了李正林讲哈尼族的经史，还请李世文弹了一段三弦，加拿大朋友吹弹了他的萨克斯，整个过程还是比较愉快的，今天我们几个就没有去收割了。

2014年9月14日，星期日，农历八月二十一，属鼠，多云间晴

一边是收谷子忙，一边是丧祭忙，今天的李志和家是要到棕匹寨丧祭的，邀请的很多朋友忙于收割没有去，只是亲戚和他的家族不得不停止收割而去帮忙。

收谷子的有张小明家、张春华家、卢朝生家，这些与李志和家不是很亲的人家就去收割了。

2014 年 9 月 15 日，星期一，农历八月二十二，属牛，多云有短时阵雨

收谷子的有卢龙家，自己家人收；卢永贵家、卢迁华家、卢宽荣家、卢新家、卢龙以家、李祥家、李四得家路远，叫马来驮；李文科家、李庆峰家、李贵文家、张志学家、张学亮家，我看村里这两天是非常忙的时候，等收割了几天就会稍微好一点。

李志和家丧祭回来，今天下午还要请一个摩批做一个法事消灾。由于近期是村里忙着收谷子的时候，而且天气又好，去他们家帮忙吃牛肉的人就比平时少多了，要是平时有时间的时候，很多村民亲戚会碍于面子而要去的。

2014 年 9 月 16 日，星期二，农历八月二十三，属虎，多云间晴

这几天可能要数村里秋收最忙的时候了，每天只要天气情况好，就有 20 多户的村民家要收谷子，今天是李志和家，参加的人是卢学文、李院生夫妇、李和亮、张里新家、张春华家、卢建忠家、李上嘎家、张庆贵家、卢则龙家、马卫华家、高文华家、卢志林家等，具体不知道是哪一天请来的。有人请来了外地的几匹马驮谷子，运费是根据路程长远来商量，其他多数就是互换劳动力来完成，除了少数几个外给钱也不用，而是一定要互换劳动力。

同时，由于这几天连续天晴，晒在田里的谷草都可以收拢了。今天就看到有李建军家、李德生家、卢新家收谷草。只是他们几家的收法也有点不同，李德生家和李建军家由于没有养牛，或者说房顶也用不着加谷草，两家都是简单收拢成一堆一堆就点火烧了，烧成的草灰就做田的肥料。而卢朝生家、卢新家养着牛，冬季到春季牛的饲料基本上靠谷草保障，他们两家就收得比较仔细，每把捆成筷子长短再背回来。卢朝生家可能是人手不够的原因，今天下午就直接堆放在田边了，而卢新家可能人手尚够就边捆边背回来放家里了。这是今天看到收谷草的两种不同的方法。

今天有很多学生来，估计是某个美术学校的师生吧，他们到了村里后拿出各人的书本画画。可能是听说，或者是在其他什么地方遇到过，我看见他们来的路上有位老师模样的人招呼其他人说最好不要给村民照相，说有的村民要是你给他照相了就会来要钱。是的。这个情况村里是会出现的，特别是有不上学的孩子，经常遇到来游客就会主动给要照相的人摆形象，帮忙给客人带路，领他们到一些他们经常照相的地方，给客人提供照相后要一点费用。对此，很多游客甚至是州县镇里的政府官员是很有意见了，他们干涉过，也对村里的负责人说过，要求他们教育好村民甚至制止。而这么多年从我听到和看到的情况来看，事情并不能全部推到箐口村民头上，特别是不懂事的孩子身上。真的，有的游客给村民照相后，主动给过一些钱物，他们带在身上的零食还会与村民一起分享，有的相处得好的还会到村民家做客，与村民用餐喝酒，临走时留一些费用，我看他们是没有什么埋怨的。这样看来，对待一些事情不能从单一的角度出发，另外的角度也要考虑一下。

2014年9月17日，星期三，农历八月二十四，属兔，阴，有大雨

从昨天晚上到今天下午一直下大雨，这是这几天下得最大的一场雨，像是前一段时间积累在空中等时间的到来一样，给准备今天收谷子的村民带来一点麻烦，影响了村民的正常生产，雨水过大就没有一户村民家出去收谷子了。然而，从另外一个角度来说，又是给忙累了的村民一个星期天休息一样，可以放心休息一天了，只要适当处理一些家务事就可以了。比如，招呼一下还没有收割水稻的田里的水，或者其他一些琐碎的事情。

但是，并不是说下雨就真的没有什么事情做了，听说是全福庄村又死了一个老人，村里有李绍新家约了家族的妇女到全福庄村死人处奔丧。没有办法，有时往往就是计划没有变化快，原本今天打算去收谷子的，

因为下雨是不可能去收割了，接到亲戚有人去世的消息还是得见见面、行行礼，生活可能就是这样了。

2014年9月18日，星期四，农历八月二十五，属龙，多云转阴雨

昨天下了一整天的雨后，今天有所好转，从早上到下午都是多云，没有下雨，就还是有村民出去收谷子，有张文和家、李志和家等，都想着能收回一点是一点，早收回早好，只是傍晚时分又下起雨来才收工回来。

今天我是随马老师与陈局长到大鱼塘村参观元阳县第二届农村党员农耕技能风采大赛，回来已是傍晚下雨的时候了，也就没有再多去观察村民做的事情了。

2014年9月19日，星期五，农历八月二十六，属蛇，多云

昨天傍晚下了一场雨后，今天上午没有下雨，就有很多村民家去收割谷子，有张斌家、李世忠家、卢朝生家、李庆五家、卢正明家、李院生家等。可以说，只要不下雨，每天都有很多村民家要收谷子的，每天至少有20家收谷子，还是最忙的收谷子的时候，村民的主要事情就是收割谷子，像是与天斗争一样，忙得很。

早上看见张华外出打工，说是要到昆明市去，请了几天假已经到期了，带着一点家里的鱼干巴过去。

2014年9月20日，星期六，农历八月二十七，属马，多云间晴

收谷子的有李祥家、李文才家、张斌家、李永福家等，谁家请的什么人具体我没有去调查，只能在以后的记录中作为一个案例来解释说明，但有一点可以肯定，不是朋友就是亲戚，多数都是互换劳动力，相互帮忙来收割的，只有少部分没有劳动力而有财力的人家才会请小工，这一点可以肯定。

可以这么说，这几天是村里收割的高峰期，只要天气好，每天就会有十多户村民家组织收割。就像上面说到的，只是各家根据自己家的情况组织的人手有所不同而已，有的是请亲戚朋友互换劳动力来收割，有的是请本村的村民小工来收割，有的则是请外村的人来收割。听说，今年收割时期男的工钱每天是 100 元，女的是 60 元，主人还要提供烟酒，还要提供三餐饭，比往年是提高了一些，这样，全部请小工来收割的家庭要算成本的话，他们种田是不划算的，只是我们认为这是一种责任，别人家种田，我们也种着，放荒了恢复是一件很费劲的事情。

2014 年 9 月 21 日，星期日，农历八月二十八，属羊，阴转多云

收谷子的有李正云家、李永福家、李永家，前几天天气好，村里都很忙的，像赶集似的，来往的路上都是收割的村民，这两天稍微好一点，多数人家收回来了，只有一部分村民家还要忙着收割。

交通是决定发展的一个因素，云南省发展缓慢肯定与特殊的地理环境和特殊的交通条件有关系。马卫明接回来一辆面包车，路通了，车辆能进来，村民运什么回来都很方便，不是加快了村民发展的速度吗？要是不通公路，村里运什么进来都不方便，村里建设什么都很困难的。

2014 年 9 月 22 日，星期一，农历八月二十九，属猴，阴有大雨

从早上就下大雨，按理说今天没有村民去收谷子了，可是没有想到的是，仍然有村民家去收谷子了，是谁家呢？知道的一家是李生亮家。他们夫妇都在新街镇做钢门窗生意，最近生意忙，前几天定好的日子因为下雨而没有出工去收割，本村人又请不到，今天请了外地的人来，说是不可能改变时间了，交代他们带着雨具来，下一点雨也要收割了。还好今天的雨点不大，他们都穿着雨衣冒着小雨进行到底。收割好后堆放在家交给老人招呼，而他们就有时间招呼生意上的事情了。

2014年9月23日，星期二，农历八月三十，属鸡，阴，有雨

说是受什么气流影响，这几天村里一时阴一时雨，雾又特别大，能见度很低，对村民收割极为不利，很多村民都不得不改变计划推迟收割时间。我也这样做了，想想这样的雨水天去收割对人的身体不利，可能会导致生病，弄坏了谁的身体都不好，潮湿的谷子也不便于招呼，何妨早一天晚一天呢？

可是有的人家还是按计划收割，今天虽然有雨水，还是有卢建忠家、李爱生家、李平民家、李院生家、李生民家等去收谷子，他们还是有他们的想法吧。

说是昨天李正和的外婆去世，他们家今天就组织人到雷打树村他外婆家奔丧。没有办法，人的生死谁都无法控制，像现在的农忙时候谁家死了人都得停下生产来处理丧事。还好这两天天气不好，很多村民都改变计划停下来休息，等着天气好的时候再出去收割，这样还勉强请到几个亲戚一起去奔丧。

2014年9月24日，星期三，农历九月初一，属狗，阴，有小雨

秋天了，有大雁南飞的情况，或许是谷子黄了，这两天在田间地头飞来飞去的鸟特别多，有斑鸠、白鹭鸶等，看着它们劳动心情也比较愉快。只是，前两年上缴枪的时候可能还有村民私藏着，还是有少部分年轻人来往着追打，让鸟儿不得安宁，气死我也。今天上午村民李德贵就是拿枪去打鸟的一个，多希望人人都自觉起来，让鸟儿与我们同在。

李正和家到雷打树村丧祭，通知了全村人家，说是要请客。因为这几天村里收割基本要完毕了，而且今天是阴雨天，村民都不能出去收割，今天去李正和家吃牛肉的人也比较多。因为交通方便，今天去的时候请了村里的李学、李永福、李世和等几辆车运村民一起去。

上午有李庆峰夫妇外出到蒙自市打工，已经两三年了，说是每天男的可以拿到200元，女的可以拿到100元。箐口有十几对夫妇就在那里上班，是做建筑的，目前来说是比较好赚钱的地方之一。从时间上来说，有的是这几个月才去的，比如李世文夫妇过去不到半年；而有的是几十年了，比如李庆生夫妇就过去已经有几十年了，应该是在那里学到了手艺，赚到了钱，去年就把自己的房子拆了重新做得好好的。这一出门打工的路线是村民公认的比较适合赚钱的地方。

2014年9月25日，星期四，农历九月初二，属猪，多云间晴

了解和知道一点天气情况对农事生产也是有好处的，我是这样做的。前天手机里发信息过来说今天到明天多云间晴，就决定今天去收割谷子，昨天一直都是阴雨天，打电话通知朋友一起收割时他们还不相信呢。然而，今天的天气果然不错，从早上就变好转了，一点也不影响收割的事情。我是请了二哥夫妇俩、兄弟夫妇俩，还有妻子的两个兄弟，这些亲戚有的是前几天我帮忙过的，有的是明后天我要帮忙的，村里生产多数就是这样互换劳力完成的。至于今天我家的收割，由于劳力不够也以小工的方式请了五个妇女割谷子，她们每人一天的工钱是60元，还有几个是知道妻子坐月子不能劳动而来帮忙的，有大嫂、二姐、张五的妻子、张辉的妈妈，都是我们的亲戚，一家有事几家帮忙是常事，但是，人要感恩，我要对她们说一声谢谢，在我的能力范围内，以后要帮助她们家的。

今天收割谷子的还有李正林家、马卫华家等，这两家是收割一般平时吃的水稻；而李世明家是收割糯米，相比来看，即使是同一天在同一海拔线上栽种水稻，糯米的成熟时间要比一般品种晚一些。李世明家就是因为这样，前几天收割了一般品种水稻，今天再来收割糯米。李正林上了年纪，或者说他身体欠佳，或者说自己选择，这几年他很少到田里劳作了，都交给女儿女婿他们来管理了，今天也是这样，他没有到田里而是由他们收回来，他只能管一下自己，管管家族祭祀的一些事情，生产上的事情基本不管了。

2014年9月26日，星期五，农历九月初三，属鼠，多云间晴

正如昨天说的，今天有李正和家请客，准备了很好的饭菜接待亲戚和朋友的到来，只是今天的天气不错，目前还是收割的农忙时间，大部分村民可能收割去了，来的人自然要比农闲时候来的人少些，这是常事。

听说我们县都是海拔低的山谷地区热，海拔高的地方要冷很多。可能是这样的原因，村里栽种的水稻，就同样品种来说，寨子脚栽种的水稻明显比寨子头成熟得要快些。这么几天连续地收割后，寨子脚的是要收割完了，只有少许部分还没有收。今天是李永得家、张明生家等收割谷子，估计一两天就要收割完了，只是由于天气不是特别的晴朗，谷草是要等一段时间才能收拢。

2014年9月27日，星期六，农历九月初四，属牛，多云间晴

昨天说到了，村里的气候属于立体性的，海拔愈是低的地方天气愈是热，海拔愈是高的地方天气愈是冷，谷子的成熟就明显有先后顺序，栽种在低海拔的地方谷子就要早熟于高海拔地方的谷子。前一些日子村民们是收割寨子脚的谷子，这几天是要收寨子头的谷子了，今天是张明得、卢朝生家收割寨子头的谷子。

我发现我们做日志记录的，不过是每天在寨子里转一下，记录一点寨子里发生的事情，看起来很简单。是的，一两天可以，一两个月可以，一两年还行，可是，十年八年下来就感到难了。一个是因为生活上的事情有时得出出门，会会朋友；一个是家庭经济上的需要得动动脑筋、动动手脚又得耗去时间和精力，难免在日志中出现缺憾，这是我这么多年来的感受。而有的时候就是感觉没有什么可写的，村民的生活就是如此的简单，无非是日出而作，日落而息。只是我认为，既然承担了做某一桩事情就还是得硬着头皮认真做下去，得竭尽全力完成。于是，我抱着每棵树上没有两片完全相同的树叶观点，每天观察一点，写一点。

是的，这么多年来，李志学家一直是请村民付工钱管田的，今天是请了李国忠、李文才、卢同则、张正荣四人搭田埂，记不住前两年是请了哪些人来搭的，明后年还会请谁都不知道，只有等以后看了。在此之前，李志学在田埂上打了草甘膦，让草枯死，这样容易除草，也是这两年年轻人做出来的一桩新鲜事情。

2014年9月28日，星期日，农历九月初五，属虎，多云间晴

卢学贵家收割新街镇农科站与云南农业大学试验的云灰290品种，他家的这个品种是农科站从外地带来的，说是米质还可以，个旧市、蒙自市、开远市等很多地方是栽有这个品种的，可能是土质问题，或者是温度问题，碾出来的米有点碎，不像其他品种那样好看。他家也是跟农科站签了协议，那块一般品种能产12只口袋的田种了这个品种后，所产出来的水稻双方分一半，再每年补给卢学贵家1500元人民币。今年已经是第二年了。

收完谷子的村民接着要做的事情是收谷草，给田埂除草，搭垒田埂。近些年来村里的人口增长，而土地是不可能增长的，弟兄们分家后各家所得的田地自然就要少些，这样做农事的时间就相对少些了，整理田事也快多了。李庆文家就是一个例子，从他父亲那里两个弟兄分家后，每人只是分得一亩多一些，这样他家整理田事就比以前少一半，前几天处理完谷子、谷草事情之后，今天他就一个人开始搭田埂给田埂换衣裳了。

俗话说，"以和为贵""家和万事兴"。反过来就是说家庭不和睦，很多事情就不会顺利了。今天的张斌家就是一个例子，因为前不久他们夫妇与父母吵架离家出走，导致现在其父母发火不准其妻子回来。这样一来，这次收割就只有他一人回来，他的父母也不愿招呼，这样收割的事情怎能一个人了事呢？他很困惑，只好先与亲戚帮忙几天，等亲戚收割完毕了再要求他们来帮忙收割了。当然，万事总是会有先后，寨子头海拔高气温低谷子成熟晚一些又是一个方面。但是，造成他家今天才收割主要的原因还是家庭不和睦缺乏劳动力。所以，"团结就是力量"！

一个国家是这样，一个民族也是这样，一个家庭也是如此。

2014年9月29日，星期一，农历九月初六，属兔，多云间晴，下午有阵强降雨，夹雷电

俗话说："嫁出去的姑娘，泼出去的水。"是吗？一旦姑娘出嫁，成家立业后各自忙着各自的事情，特别是当了妈妈，当了家庭主妇后很可能难以顾及娘家了，生活在农村的妇女可能更是如此。可是，个别的情况就不好说了，今天给李光明收谷草的他妹子就是一个例子，前些时候李光明离婚领养两个孩子，去年又有老母亲去世，现在的家里就只剩下他一个人，这样的收割农忙时候不得不由他妹子来招呼，今天也是。这样的例子村里还有几个姑且不提。只是这样的时候嫁出去的姑娘不是泼出去的水收不回来，而是可以收回来的。

上午，准备收谷草的村民可能都这样想，这两天天气晴朗了，田里的谷草该可以收拢了，便都吃过饭先后到田里劳作了，就有李志和夫妇、杨文亮夫妇、张明福夫妇等这些养着牛的家庭陆续到自己家的田里收拢谷草，准备捆好后堆成草垛用作冬节喂牛的主要饲料。

整年与农耕水稻相处的村民知道，收谷草比收谷子还要累些，两三个人一天要收拢几百捆谷草，问题还在于收谷草一定要看老天的心情和脸色，老天心情好、脸色好，村民几天就可以收拢完毕；老天心情不好、脸色不好，几天就会把一年的谷草全毁在田里，不能喂牛。今天村民的心情与老天一样，上午时候还比较晴朗村民也起劲收谷草，而到了下午3点左右时老天突然强降雨，扰乱了生产秩序。对天谁有办法呢？村民也只好闷着回来。早上就晾晒了谷子的村民也一样，发现老天脸色变黑了就得快步赶回来，免得晒在阳台上的谷子都被冲跑了。

从整体来看，村里的谷子绝大多数是收完了，只是少数村民家有零散的还没有收回来。今天是卢建忠叫了几个朋友去收那天因为下雨不能正常收完的部分，李世忠家是收回比一般水稻成熟晚的糯米。他们的心情也和我一样，完成一桩事情心情就舒畅一点，可以比较愉快地做下一桩事情。

村民的谷子是基本上要收完了，今天新街镇农科站和云南农业大学在李树华家田里做试验的样品，新街镇安排了几个工作人员来，云南农业大学的学生也来了七八个，还请了几个村民小工帮忙，也同样因为下雨无法操作了。做农事就是这样，用村民的话说叫作靠天吃饭。不知道这样说对不对，我看还是有一定的理由的。

2014年9月30日，星期二，农历九月初七，属龙，多云间晴

因为昨天下午的一场强降雨，搅乱了村民的生产计划，也搅乱了新街镇农科站和云南农业大学收割他们在李树华家田里试验稻谷的计划，今天又不得不请人来收割，还增加了人手，打算在今天处理完，好在明天上午让那些学生返回学校。

已经生病很长时间的卢正明父亲于昨天下午去世，村民们今天要过来他家帮忙了。据他们说，他已经70多岁了，从年纪上看，他的死如同一棵枯死老树很正常，但是，对于他的手艺，对于他的为人，村民该认为是一种损失。因为他是村里的一个老木匠，特别是村里老人或者小孩去世，有90%以上是请他做棺材的，即使是木器厂买来的棺材，都要请他做一定意义上的仪式，由他主持封棺材的事情。他死了，村里以后会由谁来做这个事情呢？人是会有的，但会是谁呢？我们等着看吧。

按照村里死了人的一般做法，今天的卢正明家是处理家里的事务，以及死人的棺材，没有通知亲戚来奔丧。现在条件好了，新街镇有人就是专门做棺材的，只要有钱随时都买得到，不用请村民帮忙来做，有现成的，根据各自民族的习俗处理一下就可以用了。卢正明父亲的棺材也是从市场上买来的，家里只要到树林里砍一棵小树请师傅们处理就好了。

2014 年 10 月 1 日，星期三，农历九月初八，属蛇，多云

今天是国庆节，学校和单位放假休息，或者可以外出旅游了。可是，村里正是收割的农忙时间，只要天气好，村民都要到田里劳动的，很少有人会考虑国庆节的事情。可以这么说，村里最忙的是 4 月底 5 月初的播种和 9 月底 10 月初的收割了。

正因为国庆节放假，学校也放假了，学生们背着书包回家来，可以放松一些过一个愉快的小长假了。

2014 年 10 月 2 日，星期四，农历九月初九，属马，多云

听说是卢正学父亲的丧事明天就要祭祀了，今天是牛角寨乡的集日，便安排人到牛角寨集市上买牛了。我大哥张明生的姑娘嫁给他的二儿子，大哥张明生家是去丧祭的，今天也叫了人去买牛了。

2014 年 10 月 3 日，星期五，农历九月初十，属羊，阴，有雨

根据卢正学自己家的选择，今天主要办理他父亲的丧事，在村里，这时候村民都要过来帮忙的，特别是亲戚朋友都会停止生产过来帮忙的。一般的村民就可以根据自己的情况来安排。

2014 年 10 月 4 日，星期六，农历九月十一，属猴，阴，有雨

村里是给卢正学的父亲送上山，他老人一生辛苦，是村里的一个老木匠，特别是村里死人，基本上都要叫他来做棺材的，一生也做了几百口棺材了吧。也就是说，帮助别人得多，来帮助他家的村民也多。特别是到了下午两三点的时候，年轻人会集中到他家给他抬棺材，平安地给他送到山上安埋好再回来。

2014 年 10 月 5 日，星期日，农历九月十二，属鸡，多云间晴

按照葬礼的一般程序，今天是卢正学家接待客人。由于卢正学与卢正明两个是亲弟兄，现在是办了最后一个老人的葬礼，所以，今天他们两个弟兄还是分了肉和菜，各自接待，去做客的村民两家都要参加，就得分别给礼。

张明生与卢家是亲家，这次是去丧祭了，而他家也请客了。所以，今天的村民要做三家的客，就得给三家的礼了。毕竟他是我的大哥，我就到他家帮助了，没有去其他两家。

2014 年 10 月 6 日，星期一，农历九月十三，属狗，多云间晴

张明生家做祭祀，原因就是这次他们家到卢家丧祭了，得驱驱邪气，消除灾难，求一个平安。接连这样几天帮忙，又跟朋友喝酒，很累的，今天就好好休息了。

2014 年 10 月 7 日，星期二，农历九月十四，属猪，晴

今天有卢世华家犁田，搭田埂，还是请了亲戚朋友来，多年来都是这样，自己选择一天时间后请亲戚和朋友来做，再说他今年生病了，只要他开口，亲戚和朋友都会来帮忙的。平时为人好，自己有困难的时候，自然会有好朋友来帮忙了。

这两天天气好了，就有很多村民都要出来做农事了。李跃家犁田，他家才一块田，是村里最大的一块，可能有四五亩，两个弟兄没有分家，一起劳动一起收获，要是两个弟兄分开了，一块田就要划成两块田的。

放假的学生都收假回自己的学校了，又去接受新的知识了。

2014 年 10 月 8 日，星期三，农历九月十五，属鼠，晴

今天的天气就格外好，从早上太阳就炙烤大地了，这也是村民最近一段时间最喜爱的了，很多村民家都可以收谷草了，有李文贵家、卢朝生家。搭好田埂的村民就要犁田了，今天看见张文和家犁田，卢志明家犁田，他们也是村里比较勤快的人了。

可能是国庆节收假的原因，今天的游客就相对少很多了。听村民的说法，今年来的游客比往年少很多，村民在游客身上所能赚到的钱就肯定比往年少了吧。

电力公司安排了施工队到村里更换电线杆，可能是村里以前配置变压器的电线杆老化了，听说主要就是更换配置变压器的那两根电线杆了。

今天是农历九月十五日，月亮该是最亮的一天，可是今天晚上有月食，地方俗称天狗吃月亮，村里哈尼语叫作"巴哈尼克扎"。晚上6点左右就可以看见了，村民的做法是鸣鞭炮敲打铁锅铁盆，以前有猎枪时还要鸣枪，说是要赶跑正在吃月亮的天狗，不能让天狗吃完给人类启明的月亮。说说罢了，要是天狗要吃掉月亮的话，那是很可恶的事情，的确要赶跑，不然，黑黑的长夜怎么过呢？

2014年10月9日，星期四，农历九月十六，属牛，晴

前一段时间村民的主要事务是收割水稻，这几天村民的主要事务又是什么呢？这几天天气晴朗了，谷草晒干了一些，主要就是收谷草了。经历了几次收播的村民都知道，收谷草要比收割水稻抢时间，水稻只要天晴都可以收，而收谷草必须得看老天的脸色，要晒两三天才会干，然后捆成一小捆一小捆的，要么堆成草垛堆放在田边的空地上，要么直接背回来家里堆放。养牛的村民家得收谷草供冬春两季的饲料，所以，从某种情况上来说，收谷草要比收水稻忙。然而，对很多没有养牛的家庭来说，根据自己家的情况，谷草晒干一些点火烧了就行，这种情况今年出现得更多，今天就有李上嘎家、卢永贵家等。田间有几处都冒起阵阵烟雾，特别是田离家远的人家，烧火点谷草的更多。田离家近的要么是自己收了留着，要么是给亲戚朋友家去收，这是今年收谷草的主要方法。

2014年10月10日，星期五，农历九月十七，属虎，晴

今天，村里前一段时间就已经开工的村文化活动工程搬运第二批建

筑材料，刚开始是请人搬运的，秋收时进来了外地的几匹马来驮运，可能是工程老板核算了价钱，今天又增加了几匹马来驮运，它们主要是运毛石、碎石、沙、水泥等，减少了很多人力和物力，不过，其他如钢筋等可能还是要人搬运的。

李跃犁他家的田已经三天了，他家的田是村里面积最大的一块，有四五亩，两弟兄从父亲辈承接的就是那么一块，至今还没有划开，说是他家的田泥土层比较深，操作起来很吃力，一天都犁不了多少，犁完这一块田要四五天的。

办完了家里的事情后，张崇祥夫妇得回昆明工地上了，说是他们在昆明上班已经五六年了，在一个家具厂做家具，生意不错，工资也不错。这次回来是丧祭，费用基本由他开支。是的，在没有什么主要产业支撑的箐口村基本还是要靠年轻人出门打工挣钱回来持家，张崇祥家就是一个例子，家里由父母支撑着，包括他们的孩子都由家里老人带着，他们可以全身心投入工作。有点像是他们说的，一个成功的男人背后要有一个成功的女人一样，一个成功的打工者背后要有一个健康的家庭。我是这样想的，一个人一会儿回来，一会儿出去工作，既要顾家又要顾工作，那是很难成就事业的，也就无法积财。就是说，家里好的话，在外地打工的家人也能安心工作，相反就还是困难的。

2014年10月11日，星期六，农历九月十八，属兔，多云间晴

上午，听说村里又要来一些领导，村民小组的人员也参加打扫村里主要路面的卫生，这是村里改革了卫生管理制度后第一次几个村民小组人员打扫搞卫生。这个卫生的事情不知道以后要怎样进行。

今天下午4点左右，摆在村里卢建忠家楼底的游戏机终于搬走了一些，我认为应该全部搬走。这两年不知道误了几个孩子的精力，我认为在这么小的村里营业带有赌博性质的游戏机是不应该的。第一，误了一些自控力差的孩子的学业，我的孩子才14岁，就是其中一个，给他的

上学费用偷偷拿去玩了，至今都还没有要上学的念头，误了他的前程，村里还有很多个这样的孩子；第二，有的家长喝了酒或者是手里有点钱的时候也会去的，听说有的家长还输得多，家庭也出现过一定的纠纷，这样不利于家庭和睦。俗话说"家和万事兴"，这是中国几千年来文化总结的一点。家庭不和睦，哪里会来幸福家庭呢？何况，一个正常的家庭需要一定的资金来支撑，一旦低于这个水平线，家庭肯定会有麻烦的。

2014年10月12日，星期日，农历九月十九，属龙，多云

卢世华生病已经快一年了，在附近医院看了不能医治后到昆明市医院，又到外地医院检查，已经费了家里很多钱，也不知道能否康复。

有人说过，"物竞天择，适者生存"，一个生命能够破壳而出，我认为是它适应了生存条件和环境。它能出现，说明它是有能力在这样的空间、这样的条件下、这样的环境中生存发展的。这个生命的出现，就有可能消灭某一个生命，很大程度上难以制止，所谓"旧的不去，新的不来"。而这个旧的要去的东西要是进行人为的抢救，就可能要付出沉重的代价。比如，村里20世纪七八十年代通了电以后，逐渐地就出现了很多电器，开始是电灯、电筒、电视、电话、电冰箱、电热器、电脑等，我要说的还有碾米机，因为村里通了电，有人就想到了人们每天都吃的米是不是也可以用电来碾呢？不错，没有做不到的，只有想不到的。我们聪明的先祖们早就为我们发明了碾米机，村里使用碾米机的先后情况应该是这样的，卢俫应家（地点在现在的卢家贵家原来的老房子里）、李平清家、卢小和家、李学华家、张明福家（现在这几家都不用了），现在用的有李红亮家、卢荣家、李树华家、卢朝生家、卢正华家。村里使用碾米机的时间应该是在20世纪80年代中期。在此之前，村民是怎样碾米来吃呢？是用水碾、碓等人力来加工的，现在想修复村里的那些水力设施是需要费很大的力的。

2014 年 10 月 13 日，星期一，农历九月二十，属蛇，阴，有小雨

常听说"礼尚往来"是国人的一种礼节，世人都在这样的礼节中过日子。我们也不例外，总是在这样的潮流中生活，前几天就收到战友协会的电话，要我们于今天下午两点钟在南沙镇集合，前往石头寨村朱正培父亲去世处吊唁。战友李庆祥由于在蒙自市工作未能赶回来参加，绝大多数都是当家做事的人，办完事情就驾车回来了。

2014 年 10 月 14 日，星期二，农历九月二十一，属马，多云

"人往高处走，水往低处流。"眼看着其他村民家都基本上拆建成新房子，自己一家人还住着老房子，恐怕谁心里都不是滋味。从早上开始，又有李庆亮家拆房子，准备重新建盖，召集了自己家的亲戚来帮忙。这样，村里的土坯房子又要减少一家了。话说村里是要保护土坯房子，可是，随着社会的发展，村民想要建盖牢固一些，卫生一些，宽敞和明亮一些的房子，谁都不愿意老居住在原来那种狭窄、黑暗的老房子，而能力有限的情况下也只有在老房子的基础上翻新了。也罢，只要能跟得上其他村民就行了，其他村民住什么房子，自己也能住什么房子就满足些了。

由于这几天村里进行电力抢修，只能是白天停电，晚上再供电，很麻烦的。年轻人就是过不惯没有电的日子，几天不用电脑写几个字就缺少什么似的，心里确实不好受。

村民小组调解李正云与李田文家的地界纠纷，村民之间的事情，村民是很难调解的，往往要上诉到村委会，甚至是新街镇或者更高一级，他们两家是争吵了几次，我估计这次也不会轻易达成协议的。

2014 年 10 月 15 日，星期三，农历九月二十二，属羊，多云

今天的村里还是没有电，作业做不了，就到田里劳动了。

今天看见李明家约了几个朋友搭田埂，村民搭田埂是一层一层地搭起来，有两三个人的话，一个人一层搭着过去了，而一个人做的话，就要麻烦些，多费一点劲。

2014年10月16日，星期四，农历九月二十三，属猴，多云

上午，有农业局的工作人员来村里做现场指导，说是在村里推广高原梨和高原樱桃，要村民小组统计村里需要栽种的数量，要求每棵株距是三米，每个洞打深一米、宽一米，要村民打好洞以后提供树苗，要是没有打好洞的，他们还不会提供树苗。

经过前两天的抢修，村里今天开始能够正常供电了，村民的生活又进入正常轨道。有了电就是方便。

2014年10月17日，星期五，农历九月二十四，属鸡，多云

我去看了自己家的地里能栽种几棵梨树，别人家能栽种的，自己家地里也应该能栽种。机会不是随时都有的，他们给的时候能栽种几棵就试验性地栽种几棵好了。

2014年10月18日，星期六，农历九月二十五，属狗，多云间晴

这几天的天气一直是多云，没有下雨，不怎么冷也不热，适合赶着做田的村民，别人家都要赶着尽快做完，自己也下田劳动了。劳动了一天，身体很累的，很多时候就是不可能抽出时间和精力来写日记的。

2014年10月19日，星期日，农历九月二十六，属猪，多云间晴

一个人的生老病死对一个村、一个县，或者更大一些的范围来说没有什么，特别是一些凡夫俗子，更是没有什么可以说的，可是，对一个家庭来说，特别是一个家庭中的核心人物，他的生老病死就比较值得注意了，好像是一根顶梁柱一样支撑着家庭，他的病与死关系着一家人，甚至是全部亲戚。是这样的，这两天听说年轻的李志明生病了，送医院住院了。至于他，几年前就离婚了，之后没有找个女朋友结婚，带着两个孩子，养着两个老人生活，去年80多岁的老父亲去世，老母亲年老体弱，两个孩子还小，原本困难的家庭就更是困难了。听说，前两天生病住院也是他的亲戚凑钱给他的，说是病得有点重，常常是不省人事，胡言乱语，知道情况的姐姐、姐夫、李氏家族亲戚就只好过来围着他转，真让他的亲戚头痛了，一旦出现撒手西归的情况更是不可料想，留下老的和小的，正像房子的顶梁柱倒掉一样，一家人肯定不成样子了，家人多希望他能康复！

2014年10月20日，星期一，农历九月二十七，属鼠，多云

今天的村里又停电了，说主要是检修黄草岭村民小组的线路，包括箐口村就停电了，没有电就不能正常做需要电脑的事情，只有找其他事情做。

没有电做不了自己的事情，就有在水卜龙村承包了村民地栽种药材的表兄叫我过去，说是有事情。到了那里之后才知道要杀猪吃，请了他的一些朋友来，吃过下午饭再回来。

2014年10月21日，星期二，农历九月二十八，属牛，多云间晴

说是今天有电力公司的人检修附近黄草岭村民小组的电路，今天村里还是停了电。停了电，很多事情就做不成了，只有来电以后再处理，只能去处理田里的一些事情了。

我听有人说有些地方是地多人少而贫穷，而我看箐口村是人多地少而贫穷。据有人调查说人均不到一亩耕地，所以，保护耕地是箐口村民义不容辞的头等大事之一。特别是在一大部分家庭中，五六口人只能生产五六百斤谷子，收入没有投入多，而世代为农的村民又离不开土地，年轻时可以打工为生，到了五六十岁又返回家乡来。隶属箐口村的黄土坡小寨张志学就是这样，年轻时在个旧市一矿山上采矿，现在已经是50多岁当爷爷的人了，再回来家里，一家五六口人，父辈分给他的田就只能产五六百斤谷子,一家人一年的粮食是远远不够吃的,他家的田就金贵极了。而原始自然做成的田又容易自然倒退,即人为除草等造成水土流失,人们目前保护田的措施就是用水泥混合土筑灌田埂,加强它的牢固度,修直自然倒塌的田埂,保证田地的使用面积。前不久张志学又在哈尼小镇带工做事应该是赚到一点钱,完工后还剩一些材料,今天就开始组织人手用水泥混合土筑灌田埂了。这样一次性投入的好处有几个:一是增加了牢固度,田埂不易倒塌;二是保证了田地的使用面积;三是减少了以后人工除草和搭田埂的劳动力;四是容易积水积肥保证土壤质量,促进增产;五是积水积肥而可以在田里养殖鱼、泥鳅、鳝鱼、田螺等水产品。所以,虽然有人说粮食收入没有投入多,但是,有限的土地面积和长期循环使用像村民的命根一样,只要有能力、有条件都会认真去管理和改良,这是目前很多村民的看法。

2014 年 10 月 22 日,星期三,农历九月二十九,属虎,阴,有雨

交通是导致云南山地人们贫穷落后的因素之一。要想加快云南发展,必须得解决交通问题,加快云南人民前进的步伐。而要有车想驾驶得先有技术,这就得按章办事,要驾车就得学驾驶技术。或许是前些年在外打工赚了一些钱,或许是现在社会条件好了,别人驾车自己手也发痒。今天有卢生亮去学驾驶了,又要多一个驾驶员了,这当然跟现在的经济发展、人们的意识提高有关系。这几年村里学驾驶的人也增多,买车的人也增多。十年前村里还没有几辆车,村里修建的两亩多的停车场显得很宽,现在村里已经有十多辆车了,随时都有五六辆车停着,要是游客或者其他的车辆停一些进来停车场就显得小多了。

任骋著中国民俗文化丛书《民间禁忌》里说:"禁忌讳莫如深,无处不在,人的身体发肤,言谈举止,婚丧嫁娶,生老病死,衣食住行,无不受到它的影响和制约。但是,神秘、超凡的禁忌并不是万能的,有多少禁忌,民间就能发明多少禳解的办法。"也许是的,哈尼族中有一种能人叫作摩批，基本上每一个哈尼族寨子都有几个，特别是从我们寨子来看，每一个家族中都有自己家族的摩批，负责每一个家族成员的生老病死，婚丧嫁娶，也就是每一个哈尼人一生的重要历程仪式都要由他们主持完成。每一个灾难或者不太顺利的事情，他们都有不同的禳解仪式。今天，我也听家人的劝，说是儿子不愿意上学，在家还不能务正事，主要是有小人要加害于我，而我正是体强力壮的时候害不到我就转移害到了儿子身上，今天是属虎的硬日子，便在前几天就准备了所需要的物品，今天请了大鱼塘村摩批张文贵，还叫了几个朋友一起到野外做禳解仪式。也罢，但愿有所好转，不要求子女成龙成凤也希望他们健康成长。

2014年10月23日，星期四，农历九月三十，属兔，阴，有小雨

脸每天要洗，房子每天要打扫。车子时间长了就要维修，房子也是。我们云南大学哈尼族文化调查研究基地成立已经十年了，由于时间长久，有的地方已经损坏，需要进行维修，这次是请了本地具有资质的人负责修理，老板今天请了师傅来考察情况，说是备一些材料以后两三天就修理好了。包括前几次维修这个寨子特意要做的蘑菇顶就两三次，还是花了一定的费用。

2014年10月24日，星期五，农历闰九月初一，属龙，多云间晴

在以前的日志里说到过了，谁家做了丧事翻过农历的当月后要做一个法事封住后墙洞口。卢正明家也不例外，是在前个月老父亲去世，今天是农历这个月的第一天，根据习俗，昨天就买回来所需要的物资，在早上就通知了他们卢氏家族的人和隔壁邻居前来，请了摩批封后墙洞口，才算这桩丧事完成。

或许自己家养牛真的很费劲，现在村里养牛的都是劳动力比较充足的家庭，对于没有养牛的家庭来说，要是犁田耙田都只有请有牛的人了。目前正是要犁田泡水的时候，而村里大公牛少，有的人家就到附近土锅

寨彝族寨子请，今天是有一个犁卢正荣家的田，说是今年连人带牛一天的工钱是300元了，还要供吃喝的，记得去年一天才200元，今年就上涨了这么多。所以，只要人认真去做，尽力去做，有了技术就会有人需要，还是可以谋生的，做农民也一样，只要你去做合格优秀的农民，其他不会种田的人也会请你过去打工的。

2014年10月25日，星期六，农历九月初二，属蛇，晴

秋收之后，村民的主要事情是除草、搭田埂和犁田，只要天气好，每天都有村民要去田间劳动。今天的天气也不错，村民的心情也该不会错，田间都是做农事的村民。

田棚是我们当地村民搭在田边地角的小房子，具有避雨、休息、用餐等功能，还可以在此养牛猪、鸡鸭等牲畜，提高村民的农副产品收入。也可以暂时存放收割时未来得及背回来的谷子，很方便的。当然，可以根据所处地域的大小和劳动力的多少来建盖，要是地域宽，劳动力具备，所能发展的经济很可观，可以建盖得大一点。也许就是田棚具有这样多的功能可以带来经济上的收入，今天是有李文科弟兄两人在田边搭田棚了，他们是用石棉瓦做的，有十几个平方米，看起来有点小，但是，它的作用应该不会小，特别是播种和秋收两季可以供他们避雨。当然了，要是中老年人，家里儿孙健在的话，老两口或者单身汉都可以在田棚里过自己的日子，这也是一个安度晚年的乐园。

2014年10月26日，星期日，农历九月初三，属马，多云间晴

我们云南大学哈尼族调查研究基地成立已经十年了，可能是年久失修理的原因，有很多地方是需要维修了，可是一直没有经费来维修，这么多年了，是应该维修一下了。今天来了卢老板请的师傅们，开始对损坏了的地方进行维修，改善一下条件，给来调查的学者、师生提供方便，这是我的愿望。

对于箐口村民来说，属虎日、属马日、属猪日是硬日子，是吉祥的好日子。所以，村民做出门的祈福仪式，或者打工，或者做什么禳解灾难的法事都会选择这几天。今天就是一个属马的日子，或许他们就是基于这样的考虑，今天有卢迁华、卢明华等人要去建水县打工了。说是田已经基本整理好，要去挣一点过年钱。

是啊，田地作为村民赖以生存的基本条件，不整理来年也难以播种。而要想改善自己的生活条件也只有出门找钱。所谓"人为财死，鸟为食亡"，货币它集中了这种职能也不得不叫它履行自己的职责。

具体还不知道什么时候能什么时候不能做叫魂的仪式，只是知道一般村民叫魂仪式最多的是4月底5月初，那时候基本上每天都有人家做叫魂仪式，有点认亲一样，今天是老大家做，明天是老二家做，似乎排队轮流聚餐一样。而今天是有李世明家做叫魂仪式，也不知道什么原因，早上就通知了他家所需要的亲戚朋友和邻居来，看来又要摆上几桌子吃喝了。

2014年10月27日，星期一，农历九月初四，属羊，多云间晴

村民小组请了十几个小工打扫村里的卫生，说是10月29日有在县里召开会议的很多人要来箐口村，要在村里摆50桌的长街宴，参加会议的人员要在箐口村吃饭，要求村民小组负责把村里的卫生搞好。

2014年10月28日，星期二，农历九月初五，属猴，多云，有雾

村里做完田间事情的年轻人开始出去打工挣过年钱了，今天知道出去的有卢永贵、李万祥、李永文等。

村民小组组织打扫村里的卫生，也就是为了欢迎明天的来人。

2014 年 10 月 29 日，星期三，农历九月初六，属鸡，多云，下午有雨

说是今天有在县里开会的学者和官员来，政府要求在村里施工的弟兄们停工一天，清理好停车场里的建筑材料，他们也只好这样做了。

俗话说："山潮水潮不如人来潮。"为了今天来的官员和学者，前几天村里是积极的、热闹的，卫生打扫得不错。说是在县里召开了一个哈尼梯田的保护与发展会议，村里摆了50桌饭菜，有16个国家的人参加，县里还请了其他村寨的文艺队来演出，今天的箐口村也确实热闹。

只是我认为这样摆长街宴不科学、不卫生，改变了原始的意义。我们哈尼族是在过节的时候，在特定的日子，自发组织起来做的活动，现在却因为一些人的参与而模仿着做了，政府还给了一点补贴，改变了原始的意义。下午，"人走茶凉"，来村里吃饭的官员和学者一走，村里又进入往日的平静，坚守箐口村这块阵地的还是箐口村民，这群带着泥土味的村民，他们还是如同往日劳动着、生活着。

可能也是知道要有很多学者来，今天游客也来了一个50多人的团队，他们走不了路，从寨子到公路这一段路由李世华驾车运送着，每人收取5元，李世华还是赚了一点钱。

2014 年 10 月 30 日，星期四，农历九月初七，属狗，多云

昨天，村里是来了很多在县里召开会议的人，在村里施工的村民停止了劳动，今天恢复了往日的正常，开始施工了，运进来他们需要的碎石和水泥，停车场又可以堆放他们的建筑材料了。

犁田的有卢正荣家、卢正明家、李世忠家，都快要进入11月12月了，到时候田里的水会很凉，都希望在冷天之前把田里的事情做好，免得受冻。

2014年10月31日，星期五，农历九月初八，属猪，多云间晴

因为李正云家与李永忠家的纠纷，李正云家又请亲戚来帮忙砌石墙，他家认为是自己家的地界，李永忠家也不很好地商量，就是要按照自己家的地砌起石墙来，而李永忠家要过路，认为过一点路的地界没有什么了不起，不与李正云家商量而固执地拆墙经过，两家就这样吵着，不知道什么时候能够商量正常处理。

卢学贵已经40多岁了，还没有犁过田、耙过田，是今年才开始学着犁的，看起来很吃力的样子。

李世和打针回来，说是痛风病，有好几年了，说前后已经花了两三万元了，就是不见好转，经常会发痛。

2014年11月1日，星期六，农历九月初九，属鼠，早上有中雨

箐口村民赶集主要是在新街镇，而是不是新街镇的集日，从村民来往的情况就可以知道了。特别是早上八九点的时候，要是有妇女背着米糠来搭车，那肯定是新街镇的集日了。今天早早就有张贵学的妻子背着米糠到停车场了，说明又是一个新街的集日。听妇女们说米糠的时间不能搁长，那么，碾了米的人家要是没有养猪就只有送给养猪的亲戚或者就是到市场去卖了，张贵学家就是这样，他家没有养猪就只有去卖了，多少换一点钱补贴家里的经济开支。

据村里有经验的中老年人说：谷种三四年后要更换的，即使是同一品种，都要村民与村民之间互相更换的。要不然不抗病，发病率很高。也许是这样，今天卢志明说要到大鱼塘村李右生家换谷种，背了一斗谷子，有人建议他不要背着谷子去了，现在谁家又不是不够吃饭，生活条件都好了，要是表示意思的话，给他家一点钱就行了，而且不一定他亲自去，只要电话联系一下，叫自己的一个亲戚孩子用车运回来就行了，用不着他老人家亲自去嘛。也是的，几年前村民都生活困难的时候，一斗谷子都要到处找、到处借，现在，村民的生活水平都提高了，一两百斤谷子都难不倒哪一个，特别是交通都发展到这一步，自己的亲戚孩子都有车，信息这么发达了，怎么这些老人就是不放心呢？还是遵守着以前的老原则。

2014年11月2日，星期日，农历九月初十，属牛，多云

在管理梯田中，搭田埂是一件比较费劲的事，往往需要几个人合作才会觉得愉快些，也许是出于这样的考虑，今天连一直在家务农的卢建忠都要请朋友一起去搭田埂了。今天是约了六个朋友，包括他自己就七个人了，由于四五月份插秧时田里的水都干过了，田里的泥土有点硬，朋友们都感到更费劲了。所以，这一带的梯田管理很费劲，经常得保水在田里，以保证土质松软，人们整理起来才不至于费很大的劲，这是这里管理梯田一个不可忽视的环节。村里的水渠、水沟随时有水流淌着，像是不能断奶的孩子一样，要是哪一年缺水了很多田就得放荒。今年就如此，因为雨水来得迟，附近一些村寨的田都改成种苞谷了，有的人家听说是一株秧苗都没有栽种了。

原本在县人民财产保险公司上班多年的张明德发病已经两年多了，为了安全起见，前几天由他的孩子带着去到条件稍好的个旧市医院复查，今天才回来，谁生病都希望尽快好起来。

晚上，马卫明家召集亲戚朋友开会，说是明天要到麻栗寨丧祭。他家马姓家族是由父亲辈上门来的，现在村里只有他们三个弟兄家庭，他们家这样的大事主要与张氏家族搭伙，所以，这次也是召集了张氏家族的人来，他们希望张氏家族的人都能过来帮助。

2014年11月3日，星期一，农历九月十一，属虎，阴，有雨

昨天晚上就开会了，已经把需要的东西都准备好啦，可是，今天却变了，说是不让马卫明家到麻栗寨丧祭。主人家反悔，不同意而没有去，准备去帮忙的亲戚朋友只好吃了饭回来，一点也不开心，像小孩子玩游

戏似的，都认为不应该出现这样的情况。

　　元阳县粮食局推广了一种红米，村里也栽种了几十户，说是栽种出来以后，他们以一公斤六元的价格来收买，今天有李文科家和李文才家去卖谷子。他们两家的田有点多，粮食吃不完，所以，他们两家就答应栽种，现在真的是收购了，他们两家是卖了几千斤的，可以多一点钱来补贴家里了。

2014年11月4日，星期二，农历九月十二，属兔，阴，有雨

　　很好笑也好玩的，原来双方说好可以去丧祭，突然又来了一个大变化，没有办法，只有停止而不去丧祭了，其他准备要去帮忙的人都只有吃了早饭回来。哈尼族相信，人是有魂灵的，这样大的事情突然又来了一大转变，认为他们家就是没有魂灵了，所以，下午是叫了摩批张保祥叫魂的，还是请了张氏家族的人，以及亲戚朋友过来吃饭，就是吃准备带过去的东西，还是热闹了一番。

2014年11月5日，星期三，农历九月十三，属龙，阴，有大雨

　　昨天夜里的雨下得特别大，一直都没有停过，有点像七八月间的天气，早上起来还是那么凉快，潮湿得很。

　　下午，张祥从昆明市打工回来，请了一些他的朋友喝酒。

2014年11月6日，星期四，农历九月十四，属蛇，阴，有雨

　　到了这个时候了，雨水还是这么多，从昨天夜里到今天一直未停过，很多事情都不能做，心情也烦得很。

　　昨天半夜一阵冷风，我也着凉感冒了，身体好的时候无法想象生病，确实很难受，只能躺着休息，估计休息一两天会好的。

2014年11月7日，星期五，农历九月十五，属马，多云

又发现村里的停车场停放着一辆没有牌照的面包车，打听了一下说是李成开着回来的，该是他自己买的了。我说的这个李成是我的表弟，三十五六岁，这两年一家人在蒙自市，夫妻两个带着孩子在蒙自市打工，两孩子就地上学。说是这两年蒙自市的工价有点高，两夫妇一天可以赚到三四百元，每月除去生活费用还可以剩余三四千元，这样下来，一年也该剩有两三万元，当然要除去中间休息的时间和因家里特殊情况回来的时间，只是他们夫妇在那里已经苦了三四年了，买这样的一辆车应该没有什么问题。

人生病可能就是这样，不想吃不想喝，什么也不想做，心里乱乱的，只想睡觉，我是这样的。着急的是，自己该做的事情都无法去做了，时间却一天一天地过去，自己的事情却一天一天多起来。前几天没有做的事情这几天又做不了，这几天的事情加上明后天的事情，等病情好的时候事情岂不是更多。所以，当天能完成的事情尽量当天完成，禁犯拖长时间的错。而今天是没有办法，我只有躺在床上休息，等病情好转再来做事情了，也就没有去观察村民的事情。

村里有县镇里的人来放映电影，村民小组通知到陈列室观看，生病了，不能坚持着看他们放的电影，得回来休息。

2014年11月8日，星期六，农历九月十六，属羊，多云

人的身体有时真的很脆弱，前几天才一阵风就给自己搞倒了，已经两三天还不见好转。身体不好，心情就不好，心绪乱乱的，什么也不想吃，什么也不想做，只能让自己的时间陪自己静静地在床上度过了。这时，我想到的是一个人时间本来就这么少，能做自己事情的时间就更少，而一个人的身体在大自然面前是如此的脆弱。所以，一个人要乘着好时间好身体做一些力所能及的好事。

我是一个很固执的人，小时候不怕感冒，一旦着了感冒，动一动，

出出汗就会好的，一直到现在，我相信我行的，这次原来也是这么想，不打算打针吃药，相信一两天就会好的。可是，这次已经三天，身体一直没有力气，不想吃不想动，身体一直没有得到一点恢复，不行的，这样会带来更多的病，身体会更坏，更会误事的。我不怕刀不怕枪，就是怕针，看见那针头就有种不舒服的感觉。原来想，挺几天可能就会好的。可是，早上起来身体已经一点力气都没有了，头还加重似的沉沉的。不行了，得打针去，输了几瓶液，四肢的力量才感到恢复了些。总的来说，还是要相信科学，科学是人们在长时间的生产劳动中总结出来的经验和理论。大病也罢，小病也罢，还是早些除掉好。

从今天新街镇农科站工作人员来村里调查村民为了栽种准备从外地引进来的梨树来看，他们是认真的，说是他们要求村民挖80厘米宽、80厘米长、80厘米深的洞，要村民尽快挖好，要是没有挖好洞口，他们是不会发放苗种的。这事在村里宣传了好几次，有的有地块的村民是自觉挖了，有的村民没有时间去挖，而有的村民挖得不是很到位，需要重新处理。据有人与我说，这种准备引进的品种的确不错，还建议我多挖几个。是啊，我想多挖些，多栽种一些这样那样的经济作物，一起与民共享这生产的乐趣，品尝劳动的果实，何乐而不为呢？

2014年11月9日，星期日，农历九月十七，属猴，晴

今天，说是有开会的一些人来村里调查工作情况，还是为梯田的事情吧。

在前天的日记里说到过，李成买了一辆新面包车回来，给箐口村又增多了一辆车。今天，因为有点事情需要随他到蒙自市，跟他去了一趟他们的生活区；他们一家租的房子在蒙自市的郊区，所住的地方是矮小的一层石棉瓦房子，一家人就挤居在一间十来平方米的屋子里，东西乱乱地到处搁置着，看屋外污水道已经好久没有清理了，人们都闻着那股怪味过路，他们很辛苦的。我这样随便提一下他们打工的生活事情，并不是对他们的生活有什么歧视的意思，而是感叹村里出门打工的人别看他们穿的是新衣服、新靴子，其实，他们都很辛苦的。这次，李成买了一辆新车回来，村民都认为是赚到了钱才买的。是的，是赚了钱才买的。只是这钱是苦出来的，而不是捡天上掉下的。我又明白了一点"天道酬勤"的道理。由于今天是星期日，自己的事情没有办成，能体验一下打工人的生活，感受一下他们的心情也是有必要的。

2014年11月10日，星期一，农历九月十八，属鸡，晴

这边疆确实是太穷了，连县里都没有一个建设银行。这是一个朋友跟我说的。而元阳县的确如此，我们因为业务需要办理一张建设银行卡，由于县里没有就只有到附近的个旧市去办理了，今天到个旧市办理密码变更事情，还算顺利办好了。

2014年11月11日，星期二，农历九月十九，属狗，多云间晴

看人家的田都要整好了，我的心里也很着急，今天，我便去垒田埂了，也想着尽快做好，到冷天的时候就不用进水里劳动了，省自己的事情。

2014年11月12日，星期三，农历九月二十，属猪，多云间晴

李志明是村民有目共睹的特殊困难户，在前几天的日记里说到过，上有80多岁的老母，下有十几岁的两个孩子，妻子又与他离婚，一个家庭就全靠他一个人支撑，当然，农忙时候会有亲戚朋友去帮忙的。这一段时间，不知道什么病魔差不多把他折腾死了，忙了治病又误了农事，今天是有黄草岭村民小组其姐夫叫了一些人去帮他整田了。这日子就是这样过哇，你有困难我来帮，我有困难你来帮。每一个人的一生总不可能风平浪静，总要经历一些风雨，总要经历生活中的曲折与平坦，就要看你怎样去面对。

可能又是有领导要来箐口村调查工作了，今天上午又有新街镇的镇长、书记等来村里调查工作。在我们县来说，箐口村作为县里最关注的

一个寨子，只要上面有领导来，就有很大可能要来箐口村，而只要他们一来，镇政府、村委会、村民小组就得组织人员打扫村里的卫生，或者根据需要组织村民做事。

2014年11月13日，星期四，农历九月二十一，属鼠，阴，有大雾

今天有点雾，天气不算很坏，继续搭田埂。虽然自己感觉身体恢复一点了，但是体力还没有完全恢复，感觉还不是那么的好。

2014年11月14日，星期五，农历九月二十二，属牛，阴，有大雾

上午，村民小组统计要栽种梨树已经挖了洞坑的人家，这已经是好几次了。上面说是要统计清楚一些，因为树种也很贵，要是村民统计了而没有挖好没有栽的地方就会浪费树种。总的来说是好的，只是一部分村民对此有点厌烦了，认为宣传了这么多次都没有拿来，有点欺骗村民，有些村民忙于农事就不是那么认真了。

村民小组通知村民，今年要翻建老房子的村民去村民小组登记。

2014年11月15日，星期六，农历九月二十三，属虎，多云

这日记我不想写了，我不能写了，因为，既然是写日记，就要写村里的好坏，就要写亲戚朋友的好坏，就要如实地记录。可是，一家人的事情，最好的亲戚和朋友的事情就无法静下心来写，不会写了不能写了，一生能有几个好亲戚好弟兄，让他们平安地度过，静静地离开，包括以后的我。小时候认为一个人的一生很漫长，可是，现在就知道，一个人的一生其实很短暂。凌晨一点左右听到两声鞭炮声，知道已经生病一年多、年轻的表弟卢世华去世了，离开我远去了。由于性格上相符，经常在一起吃喝，胜过亲弟兄，一起相处这么多年，现在说去了就去了，谁的心不是肉长的？谁不会难过？

今天是牛角寨乡的集日，他们卢氏家认为家里还有两个老人，不想摆放太长的时间,就安排人到牛角寨乡集市上买牛。我和张春华、李世华、卢世华都是表弟兄,卢世华这么年轻就去世了,我认为是一种悲痛,也凑钱商量了到牛角寨集市上以4200元买回来一头牛让他们家明天杀吃,算是我们表弟兄生活一辈子的感情吧。

2014年11月16日,星期日,农历九月二十四,属兔,阴

卢世华虽然还年轻,但是已经儿女齐全,还是得按照严格的葬礼程序来,今天便召集了亲戚朋友来奔丧,悼念生活了这么短暂的一辈子。这几天我的身体没有完全恢复,自己最亲近的表弟又离开人世,心里一时静不下来,做自己的事情也不是,帮助卢家做事也不是,一会儿在家,一会儿到卢氏家,来回地乱走动。

2014年11月17日,星期一,农历九月二十五,属龙,阴,有雨,有雾

正如昨天说到的,卢世华虽然年轻,亲戚们都很悲痛,但是,人,既然过世了,活着的人还是得化悲痛为力量,还是得集中力量处理丧事。他们家族是用三天的祭祀方法,今天就开始做丧事,请来了摩批念经词了。

2014年11月18日,星期二,农历九月二十六,属蛇,阴,有雨,有雾

卢家今天正式做祭祀,来丧祭的有其妻子方,还有他大姐夫李绍新家,他外甥李建华家经济上看来不是很宽裕。但是,人命就是这样注定的,他们夫妻恩爱一辈子,总是有感情的,逼着也得让他外甥家出礼的,让活着的人看得过去,这是有的村民说的。而他大姐夫家的话,以前有卢家过的礼,这次也要还的,自然就得买牛丧祭了。

2014年11月19日，星期三，农历九月二十七，属马，阴，有雾

毕竟，活着的时候是亲弟兄，现在离开了，还是得送一程，所以，这两天都是帮助卢家做事，自己的事情就丢在一边了。还是同正常的葬礼一样，到了下午3点左右，村里的年轻人都集中过来送葬卢世华，到山上安埋好再回来。

2014年11月20日，星期四，农历九月二十八，属羊，阴转多云

村里多数人去世的年龄来说，昨天送走的卢世华还很年轻，才40岁左右，可是已经是成了家、立了业的一家之主了，还是得按照村里哈尼族的葬礼程序来做。今天还是按照村里的习俗杀了一头大猪请客。人总是有感情的，这一头大猪的钱是他亲兄弟卢世文出的，可以这么说，一家都没有办法，都是擦着眼泪来做事情的。老年人去世总会想得通一些，年轻人去世都会觉得太可惜了，三四十岁的人正是年轻力壮的时候，正是要做事的年龄。只是正如村民常说的生来的命、带来的八字，谁都没有办法。特别是像他这样的家庭，上有老人，下有儿女，像是一个房屋倒了顶梁柱一样，不成家的样子了。一家人都感到很悲痛！我也很年轻，比起七八十岁的老人，我什么都不懂，还是一个幼稚的孩子，可是，一直在村里生活了十几年，每年都要参加村里亲戚很多生老病死的事情，而且，一个人的生老病死都要严格按照民俗的程序来办理，都要花费很多的人力和物力，我深感一个人生命的脆弱，一个生命正如草木一秋，不过是活一辈子罢了。活着的时候总难免出现这样那样的隔阂，实际上都是生不带来、死不带去的东西，活着是一个人，死后都不过是一捧土。为什么不能友好相处呢？常常问自己，人们活着求什么？为什么不能快乐地生活呢？

2014年11月21日，星期五，农历九月二十九，属猴，多云

一个人去世总不能像处理牲畜的死一样简单了事，通过观察，在附

近打工的年轻卢家人都基本回来了，比如在建水县打工的卢永贵、卢迁华都是专门为卢世华的去世而回来，他们家亲戚朋友还给他们家送了一定的烟或者礼金，多少给他们家帮了忙，而基本把事情办好后，为了生活，他们又纷纷外出打工了，用他们的话说是出去挣一点过年买衣服或者买肉的钱吧。今天就是有卢永贵、卢迁华等几个，说是他们都在以前认识的一个老板那里做事，这次要不是自己家族的朋友去世，他们是不打算过年前回来的。这次是没有办法，平时这么好相处的家族年轻人去世，感情上怎么也说不过去而回来的。就像他们说的"情为何物"？我想，这也是一种吧。我和卢世华是表兄弟，而且在家这么多年，他有什么吃喝都要叫我，我有什么困难他都来帮忙，他的去世，我也深感悲痛！他的去世，叫我们再也难以相见了，再也难以同甘共苦享受活着的滋味，享受生活的快乐了，怎么不叫人揪心的痛呢？也罢，活着的总要愉快地活下去，去了的就让他安息吧。

2014 年 11 月 22 日，星期六，农历十月初一，属鸡，晴

由于今年有农历的两个九月，今天才是农历的十月初一，可是，村民都没有这样算吧，村民都按照其他年份一样，今天算是过十月年节，很多家里都杀了鸡吃喝，特别是做了汤圆献祖先了，算是过十月年节。调查有黄草岭乡一带的哈尼族村寨还杀鸡杀猪的，就如同汉族过春节一样请客请朋友，还挺热闹的。嫁来村里的李庆云妻子、卢迁华妻子、卢小华妻子等几个人每到这个节日都要回娘家过节的，她们回来的时候还会背回来猪脚，自己家乡烤的好酒等一些东西，回来的一两天还会请亲戚朋友来吃喝，挺有一番人情味的。只是箐口村还没有热闹到这个程度，像以前的程序做好汤圆煮了献一献，个别家庭杀一只鸡或者杀一只鸭子等吃喝一顿罢了。

做人总是要有几个朋友，读书也是有几个同学的，有了同学就总是会来往的，李祥家的女儿李菊今年是高二的学生了，这一段时间她生病请假了几次，也可能是这样的原因，今天就着星期六，有几个同学来看望她来了。

2014年11月23日，星期日，农历十月初二，属狗，晴

有几户大理人家在村里做生意已经很多年了，做生意嘛，可能还是要讲究地点位置，李志祥家是在进村口停车场处的第一家，他家看着其他人家租房子给生意人挣一些钱，前两年翻新时就腾出来一间要租给他们，这次又是他们大理人家的亲戚来租了，今天开始搬进东西了，这样，在村里做生意的大理人家又多了一户。生意可能就是这样，有的人总是要走，有的人总是要来，也不知道他家能坚持到什么时候，能否在箐口村里赚一些钱。

2014年11月24日，星期一，农历十月初三，属猪，晴

身体恢复了，看别人家的田都整好了，自己家的田没有整好也会着急的。所以，决定这两天垒自己家的田，先把眼前的事情做好，才好做其他的事情。这些年来的感受是，人到中年后，事情只会越来越多，不会越来越少，所以，只有把眼前的尽快做好，才好安排接着出现的事情。

2014年11月25日，星期二，农历十月初四，属鼠，晴

日记里说到了，家里死了人，过了农历的当月后，家里得请一个摩批做一个法事，消解家庭的灾难。卢成的父亲是上个月去世的，现在已经是农历的十月了，今天上午就请了既是亲戚又是摩批的张保祥来做法事，他们家还是请了家族的人来吃饭。

2014年11月26日，星期三，农历十月初五，属牛，晴

今天是去参加一个战友老人祭祀的聚会，与老战友聚一次，难免喝一点酒，坐车又累，回来什么事情都没有做就休息了。

2014年11月27日，星期四，农历十月初六，属虎，晴

根据村里的村民说，农历的十月是一个很能天晴的月份，或许是这样，进入农历十月后这几天一直都天气晴朗，虽然早晚有点冷了，可是白天的气温很温和，很适合村民生产劳动。所以，每天都有村民到田里劳动。今天有张文和、张明德等犁田，就像刚才说的，由于早晚有点冷了，他们都到上午10点左右才进田劳作，到了下午四五点就收工了，都是根据天气情况和自己的身体劳动，现在又不是插秧的农忙时间，用不着抢时间，一般都不会在冷天里进田劳作了。

在村里宣传多次，统计了三五次的高原梨树种终于带来了，村民小组根据所统计数字给村民发放梨树苗，可能是地少的原因，村里多报的才五六十棵，少的也就是那么一两棵。听说，别的村里栽种了上千棵的也有。而且，听去考察过的人说，这种树种很好，树不一定要长很高，但是，结出来的果子很大很多，是一项可以实践，可能给村民带来一定经济利益的项目。

2014年11月28日，星期五，农历十月初七，属兔，晴

昨天，县里农业局和新街镇农科站到村里发放了梨树苗以后，多数村民是昨天发放到手以后就去栽种了，而有的是今天再去栽种的，可能听他们说这种树种很好，在一些地方见到过能结很多很大的果子，有的还后悔没有多报几棵。村民就是这样，在没有见到树种时，怀疑他们会不会真的带过来而不愿意先把他们说的树洞挖好，来了以后又后悔当初没有听他们所说。

2014年11月29日，星期六，农历十月初八，属龙，晴

今天又是一个新街镇的集日，早早地就有几个妇女等驾驶三轮摩托车的张牛后来，把她们的米糠都装到车上，由于上坡，恐怕车子上不去，她们就各自走路上去，说好在路边等他驾驶车来再搭上去。

村民家的田埂都基本上换成新装了，今天有李平真家搭田埂，主要是由于他的孩子们都在外地打工，而在家的他们两口子这一段时间每天都给隔壁建房子的李庆亮家帮忙，他们又都是60多岁的人了，毕竟不如年轻时体力盛，干起活来要弱很多，这是他家今年不能像以前正常时段搭好田埂的主要原因。

做农民的有时还是忙不过来，有时候得为了生活，或者说人情的事情而去做其他的事情，我有时是这样想。这几天原本是打算犁自己家的田，以便于保水养田，而今天，有一个朋友打电话说他出了一点交通事故，需要有人去陪同，也只好去了，自己家的田只好交给舅舅去犁了，等以后再回报他。

2014年11月30日，星期日，农历十月初九，属蛇，晴

或者今天是星期日的缘故，或者如有人说的到了看梯田的最好时候，今天来村里的游客有点多。有两个团队是旅行社的人带来的，有三四十人，有一个团队可能是政府组织的，由县里的人带着，驾驶着五六辆车进来。

带人打工可能就是这样，有了活计就叫人去做，没有活计就带回来。我看前几天出去的卢小华、卢志华、李世得、李世科、李得云等几个，说是黄草岭村民小组李万祥老板叫出去的，今天怎么又带着行李回来了呢？是不是事情不顺利呢？或者是事情做完了回来的？

2014年12月1日，星期一，农历十月初十，属马，晴

寨子附近的新街镇、牛角寨乡、原来的胜村乡都是用属相做集日的，这一直都没有改变。今天属马是牛角寨乡的一个集日，或许是这样的原因，今天早上就有做牛交易的人来村里买牛，他们用三轮港田车运输，买了李建国家的一头牛，肯定是今天到牛角寨乡去交易的。村民养牛就是这样，一个是养来自己家做生产劳动工具；一个是养多了就用来交易，

以贴补家里的经济。有点原始的，根据村里目前的生产现实来看只能这样了。主要是这样的，村里的中老年人，平时家里没有什么事情可以做，闲着是闲不住的，而一部分勤快的人每天上午到山上放牛，下午要么背一点柴火，要么愉快地赶着牛回来，这也是一种幸福，然后就有较多的妇女或者中年男子学着养牛了。我看他们一起放牛一起劳动的确是乐趣，现在又流行口袋里装录音机了，他们中有几个都有了，到了山上就大声放响，或者是流行歌曲，或者是生产劳动歌曲，或者是年轻时代的情歌了，那声音在远一点的地方都能听见，近一点就更不用说了。

据说与张氏结伴的小李氏家族原来是从大鱼塘村迁移来的，所以，他们的很多老祖都安埋在那里，他们家族还有很多土地在那里。可是，或许是忙于生活而奔波，经常没有上去管理，有的大鱼塘村民就会有意无意地侵占他们的土地。听说就是这样的缘故，今天有李学华家组织了他家族的人到大鱼塘村围自己家的地，叫了七八个，有李扎卜、李跃、李学中、李金华等。

是的，这么多年来我看到的情况就是，村民与村民之间发生纠纷最大的问题就是土地的事情，今天说是有谁家与谁家发生这样的事情，明天又说是谁家与谁家发生纠纷。我任过村民党支部书记兼副组长，土地纠纷是当干部的一大头痛的事情。

2014年12月2日，星期二，农历十月十一，属羊，阴，有雾

昨天夜里梦见辞世的卢某，这在村民看来是不行的，即使生前是多么要好的亲戚或者朋友，都不再允许梦里相见相处。要是梦见了，村民的做法说的是醒来时跟他说清楚，已经不是在同一生活区域了，跟他说以后各走各的路，不要再来理人了；要是梦见的是自己很亲的亲戚，早上起床后得添一碗饭献一献再倒到屋外，这是我听一些村民说的，具体可能得根据自己的情况，没有统一的做法吧。

2014 年 12 月 3 日，星期三，农历十月十二，属猴，晴

人是要穿衣吃饭的，穿衣吃饭就得劳动，仅仅依靠老祖留传下来的那一点田地是不可能赶得上时代的，这个应该是每一个村民都知道的事情。已经没有出门打工两三年多的李国忠今天与朋友出去打工，说是给儿女挣过年钱去了。

今天，听说是林业局安排了人来，到寨子脚的坟山上准备栽树，绿化山头，准备栽种一些樱桃树，也是增加村里的一道风景。

2014 年 12 月 4 日，星期四，农历十月十三，属鸡，阴，有雾

今天还是有县林业局的人组织人来村里挖洞，说是要在景区过路人多一些的地方加绿化，地点是在寨子头进村里来的一条路边上。对这事情，有的村民是有些想法的，只是没有去说，或者，只是跟村民小组的人说说而已。

2014 年 12 月 5 日，星期五，农历十月十四，属狗，多云

走亲的情况最多要么是丧事要么是喜事，今天是有李小生、卢志华等人到团结村委会上广坪村，说是那边有一个亲戚去世了，他们李家到那里去奔丧。

是的，人就是人，不能像其他动物一样处理自己去了的同伴，还得按照地方的习俗善待他，送终入土为安，活着的人得花时间来对待他。这就是人吧，所以，每隔三五天，不是三五成群的村民到外村就是有外村的人来村里，有时还显得频繁了。我发现特别是这两年村里死的人就是多，每一两个月就有一两个人去世，有时是一个月都要过世几个人，用村民的话说就是吃牛肉都吃怕了。

2014 年 12 月 6 日，星期六，农历十月十五，属猪，多云

前几天是有张志学请人砌寨子脚他家的田埂，以我们估计至少花了上万元的钱了。没有办法，现在村里的田地一直就是按照以前土地改革分配的来劳作，几十年过去了，有的家庭人口增加快，有的相对慢些，而分配土地就只能从自己的上一辈所得中分配，弟兄多一点的分配就相对少了，极其有限，有的少的三五口人家的只能分到三五分，所以这些人家对土地极其珍惜。张志学家就是一个例子，他一家五六口人，能收谷子的就是么一块田，他就下了决心付出精力来修筑田埂，一是稳定土质；二是保证产量。李树林家又是这样的，秧田一块，梯田一块，极其有限，再说，寨子脚的田经常进肥料，土质比较松软，田埂每年都要倒塌，每年都要叫人去修理，可能都把他搞烦了，这次是下决心要用石头水泥砌筑了，这两天是叫了人背石头。

2014年12月7日，星期日，农历十月十六，属鼠，多云

生意无处不在，早上就有两个外地人驾驶面包车来村里卖玻璃桌子和玻璃转盘，各有各的经，他敲着玻璃桌子还让来的村民看，说是160元一桌子，还是有买的人，我看见李学华就买了一张，后来有没有人买就没有看了。

2014年12月8日，星期一，农历十月十七，属牛，阴，有雾

上午，村里发放2014年上半年的农村最低生活保障费，因为村里是按照户数分配的，每户可以分到452元，可是，现在已经到了年底，说是还要收取2015年的农村医疗合作保险费，每人是90元，还要收取18岁到60岁村民的农村养老保险，每人每年是100元，这样很多人家还要补交费用的。或许是这样的原因，我去看的时候没有多少村民在那里等待领钱，很简单，像是有的村民说的，出钱的事情谁都不愿意做，给钱的事情就愿意做了。当然，有的可能是做家务事情而没有去办理。

2014年12月9日，星期二，农历十月十八，属虎，多云

信息化的时代是给社会加快了前进的步伐，也方便了人们。这两天电力公司到了年底后要检修线路，早早就给村民提供了信息，说是要停电，知道的村民就可以提前做好准备了。要是在前些年是不可能有这样的信息的。

卢成买回来十几台游戏机，准备在箐口村开业，有村民是有想法的，只是面子问题，谁也不会出面干涉，只能在酒桌饭桌上议论罢了。

2014年12月10日，星期三，农历十月十九，属兔，多云间晴

为了电费的事情，云南省农村信用社给每户办理了银行卡，农户只要卡上有钱就用不着每月都到供电所交电费，是省了很多时间很多事，真的是方便了村民很多。今天上午，说是以后的农村最低生活保障等费用也要发到农户个人的邮政卡上，村民小组收取农户各家主人的身份证，以后就用不着村民小组动钱，免得出差错又叫有些村民议论。

2014年12月11日，星期四，农历十月二十，属龙，多云间晴

该不会又是什么大人物要来吧？今天有七八个妇女清理进村的路面卫生，包括砍除路边的杂草，以及清理路边的小水沟，打扫得很干净的。

当然了，快要过新年，这段时间的游客逐渐多起来，砍除一下路边的杂草也是有必要的。

2014年12月12日，星期五，农历十月二十一，属蛇，阴，有大雾

李世华去看施工点，说是一个老板给他介绍了一点事情做，叫他去看能否做得下来。我听代工的老板说要不到现场看施工点的话，谁也没有把握做得好事情，所以，今天还是亲自去现场考察了一下。

2014 年 12 月 13 日，星期六，农历十月二十二，属马，阴转多云

应该在前面的很多日记里说到了，村里很多人家只要有人生病都会多少做一些法事作为禳解，或许就是这样，前一段时间李祥的女儿生病了，今天是请了一个外地的摩批来做法事的，说是他的女儿前不久生了一次病，影响了学习，这次是给他女儿做的，想着做一个法事的话病能好一些。

李世华昨天去看施工现场，可能是有把握做好，昨天回来以后就叫了人，今天早上就带着弟兄们出去了。施工也和打仗一样，没有几成把握谁也不愿意做的。

2014 年 12 月 14 日，星期日，农历十月二十三，属羊，多云转晴

张里保家做法事，我们张氏家族的很多法事都要请张正和来做，只是他们两家之前因为地界问题大闹了几次，已经互不来往，张里保父子三个为了继承摩批文化，也跟随李正林学习。小儿子张小华很爱学习，用笔记录着每一个法事的经词，40 岁左右，这几年开始独立出山了，今天就是他做的法事。

从现在我们箐口村来说，田里的水已经很冷了，村民都很不愿意进水田里劳动了，村里的田就这样泡养着。平时没有水了就灌溉一点进去，田埂倒塌了修复一下，再多的事情就是到二三月间春天来做了。

2014 年 12 月 15 日，星期一，农历十月二十四，属猴，晴

李世华出了车祸，要我跟表哥说一声。其实上，不要急着找头，得先找办事人员商量，要是他们能处理事情就好，牵连一家人干什么？又不是什么很大的事情，自己能处理的自己处理算啦，欠人家人情干什么？

李正林家请了人打田埂，原来是给马卫华栽种的。说是今年开始，马卫华不愿意管理李正林家的田，已经退回给李正林家管理了。嗯，这年头就是好起来了。别人家免费给栽种田，不仅不收出租费反而给你管理费，就是不干，还要跟你谈条件的。

2014 年 12 月 16 日，星期二，农历十月二十五，属鸡，多云

中午，到新街镇邮寄马老师的材料，天气冷，其他的农事就不做了，休息一会儿学习一会儿的，一天的日子就这样过去了。这种日子要是经济上再宽裕些就幸福了。

2014 年 12 月 17 日，星期三，农历十月二十六，属狗，晴

说是李树华在工地上摔伤了，昨天下午他们夫妇俩回来，又准备在家里做一些法事，真是的，伤了身体，不去住院治疗而回来做哈尼族这样那样的法事，能起作用吗？真的，我们是新社会的年轻人，是读过书的人，应该相信科学。民俗的法事之类的东西只能是尊重和理解，不能把太多的精力和物力花在它们上面。他做过这些法事之后，更应该到医院好好检查，注意饮食，打针吃药，才是最健康之路。

2014 年 12 月 18 日，星期四，农历十月二十七，属猪，多云

有可能是天气变化了，给牲畜带来病害，有可能是自己家人没有招呼好，今天有李文才家杀了一头猪。没有办法，原来是准备过年的时候杀吃呢，因为村里发生瘟疫，他家的猪也得了病，打针也难以痊愈了，干脆杀了卖给要买的村民，多少从经济上帮补一点回来。

2014 年 12 月 20 日，星期六，农历十月二十九，属牛，晴

到了这个时候，村里的妇女们又开始挖地了，为明年的播种做准备，好像约好的，看着今天天气很好，今天到地里挖地的妇女就多一些。

"树大分枝，人大分家"，这是俗话，是人们分家时常挂在嘴边的话。即使是同一个母亲生的，弟兄们长大了是要分家的，谁也不例外。我们四个弟兄也如此，前些年明确了田，今天是根据几个人的意见到山上地里划分最后一块父母留下来的地，也算是了却一代人的心愿，以尽可能避免后代产生什么土地纠纷。这是做长辈人的出发点，我们几个弟兄就乘老父亲还在世的时候这样做了。看其他村民家出现的问题，这应该是明智之举。

2014年12月21日，星期日，农历十月三十，属虎，多云

在我国来讲，云南的冬天不是冬天，云南是没有冬天的，地处云南东南部的我们箐口村就更不用说了，四季都处于比较暖和的气候里，最冷的时候加一两件衣服就可以过冬，有时候就冷那么几天冬天就过去了。可是，话说回来，这几天可能要数今年来最冷的时候了，天空中飘一些雾，还是有点阴冷，村民都说今天是很冷了，眼看着来往的村民都加厚了衣服，平常不戴的帽子都出现在村民的脑袋上，还是生怕着凉。

今天的天气是冷，或者主要是我们村民都过惯了四季如一的气温，有点受不了这样的一点变化。总的来说，没有雨水，村民还是能正常劳动，放牛的放牛，挖地的挖地，在寨子脚施工的工人们都没有休息而是正常施工。

2014年12月22日，星期一，农历十一月初一，属兔，阴转多云

上午，有一个施工队进来，得知他们是傣族，是朱老板的小工，是来水磨水碾的地方建一个凉亭，准备全部用木料做成。因为到水磨水碾的地方不通公路，大小的木料都只有他们抬过去了。

今天是冬至了，早上的时候天气还很冷，有大雾，能见度很低，只是中午以后慢慢转多云，天气也变暖和多了。说是"云南四季如春，云南天天是春天"，的确是如此，再冷的天气只要加一件毛衣就可以过冬天了。可是，我们习惯了暖和天气，一旦冬天阴雨天来临，或者下雪下霜的日子都还是会感觉冷的，这两天就是这样，很多村民都说冷了，不愿正常做田里的事情，只愿躲在家里做一些屋里的事情。

从我这么多年观察的情况来看，村民一旦有了钱，首先解决好自己的吃穿住行，最大的问题可能要数建房子了。张志祥夫妇以及他的孩子们十多年来一直都在外面，听说原来是在开远市红河州车辆管理所打工，后来因工作需要就调到我们元阳县车辆管理所了，前两年他与兄弟张五分家，建了一个不很大的房子，因为没有钱而没有装修，现在这两年可能赚到了一点钱，今天买回来瓷砖、水泥和腻子粉，说是要装修一下房子了。材料不多的情况下，一般是可以叫自己家人背回来的，可是他们常年在外地，很少回来帮助村里的亲戚和朋友类似的事情。所以，他们也不好意思叫亲戚朋友来帮忙，只好付工钱请人来背了。

外面来村里做一点生意的人都说箐口村好做买卖，或许是这样，每天都会有人来村里做小买卖的。今天是来了一个卖卤肉的，或许是天气有些冷，村民也很少到地里或者街上买菜，来买卤肉的村民就多了，有点像抢似的，一会儿就卖完了。

2014年12月23日，星期二，农历十一月初二，属龙，晴

咱们中国南方的天气还是有点怪的，昨天有点冷，感受着冬天的滋味，可是今天早上醒来，就发现天空没有一丝云彩，中午的气温就有点高了，我们只要穿一件短袖就可以出来晒太阳了，有些村民开始挖地了，给明年的春播开始做准备工作了。今天是看见李树华的母亲、李正昌的母亲，以及张明生的妻子等妇女到地里挖地。对于村里挖地和耕田来说，像是老祖分工给我们一样，一般都是男的耕田，女的挖地。这是村里的一般生产习惯，至于其他地方的，我听说就不一样了。

村里前两年统计的人数是1000多，我做过一个回顾，一年出生是十几个，死亡是五六个，村里每年的丧事有五六桩，办丧事的时间还算一般吧。只是由于姻缘关系，我们与附近的大鱼塘村、黄草岭村民小组、全福庄村、麻栗寨村等有比较密切的关系，无论是葬礼还是婚礼，相互来往得就多。今天有李小生家、李朝生家、卢志华家等约了人到团结乡

一个村里奔丧去。又得误几十个工了，过几天还得买小猪等去祭祀，想想看，每年村民参加葬礼的时间累计是一个不小的数字，支付到葬礼中的资金也是一个不小的数目。

天气好了，村民是可以做农事了，我原来想着在村里已经几个月的马帮也可以运输他们的建筑材料了。可是，他们今天没有出工劳动，工人们休息着，马儿也休息着。说是他们的工钱一直不到位，他们的生活费也有问题了，他们才不愿意出来做事了，类似于罢工了，要求老板支付一些他们的工钱。

2014年12月24日，星期三，农历十一月初三，属蛇，晴

该不是天气冷冻坏了我的电脑吧？真是急死人了，不能用电脑的话，我该怎么做作业？当然，已经使用了十年，也可能是机子自然老化的问题，最好不要弄掉了机子里面的材料，不然，十年的工夫白费了，一生能有几个十年？能有多少人在这样辛苦的条件下写十年的东西，即使我还是存在着种种的问题，十年辛苦下来了，还是得佩服自己的毅力，是什么驱使自己坚持这十年呢？作业做不了，很着急也很烦的，什么时候能弄到一台新的电脑？一定要完成好这十年的材料！

2014年12月25日，星期四，农历十一月初四，属马，晴

天气好，有妇女们去挖地，我们家也有一块好几年没有挖的地，不能做作业，心情烦，没有其他事情可以做，还是去挖翻了，让妻子种一点苞谷也好的。就带着她去挖地了，因为地里有很多树根，需要全部挖出来，还是得费我几天工夫的。

2014年12月26日，星期五，农历十一月初五，属羊，晴

还是到地里挖地，做什么事情还是认真点好，这两天要不把地里的树根刨出来，栽进去的庄稼是不会好的。只是太多了，要不是土质松软些，

很好刨出来的话，会很累的。已经两三天，估计再有一两天就能全部挖出来，到时种起苞谷、黄豆的就会好了。

2014 年 12 月 27 日，星期六，农历十一月初六，属猴，晴

到地里挖地，已经第三天了，因为土质松软，还是基本把树根都挖出来了，可以栽种一点苞谷喂鸡鸭的，像有的人算成本的话，是不划算的。只是，家人也闲着，自己的身体又得到锻炼，地也挖好了，想栽种什么都是自己的事情，心情实在得很，哪能全部算成本的东西呢？

2014 年 12 月 28 日，星期日，农历十一月初七，属鸡，晴

今天又听说麻栗寨村子有老人去世了，请到了村里的卢迁家、李世华家，说是与我们张氏家族也有点亲戚关系，也通知到我们家来了。只是由于我们平时都不来往，我们几个弟兄都不知道，想想去年老母亲老去的时候他家都没有来往就没有去了。

人可能就是这样，要是经常在一起，陌生人也会变成熟人；树大分枝，同一个娘生的，如同竹子各往各的发，要是不经常联系，同祖宗隔上三五代就不是一家人了。要是出现什么不解的疙瘩，即使弟兄也离开得更快，熟人变成生人了。所以，亲戚们平时只要有时间了就得走走。

2014 年 12 月 29 日，星期一，农历十一月初八，属狗，晴

从 2000 年回来村里以后，我是没有外出打工过了，基本上都在家里，而且，2004 年以后每天还给云南大学做村里的日志，记录着村里发生的事情，无论是好事还是坏事基本都没有逃过我的眼睛，被我一一记录下来。可是，前两天有点事情外出，今天才知道卢永贵家租给人家开张了一个游戏室，听说是白天关闭，晚上再开放，真是害人。城里因为开放游戏室，到城里读书的村民孩子整天往游戏室跑，已经废了好几个孩子了（包括我自己的孩子，只上过一个学期的初一，跟上游戏室的孩子以后，误了他的学业）。现在，政府严禁城里开游戏室，全都取消了，孩子们总算可以多往教室走了。可是，今天却又在村里摆出来，我认为不是一件好事。即使是我的亲戚或者朋友我也不愿意支持的，赚钱嘛，还是找别的路子，我认为这是一种引诱孩子的事情，而村里的孩子是箐口村的下一代，是箐口村的希望，玩上游戏只会让孩子误入歧途，最好少干。

  这个事情我是恨之入骨的。我希望孩子成才，退一万步讲最起码也要完成义务教育。读书不一定个个都成才，但是，不读书成才的人我少见。所以，我希望村民都醒悟一些，即使是自己的亲戚或者朋友都要站出来说话，站出来反对，在村里摆游戏机是不对的，会误家庭，会误孩子，孩子是我们箐口村的下一代，他们是我们的希望，像是正在成长的幼苗，做长辈的要认真抚养，精心呵护。有时想，这样的事情怎么就没有村民去告呢？

2014年12月30日，星期二，农历十一月初九，属猪，晴

  说是要过元旦节，学生们也放假了回来。中青年人平时是要到外面打工的，要是没有了这些孩子，村里是平静很多，而这些孩子回来，多少给村里增添了一些人气，村里也比平时热闹了很多。

  放假了，村里多了几辆车，游客也比平时多几个了，而以打扫卫生为理由，整天赖着收停车费的李某某也多收了几十元，没有办法，李某某是个残疾人，脸皮也厚，村里和世博元阳旅游公司元阳分公司也明确下文不能在景区景点收停车费，有关负责人几次下令告诫过他，他就是不听，也处罚不了，没有办法。这样十几年下来，由于家里还有其他的收入，他的钱基本上不动用，听说他也积攒了几万元了。只是，这样下去，很多游客是有意见的，有时，他不知道是本县的人，就连本县一些有面子的人也讨要过停车费，被他们说过、骂过，他就是听不进去，搞得他们都很无奈，很有意见，有几次我很严肃地说了，还是没有办法，过后他仍然站出来赖着收停车费。

人总是要讲感情的。姑姑嫁给了金平县十里村普氏人，只是他年轻时在元阳县公安局参加工作，已安息在元阳县国土上，平时很不来往，必要时还是会来往的。我们家也就跟普氏家族有了这层关系。前几天有姑父的兄弟去世，说是明后天就要出殡，表兄们要我一起过去送送他老人家就随他们去了。

2014 年 12 月 31 日，星期三，农历十一月初十，属鼠，多云

昨天随表兄们去金平县十里村普氏家参加丧事，等将他老人家送上山以后接着回来，已经是晚上 10 点左右了，坐车也很累，回来后什么事情也不想做，只想好好休息。有朋友吹牛："休息也是工作。"我想，还是有一定道理的，人的能力有限，一天的精力也有限，不能过度劳累，的确是需要休息的，只有休息好了，恢复好体力才能做其他的事情。我是这样想的。

或者是到了年底，昨天中午的时候农科员李文才打电话过来，说是今天有新街镇农科站的人来给村民支付租用他们田地的补偿费用。我支持他们工作十多年，我的田也给试验了两三块，每年也要给些补偿。只是昨天中午我不在村里就没有拿到。在家十多年了，每天要给云南大学写日志，挣钱的机会少，很多时候都是跟着亲戚朋友过日子，这几天也没钱用了，今天就去找农科站的工作人员拿，多少补贴点生活费。